suhrkamp taschenbuch 108

Hermann Hesse, am 2. Juli 1877 in Calw/Württemberg als Sohn eines baltendeutschen Missionars geboren, starb am 9. August 1962 in Montagnola bei Lugano. Sein Werk, ausgezeichnet mit dem Nobelpreis 1946, erscheint im Suhrkamp Verlag.

Hermann Hesse, dessen Bücher in den USA mit einer Gesamtauflage von über 11, in Japan von über 12 Millionen Exemplaren verbreitet sind, ist dort der meistgelesene europäische Autor. Mit Übersetzungen in 40 verschiedene Sprachen und 12 indische Dialekte finden seine Schriften nun bereits in der dritten Generation junger Leser eine beispiellose Resonanz. In Briefen an Otto Basler schrieb Thomas Mann über das Glasperlenspiel und seinen 1947 vollendeten »Doktor Faustus«: »Wie verwandt stehen diese beiden Hauptleistungen des heutigen Romans in der Zeit – und wie so gar nicht berühren sie sich auch wieder und sind einander im Wege! . . . Es sind ja Bruderwerke, bei aller Verschiedenheit und die Deutschen sollten wieder einmal froh sein, daß sie zwei solche Kerle haben. Sie wissen aber nie, was sie haben.«

Die Erstausgabe von Hesses in den Jahren 1932-1942 entstandenem »Glasperlenspiel« erschien – nachdem Peter Suhrkamp die Druckerlaubnis vom NS-Propagandaministerium verweigert wurde – im November 1943 in der Schweiz mit einer Startauflage von 3000 Exemplaren. Erst drei Jahre später, im Dezember 1946, war die deutsche Ausgabe greifbar. Seither hat das Buch allein im deutschen Sprachgebiet eine Gesamtauflage von etwa 650 Tsd. Exemplaren erreicht. Diese Wirkungsgeschichte spiegelt sich auch in der internationalen Sekundärliteratur. Eine Bibliographie am Ende dieses Bandes verweist auf mehr als 400 Arbeiten, die seither über das Glasperlenspiel publiziert wurden. Nur 30 davon konnten in unsere Ausgabe aufgenommen werden. Sie sollen einen ersten Überblick ermöglichen, zum differenzierteren Verständnis des Buches beitragen und durch ihre chronologische Anordnung zugleich ein Stück Rezeptions- und Interpretationsgeschichte seit dem Jahre 1943 überschaubar machen.

Volker Michels, Jahrgang 1943, studierte, nach der Gymnasialzeit in der Schule Schloß Salem, in Freiburg/Breisgau und Mainz Medizin und Psychologie. Seit 1970 ist er Lektor für deutsche Literatur in Frankfurt am Main und Herausgeber u. a. der »Schriften zur Literatur«, »Lektüre für Minuten«, der Materialienbände zu den Hauptwerken Hesses und der dreibändigen Edition der »Gesammelten Briefe« von Hermann Hesse.

Materialien zu
Hermann Hesse
›Das Glasperlenspiel‹

Zweiter Band
Texte über das Glasperlenspiel

Herausgegeben von
Volker Michels

Suhrkamp

suhrkamp taschenbuch 108
Erstausgabe
2. Auflage, 13.–19. Tausend 1977
Copyright dieser Zusammenstellung
sowie sämtlicher Texte von Hermann Hesse
© Suhrkamp Verlag Frankfurt am Main 1974.
Suhrkamp Taschenbuch Verlag.
Alle Rechte vorbehalten, insbesondere das des
öffentlichen Vortrags, der Übertragung durch
Rundfunk oder Fernsehen und der Übersetzung,
auch einzelner Teile.
Satz: IBV Lichtsatz KG, Berlin
Druck: Nomos Verlagsgesellschaft, Baden-Baden
Printed in Germany
Umschlag nach Entwürfen
von Willy Fleckhaus und Rolf Staudt

Inhalt

Robert Faesi
  Hermann Hesses »Glasperlenspiel« 7
R. J. Humm
  Hermann Hesses »Glasperlenspiel« 25
Max Rychner
  »Das Glasperlenspiel« 30
Joachim Maass
  Anmerkung zum Buch eines Magister Ludi 36
Anni Carlsson
  Hermann Hesses »Glasperlenspiel« in seinen
  Wesensgesetzen 39
Theodor Heuss
  »Das Glasperlenspiel« 59
Hermann Lenz
  Hermann Hesse, »Das Glasperlenspiel« 62
E. R. Curtius
  Der homo ludens 68
Hellmut v. Cube
  Hermann Hesses Glasperlenspiel 73
Barbara Klie
  »Glasperlenspiel« 77
Manfred Hausmann
  Hermann Hesses »Glasperlenspiel«. Die Krönung eines
  Lebenswerkes 82
Heinrich Schirmbeck
  Der homo ludens und das Glasperlenspiel 85
Karl Korn
  Verspielte Perlen 91
Paul Böckmann
  Ist das »Glasperlenspiel« ein gefährliches Buch? 100
Siegfried Unseld
  Hermann Hesse: »Das Glasperlenspiel« 112
Georg Ehrhart
  Der Tod des Glasperlenspielers 121
Karl Schmid
  Über Hermann Hesses »Glasperlenspiel« 124

Karl Fehr
  Gedanken zum Glasperlenspiel   137
Hans Mayer
  Hesses »Glasperlenspiel« oder Die Wiederbegegnung   143
Joseph Mileck
  Die Namen in Hesses Glasperlenspiel   169
G. W. Field
  Zur Genesis des Glasperlenspiels   175
Adrian Hsia
  Das esoterische Glasperlenspiel   193
Theodore Ziolkowski
  Zur Aktualität des Glasperlenspiels   204
Joachim Kaiser
  Science-fiction der Innerlichkeit   215
Reso Karalaschwili
  Josef Knechts Tod   220
Heinz Ludwig Arnold
  Kadettenanstalt für eine Ordinarien-Universität?   235
Wladimir Sedelnik
  Spiel und Leben   239
Gunter Böhmer
  Nachträgliche und vorläufige Aufzeichnungen   245
Christian I. Schneider
  Josef Knechts Abschied und Neubeginn   270
Martin Pfeifer
  Der emanzipierte Kastalier   293
Miszellen   307
  Mit Beiträgen von: Wilhelm Hausenstein, Albrecht Goes, Max Frisch, Peter Suhrkamp, Joachim Maass, R. A. Schröder, Theodor Heuss, Martin Buber, Rudolf Hagelstange, Karl August Horst, Erika Mann, Felix Braun, Zenta Maurina, Richard Benz, Ayao Ide.
Nachlese zum ersten Band   323
Bibliographie   339
  Buchausgaben, Teildrucke, Vorabdrucke und Separatdrucke, Übersetzungen, Vertonungen, Sekundärliteratur.

Nachweise   375

Robert Faesi
Hermann Hesses »Glasperlenspiel«

Jedes neue Buch Hesses bedeutet eine Überraschung, zeigt ihn in gewechselter Richtung ausschreitend und erobert ihm zu seinem Reich eine neue Provinz hinzu. An innerer Spannweite, an seelischem Reichtum kommen ihm wenige gleich. Aber doch bietet sein Gesamtwerk das Bild eines Kontinuums, und der Platz, den das Glasperlenspiel darin einnimmt, ließe sich mit der Feststellung andeuten, daß es als Grenzprovinz den Raum über »Siddhartha« und die »Morgenlandfahrt« ausgeweitet hat, und am entferntesten von der zerklüfteten wilden Landschaft des »Steppenwolf« und dem aufgerissenen heißglühenden Vulkangebirge von »Klingsors letztem Sommer« liegt.

Es breitet sich in einfacher, gleichmäßiger Ruhe als ein sanftes, weltabgelegenes Gefilde aus, eine Provinz des Friedens, fast morgenländisch patriarchalisch anmutend. Dies Gleichnis hätte auch dann Geltung, wenn der Osten nicht tatsächlich als geistiger Raum den neuen Roman bestimmen hülfe. Indisches Yoga, chinesische Weisheit nimmt darin einen Ehrenplatz ein, und ein ganzes Kapitel ist der Leser bei einem alten Sonderling und Einsiedler zu Gast, der in seiner bambusumstandenen Hütte, an seinem Goldfischteich ganz und gar zum Chinesen geworden ist.

Ehrwürdige Überlieferung aus der Menschheitsfrühe wird wachgerufen; aber sie stellt nur das Fundament der geistigen Gesamttradition dar, dem sich als obere Schichten Antike und Christentum mit ihren mehrfachen humanistischen Umformungen bis ins 18. Jahrhundert anfügen. Nicht als ob ein historischer Roman vorläge, eine Rückverlegung etwa ins Mittelalter wie in »Narziß und Goldmund«; auch führt uns der Verfasser nicht in die Gegenwart wie in »Demian« und »Steppenwolf«, sondern ausgerechnet in die unbetretene Sphäre der Zukunft, mit einem Sprung über mehrere Jahrhunderte weg. Geographisch aber bleiben wir auf eigenem Boden, auf Schweizergebiet oder in Hesses engerer süddeutscher Heimat, jedenfalls immer in gut mitteleuropäischem Raum.

Ja von dem Zukunftsgemälde läßt sich behaupten, daß es durch die Züge der großen europäischen Tradition viel deutlicher und wesenhafter bestimmt wird als unsre eigne Gegenwart. Diese erscheint, aus der futuristischen Perspektive gesehen, als das Zeit-

alter der großen Kriege und Umwälzungen, gekennzeichnet auch durch die schrankenlose Entfesselung der Einzelkräfte, seien es solche des Individualismus oder der Technik und Wirtschaft.
Doch in den paar Jahrhunderten nach 1943 hat eine Richtungsänderung und Umwertung stattgefunden. Die Vorzeichen und Gestirne haben gewechselt: der aggressive Mars und der flutende Neptun – um in astrologischen Symbolen zu sprechen – haben sich ausgetobt und abgewirtschaftet; die neue Ära steht weit eher unter der Herrschaft des retardierenden Saturn und des ordnenden Jupiter. Das drohende Chaos ist noch einmal beschworen worden, und der neue Weltstand wird stärker von Ordnung als von Gleichheit und Freiheit bestimmt.
Allerdings wird aus ihm nur ein kleiner Ausschnitt vorgeführt, jener, wo sich diese Mächte der Ordnung, sogar der Über- und Unterordnung, also der Hierarchie, in einer Sphäre geistiger Sammlung am reinsten entfalten können. Was draußen in der »Welt« vorgeht, davon erfährt der Leser ungefähr so viel oder so wenig, als ein Klosterbruder oder ein stiller Bibliothekar. Die Kinder der Welt, so wird uns versichert, treiben es, wie sie es eh und je getrieben; das gewaltige und gewaltsame Spiel der Politik und Wirtschaft, des Interesses, des Ehrgeizes und der Macht geht nach den alten harten Regeln weiter. Autos durchsausen und Rundfunkwellen durchschwingen die Weite, und die Erfinder und Entdecker sind noch am Werk.
Aber doch ist es weder das Zeitalter der Mechanisierung noch des Kommunismus; weder Wells' noch Shaws, noch Ernst Jüngers kühne konstruktive Phantasien haben sich durchgesetzt. Es scheint keine Welt zu sein, in der wir Heutigen hinterwäldlerisch fremd oder verloren wären; nicht einmal die Künstler, die Gelehrten oder Frommen. Im Gegenteil, die Söhne des Geistes sind wohl aufgehoben, wenn sie sich auch des weltlichen Wohllebens um der innern Freiheit und äußern Geborgenheit willen enthalten müssen. Zukunftsgemälde von Dichtern sind meistens Utopien oder Untergangsvisionen. Die Menschen sind entweder zu Engeln oder Dämonen geworden, das Paradies ist wiedergefunden und das tausendjährige Reich angebrochen, oder aber die janusköpfige Eschatologie kehrt das andere Gesicht hervor: das des jüngsten Gerichts, des dies irae, des Höllensturzes. Aber Erlösung oder Verdammung, es ist ein Ende, ein Äußerstes.
Das »Glasperlenspiel« hingegen führt uns ein Zeitalter vor, das

gleich den andern ist, und doch auch wieder anders als die andern. Nicht schlechter, eher um ein paar Grade besser als das unsrige, über welches der Chronist und seine Zeitgenossen als über eins der Entartung bedenklich die Köpfe schütteln. Die heute aus den Fugen geratene Welt ist leidlich wieder eingerenkt worden, und zwar, wie gesagt, im Sinn einer Wiederherstellung, beinahe einer »Restauration«, und vor allem einer Wiederbesinnung auf die altbewährten, erhaltenden gültigen Werte. Die Problematik der Technik scheint überwunden, die Hybris der Seelen durch Normen gebändigt, Übermaß, aber auch Überschwang sind größerer Sachlichkeit gewichen. Kein Reich der Söhne, dies Zukunftsreich, und am wenigsten der väterfeindlichen, emanzipierten, verlorenen Söhne.

Manche Züge scheint Oswald Spenglers Zukunftsvision geliefert zu haben; der Titel »Untergang des Abendlandes« ist ja irreführend, was er glaubte heraufkommen zu sehen, war vielmehr der vielleicht lange, ergiebige und abgekühlte Lebensabend einer Kultur nach der Krise des Klimakteriums. Auch in der Ära des »Glasperlenspiels« ist die schöpferische Jugendzeit vorüber, aber was sie einstmals erzeugte, das befestigen und werten die Enkel aus, sie stehen im Genuß einer bewußten, haushälterisch gepflegten Fruktifizierung. Das Gesetz, nach dem die europäische Kultur angetreten, ist die Bahn, in der nüchtern und sachlich, ohne übertriebene Hoffnungen und Illusionen, ohne eitle Selbstüberschätzung und gewaltsamen Ehrgeiz fortgeschritten wird. Also weder Zukunftsmusik, noch Musik des Untergangs. Musik des Untergangs: dieser chinesische Ausdruck fällt im »Glasperlenspiel« und fiel schon in »Klingsors letzter Sommer«, ja er bezeichnet recht eigentlich das Wesen dieser früheren, alle Zauber und Reize der Auflösung entfesselnden Erzählung.

Im Mittelpunkt des neuen Romans steht ausgerechnet diejenige Provinz des Zukunftsreiches, wo das geistige Erbe verwaltet wird. Und das geschieht mit einer vorbildlichen Pietät, Pflichttreue, Gewissenhaftigkeit und Ökonomie, die sich seines unerreichbaren Wertes verantwortungsvoll bewußt ist. Die Sparer und Wahrer des Geistes sind am Werk, nicht mehr wie heut die Verschwender und Zehrer, und sie werden durch Haushalten sogar zu Mehrern und lassen den Hort seine Zinsen tragen. Allerdings regiert der Geist die Lebensgesamtheit nicht in erheblich höherem Grade als ehedem. Aber er hat sich wiedergefunden, und zwar gerade durch Lösung aus der heutigen Verstrickung ins Weltleben, darin er sich bis zum Selbstverrat und Selbstverlust erniedrigte, statt es, wie er meinte, seinerseits lenken zu können. Die politischen Machthaber hatten ihn rücksichtslos ihren eigenen Zwecken dienstbar gemacht, und nicht die Fakultäten, sondern die Generäle hatten bestimmt, wieviel zwei mal zwei sei. Diese Zeit, in der das Salz dumm und der Geist faul und feil geworden war, unsre Zeit des 19. und 20. Jahrhunderts, benennt der Chronist das Zeitalter des Feuilletons, und ohne es überheblich zu verurteilen, erscheint es ihm doch beinahe unverständlich mit seiner seichten Popularisierung aller Bildungs- und Wissenswerte, der Liebedienerei seiner Künstler und Gelehrten gegen oben und unten, nämlich gegenüber den Machthabern und ihren Zwecken, und gegenüber den Scheinbedürfnissen der Lesermassen und Massenleser.

Schmerzliche Erkenntnisse, tiefer Überdruß mögen Hermann Hesse diese eindringlichen Seiten diktiert haben, die wie eine Ausmalung von Georges lakonischem Wort: »Siech ist der Geist« anmuten. Doch die Erkenntnis der Ohnmacht des heutigen Geistes ist ja schon eine allgemeine geworden, und die Versuche haben sich gemehrt, seinem Sichverlaufen ins Breite und Flache, in Sand und Seichtigkeit Einhalt zu tun, und ihn zurück zu rufen aus unfruchtbaren Steppen, die er nicht fruchtbar zu machen verstand. Ein wahres Beispiel dafür hat gerade Stefan George mit seinem »Kreis« gegeben, und einen andern Kristallisationsversuch, den engen und noch zum Untergang bestimmten Ansatz zu einer Elitegemeinschaft, hatte Hermann Hesse selber in seinem »Demian« dargestellt.

Die beunruhigende Überzeugung Nietzsches, daß Verbreiterung und Verflachung der Bildung einander gegenseitig bedingen, scheint in Hesses Zukunftsreich den Entschluß zu einer Gegenbewegung im Sinn der Verengerung und Vertiefung ausgelöst zu haben. Die Geistigen haben Buße getan für ihre Sünden, haben sich, in der Einsicht, daß Geist und Leben nicht zur völligen Durchdringung gebracht werden können, beschränkt und beschieden, eine Haltung der Selbstbesinnung, des Insichgehens, der Selbstreinigung einzunehmen.

Darum wohl nennt sich der Orden der Geistigen nach dem lautern kastalischen Quell, und der Gegenstand des Romans ist recht eigentlich Wesen und Schicksal dieses kastalischen Ordens. Er hat in Hesses Werk seine Vorläufer und Vorformen schon in der geheimnisvollen Gesellschaft der Morgenlandfahrer. Mutet die »Morgenlandfahrt« als mystisch romantische Vision dieses Wunschbildes poetischer, aber dämmerhaft an, so das »Glasperlenspiel« wie eine mit andächtiger Versenkung Strich um Strich fast übergenau ausgeführte Zeichnung. Modell zu diesem Zukunftsorden haben dem Dichter zweifellos alle möglichen geistigen, ja geistlichen Kongregationen aus der ganzen Geschichte gestanden. Eine Ordensgemeinschaft hat ja wohl ihre Eigengesetze und -formen, und in welchem Maß sich der Dichter dieser typischen Züge bedient hat, wird dem Leser in dem Kapitel bewußt, das den kastalischen Ordensbruder Josef Knecht für ein paar Jahre als Sendling und Gast in ein Benediktinerkloster führt. Das ist eine der wichtigen Stationen auf dem Lebenswege Knechts; Berufung, Studienjahre, die Mission, Magister Ludi, Im Amte heißen andere Kapitel, und seine Biographie vom Eintritt in den Orden bis zu seinem unerwarteten Austritt und jähen Tod ist die Fabel des Romans. Keine fabelhafte, keine romanhafte Fabel, eine schlicht nüchterne, etwas asketische sogar. Die abenteuerlichen Verstrickungen in die Arme der Frau Welt, die Siddhartas Schicksalsweg so bunt machen, fehlen ganz und gar. Im strengen Rahmen der Ordensordnung vollziehen sich Dienst und Aufstieg Knechts, und der Dichter schiebt diese Biographie einem später lebenden kastalischen Bruder in die Feder, der damit geradezu einen Beitrag zur Ordensgeschichte leistet. Der Chronist beruft sich auf Quellen: Archivakten, Augenzeugenberichte, mündliche Überlieferungen und den literarischen Nachlaß Knechts selber.

So liest sich denn Hesses Buch in der Tat kaum anders als die klug und gerecht geschriebene Chronik eines Klosterbruders, die meisterhafte Biographie eines Gelehrten oder Weisen. Dem Typus des amerikanischen Bestsellers von heute, der uns mit Außenwelt im Rohzustand überfüttert, ist dieses Buch stracks entgegengesetzt, und als Gegengewicht eben darum willkommen. Das Abwechslungsbedürfnis, die Phantasie, die Sinne kommen in Hesses andern erzählenden Werken mehr zu ihrem Recht. Mit solchem Verzichte ist ein Gewinn geistiger Art erkauft, und wie der kastalische Orden selbst einen asketischen Zug der Enthaltsamkeit und Sublimierung trägt, so das Buch, denn dem Thema ist seine Ausführung gemäß.

Ein Sonderfall von »Roman« in höherem Maße noch als etwa Thomas Manns »Joseph«, der von seinem Verfasser selbst als »verkleidete Essayistik« bezeichnet worden ist. Gerade die Einleitungskapitel beider Bücher sind beinahe schon unverkappte Essayistik, eigentliche Abhandlungen, im einen Fall wie im andern höchst interessante. Übrigens greifen diese modernen Autoren eine nie ganz abgebrochene, aber im 18. Jahrhundert besonders kräftige Tradition der Romangattung auf. Man erinnere sich nur der »Wanderjahre« Wilhelm Meisters. Und an eben diese Wanderjahre erinnert uns Hermann Hesse seinerseits völlig unmißverständlich und absichtlich, indem er die »pädagogische Provinz« mit Namen nennt. Eine solche pädagogische Provinz bedeutet in seinem Zukunftsreich eben der kastalische Orden.
Für den Mangel an Außenwelt entschädigt in diesem Buch der Reichtum an Innenwelt, mit dem zumal die Hauptgestalt Josef Knecht gesegnet ist. An Sympathie kann es ihm beim Leser nicht fehlen, weniger noch als dem Thomas Mannschen Joseph, der, aller weltweiten Unterschiede ungeachtet, aus ähnlichem Holz geschnitzt scheint, sehr edlem, feinfaserigem, erlesenem Holz. Sie sind beide Begnadete, Berufene, Auserwählte, ein Schein göttlichen Wohlgefallens schwebt über ihnen, und die Liebe und Auszeichnung der Menschen fällt ihnen zu.
Ohne Ehrgeiz und Zielstrebigkeit, zu vornehm für Zwecke und Mittel, steigt der Jüngling mit dem bescheidenen Namen Josef Knecht als einer, der gerne dienen will, in herrschende Stellung auf, vermöge seiner Wohlgeratenheit, Hochbegabtheit und harmonischen Ebenmäßigkeit, die man fast Anmut nennen möchte. Fein organisiert ohne zerbrechlich, vergeistigt ohne lebensschwach zu sein, ist er mit einem Gleichgewicht ausgestattet, daß er fast wie ein Wunschbild seines Schöpfers anmutet.
Ansätze zu dieser Gestalt werden schon in der des Narziß sichtbar, aber dieser wird als einseitig Introvertierter gegen seinen Antipoden, den Extravertierten Goldmund abgegrenzt. Knecht dagegen hält die glückliche Mitte zwischen zwei Flügelfiguren, seinen nächsten Freunden: dem Glasperlenspieler Tegularius, einem wirklichkeitsfeindlichen, ästhetischen Individualisten, welcher, lebte er als Hesses Zeitgenosse, der problematische, ja pathologische Literat und Artist wäre, und dem Weltmann Designori, der in einer Art Haßliebe zu Kastalien verharrt.
Knechts Charakter und Schicksal decken sich als lautere Einheit;

seine Biographie überzeugt psychologisch vollkommen. Daß das Bild der Außenwelt eine gleiche Deutlichkeit vermissen läßt, lag kaum nur in den Schwierigkeiten des Stoffes, sondern im Stilwillen des Dichters. Wie haben wir uns Kleidung, Einrichtung, Wohnstätten der Ordensleute anno 2200 vorzustellen? Da sie im Materiellen zur Schlichtheit und Askese neigen, darf sich auch der Dichter mit kargen Zügen bescheiden, und so kommt es denn allerdings, daß wir auf weite Strecken unwillkürlich geneigt wären, das Buch um eben so viel zurückzudatieren, als es vordatiert ist. Treten wir aber gelegentlich aus den stillen Bezirken der vita contemplativa ins Weltleben hinaus, etwa in die Zivilisation der großen Stadt, so vorenthält uns der Dichter ein konkretes neuartiges Daseinsgemälde.
Aber es tut dem Roman kaum Abtrag, daß die Peripherie im Unbestimmten verschwindet. Eher dürfte der Leser vermissen, daß der innerste Kern sich gleichfalls der deutlichen Sicht entzieht, nämlich das Glasperlenspiel selber. Von dessen Entstehung, Auffassung und Sinn ist an unzähligen Stellen die Rede; einmal wohnen wir auch dem großen Jahresfestspiel bei, einer Art geistiger Olympiade, etwa anno 2200, zu der die Elite von ganz Europa zusammenströmt. Es ist eine zeremonielle Zelebration, die schon fast ans Kirchliche erinnert, und das Spiel selbst wird einmal als lingua sacra bezeichnet. Wir dürfen auch einen flüchtigen Blick auf das kostbare Kästchen und die geheimnisvollen Figuren der Glasperlen selbst werfen, aber wir wüßten es so wenig auszuüben, als einer, der zum erstenmal Brett und Figuren sieht, das Schachspiel.
Weit über dieses hinaus ist es eine hohe Kunst, die lebenslängliche Studien und Vorarbeiten erfordert, auch kann es unter den verschiedensten Gesichtspunkten: pädagogischen, ästhetischen, wissenschaftlichen, philosophischen, als geistvolle Art von Stenographie, als ein Ersatz für Dichtung und Musik, als höhere Mathematik, mit tiefem Ernst oder mit spielerischer Souveränität getrieben werden. Eine Art neuer Sprache des Geistes ist das Glasperlenspiel, recht eigentlich der Ausdruck, die Schöpfung, ja das Symbol dieser zukünftigen Geistigkeit; alle Wissenschaften versucht man in es einzubauen, es wird zur Enzyklopädie, zur Universalsprache, zur eigentlichen Geistessynthese jenes Zeitalters.
Die Hauptsäulen, auf denen es sich aufbaut, sind aber Mathema-

tik und Musik, über deren inneren Zusammenhang Hesses Buch bedeutungsvolle Spekulationen aufstellt, vermutlich von Studien und Ideen angeregt, die heute in Umlauf kommen. Andeutungen und Namen, die auch an die »Morgenlandfahrt« erinnern, zeigen Hermann Hesse in eine Art esoterischer Musikstudien versponnen, war er doch schon immer ein leidenschaftlicher Freund der Musik. Diese wird im Zeitalter des kastalischen Ordens und eben in seinem Schoß mit wissenschaftlicher und zugleich fast religiöser Ehrfurcht gepflegt.

Die klassische Musik von 1500-1800 wird als die größte schöpferische Leistung Europas gepriesen, hochgehalten und kultiviert, wenn auch das Enkelgeschlecht selber nicht mehr in ihr zeugerisch ist, sondern als eigene Kunst, wie gesagt, nur das Glasperlenspiel hervorgebracht hat. Im sagenhaften China, so hören wir, hat die kastalische Zeit ihr Vorbild. Damals »war der Musik im Staats- und Hofleben eine führende Rolle zuerteilt; man identifizierte geradezu den Wohlstand der Musik mit dem der Kultur und Moral, ja des Reiches, und die Musikmeister hatten streng über der Wahrung und Reinhaltung der »alten Tonarten« zu wachen. Verfiel die Musik, so war das ein sicheres Zeichen für den Niedergang der Regierung und des Staates. Und die Dichter erzählten furchtbare Märchen von den verbotenen, teuflischen und dem Himmel entfremdeten Tonarten, zum Beispiel der Tonart Tsing Schang und Tsing Tse, der »Musik des Untergangs«, bei deren frevelhaftem Anstimmen im Königsschloß alsbald der Himmel sich verfinsterte, die Mauern erbebten und stürzten, und Fürst und Reich zu Falle kamen...«

Der Roman ist ein Lob der Musik, als einer »Urquelle aller Ordnung, Sitten, Schönheit und Gesundheit«. Und diesem hohen sozialen Wert ist ein individueller Wert ebenbürtig, ist sie doch einer »der Wege zum höchsten Ziel des Menschen, zur inneren Freiheit, zur Reinheit, zur Vollkommenheit«. Josef Knechts Führer, Lehrer und Vorgänger im Amt des Magister ludi, der stille, innige und sanfte alte Musikmeister, mutet wie eine Personifikation dieser Wirkungen der Musik an; und wenn er endlich ganz auf die Sprache verzichtet und in Schweigen versinkt, strahlt etwas von ihm aus, was »wie ein rhythmisches Atmen«, wie eine völlig unmateriell gewordene esoterische Musik empfunden wird. Knecht selber beginnt als Musiker, und das Glasperlenspiel ist für ihn eine neuere, geistigere, abstraktere Art der Musik. Fast möchten wir Leser bedauern, daß dieses Spiel nicht eine wirkliche Erfindung, sondern nur eine poetische Hermann Hesses ist, allerdings eine geistvolle und bedeutungsschwere, deren Sinn am deutlichsten und poetischsten wohl in dem Gedicht ausgesprochen wird, das den Zyklus von Josef Knechts Jugendlyrik abschließt:

> Musik des Weltalls und Musik der Meister
> Sind wir bereit in Ehrfurcht anzuhören,
> Zu reiner Feier die verehrten Geister
> Begnadeterer Zeiten zu beschwören.
>
> Wir lassen vom Geheimnis uns erheben
> Der magischen Formelschrift, in deren Bann
> Das Uferlose, Stürmende, das Leben
> Zu klaren Gleichnissen gerann.
>
> Sternbildern gleich ertönen sie kristallen,
> In ihrem Dienst ward unserm Leben Sinn,
> Und keiner kann aus ihren Kreisen fallen,
> Als nach der heiligen Mitte hin.

Das letzte Kapitel der Biographie Josef Knechts ist »Die Legende« überschrieben. Der Chronist verzichtet auf die eigene Darstellung mit der Begründung, sie könnte ihm doch nicht besser gelingen, als die Legende vom Glasperlenspielmeister, welche beim Orden in vielen Abschriften zirkuliere, und vermutlich ein paar bevorzugte Meister des Dahingeschiedenen zu Verfassern habe. Aber die Stilmittel, mit denen der geheimnisvolle Aufbruch Knechts aus dem Orden in die Welt, und sein rascher und unerwarteter Hingang aus dem Leben, bevor er in dieser Welt überhaupt recht Fuß gefaßt hat, dargestellt werden, sind dieselben wie zuvor, die Darstellung bleibt mehr eine psychologische nahsichtige, als daß sie zu einer fromm-legendenhaften, die Realität legendär überhöhenden würde. Unter einer Legende verstehen wir doch vor allem eine an Gestalten und Begebenheiten anknüpfende Schöpfung fromm webender, gläubiger Phantasie, und sicher werden wir von einer Legende weit eher eine Bekehrung von der Welt, als eine solche zur Welt erwarten.
Mindestens vom Standpunkt der kastalischen Ordensbrüder aus

steht Josef Knecht am Ende als problematische Erscheinung da, als ein Ausbrecher aus der wohlgefügten Hierarchie des Ordens, wenn nicht gar als Abtrünniger und Ketzer. Gerade den unbedingten Glauben hat er verloren, und damit erscheint ihm Kastalien, das Glasperlenspiel und sein eigenes Amt in einem fragwürdigen Licht. Diese Einsicht bewegt sein Gewissen, das Amt des Glasperlenspielmeisters niederzulegen. Ein anderes wird ihm versagt, obwohl er sich anerboten hat, ein niedrigeres anzutreten, das seinem demütigen Bedürfnis zu dienen und seinem eigenen Namen »Knecht« entspricht: Wie vormals seinen eignen alten Lehrmeister, so drängt es ihn zu den Anfängern und Adepten, weil sie als die Jüngsten noch die Bildsamsten sind, dem natürlichen Leben noch am nächsten stehen, und einst die Zukunft Kastaliens gestalten werden. Denn um diese Zukunft ist dem Meister bang. Sein witternder Instinkt, sein unbeirrbarer Blick entdeckt die Züge des Alterns in der hochgezüchteten Gemeinschaft.

Josef Knechts Austritt aus dem Orden ist die Überraschung in der Linienführung des Romans. Erst zurückblickend entdeckt der Leser mit Bewunderung, durch wie feine psychologische Kunst diese Wendung vorbereitet war, so daß sie nun völlig glaubwürdig und überzeugend wirkt. Sie belebt nicht nur die Spannung der Handlung, welche während des langsamen und geradlinigen Verlaufes abwechslungssüchtigen Lesern abhanden gekommen sein dürfte, sondern diese Wendung eröffnet vor allem, nachdem wir die pädagogische Provinz gründlich durchwandert haben, einen neuen, weiteren Horizont.

Es hatte den Anschein, als ob Hermann Hesse, der in seiner zweiten Schaffenshälfte erstaunlich kühn in alle gegensätzlichen Bezirke des Menschlichen, ja des Allzumenschlichen und Dämonischen ausgeschweift war, sich mit dem »Glasperlenspiel« beruhigt und gesättigt, in friedlicher Resignation in die vita contemplativa still gesammelter Altersweisheit zurückgezogen, der Weite und Freiheit abgesagt, und das Heil im Glaubensbekenntnis an eine reine kastalische Geistigkeit gefunden habe. Das wäre der Standpunkt und die Haltung des Ordenshauptes Alexander. Aber nein. Zwischen Alexander und seinem Nächstunterstellten, dem Glasperlenspielmeister Josef Knecht, hebt nun eine geistig bedeutende Auseinandersetzung an, der die Auseinandersetzung in Knechts eigenem Innern vorausgegangen ist. Und wir spüren,

der Verfasser hält gegen den »rechtgläubigen« Alexander zu dem ketzerischen Josef Knecht.
Dieser entdeckt die Anzeichen der Überalterung im Orden, just weil er selber in Herz und Kopf seinen Jahren zum Trotz noch jung, wach und elastisch ist. Wenn die Unruhe ihn packt, so nicht als ein Rückfall in unausgelebte subjektive Triebe und persönliche Freiheitsbedürfnisse. Vielmehr ist es eine edle Unruhe aus Verantwortlichkeitsgefühl, die sinnende Sorge um das Rechte, und sie gilt nicht bloß dem Orden, sondern der Lebensallgemeinheit. Nicht umsonst ist er aus der Geistesschule des großen benediktiner Historikers Jakobus mit Einsichten in die Relativität alles geschichtlichen und politischen Geschehens hervorgegangen. Um die Stellung und Funktion Kastaliens in Beziehung auf das allgemeine Leben der Zeit dreht sich das Rundschreiben, das er an die Ordensleitung richtet. Er fordert den Orden zur Selbstbesinnung und Neuorientierung auf, indem er die Umstände und Antriebe seiner Entstehung in Erinnerung ruft.
Manche historischen Gebilde scheinen eben erst auf den Gipfel gelangt zu sein, wenn bereits in untergründigen Schichten neue Voraussetzungen eingetreten sind, die sich erst viel später als Katastrophe herausstellen. So sieht Knecht den blühenden kastalischen Orden bedroht, und zwar von außen und von innen her. Äußere Bedrohung, und zwar nicht bloß des Friedens, sondern der Freiheit und des Lebens, ahnt er im Nahen kritischer Zeiten, in einer Gefahr von Osten her, gegen die auch der Neutralitätswille des Staates sich als ohnmächtig erweisen dürfte. In einem Zustand des Existenzkampfes aber, so sieht er voraus, werde der Staat und die öffentliche Meinung die kastalische Provinz als einen schönen Luxus empfinden, den man sich nicht mehr leisten könne. Die Allgemeinheit ist der Nährboden und Baugrund des Ordens, und ihren Erschütterungen wird auch er ausgesetzt sein. So gelte es, sich dessen wieder bewußt zu werden, daß auch der Orden, dieser kleine geistige Staat im Staate, und seine unpolitischen Geistigen wider Wissen und Willen doch mit zur Politik gehören.
Die innere Bedrohung aber, in einer Krise, wo die Welt sich anschickt sich zu verjüngen, kommt aus dem Altersprozeß, der spröden Erstarrung und brüchigen Versteifung, und er zeigt sich in einer Art Selbstgenügsamkeit, die sich zur Selbstgefälligkeit und Hybris des Geistes steigert und zur Abkapselung von der Le-

benswirklichkeit und Lebensallgemeinheit, zum Inzest, zum Narzißmus, zur hochmütigen Einsamkeit, zum Spezialistentum und Virtuosentum, zum allmählich steril werdenden und steril machenden ästhetischen Formenspiel führt. Gerade das Glasperlenspiel ist hierin bedroht.

Kurz, das Rundschreiben Knechts ist der Warnruf des Weitsichtigen und Witternden, Weckruf zugleich an die zu sehr nach innen Gekehrten, ihr Augenmerk nach außen zu wenden.

Selber hatte er es längst als seine Aufgabe erkannt. Aber er hatte eingesehen, daß diese Auflockerung aus der Starre, diese Rückbindung an die Nährquellen des Lebens nicht gelingen wollte, und hatte auch von seinem Rundschreiben und der Auseinandersetzung mit dem Ordensmeister Alexander kaum etwas anderes erwartet, als was eintrat, nämlich die höfliche und bedauernde Ablehnung seiner Ideen, welche ihm aus Verständnislosigkeit als Untreue und Abfall auslegt, was geistige Überlegenheit und innere Notwendigkeit war.

Wir nehmen Partei gegen Alexander und für Knecht, als den Vertreter der höheren Werte. Mag jener vermeinen, der Weisheit letzten Schluß gefunden zu haben, und dieser ein Sucher bleiben wie Hesses andere Gestalten, so ist er doch nichts weniger als ein Irrender, der sich am Rande der Verzweiflung zur Umkehr gezwungen sähe. Vielmehr gleicht er einem gefestigten und hochgemuten Bergsteiger, den die Erkenntnis, daß er noch nicht auf dem Gipfel angelangt ist, weder zum Erlahmen und Stillstand, noch zur reuigen Umkehr bringt, sondern der sich den Mut und die Kraft zutrauen darf, in anderer Richtung weiter zu klimmen. Knecht verwahrt sich mit Recht gegen seinen Vorgesetzten, als problematische Natur gewertet zu werden. Als solche ist im »Glasperlenspiel« eigentlich nur Tegularius anzusprechen, allenfalls noch Designori, alle andern Gestalten stehen im Gleichgewicht. Wir brauchen bloß an die Periode des »Steppenwolf«, »Klingsor«, »Klein und Wagner«, ja sogar an Hesses erste Gestalten zurückzudenken, um inne zu werden, wie erstaunlich weit er sich aus der Sphäre der pathologischen und problematischen Naturen herausgefunden hat. Was sich in der Gestalt des Siddharta schon ankündigte, eben das ist der Zauber, der von Josef Knecht ausgeht: Die Haltung die Sicherheit, eine liebenswürdige, überlegene Heiterkeit.

Als die Ordensleute mit kopfschüttelndem Bedauern ihren magi-

ster ludi ziehen lassen, und er zu Fuß, wie einst als unbeschwerter Studiosus, seiner neuen, freiwillig gewählten Bestimmung in der Welt draußen entgegenwandert (er will vorerst den begabten Sohn seines weltlichen Freundes Designori erziehen), »es war alles wieder neu, geheimnisvoll, vielversprechend...« – »Das Glück der Freiheit und Selbstbestimmung durchflutete ihn.« Die Fähigkeit und Gnade der Wandlung ist ihm eigen. Und Hermann Hesse konnte sie ihm nur verleihen, weil er sie sich, den Jahren zum Trotz, selbst erhalten durfte.
Er will also keine Heilslehre verkünden mit dieser Idee des utopischen geistigen Ordensstaates. Er hat das Absolute nicht gefunden, noch einmal erweist er sich als der Relativist, als den wir ihn eh und je gekannt haben. Von neuem gleitet er zurück ins Problematische, reißt sich los von den Ankerketten, wird wieder zum Schweifenden, Heimatlosen, Unbehausten. Aber das ist doch nur die Schattenseite seines Relativismus, dieser geht aus vom Licht seines Erkenntnisgutes, und es muß durchaus positiv bewertet werden, daß er ein billiges Sichabfinden mit Halbwahrheiten, einen voreiligen Autoritätsglauben verschmäht, und daß die innerste Triebfeder in ihm elastisch geblieben ist, nämlich der Drang zu transzendieren.
Hesses Gestaltenwelt gipfelt im Glasperlenspielmeister. Nicht eben ein Heiliger, weniger noch ein Held ist er, ein Weiser vielmehr, am weitesten vorgeschritten auf dem Wege der Individuation und dem Heimwege aus ihr hinaus, kurz, auf dem Wege zur Vollkommenheit. Daß diese Gestalt eindrücklich und glaubwürdig gelang, das ist wohl der dichterische Hauptgewinn des neuen Werkes und darüber hinaus ein Zeugnis von Hesses eignem seelischen Fortschritt.
Die Problematik, von der die Rede war, ist also nicht die seine, sondern die aller irdischen Bemühungen und Bewertungen, die Relativität aller Haltungen, Bekenntnisse, Lehren. Hesse gehört, nicht unähnlich Rilke, zu denen, die auf der Hut bleiben, ihre jeweiligen Erkenntnisse als absolute Wahrheiten und endgültige Glaubenssätze auszugeben, denen vielmehr als der Weisheit letzter Schluß das Unterwegsbleiben erscheint. »Wohin gehen wir denn? Immer nach Hause« – diesem Lieblingswort seines Lieblingsdichters Novalis ist er treu geblieben. Nur das Ziel hat sich als noch unabsehbarer erwiesen. Und Weg wie Ziel sind kein Äußeres, sondern ein Inneres. »Jeder von uns ist nur ein Mensch,

nur ein Versuch, ein Unterwegs. Er soll aber dorthin unterwegs sein, wo das Vollkommene ist, er soll ins Zentrum streben, nicht an die Peripherie.«

»Transzendieren« hatte der Titel eines Jugendgedichtes von Knecht gelautet, und wenn er es nachträglich in »Klage« abgeändert hat, so deutete der philosophische Terminus doch das Gesetz an, dem er sich von jeher verpflichtet wußte, und das nun auch sein neues »Erwachen«, seine neue Richtung bestimmt.

Dem Weg zum Selbst, zur Vollkommenheit bleibt er treu, auch wenn er nun den klösterlichen Orden mit dem freien Leben in der Welt vertauscht. Denn der Seele tut es bald mehr not, sich der Welt zu, bald sich von ihr abzukehren, chinesisch gesprochen muß sie abwechselnd im Yang und im Yin, mit Goethes Symbolen ausgedrückt in der Diastole oder Systole leben. Und so sieht jetzt Knecht, nach langer Introversion als Ordensmann, die fruchtbare Entwicklungsrichtung, um es psychologisch zu formulieren, in einer Extravertierung. Das ist ein altes und immer neues Hauptthema Hesses. Wenn er, der sein Ich in Hälften aufzuspalten, seine Individualität zu teilen und in polaren Gestalten darzustellen nicht müde wird, etwa Narziß und Goldmund als Vertreter introvertierter und extravertierter Haltung einander gegenübergestellt hatte, so wird im »Glasperlenspiel« innerhalb der Seele des einen Josef Knecht Narziß, der er so lange gewesen, sozusagen von Goldmund abgelöst. Nicht endgültig zwar, sondern, so müssen wir uns vorstellen, nur einstweilen. Sollte diese Seele eine spätere Inkarnation eingehen, so dürfte das Pendel wieder nach der andern Seite ausschwingen. Denn beides sind gleichwertige Pole, und zwischen ihnen vollzieht sich immer neu der Lebensprozeß. Erst jenseits dieser Pole liegt die Einheit. Es ist die Klage um das ewig menschliche Sichbemühen und Transzendieren, welche dem ersten Gedicht des Jünglings Knecht das Thema gibt.

Uns ist kein Sein vergönnt. Wir sind nur Strom.
Wir fließen willig allen Formen ein:
Dem Tag, der Nacht, der Höhle und dem Dom.
Wir gehn hindurch, uns treibt der Durst nach Sein.

So füllen Form um Form wir ohne Rast,
Und keine wird zur Heimat uns, zum Glück, zur Not.

Stets sind wir unterwegs, stets sind wir Gast,
Uns ruft nicht Feld noch Pflug, uns wächst kein Brot.

    Wir wissen nicht, wie Gott es mit uns meint,
Er spielt mit uns, dem Ton in seiner Hand,
Der stumm und bildsam ist, nicht lacht noch weint,
Der wohl geknetet wird, doch nie gebrannt.

    Einmal zu Stein erstarren! Einmal dauern!
Danach ist unsre Sehnsucht ewig rege,
Und bleibt doch ewig nur ein banges Schauern,
Und wird doch nie zur Rast auf unsrem Wege.

Bei allem Hin und Her durch das Terrain des Lebens kommt die Seele dennoch, wie der mühsam im Zickzack vordrängende Bergsteiger, ihrem Ziele näher; »höher«, um im Bilde zu bleiben; »tiefer« ließe sich mit einer andern Metapher ebensowohl sagen, tiefer nämlich durch den Schacht in den eigenen Kern hinein. Und damit biegt das »Glasperlenspiel« in altvertraute Gedankengänge zurück, ja in den eigentlichen Bezirk des Glaubens oder doch religiösen Ahnens, dem Hesse schon in seinem »Siddharta« Ausdruck zu geben versucht hatte. Wenn er solche Bekenntnisse seiner dichterischen Sprache anvertraut, so gewiß darum, weil er sie zur Übermittlung an andre weit eher für fähig hält, als eine begrifflich philosophische Ausdrucksweise, die sich abstrakter termini wie »transzendieren« bedienen würde. Aber *keine* Sprache scheint ihm wirklich ausreichend zur Wieder- und Weitergabe des geheimnisvollen inneren Erfahrens und Wissens. In seiner indischen Legende ist es kein Geringerer als Buddha selbst, der dem jüngeren Sucher Siddhartha bestätigt, daß es eine Nachfolge in den Stapfen eines andern, auch in den seinen, eigentlich nicht geben kann, ja nicht einmal ein gemeinsames Ziel, insofern nämlich jede Seele in ihren ureigenen Kern hineinwandern muß.
Dem entspricht die Überzeugung des alternden Knecht, es gehe beim Reifeprozeß der Seele »nicht um die Wahrheit und die Erkenntnis, sondern um die Wirklichkeit und deren Erleben und Bestehen ... Man fand nicht Gesetze dabei, sondern Entschlüsse, man geriet nicht in den Mittelpunkt der Welt, aber in den Mittelpunkt der eigenen Person. Darum war auch das, was man dabei

erlebte, so wenig mitteilbar, so merkwürdig dem Sagen und Formulieren entrückt; Mitteilungen aus diesem Bereich des Lebens schienen nicht zu den Zwecken der Sprache zu zählen. Wurde man ausnahmsweise dabei ein Stück weit verstanden, dann war der Verstehende ein Mann in ähnlicher Lage, ein Mitleidender oder Miterwachender.« Und auf die Gewissensfrage des Ordensmeisters, ob Knecht jemals gedacht habe, seine Erweckungen seien so etwas wie Offenbarungen höherer Mächte, Mitteilungen oder Anrufe aus Bezirken einer objektiven, ewigen oder göttlichen Wahrheit, betont er in seiner Antwort wiederum die Wucht und Überzeugungskraft der subjektiven Wirklichkeit und das Unvermögen, »in Worten auszudrücken, was sich doch den Worten stets entzieht; rational machen, was offenbar außer-rational ist«.

Dies mystische Erleben ist der Augenpunkt der Perspektive, der selber unerkennbar ferne ist, auf den aber die Linien der Gestaltung in diesem Erzählwerk ausgerichtet sind, und der Dichter läßt sich dabei von einer Gesinnung leiten, die man mit ungefähr gleichem Recht als Weisheit, Frömmigkeit, amor fati oder Religiosität andeuten kann.

Lieder in einen Roman einzuflechten, ist ein Lieblingsbrauch der Romantik und liegt einem Erzähler, der wie Hesse von ihr herkommt und gleichzeitig selber begnadeter Lyriker ist, besonders nahe. Die weitgedehnte Landschaft eines Romans mit Novellen zu durchwirken wie mit abgeschlossenen Parks und Gärten, die aber doch den allgemeinen Charakter dieser Landschaft nicht verleugnen dürfen, – auch das ist eine alte Übung, es sei nur an die von Hesse selbst herangezogenen »Wanderjahre« Wilhelm Meisters erinnert. Im »Glasperlenspiel« verhält es sich allerdings nicht etwa wie bei Eichendorff, wo eine epische Situation von lyrischer Stimmung dermaßen geschwängert ist, daß sie sich in Liedern unmittelbar entlädt, oder daß die Gestalten des Romans bei passender Gelegenheit etwa mündlich Geschichten austauschten. Die Verse und Erzählungen werden vielmehr als dichterische Werke des Glasperlenspielmeisters Knecht geboten, Jugendwerke übrigens, wenn sie auch nicht eben jugendliche Züge tragen, sondern von einer solchen frühen Weisheit und Reife zeugen, daß wir sie sogar ihm kaum zugetraut hätten. Und wenn er auch ein durch und durch musischer Mensch ist, überrascht uns doch die sinnliche Fülle seines Erzählertums, der innere Reichtum seiner Vorstellungswelt als Kontrast zu der Enthaltsamkeit und schlichten Zucht seiner Lebensführung. Ein von Hermann Hesse gewiß mit vollem Bewußtsein beabsichtigter Kontrast, ein sehr singulärer Fall des Nebeneinanders zweier gegensätzlicher Erzählstile, eines geistig und eines sinnlich gerichteten, eines asthenischen und eines pyknischen möchte man vergleichsweise sagen.

Der Chronist von Knechts Biographie nennt dessen Nachgelassene Schriften den vielleicht wertvollsten Teil seines eigenen Buches. Ob ihm Hesse damit seine eigne Meinung unterschiebt oder nicht –, sie dürfte die aller Leser sein, welche mehr aufs künstlerisch Poetische, als aufs rein Geistige eingestellt sind. Diese zweihundert Seiten in dem viermal umfangreicheren Ganzen völlig befriedigend unterzubringen, mag eine nicht restlos zu lösende Aufgabe gewesen sein. Sie sind am Schluß angefügt, sozusagen ins Schlepptau genommen; man kann es aber auch so empfinden, daß sie das Werk wie einen schlank aufgeschossenen, blätterarmen Stengel mit einer unerwartet üppigen Blütendolde krönen. Ihre Ansatzstellen liegen allerdings weit zurück in Knechts Jugend. Bei den Kastaliern herrschte nämlich der alte Brauch, daß die begabten Zöglinge am Schluß ihrer Studienjahre, sozusagen als höchstes und freistes Zeugnis ihrer Geistesreife, einen Lebenslauf zu schreiben haben, in gewissem, wenn auch nur übertragenem Sinn das eigne Curriculum vitae. Sie haben ihre eigne Person als Maske, als vergängliches Kleid einer Entelechie zu betrachten und in eine vergangene Zeit, eine fremde Kultur, eine veränderte Lage zu versetzen, wobei, nicht als Credo, aber als Hypothese, ein Rest des alten Seelenwanderungsglaubens in diesem Spiel der Imaginationskräfte fortwirkt.

Josef Knecht suchte sogar drei solcher Präexistenzen, indem er sich zuerst als »Regenmacher« in die Vorzeit primitiver Stämme versetzt, hierauf als »Beichtvater« zu den Büßern und Heiligen des Frühchristentums nach Palästina, um dann als Königssohn einen wechselvollen »Indischen Lebenslauf« zu bestehen, der um die Vorstellung der Maya, der Welt als Erscheinungstrug kreist. Der Biograph berichtet, daß das Material und die Vorstudien zu einem vierten Lebenslauf Knecht über den Kopf gewachsen seien. Er wäre darin in einem konkreten Milieu des 18. Jahrhunderts aufgetreten, nämlich als schwäbischer Theologe, der den Kirchendienst mit der Musik vertauscht, ein Schüler Johann Al-

brecht Bengels, ein Freund des magischen Prälaten Oetinger und eine Weile Gast der Gemeinde Zinzendorfs. Schade, daß uns Knecht – und damit Hesse – diese fingierte Vita schuldig geblieben ist, sie wäre seine einzige historische Erzählung geworden. Übrigens wird der merkwürdige Gelehrte Bengel zufolge seines Planes, in einem enzyklopädischen Werke alles Wissen seiner Zeit symmetrisch und synoptisch auf ein Zentrum hin zu ordnen und zusammenzufassen, als ein heimlicher Vorläufer und Ahne des Glasperlenspiels bezeichnet.
Die drei fertigen Erzählungen könnten für sich bestehen. Zumal der »Regenmacher« dürfte zu Hesses thematisch interessantesten und durch die Kraft des Sichhineinversetzens in eine fremde Welt eindrücklichsten Gestaltungen gehören; der »Indische Lebenslauf« lockt unwillkürlich zum Vergleich mit »Siddhartha« und Stefan Zweigs indischer Legende »Die Augen des ewigen Bruders«.
Der Wert übertrifft aber die Summe dieser drei Stücke dadurch, daß sie einen Zyklus bilden, der in Variationen das Hauptthema – und zudem viele Einzelmotive – des Romans abwandelt und entfaltet. Die auch schon von andern Autoren wie Arnim, Gjellerup oder Albert Steffen aufgegriffene Idee, eine Seele auf dem Weg ihrer Metempsychose zu begleiten, ist geistig wie künstlerisch ergiebig. Erst recht, wenn die Monade, wie im Falle Josef Knechts, der Typus, das Urbild des geistigen Menschen ist. Ihre Reaktionen sind verschieden, je nach der Beschaffenheit der Epochen und Kontinente, in die sie hineingetaucht wird, je nach den geistigen Entfaltungsmöglichkeiten, die ihr der jeweilige Menschheitszustand gewähren kann.
Ob diese Seele, die von Uranlage ein hohes Karat der Empfindung und die latenten Möglichkeiten religiöser, denkerischer, musischer Auswirkung mitbringt, sich durch ihre Inkarnationen auch noch entwickelt und läutert, scheint in den fingierten Lebensläufen noch unentscheidbar. In Gestalt des Josef Knecht anno 2200 ungefähr scheint sie gegen die Gefahren eines tiefen Verstricktwerdens in Maya, in sinnliche Irrwege und Leidenschaften, als Gegengewicht eine seltene Überlegenheit, Zucht, Ausgeglichenheit und hohe Heiterkeit ausgebildet zu haben. Dennoch, ob sie nach so langem Unterwegs »am Ziele ist«, macht die Wendung vor Knechts jähem Tod fraglich, und auch der Dichter würde es, darüber interpelliert, wohl offen lassen, steht

er doch dem Endgültigen, Absoluten in scheuer Ehrfurcht gegenüber als ein Mann, nicht des greifbaren Credo, sondern der ahnenden Hoffnung.
Er hat viele seinesgleichen unter den Zeitgenossen, überallhin verstreut wohnt eine heimliche Gemeinde von »Kastaliern« und Kastalienfreunden. Gerade sie sind heute die guten Leser, und sein aus der Sehnsucht der Gegenwart gewachsenes Buch, das mit seiner milden Überlegenheit und geheimnisvollen Tiefe alle Vorzüge eines bedeutenden Alterswerkes vereinigt, wird ihnen ans Herz wachsen.

(1943)

R. J. Humm
Hermann Hesses »Glasperlenspiel«

Ein Bekannter brachte mir neulich einen chinesischen Kaisermantel ins Haus. Man sieht auf solchem Mantel – dessen prachtvolle Arbeit und viele Symbole zu beschreiben ich mir hier versagen muß – eine Anzahl grüner Drachen, die emporstreben und mit ihren Krallen nach bläulichen Scheiben greifen, aus denen rote, in ihrer Form an Korallen gemahnende Blitze oder Emanationen hervorzüngeln. Diese Scheiben sind ein Symbol der Vollkommenheit, und die Drachen stehen da für die Beamten, die in der Hierarchie des chinesischen Reiches nach höheren Graden streben. Diese Hierarchie hatte im alten China einen intellektuellen Charakter, sie war nach Graden der Gelehrsamkeit gestuft; die Drachen sind der Geist, der edle, gute Dämon der emporstrebenden Menschen. Von diesem Kaisermantel kam mir ein eigenartiges Bild für die Struktur der Menschheit: Als ob alle die Forscher, Philosophen, Künstler, Dichter, deren Namen durch die Jahrhunderte zu uns klingen, alle die Pythagoras, Campanella, Dante, Newton, Mozart, lauter in die menschliche Materie eingewebte, schönheits- und erkenntnisdurstige Drachen gewesen wären. Die menschliche Substanz stellte sich mir dar als eine graue, von glänzenden Goldfäserchen durchsetzte Masse; als ein dunkler, aus den Tiefen der Zeiten emporsteigender, von tausend dämonischen Flämmchen leuchtender Strom. Die Flämmchen, das waren die Kämpfer, die Erneuerer, die Verschönerer der Welt.

Als ich tags darauf Hesses Glasperlenspiel zu lesen begann, fand ich mich durch diesen Kaisermantel und die Erläuterungen seines Besitzers, eines subtilen Kenners Chinas, auf das schönste und natürlichste in dieses Buch eingeführt. Es war eine in ähnlichen Vorstellungen sich bewegende Geistesgeschichte, die mir zudem ein Bild von dem weiteren Verlauf ihres Stromes gab. Nicht nur war in dem Buch vielfach von China die Rede und ging es, mit lächelndem Wissen und Willen des Verfassers, öfters betont chinesisch darin zu (in Kastalien herrscht schönste Hierarchie, der höflichste Zeremonialstil findet sich darin ausgebildet), sondern ich gewann auch eine Vorstellung von dem Ende, den es mit diesen freundlichen, segenspendenden Dämonen nehmen könnte. Kastalien ist ein Kloster von Drachen, von letzten, müden Geistesheroen. Sie züngeln nicht mehr durch die Materie der Menschheit. Sie haben sich abgesondert. Sie sind auch kaum mehr schöpferisch. Zwischen Geist und Welt hat sich ein tiefer Abgrund aufgetan. Hesse zeichnet uns lächelnd das betrübliche Bild einer Spätzeit, in welcher der Geist, von der Welt gar zu hart angefaßt, sich in eine schöne Klausur zurückzieht, nur noch spielt, nur noch Höflichkeiten und Formen hergibt, die Welt nicht mehr anregt, nicht mehr befruchtet.

Wie auf besonnten Hügeln, zu deren Füßen sich ein Nebelmeer erstreckt, liegen die verschiedenen Schulen, aus denen Kastalien besteht. Die Welt ist weit draußen, weit unten; ihr Geräusch dringt nur leise zu den Klosterinsassen empor. Hie und da wandern die Schüler von einem Konvikt zum andern, aber ihre Abwendung von der Welt ist derart, daß die Dinge, denen sie unterwegs begegnen, vom Verfasser nicht erwähnt werden. Sie gehen wie in einem Nebel, in dem nur ihre Gedanken leuchten. Sie leben auf ihren Hügeln, gleich »künstlich gezüchteten Singvögeln«, nur den Problemen ihres Glasperlenspieles und den Sorgen ihrer schön gestuften Rangfolge. Suchen sie Anschluß, so nur mit Geistesverwandten, etwa mit den Mönchen eines Benediktinerklosters. Sie werden vom Staat genährt, denn so weit geht die Einsicht der Normalen jener Spätzeit. Diese, die unten in den Nebeln hausen, mit ihrer Industrie, ihren Zeitungen, ihrer Politik, erkannten, daß von solchen Hochburgen des Geistes Richtungen und ein Qualitätsgefühl ausgehen, die zur Erhaltung einer anständigen menschlichen Höhe auch unter ihnen unentbehrlich seien. Sie sahen auch ein, daß ihnen der Unterhalt einer solchen

Elite doch immer bedeutend billiger zu stehen kam, als die ewigen Kriege, an denen ihre Vorfahren aus dem »feuilletonistischen Zeitalter« zu tragen hatten. Es wird uns das Bild einer befriedeten, chinesisch gewordenen Menschheit gezeichnet. Eins ihres Oberbaus zumindestens; denn vom Unterbau erfahren wir zunächst nicht viel.

Erst im letzten Drittel des Buches hören wir mehr von der realen Welt, die Kastalien umgibt, ja, das Buch wächst sich schließlich zu einer großen Auseinandersetzung zwischen den Kastaliern und ihrer Umwelt aus. Josef Knecht, dessen Werdegang vom Schüler bis zum Glasperlenspielmeister wir verfolgten, ist von der Unfruchtbarkeit des gelehrten Betriebes auf Kastalien so durchdrungen und des ihn quälenden Konfliktes zwischen Ästhetisch und Ethisch, Magisch und Mystisch, so müde, daß er beschließt, Kastalien zu verlassen, um als einfacher Schulmeister einer ihn ersprießlicher dünkenden Aufgabe in der realen Welt zu dienen. So erfahren wir also mehr von der Beschaffenheit der Gesellschaft und des Staates in jenem künftigen kastalischen Jahrhundert, in dem nur noch blasse Erinnerungen an das unsere leben. Doch was dabei verwundert, ist ihre Ähnlichkeit mit der unseren. Und hier setzt auch die Kritik an, die an das Buch anzubringen wäre. Eher eine Frage, als eine Kritik. Die Wirklichkeit, die Hesse um sein Kastalien zeichnet, ist die schweizerisch-bürgerliche von heute. Es gibt da Landbesitz, bürgerliches Patriziat, Parlamentarier und Jungliberale; ferner deuten Hunderte von Anzeichen darauf hin, daß diese schweizerisch-bürgerliche heutige Welt, die um jenes ferne Kastalien projiziert wird, noch immer mit Vorstellungen aus der kleindeutschen Feudalzeit infiltriert ist. Das alles nimmt sich wunderlich genug aus, es befremdet. Eine Umwelt, die ein Kastalien trägt und ernährt und die Einsicht in dessen Wichtigkeit hat, kann man sich nur von Grund auf anders aufgebaut denken; ihr staatlich-gesellschaftliches Gefüge dürfte eine viel größere Ähnlichkeit mit einem ägyptischen oder chinesischen Beamten-, Mandarinen- oder Priesterstaat haben als mit dem freisinnig-demokratischen Staatswesen von heute. Diese Inkongruenz führt das Buch in die Bereiche des Dichters zurück, nimmt ihm den Wert einer Utopie (so hat man das darin gezeichnete Bild Kastaliens schon vielfach genannt) und verleiht ihm dafür den, eine Selbstdarstellung und Selbstkritik zu sein.

Es ist der Roman Hesses und seiner Introversion. Es ist hier das Bild seines äußersten Rückzuges gegeben, den er antrat in der Epoche der höchsten Gefahr. Es ist der Roman eines deutschen Dichters – des letzten deutschen Klassikers! – im Zeitalter des vordringenden Nationalsozialismus. Ihn deuten, heißt die Exegese dieser Flucht versuchen. Man kann in dem Roman fast auf die Seite genau den Punkt angeben, an dem die Seele des Dichters wieder begann, sich der Welt hinzuwenden, vermutlich, weil an dem Tage auch in der Außenwelt ein Aufatmen durch die Menschen ging und die Gefahr endlich gebannt schien. An diesem Tag hebt Hesses Kritik an diesem selben Kastalien, in das er sich zurückzog, an. Dieses Kloster Kastalien ist das ausgebreitete Bild des Gemütes des Dichters, eine weite Schilderei seines inneren Lebens. In dem Buch wird Hegel öfters erwähnt. Man könnte »Das Glasperlenspiel« eine Phänomenologie des Geistes Hesses nennen, die in Bildern, in einer Geschichte, gegeben wird, anstatt in Begriffen. Eine Erhellung durch Hegel läßt sich auch in der Auffassung vom dialektischen Ablauf der Geschichte erkennen; und ebenfalls darin, daß das Problem vom Herrn und vom Knecht, vom Führer und vom Gefolgsmann – ein ständig wiederkehrendes Problem in allen Büchern Hesses, dieses Dichters der geistig gestuften Freundschaften und ihrer magischen Beziehungen – hier philosophischer abgewandelt wird. Lange vor Hegel, und wer wüßte es besser als Hesse, hatten schon die Chinesen ein dialektisches Weltbild, eine Auffassung der Dinge also, die sie zwischen den Extremen ein Gleichgewicht suchen hieß, da das Extrem nur seinen Gegensatz zeitige. Das »Glasperlenspiel« ist getragen von dieser Weisheit; es schwingt zwischen den beiden Polen chinesisch-konfuzianischer und deutscher idealistischer Philosophie. Und wenn Josef Knecht zuletzt den gefährlichen Gegenpart findet, den ganz im Weltlichen hausenden, ganz dem Körperspiel (nicht mehr dem geistigen Glasperlenspiel) hingegebenen Jüngling Designori, den Repräsentanten eines ungeistigen, herrischen, soldatischen und extravertierten neuen Geschlechts, und durch diesen herausgefordert, scheitert und – ohne sich eigentlich aufzuopfern – zugrunde geht, so möchte man in diesem tragischen Ende fast einen Schiffbruch des gesamten Idealismus bekannt sehen, der im Untergang eine letzte, traurige Weisheit hinterläßt. Ich meine: das ganze Buch ruft, als seinem Gegensatz, weil es sich doch in Grund und Boden selbst verneint, dem Mate-

rialismus, als dem Letzten, an das zu glauben uns noch gegeben sei.
Ob das die Absicht des Dichters war?
Der – immer symbolische – Zufall wollte es, daß keine Stunde, nachdem ich das Buch zu Ende gelesen hatte, ein Fliegeralarm ertönte, der mich in die blaue Uniform des Luftschützlers – die wenig Ähnlichkeit mit einem Mandarinenmantel hat – hinein in einen Unterstand, fünfzehn Meter unter der Erde – wo es zwar recht nett und kameradschaftlich, aber kaum kastalisch zugeht – hinunternötigte. Dort verstand ich dann besser, warum wir uns nicht an diesen wenig tröstlichen Schluß des Buches halten sollen. Auch dieses Buch ist, wie alle Bücher Hesses, ein chinesischer Kaisermantel, der von den goldenen Äderchen seiner herrlichen Geistigkeit durchwirkt ist; von Schabernack, Humor, tausend kleinen, lachenden, unverwüstlichen Drachen seiner kindlichen, göttlichen Laune. Es ist ein Strom von nährenden roten Blutkörperchen, im Wort, im Satz, in jeder Idee, in jedem Geräusch. Diese ewige Substanz unseres Dichters, die wärmt und erhellt, die ist es, die uns Leser immer wieder anzieht, zu ihm zurückruft, uns mit ihm abzugeben heißt, um das funkelnde, schmeichelnde Glasperlenspiel kleine, begeisterte Schmarotzer, die von ihm zehren. Es ist die in ein Buch projizierte warme Menschlichkeit Hesses, dieses unzerstörbare Radium seines Herzens, das uns auch in diesem Buch fasziniert.
Unersättlich, wie wir sind, sind wir aber auf das nächste gespannt. Auf das Wort vom Glasperlenspiel, so dünkt mich wenigstens, sollte noch eines folgen. Hesses vernichtende Kritik an seinem Kastalien muß man ernst nehmen; sie fordert geradezu heraus, eine Zumutung auszusprechen: Hesse möchte noch einmal in das traurige Gesicht der Welt blicken. In eins, das wirklicher ist, als jenes Designoris. Dieser ist schließlich nur ein Herr, ein vergangenes Wesen. Wer sich aber in der Welt mit kräftigen Ellenbogen vorwärtskämpft, dem Dichter noch unerreicht, von diesem nicht gebändigt, ist Genosse Desociali...

(1943)

Max Rychner
»Das Glasperlenspiel«

Hermann Hesses zweibändiger Roman »Das Glasperlenspiel« führt den Leser über unsere Zeit hinaus in einen utopischen Raum. Unsere Epoche ist vorüber, und von der folgenden aus, in der die Erzählung spielt, ist ziemlich verächtlich davon die Rede als vom »feuilletonistischen Zeitalter«, in dem die großen ererbten Kulturwerte in das Geröll und Geschiebe nervöser kleiner Zeitungsartikel zerbröckelten. (Die echte Zukunft wird vielleicht einmal unsere Zeit mit etwas tieferer Einsicht das »physikalische Zeitalter« nennen und mit den Namen Planck, Einstein, Niels Bohr, Heisenberg, Schrödinger, de Broglie, Debye, Eddington usw. verbinden.) Die Epoche, in welcher der Held des Romans, Josef Knecht, lebt und stirbt, ist einzig gekennzeichnet durch die Existenz eines Ordens: den der Glasperlenspieler; sonst wird darauf verzichtet, etwa in der utopischen Weise von H. G. Wells eine neue Entwicklungsstufe unseres Abendlandes mit neuen Daseinsformen vorwegzunehmen. Im Gegenteil, der Roman ist sozusagen weltleer, die staatlichen und gesellschaftlichen Grundlagen alles menschlichen Daseins werden nicht miteinbezogen, und daß der stellvertretende Darsteller der Weltlichkeit, der Gegenspieler und die andere Hälfte Knechts, Plinio Designori, als ein fortschrittlicher, kühner »Liberaler« geschildert wird, der als solcher aus dem Rahmen seiner Umgebung fällt, deutet darauf hin, daß vieles in dieser Romanzukunft beim alten geblieben ist und noch völlig unserer Zeit entspricht.

Der Orden und Männerbund der Glasperlenspieler ist die Gründung einer Gegenwelt zur Welt, die diese aufheben soll. Mit ihr soll der Sprung aus der Geschichtlichkeit vollzogen werden in ein Reich des in sich vergnügten spielenden Geistes, der wie in einer schimmernden Farbenkugel abgelöst über der Erde schwebt und sie nicht mehr berührt. Ein Reich vollkommener Freiheit scheint erschaffen, wo dem Geist all seine Bedingtheiten abgenommen wurden, damit er sich nach seinen innersten Eigengesetzen rege. Im spielenden Menschen ist so ein Äußerstes und Oberstes erreicht; ein Bund hochgezüchteter Asketen wird uns vor Augen geführt, in welchem die Weltsüchte ausgetilgt sind oder verspielt werden. Der Staat – er wird nicht genannt, es ist auch nicht wich-

tig – unterhält den Orden, ohne daß dieser sich viel um ihn kümmerte, da der Orden ja als eine zeitüberhobene Schöpfung im Raume reinen Seins zu gelten beansprucht.
Einzig Josef Knecht weiß um die Geschichtlichkeit und damit um die Wandlung und Vergänglichkeit alles Geschaffenen, das heißt er lernt es, und zwar in einem Kloster, wo er eine Zeitlang zu Gaste weilt und von Pater Jakobus in die Geschichtswissenschaft eingeführt wird. In welche? Diese wandelt sich ja mit den Zeiten, in die sie verflochten ist. Der Dichter verschließt uns alles, was einen Einblick in die für seinen Helden so folgenreichen Begegnungen zwischen Josef und Jakobus gewähren würde, aus einer Stelle aber geht hervor, daß es sich beim Unterricht des Paters nicht um eine künftige »neue Wissenschaft« handelt, die in der Erkenntnis weiter gelangt wäre als unsere Zeit, sondern um eine Bemühung, die sich derjenigen Jakob Burckhardts verwandt fühlen darf, da sie auch Formeln aus seinem Werk heranzieht. Also wieder ein Beispiel dafür, daß Hesse in der Außerzeit des Romans, die man nicht eindeutig Zukunft nennen kann, die geschichtlichen Zeiten nach Bedarf einsetzt oder vertauscht. Er gibt nicht eine neue Vision von Geschichte oder Geschichtlichkeit, sondern läßt seinen Adepten eingeweiht werden in eine vergangene, großgeartete Betrachtung des Weltwerdens und -vergehens, die Josef Knecht mit Feierlichkeit aufzunehmen strebt als erste geistige Weltversuchung.

Die Erweckung des geschichtlichen Sinnes in Josef Knecht führt diesen aus der gläsernen Gegenwelt seines Spielerordens der Welt entgegen. Er wird Kastalien verlassen, nachdem er dort die hohe Würde des Glasperlenspielmeisters erlangt und jahrelang verwaltet haben wird. Dieses Spiel ist ein sublimer Zauber. Es erwuchs aus dem Bedürfnis nach völliger Überwindung des Feuilletons und seinem halbgebildeten Daherreden, aus einer »neu erwachten Freude an den exaktesten Übungen des Geistes, der wir die Entstehung einer neuen Geisteszucht von mönchischer Strenge verdanken«. Die »tief gesunkenen geistigen Berufe hatten in den Augen der Welt Bankrott gemacht und hatten sich dafür eine büßerisch-fanatische Hingabe an den Geist wieder erobert«. Aus der einschneidenden Disziplin der Mathematik und ihrer musischen Schwester, der Musik, entstehen die Formen des »Spiels der Spiele«, welches in langer Entwicklung – auch das

Übergeschichtliche hat eine Lebensgeschichte – sämtliche Formen und Formeln des jemals in den Künsten und Wissenschaften des Erdrunds verleibten oder objektivierten Geistes in sich aufnimmt und spielerisch verfügbar hält. Es wird »zum Inbegriff des Geistigen und Musischen, zum sublimen Kult, zur Unio Mystica aller getrennten Glieder der Universitas Litterarum«. Weiterhin wird es genannt: ein magisches Theater, eine Weltsprache der Geistigen. Oder: »Es bedeutete eine erlesene, symbolhafte Form des Suchens nach dem Vollkommenen, eine sublime Alchimie, ein Sichannähern an den über allen Bildern und Vielheiten in sich einigen Geist, also an Gott.«
Das alles soll das Spiel sein; mit einer reichen Fülle von Metaphern wird es gekennzeichnet. Beschrieben wird es nicht. Die äußern Umstände eines Jahresfestspiels werden geschildert, der Spielverlauf aber bleibt in der Sphäre der Andeutung, welche in der Folge dann oft die Rolle der Bedeutung übernehmen muß. Die Bedeutung wird behauptet. Zugleich aber vermag der Dichter mit großer Kunst den Eindruck der Leere zu erwecken; und die Konsequenz, die er seinen Helden ziehen läßt – die Abdankung auf der Höhe des Erfolgs –, sprengt einen Riß in die Mauer, die das Geheimnis des Spielerordens umgibt, und läßt in eine erzeugte Leere blicken. Es wird gesagt, daß in diesem entweltlichten Raum noch geistige Akte vollzogen werden, aber es wird auch eingeräumt, daß ihnen jede Fruchtbarkeit mangle; alles bleibt in folgenlosem Konfigurieren mit dem Material früherer Schöpfungen, welche aus einem notwendigeren Geist geschaffen worden sind als aus dem leidlosen Geist der Kastalier. (So nennen sich die Glasperlenspieler.)

Hesses Vorstellung von dem Mandarinen-Orden wohnt ein wirkender ästhetischer Zauber inne: nicht Schöpfung, aber Genuß der Kultur ist das Anliegen dieser in Künsten und Wissenschaften streng Geschulten, nicht Mehrung, aber treue Bewahrung alles ererbten Großen und Schönen. Die Kastalier sind Hüter eines Schatzes, den unsere Vorläufer-Epoche zu verschleudern und zu zerstören alles ins Werk setzt. Zugleich mit dem Aberwillen gegen die politische Geschichte, die ihnen die ewig sich wiederholende Demonstration der unteren Zerstörungsmächte bedeutet, pflegen sie eine weltliche, vernünftig durchgeklärte Frömmigkeit gegenüber der Kulturgeschichte. Mögen sie nicht mehr schöpferisch sein – den schöpferischen Geist und seine ehrwürdigen Denkmale nimmt niemand so ernst wie sie, auch wenn sie geistvoll damit spielen. Sie überliefern und halten alle Kultur verfügbar; sie helfen auf ihre Weise die kommende Epoche heraufführen, von der es aussteht, ob sie menschenwürdiger sein wird als die ihre. Etwas vom chinesischen Geist pietätvoller Bewahrung ist in ihnen lebendig, und daß der Dichter ihn uns vergegenwärtigt, geschieht aus einem tiefen Wissen um Mangel und Bedürfnis unseres Zeitalters. Nicht von ungefähr baut Josef Knecht sein brillantestes Festspiel auf einem chinesischen Thema auf: »Es sollte diesem Spiel, das war der hübsche Einfall, für Struktur und Dimensionen das alte, konfuzianisch rituelle Schema des chinesischen Hausbaues zugrunde liegen, die Orientierung nach den Himmelsrichtungen, die Tore, die Geistermauer, die Verhältnisse und Bestimmungen der Bauten und Höfe, ihre Zuordnung zu den Gestirnen, dem Kalender, dem Familienleben, dazu die Symbolik und Stilregeln des Gartens. Es war ihm einst, beim Studium eines Kommentars zum I Ging, die mythische Ordnung und Bedeutsamkeit dieser Regeln als ein besonders ansprechendes und liebenswürdiges Gleichnis des Kosmos und der Einordnung des Menschen in die Welt erschienen...«

Das Thema der Behausung! Im Orden soll der Geist seine Stätte auf Erden haben, eingeordnet und in sich zu hierarchischer Ordnung gefügt. Aber Hesse zeigt an allem die einwohnende Tendenz auf, sich ins Gegenteil zu kehren: Josef, Knecht genannt, ist ein Her|r, aber angelangt auf der Spitze der Ordenshierarchie bricht er aus; er verläßt »das Weltchen in der Welt«, um als einfacher Erzieher zu dienen. Das von Natur antikastalische Weltkind, Plinio Designori, vermag nicht, ohne Anlehnung an die kastalische Gegenwelt zu leben. Knechts Ausbruch ins Unbehauste geschieht aus dem Drang zum Ganzen: »Nur hatte ich während meiner Lehrzeit bei Pater Jakobus die Entdeckung gemacht, daß ich nicht nur ein Kastalier, sondern auch ein Mensch sei, daß die Welt, die ganze Welt mich angehe und Anspruch auf mein Mitleben in ihr habe.« Das Ganze der Welt lockt und fordert den ganzen Menschen heraus, und so muß dieser sich aufmachen, um die Stationen seiner irdischen Wandlungen zu erreichen... und wieder zu verlassen.

Eine wundersame Doppelwertigkeit eignet den Personen und Dingen in Hesses Roman: der kastalische Orden wird zu Beginn als etwas Höchstes mit aller Ehrfurcht und Liebe ausgedacht, bis diese Gefühle sich dann völlig ausgegeben haben und der Prozeß der Entwertung anhebt, denn diese Gemeinschaft ist nicht das Ganze, zu dem der Geist unterwegs bleibt. Auch der Mönchsorden, bei dem Knecht jahrelang zu Gast weilt, ist es nicht, wiewohl er die hohe geheimnisvolle Gabe der Dauer besitzt. Und die Welt der Leidenschaften, des auf Einzelziele gerichteten Willens, der Politik, ist es nicht; sie ist ergänzungsbedürftig durch den Geist. Alles von den Menschen absolut Gesetzte erscheint hier nur als Stufe in der Dialektik des Weltvorgangs, wie er uns in der Geschichte aufscheint; und auch in seiner Gesamtheit ist er vielleicht nur eine Stufe, vom Ganzen her, welches das Wahre ist, gesehen also von einem Gesichtspunkt aus, der dem Menschen nur in der Ahnung gegeben ist, dem sich anzunähern er in mancherlei Übungen, Kulten, Erhebungen sucht.

All diese Stufen sind uns objektiv gegeben als Geschichte und Leben der Menschheit, der Völker und des einzelnen Menschen. Die höchste Entfaltung seiner Meisterschaft gelingt dem Dichter, wo er, überlegen ordnend, seinen Josef Knecht in drei erfundenen Lebensläufen verwandelt: in einen Magier eines primitiven Stammes; in einen Einsiedler des Vorderen Orients zu frühchristlicher Zeit; in einen indischen Fürstensohn, der aus Einblick in die Schmerzzusammenhänge des Lebens den Weg zur Weltabkehr und zur überwindenden Versenkung findet. Nichts ist vergangen und völlig abgetan, alles, was jemals war, bleibt in uns, wir müssen ihm unser Leben leihen, aber dieses darf sich darin nicht beruhigen: es muß darüber hinausgelangen nach seinem eigensten Gesetz.

Nach dem Tode Josef Knechts, der in einer Gegenführung des Motivs vom Kratersturz des Empedokles in einem Bergsee untergeht, entfaltet Hermann Hesse in den drei Lebensläufen eine Typologie der Seele an diesem einen Falle Knecht – nicht als Lehre unter Lehren, sondern als Dichtung vom Menschen, der seine Stufen beschreibt, ohne eine davon achtlos überspringen zu wollen, da er sich auf jeder von ihnen zu erfüllen hat. In Knecht lebt ein primitiver Magier zartesten Gefühls; ein Christ voll reiner Bruderliebe; ein Yogin, der seine Wurzeln dem Urgrund der Dinge entgegenstreckt – und noch mehr: die einmalige, einzigartige Persönlichkeit Josef Knecht, in welcher diese Arten der Existenz aufgehoben (das heißt: bewahrt und überwunden zugleich) sind.

Alles ist immer vorhanden, und alles, eben das Ganze, drängt zum Einzelnen wie dieser zu ihm. Da die Tendenz höheren Lebens zum Höchsten besteht, wirkt der reifere Mensch auf den jugendlichen, noch vieler Wandlungen Bedürftigen, geheimnisvoll anziehend. Auf eine einzigartige Weise stellt Hesse immer wieder die Beziehung Meister–Jünger dar, das echte pädagogische Verhältnis. In manchem Betracht kann »Das Glasperlenspiel« als ein Erziehungsroman gelten, falls man dem Begriff etwas reichere und feinere Nuancen zugesteht als in der üblichen klobigen Literatur dieser Gattung. Josef Knecht wird durch einen alten Musikmeister auf seinen Weg gebracht, nicht durch ausgesprochene, direkte Belehrung, sondern durch den Eindruck, den er von dem ganzen Wesen des Älteren und seiner im Spiel sich zeigenden Ausstrahlung in die Musik empfängt. Die nächste Stufe seines Höherschreitens gewinnt er im Umgang mit Pater Jakobus und dessen Geschichtsweisheit. Die dritte in seiner freund-feindlichen Beziehung zu dem gleichaltrigen Weltmann Designori. Jede Stufe der Vergeistigung bringt ihn jeweils zugleich mit einer welthaltigeren Schicht in Verbindung: Musik, Geschichte, Politik, so ist die Folge. Und am Ende will der Lernende selber lehren und neigt sich dem Sohn seines Freundes zu, dessen Widerstände gegen ihn in der Wärme der wachsenden Bewunderung dahinschmelzen. Man erwirbt nicht, um zu besitzen, sondern um weiterzugeben an die Bedürftigen: welche Menschen vermögen so schön das Helfende, Notwendige, Bereichernde ihres Wesens zu vermitteln wie Hesses Romangestalten in ihrer zarten und gütigen Aura des Taktes und der Sympathie?

Die drei Lebensläufe, die Josef Knecht niedergeschrieben hat, behandeln ebenfalls das pädagogische Verhältnis: der Magier und Wettermacher weiht seinen Sohn ein in ein höheres Inneres der Natur und seiner selbst; der junge christliche Eremit sucht einen Älteren auf (er trifft ihn auf dem Weg zu sich) und wird sein Jünger; der indische Prinz ordnet sich dem Heiligen im Wald unter und begehrt nur noch, ihm zu folgen. Keine Lehre wird vorgetragen, kein indiskretes, anspruchsvolles Fordern; in der stillsten

Weise wirkt das Höhere auf das Tiefere, das Sein auf das Sein, durch Bezauberung. Der umfassende Geist senkt sich leise in den beengten und weitet ihn.

Und so erscheint das Anfangsproblem des Romans am Schluß in neuer Wendung. Mag die Organisation des Glasperlenspielerordens in der Überlieferung der Kulturwerte das Ihre leisten, die echte Überlieferung oder Tradition geschieht von Seele zu Seele, von Geist zu Geist. Ihr kehrt Hesse sich im zweiten Teil mit innigerer Wärme, mit gesteigerter Beschwörungskraft zu. Er läßt sich nicht ein auf Heilsbotschaften, die einem Volk oder der Menschheit nun endlich und endgültig Segen bringen sollen; er gibt sich, bei allem Geltenlassen der politisch-gesellschaftlichen Sphäre als zum Stufenbau der Welt gehörend, nicht als Politiker, da es ihm weit bedrängender um das Heil der Seele geht. Er führt seine Leser ins Offene, über ihre selbstgewählten Grenzen, über sich hinaus, und wer sich von ihm berühren und verwandeln läßt, wird sich über eine Stufe des Daseins und Leidens gehoben finden in jenes Reich, wo sich das Wahre und das Gute nur durch das Schöne offenbaren.

(1943)

Joachim Maass
Anmerkung zum Buch eines Magister Ludi

Da ich den Eindrücken nachhänge, die die wiederholte Lektüre von meines hochverehrten Hermann Hesses »Glasperlenspiel« mir hinterlassen hat, drängen sie sich, vielfältig wie sie sind, doch zu einem herrschenden Gefühl in mir zusammen: daß es nämlich verfrüht ist, etwas Wirkliches über dieses Buch schreiben zu wollen, genau wie es vor rund zwanzig Jahren zu früh war, etwas Endgültiges und Schlüssiges über die Traum-Erzählungen Kafkas oder über Rilkes Duineser Elegien sagen zu wollen.
Es erzählt, wie man weiß, von der pädagogischen Provinz Kastalien, deren hierarchisch aufgebaute Ordens-Organisation mit Eliteschulen, Studieninstituten und Archiven, Glasperlenspielerdorf und Erziehungsbehörden das Schulwesen des Landes kontrolliert und außer der Versorgung der Schulen mit Lehrern

namentlich die Ausbildung einer geistigen Elite und die Sorge um deren ständigen Nachwuchs zur Aufgabe hat. Die Hautevolée aber dieser Elite bilden die Glasperlenspieler, deren alljährliche große Glasperlenspiel-Aufführung *das* geistig-ästhetische Ereignis des Jahres ist und von vielen hundert Auswärtigen besucht und gefeiert wird. In dieser Ordenswelt wächst Josef Knecht heran, wird in Eliteschulen, im Glasperlenspielerdorf und als frei Studierender mit Meditationsübungen, Wissenschaften, Musik und dem Glasperlenspiel vertraut, geht als bündnisstiftender Emissär für einige Jahre in ein Benediktiner-Kloster, kehrt nach Waldzell zurück, wird zum Glasperlenspiel-Meister erhoben, zum Magister Ludi, und bricht nach Jahren hochgerühmter Wirksamkeit aus der Hierarchie aus, in die Welt der anderen, der Weltlichen und Normalen, wo er nach sehr kurzem Glücklichsein einen raschen, untragisch-bedeutungsvollen Tod findet. Gestalt und Leben Knechts, namentlich sein Ausbruch aus dem Orden (zu dessen Auferlegungen zwar die Armut, aber weder mönchische Keuschheit noch für immer beschworene Welt-Entsagung gehört), sein Untergang in der Welt und die umstrittenen Motive seines Handelns entrücken bald ins Legendäre; eine Handvoll nachgelassener Gedichte des Schülers und Studenten sowie drei dichterische Lebensläufe, ihm wie allen frei Studierenden alljährlich als einzige Arbeits-Bezeugung abverlangt, geben von dem Fühlen, Denken und Erleben seiner Jugend Kunde und bilden den Beschluß dieses »Versuchs einer Lebensbeschreibung«.

Dies also, wenn man so will, ist der Inhalt, der Gegenstand des Hesseschen Buches. Aber nach längerem Umgang beginnt man sich zu fragen, ob es tatsächlich so etwas wie eine Erziehungs-Träumerei und -Vision (etwa im Sinne der Goetheschen pädagogischen Provinz) oder ob es nicht vielmehr etwas viel Unprogrammatischeres und statt dessen Existentielleres ist, was man in sich aufgenommen hat. Das Buch setzt sich auch eine Zeit in der Geschichte, eine Zeit, die ein paar Jahrhunderte nach der unseren liegt – und wiederum gerät man allmählich in Zweifel, ob es wirklich eine überhaupt irgend historische Zeit und nicht vielmehr die existentielle meint, die heute und vor tausend Jahren und ewig stattfand, die Zeit-Welt oder Welt-Zeit der Morgenlandfahrer, denen das Buch gewidmet ist. Aus Verdacht und Zweifel wird einem die Gewißheit: nein: dieses Buch ist keine Utopie, es gibt sich vielleicht so, aus feiner romantischer Ironie, aber es handelt von Wirklichkeiten, von den wirklichen Wirklichkeiten, den letzten Dingen. Das Glasperlenspiel selbst, dessen fragwürdige Natur durch die Hinweise kaum geklärt wird, daß es eine Vereinigung von Fühlen, Wissen und Denken im Schönen wäre, teils optisch, teils akustisch aufnehmbar als Sinnenschmaus und Intellekts-Verzückung und darstellbar, wie die graphische Aufzeichnung eines Schachturniers – das Spiel selber, sage ich, scheint mir viel weniger etwas Utopisches (dann wäre es sachlich deutlicher) als etwas eben in seiner Fraglichkeit Wirkliches, eine Geistes-Wirklichkeit und Geistes-Sehnsucht, ein unbeschreibbar vieldeutig Vorhandenes, das zugleich gegenwartsgewiß und zukunftswillig sich dem Geiste als Aufforderung anbietet.

Man versteht, worauf ich hinaus will: man bedarf einer bestimmten Einstellung des geistigen Auges, um diesem Buch hinter die Kulissen, hinter sein (wenn ich so sagen darf:) Ästhetisch-Redensartliches zu sehen und sein Lebens- und Wesens-Herz schlagen zu hören. Was sich einem zunächst darbietet in einer gewissen scheinphilisträsen Edelzopfigkeit der Sprache, lockt den Oberflächlichen auf Irr-, Ab- und Umwege des Verstehens. Abgesehen von den Lebenslauf-Zugaben (bezaubernden Legendenstücken) ist die »Handlung« des Buches kurzum: daß ein Hochbegabter, hochbegabt auf jeder Stufe, jung ist, in heiterer Würde altert und mit einem Hechtsprung im eisgrünen und -kalten Bergsee entschwindet. Ist das im Sinn des Romanciers ein »Leben«? Von keiner Schulbuben-Schelmerei oder -Schwärmerei weiß diese Lebensbeschreibung zu künden, eine Frau kommt nicht vor, Schwierigkeiten, außer solchen geistiger Entwicklung, etwa wirtschaftliche oder sonst »materielle« Komplikationen gibt es nicht, da der Orden dem Helden all dergleichen aus dem Wege räumt: er ist dem »Leben« (das in einem der Lebensläufe lächelnd als »Maja« beiseite geschoben wird) entrückt. In kurzen Worten: dieses Buch, aus den gesammeltsten Stunden manches Jahrs herausgefiltert, feinste Essenz aus Ironie und Enthusiasmus, handelt von einem besonderen Leben, vom Sein und Wesen im Geiste, von einer Zeit, die keine Stunden und Minuten hat, von einem Helden, der keines Staates Bürger ist.

Es gibt Sonnenstunden, da man, aus dunklem Korridor eintretend, sein Zimmer mit goldflirrendem Lichte vollkommen angefüllt findet, ein einziges Licht-Fluten und -Weben, das sich im

nächsten Augenblick in ein anderes dichteres, greifbares und hörbares Element verwandeln zu wollen scheint, und in dem die Dinge, Möbel, Gefäße auf Borden und selbst die tickende Uhr ins schattenhaft Flache verzaubert und vermindert werden. Solcher Sonnenstube vergleichbar, ein geistiger Lichtraum, ist dieses Buch, in dem, was uns sonst wichtig und wesentlich dünkt, ins belanglos Nebensächliche und Schattenhafte verwiesen ist: Maja, Trug, Vergänglichkeit.
Wie schön, daß wir zu den wenigen gültigen Spielen im Geiste, um die sich im letzten Jahrzehnt die deutsche Literatur bereichert hat, dieses Glasperlenspiel stellen dürfen, diesen gleichzeitig vollkommenen und noch verheißungsvollen Klang, an dem wir Jüngeren Klang-Wert und -Fülle unserer eigenen Instrumente messen können.

(1945/1946)

Anni Carlsson
Hermann Hesses »Glasperlenspiel«
in seinen Wesensgesetzen

Schon der Titel, den Hermann Hesse seiner jüngsten großen Dichtung gegeben hat, zeigt ihr Doppelthema an: Das Glasperlenspiel trägt den Untertitel: »Versuch einer Lebensbeschreibung des Magister Ludi Josef Knecht samt Knechts hinterlassenen Schriften«. Ein Spiel ist das Leitthema der Dichtung – und gleichzeitig handelt es sich um eine Lebensbeschreibung des Magister Ludi. Die Art, wie diese beiden Themen verbunden und dem Werk vorangestellt werden, läßt erkennen, daß das Spiel-Symbol nicht nur die Einbildungskraft des Dichters, sondern auch das Leben des Magister Ludi beherrscht.
Den besonderen Rang, den das *Glasperlenspiel* im Schaffen Hesses und in der Dichtung überhaupt einnimmt, verdankt es gerade der poetisch vollkommen ausgewogenen Durchführung eines thematischen Widerspiels, das seit der Antike die Welt mit zweierlei Maß prüft: Wesen und Wirklichkeit, Prinzip und Individuation, Allgemeines und Besonderes durchdringen den menschlichen Bereich mit ihren Gesetzen und rufen ihn zu Entscheidungen auf, deren reinste und verantwortungsvollste das Verhältnis von Mensch und Idee betrifft.

Mit der Einbildungskraft des Dichters, der sich eine universale Bildung und ein durch eigenes bewußtes Zeiterleben geschärfter Blick für geschichtliche Problematik verbindet, entwirft Hesse die Kontur einer späten abendländischen Welt, die noch einmal den Wein der Väter in neue Schläuche faßt.

Hesse spricht von einer utopischen Dichtung, die man sich um das Jahr 2400 geschrieben zu denken habe. Indem es aber im Wesen der Utopie liegt, gewisse Richtungen der Entwicklung, die »weder beweisbar noch wahrscheinlich« sind, sozusagen »als seiend zu behandeln«, um sie »eben dadurch dem Sein und der Möglichkeit des Geborenwerdens um einen Schritt näher zu führen«, gewinnt auch der illusorische Gipfelpunkt, von dem aus sich diese Entwicklung darstellt, das genannte Jahr 2400, eine eigene Bedeutung. Nicht darum geht es Hesse, dem Schicksal des Abendlandes prophetisch vorzugreifen, sondern darum, einen imaginären Ort zu fixieren, an dem die Anschauung sich vom Heute distanzieren, Dichtung und Wahrheit, Möglichkeit und Wirklichkeit konsequent zu einem Ganzen verbinden darf. Die Zeichnung der kastalischen Ordenshierarchie entstammt denn auch keineswegs freier Phantasie. So wie die klassische abendländische Begriffsbildung das geistige Gerüst des Ordensstaates stellt, so liefert die abendländische und darüber hinaus die Universalgeschichte den Stoff, an dem dieser Staat Form gewinnt und Form erprobt. Doch Hesse bleibt dabei nicht stehen, der Geschichte ein Gleichnis zu entwerfen. Dieses Gleichnis zielt vielmehr in seinem Kern darauf ab, gewisse im wirklichen Verlauf nur unzulänglich sich andeutende Wesensmöglichkeiten des geschichtlichen und geistigen Lebens bis in ihre letzten Konsequenzen hinein zu Ende zu dichten.

Die poetischen Begriffe der Glasperlenspielfabel haben als Anschauungsformen geschichtlicher Wirklichkeit eine fast mythische Reichweite. Hesses Dichtung ist also nicht nur »Utopie«, sie ist ebenso sehr Rechenschaftsbericht von Wirklichem. Hesse selbst drückt das Doppelwesen seiner poetischen Analogie an einer Stelle der Dichtung so aus, »daß Geschichte schreiben immer Dichtung bleibt und ihre dritte Dimension die Fiktion ist«. Umgekehrt dürfte ebenso wahr sein, daß Dichtung schreiben immer auch Geschichte bleibt und ihre dritte Dimension die objektive Gültigkeit ist. Beide Sätze sind wie die zwei Hälften einer Wahrheit, und erst beide gemeinsam werden der treibenden poetischen

Kraft in Hesses kastalischer Utopie gerecht: der hellsichtig die Wirklichkeit befragenden und sie auf ihre Möglichkeiten hin prüfenden Einbildungskraft.

Das Glasperlenspiel bildet den Schlußstein in Hesses Stufenbau dichterischer Geschichtsbetrachtung. Die erste Phase der inneren Auseinandersetzung mit der Zeit markiert »Der Steppenwolf«, heute gültiger Begriff für den entwurzelten Nachkriegsoutsider. Erscheint mit dem Bund der »Morgenlandfahrer« ein Symbol für die Zusammengehörigkeit aller Steppenwölfe, die, einer fragwürdigen Welt zum Trotz, an den Bestand der geistigen Werte glauben, so stellt das Glasperlenspiel (das ja den Morgenlandfahrern gewidmet ist) den Inbegriff aller geistigen Werte dar. Damit verlagert sich bei Hesse zum erstenmal der dichterische Schwerpunkt aus dem Bereich des subjektiven in den des objektiven Geistes.

Die Idee des Glasperlenspieles ist so universal wie der Bund der Morgenlandfahrer, sie ist, mythisch betrachtet, gleichsam die Universalidee dieses universalen Bundes. Aus dem »Traum, das geistige Universum in konzentrische Systeme einzufangen«, entwickelt sich, zunächst ganz anschaulich an den auf Drähten aufgereihten Glasperlen »naiver Kugelzählapparate für Kinder« »das Spiel der Spiele«, um nach mancherlei Metamorphosen auf der Stufe der Vollendung »zum Inbegriff des Geistigen und Musischen, zum sublimen Kult, zur Unio mystica aller getrennten Glieder der Universitas Litterarum« zu werden. Hesse hat das Spiel, diese »Weltsprache der Geistigen«, im Bewußtsein der Schwierigkeiten, die sich bei so kompliziertem Bau für die konkrete Vorstellung ergeben, immer wieder beschrieben, erläutert, in Beispielen dargestellt und analysiert. Hier seien besonders drei Aussagen hervorgehoben, die gleichsam drei verschiedene Grade oder Stufen des Glasperlenspieles bezeichnen. An einer Stelle sagt Hesse, daß das Glasperlenspiel sich »unter der wechselnden Hegemonie bald dieser, bald jener Wissenschaft oder Kunst zu einer Art von Universalsprache ausgebildet hatte, durch welche die Spieler in sinnvollen Zeichen Werte ausdrücken und zueinander in Beziehung zu setzen befähigt waren«. Ein andermal – und hier hat diese Ausbildung einen weiteren Schritt nach vorwärts getan – heißt es, das Glasperlenspiel sei eine »universale Sprache und Methode, um alle geistigen und künstlerischen Werte und Begriffe auszudrücken und auf ein gemeinsames Maß zu bringen«. Auf seiner höchsten Stufe endlich, von den Besten gehandhabt, bedeutet das Spiel »eine erlesene, symbolhafte Form des Suchens nach dem Vollkommenen, eine sublime Alchimie, ein Sichannähern an den über allen Bildern und Vielheiten in sich einigen Geist, also an Gott«.

In einem Punkt treffen alle Definitionen des Glasperlenspieles zusammen: jede betont, daß der Geist sich in diesem Spiel eine Weltsprache für das geistige Universum ausgebildet habe. Wenn das Glasperlenspiel alle Geisteswissenschaften und Künste zueinander in Beziehung setzt, so ist die Unio mystica der getrennten Glieder das Selbstbewußtsein, das der Geist seiner tausendfältigen Spiegelung abgewinnt; insofern überhöht das Spiel mit den Objektivationen die Unio mystica des Magischen Theaters, die tausendfältige Selbstspiegelung des Steppenwolfes. Das *Glasperlenspiel* lehrt den Geist schauend, vergleichend, deutend vor den Bildern des inneren Weltalls zu verweilen und die Züge ihrer gemeinsamen Herkunft zu enträtseln. Indem der Staunende so nach allen Regeln der Kunst angehalten wird, von sich selbst Besitz zu ergreifen, zu jeder seiner Formen Ich zu sagen, um schließlich ein allumfassendes Bewußtsein seiner Proteus-Natur zu gewinnen, macht er sich, wie Hegel sagt, erst zu dem, der er an sich schon ist. Das Glasperlenspiel, in diesem Sinne durchgeführt, ist für die Spieler nicht nur ein »Selbstgenuß des Geistes«, sondern ein Instrument der Pädagogik.

»Der Mensch, den wir meinen oder wollen«, sagt der alte Musikmeister Kastaliens, »der zu werden unser Ziel ist, würde jeden Tag seine Wissenschaft oder Kunst mit jeder anderen tauschen können, er würde im Glasperlenspiel die kristallenste Logik aufstrahlen lassen und in der Grammatik die schöpferischste Phantasie.« Im gleichen Sinne hieß es schon bei Novalis: »Der vollendete Mensch sollte eine schöne Satire sein, fähig, jedem eine beliebige Form zu geben, jede Form mit dem mannigfaltigsten Leben auszufüllen und zu bewegen.«

Die Idee, die sich im Glasperlenspiel darstellt: das geistige Universum kraft intellektueller Anschauung an seine eigene Unendlichkeit heranzuführen, hat, wie Hesse betont, »eigentlich keinen Anfang, sondern ist wie jede große Idee, eben der Idee nach, immer dagewesen«. Hier wurde schon angedeutet, wie Fichtes, Hegels, Novalis' Gedanken in der gleichen Richtung sich bewegten, aber die Romantik ist ja erst eine späte Strömung geistigen Le-

bens. Bezeugt ist die Idee seit der Antike. Hesse überblickt ihre Spuren: »Jeder Bewegung des Geistes gegen das ideale Ziel einer Universitas Litterarum hin, jeder platonischen Akademie, jeder Geselligkeit einer geistigen Elite, jedem Annäherungsversuch zwischen den exakten und den freieren Wissenschaften, jedem Vermittlungsversuch zwischen Wissenschaft und Kunst oder Wissenschaft und Religion lag dieselbe ewige Idee zugrunde, welche für uns im Glasperlenspiel Gestalt gewonnen hat.«
Die drei Phasen, welche die Entwicklung des Glasperlenspieles durchläuft, sind auch in der Geschichte der Idee nachweisbar. Dort sind sie gekennzeichnet als Grade des Selbstbewußtseins, das der Geist im Maße seiner Entfaltung gewinnt. In der Frühzeit der Mythen, Wissenschaften und Künste konnte von einer Selbsterfassung des geistigen Universums die Rede nicht sein; denn dieses Universum war ja erst im Begriff, sich zu bilden und Gestalt anzunehmen. Erst als das geistige Leben sich differenzierte und spezialisierte, machte sich das Bedürfnis geltend, die ursprüngliche Einheit des Geistes festzuhalten oder wiederherzustellen. Charakteristisch für die Anfänge der Selbstbesinnung ist die reflektierende und vergleichende Fühlungnahme der getrennten Glieder, die wieder zueinander in Beziehung treten. Doch je unabhängiger die einzelnen Organe des Geistes arbeiten und je klarer ihre Funktionen sich voneinander abgrenzen, desto reiner tritt auch in den scharfen Linien des Gesamtbildes »das gemeinsame Maß« hervor, in dem die Grundverhältnisse übereinstimmen.
Hesse selbst skizziert die große Linie der »Anfänge und Vorgeschichte des Glasperlenspieles« etwa von Pythagoras über Gnostik, Scholastik und Humanismus bis hin zur Romantik; aber auch die alten Chinesen und das arabisch-maurische Geistesleben haben zu dieser Vorgeschichte beigetragen. In der Tat hat dann die Romantik als letzte die Idee des Glasperlenspieles aufgegriffen und diese Idee erstmalig in ihrer ganzen Tragweite formuliert. Die Romantiker waren es, die zuerst in aller Ausdrücklichkeit die Forderung erhoben, die das Glasperlenspiel zu erfüllen sucht: »die lebendige Schönheit des Geistigen und der Kunst mit der magischen Formulierkraft der exakten Disziplinen zu vereinen«. »Die vollendete Form der Wissenschaften muß poetisch sein«, schrieb Novalis.
An diesem Punkt setzt Hermann Hesses Dichtung an. Im *Glas-*

perlenspiel findet die romantische Forderung ihre utopische Verwirklichung.

Das Glasperlenspiel ist eine Spätblüte abendländischer Kultur, ja, auf der Höhe seiner Entwicklung ist »das Spiel der Spiele« ihre letzte Blüte. Es folgt in der Spur alles Geistgeschaffenen, und indem es dessen Zeichen und Werte für ein eigenes Alphabet und eine eigene Sprache übernimmt, wird ihm in der Meditation jedes Zeichen wiederum durchsichtige Offenbarung seines Schöpfer-Geistes. Dieser Geist ist alt geworden, er schafft keine neuen Werke mehr, und so stehen auch die Sinnbilder, Zeichen und Werte seiner vollendeten Schöpfung fest. Eine »Aufnahme neuer Zeichen und Formeln in den Bestand des Spieles kommt heute kaum mehr vor«. Die Vorform eines solchen Spieles findet sich schon bei Novalis. Er notierte sich: »Vielleicht kann man mittels eines dem Schachspiel ähnlichen Spiels Gedankenkonstruktionen zustande bringen. Das ehemalige logische Disputierspiel glich ganz dem Brettspiel.« Bei Hesse hat sich dieser Gedankengang weiter entwickelt. Er gewinnt dem einfachen Grundschema jede erdenkliche Differenzierung ab. »Ein Leser, welcher etwa das Glasperlenspiel nicht kennen sollte, möge sich ein solches Spielschema etwa ähnlich vorstellen wie das Schema einer Schachpartie, nur daß die Bedeutungen der Figuren und die Möglichkeiten ihrer Beziehungen zueinander und ihrer Einwirkung aufeinander vervielfacht gedacht und jeder Figur, jeder Konstellation, jedem Schachzuge ein tatsächlicher, eben durch diesen Zug, diese Konfiguration usw. symbolisch bezeichneter Inhalt zuzuschreiben wäre.« Oder auch: »Ein Thema, zwei Themen, drei Themen wurden festgestellt, wurden ausgeführt, wurden variiert und erlitten ein ganz ähnliches Schicksal wie das Thema einer Fuge oder eines Konzertsatzes. Es konnte ein Spiel zum Beispiel ausgehen von einer gegebenen astronomischen Konfiguration oder vom Thema einer Bachfuge oder von einem Satz des Leibniz oder der Upanishaden, und es konnte von diesem Thema aus, je nach Absicht und Begabung des Spielers die wachgerufene Leitidee weiterführen und ausbauen oder auch durch Anklänge an verwandte Vorstellungen ihren Ausdruck bereichern.«

Das Glasperlenspiel erschließt dem Adepten die kastalischen Mysterien. Der Bericht über den Orden, seine Geschichte und Ziele, seine weitläufige Niederlassung als Schule und Bildungsanstalt, als Gelehrtenrepublik und asketischer Staat des Geistes, verbindet typische Züge der abendländischen Kultur mit historisch erhärteten Formen und Fakten zu einem ebenso eigenartigen wie seinem Wesen nach einleuchtenden Gesamtbild. In der Begründung und Erhaltung der kastalischen Ordensgemeinschaft nimmt sich der abendländische Geist nach den Kriegen, Zersplitterungen und Auflösungsprozessen des 20. Jahrhunderts noch einmal zu einer späten Reformation des geistigen Lebens zusammen, so wie im 11. Jahrhundert etwa eine Reformation des kirchlichen Lebens von den Cluniazensern ausgegangen war. Im kastalischen Ordensstaat läßt Hesse die besten, durch Zucht und Tradition bewährten Kräfte der abendländischen Kultur sich zusammenschließen. Der Orden ist der Wächter und Züchter einer ebenso strengen wie zarten, ebenso gewissenhaften wie musischen Geistigkeit – er repräsentiert die Idealverfassung, die der alte, mehr zum Schauen als zum Handeln geneigte Geist des Abendlandes der Elite der Epigonen gegeben hat. Diese Verfassung ist, wie schon der Ordensbegriff und die Parallele der Cluniazenser andeutet, geistlich, wennschon nicht eigentlich christlich-religiös fundiert. Der geistliche Charakter Kastaliens besteht ganz allgemein in seinem Gegensatz zu Welt und Weltleben, ist der Orden doch ursprünglich aus der »allmählichen Loslösung der Geistigen aus dem Weltbetrieb« hervorgegangen. Der kastalische Orden ist ein von kirchlicher Dogmatik und Sinngebung emanzipierter, aber in den Gesetzen seines korporativen Wirkens eng an die großen christlichen Vorbilder angeschlossener weltlicher Mönchsorden. Aufgabe seiner Glieder ist es nicht nur, das geistige Leben über die Erschütterungen der Krisenzeiten hinüberzuretten und zu reorganisieren, sondern mehr noch: dem abendländischen Geist im Verfolg dieser Aufgaben eine Autorität wieder zu erobern, die er seit der Antike an die christliche Kirche abtreten mußte, bis sie dieser in der geschichtlichen Entwicklung nach Luther verloren ging, ohne daß sich ein entsprechendes weltliches Gegengewicht herausgebildet hätte. Kastalien ist die utopische Basis dieser neuen innerweltlichen Autorität des Geistes, deren Leib die hingebungsvolle und militante Gemeinschaft der Ordensbrüder, deren Sakrament die unio mystica des Glasperlenspiels darstellt.

Der kastalischen Bestimmung entspricht das Bild, das Hesse von den Ordensgebäuden und dem Rahmen der Landschaft entwirft.

Ebenso wie die Idee des Glasperlenspieles hat auch die kastalische Idee ihre Geschichte. Hesse verweist auf Goethes »pädagogische Provinz« als eine Vorstufe, aber die Idee der Universalbildung reicht viel weiter zurück, nicht nur bis zu den großen mittelalterlichen Mönchsorden, die wohl die nächsten Muster des kastalischen Gemeinwesens sind, sondern bis in die Antike, auf die nicht nur der Name der delphischen Quelle deutet, sondern unter anderem die säulengeschmückten Anlagen der Eschholzer Schulsiedlung mit dem Haus Hellas, dem der Knabe Josef Knecht zugeteilt ist. Der kastalische Universalorden ist als Schule und Staat des Geistes einem dreistöckigen Gebäude vergleichbar: denn noch immer empfängt das geistige Gerüst einer emanzipierten Welt seine Struktur von Christentum und Antike. Der übernational verankerten Gründung entspricht eine stilisierte abendländische Landschaft, bald an das südliche Deutschland, die Gegend etwa des schwäbischen Klosters Maulbronn, bald an die deutsche Ostschweiz, vielleicht an St. Gallen, erinnernd. Zu dem alten Gedanken abendländischer Universalität stimmt der hohenstaufische Süden der Landschaft, der klösterliche Genius der alten Gebäude, die Vogelperspektive freundlich schlummernder kleiner Städte und das an viele Ahnenreihen gemahnende, ehrwürdige Profil der Ordensbrüder. Die Namen der kastalischen Patriarchen: Thomas von der Trave, Tegularius, Bertram, Jakobus, Alexander zeigen die gleiche historische Stilisierung. Manche Würdenträger des Ordens erinnern an die zerfurchten, geistdurchstrahlten Bischofsgestalten Tillmann Riemenschneiders, sowie auch die kastalische Provinz als Idealstaat die verschiedensten historischen Züge sich assimiliert. Aber die Parallelen betreffen stets nur das Detail. Die kastalische Utopie als Ganzes führt ein Dasein von Dichters Gnaden, das die geschichtliche Wirklichkeit ebenso überhöht, wie das Glasperlenspiel zuletzt »magischer Idealismus« bleibt, d. h. poetische Forderung, zu der die Idee den Geist inspiriert, ohne ihm doch die Mittel an die Hand zu geben, diese anders als dichtend und denkend zu »realisieren«.

Was der Pater Jakobus im Gespräch gegen Josef Knecht über den Benediktinerorden äußert, gilt auch für die aristokratische Spätform mönchischer Ordensgemeinschaft: das weltliche Kastalien. Auch Kastalien ist eine Gründung zum Zweck der Erziehung, eine utopische Verwirklichung bestimmter pädagogischer Ideale,

die Hesse nicht allein den Leitideen der Geschichte, sondern seiner eigenen Idealkonstruktion eines geistigen Staates nachzeichnet. Vom utopischen Staat des Geistes ist im Abendland seit Plato immer wieder geträumt worden, weil dort »der Versuch gemacht wird, vom Geist und der Seele her Menschen zu sammeln, zu erziehen und umzuformen, sie durch Erziehung, nicht durch Eugenik, durch den Geist, nicht durch das Blut zu einem Adel zu machen, der zum Dienen wie zum Herrschen befähigt ist«.
Die Biographie Josef Knechts macht die Probe aufs Exempel. Indem sie dem Werdegang eines prädestinierten Kastaliers folgt, dessen Leben, »in klarer Stufenfolge aufgebaut«, Kastaliens Problematik zutiefst am eigenen Leibe erfährt und erleidet, indem sie den Aufstieg des kastalischen Heiligen Josef Knecht durch alle Rangstationen und Gewissensphasen einer Ordensexistenz hindurch begleitet, bewegt sie sich gleichzeitig immerwährend im Kreise um eben dieses Zentralproblem Kastalien, hält ihm von den mancherlei Standorten der Lebenslegende Josef Knechts ein entsprechend sich veränderndes Spiegelbild vor. Die Biographie Josef Knechts ist also die Biographie des personifizierten kastalischen Gewissens. Diese Gleichsetzung ist nur möglich, weil die Knecht-Biographie anders gebaut ist als jede heutige Biographie. In der Einführung spricht Hesse von dem »Ideal der Anonymität«, das der kastalischen Hierarchie im Gegensatz zu dem Persönlichkeitskult und der feuilletonistischen Neugier des 20. Jahrhunderts vorschwebt. Den kastalischen Biographen vom Jahre 2400, den Repräsentanten einer »heroisch-asketischen Geistigkeit« »interessiert nicht die Pathologie noch die Familiengeschichte, nicht das Triebleben, die Verdauung und der Schlaf seines Helden; nicht einmal seine geistige Vorgeschichte, seine Erziehung durch Lieblingsstudien, Lieblingslektüre usw. Uns ist nur jener ein Held und eines besonderen Interesses würdig, der von Natur und durch Erziehung in den Stand gesetzt wurde, seine Person nahezu vollkommen in ihrer hierarchischen Funktion aufgehen zu lassen, ohne daß ihr doch der starke, frische, bewundernswerte Antrieb verlorengegangen wäre, welcher den Duft und Wert des Individuums ausmacht.«
Josef Knecht erfüllt die beiden Bedingungen, die der kastalische Biograph seinem »Helden« stellt: er erweist sich als »durch Natur und Erziehung in den Stand gesetzt, seine Person nahezu vollkommen in ihrer hierarchischen Funktion aufgehen zu lassen«,

47

und gleichzeitig bewahrt er »den starken, frischen, bewundernswerten Antrieb, der den Duft und Wert des Individuums ausmacht«. Dabei ist das einschränkende »nahezu« der ersten Forderung Vorbehalt einer Spätzeit, die genauer differenziert und sich deshalb in der Linienführung nicht völlig mit dem einfachen Umriß älterer Geschichtsschreiber deckt. Schon in der Biographie nicht. Die Biographie schildert Josef Knecht in seinem geistigen Ringen und Formen an einem langsam sich herauskristallisierenden geschichtlichen Eidos.

Josef Knecht scheidet aus der Hierarchie aus, als er erkennt, daß sie das Eidos nur unvollkommen repräsentiert. Aus dem gehorsamen Vollstrecker wird der gehorsamere Entdecker, der nun ohne jeden Zwischenträger seinen scheinbar eigenwilligen und doch so treu an der Idee orientierten Weg geht, ihrer unbedingten »Realisierung« entgegen.

Was der geistliche Würdenträger und gehorsame Diener Josef Knecht an innerem Leben verschließt, spiegeln die Hinterlassenen Schriften. Mit dieser in verschiedenen Dimensionen ausgebildeten Figur gelingt Hesse etwas sehr Kunst- und Geheimnisvolles: sie zeigt eine Geräumigkeit, die ihr die bloße Erzählung nicht geben kann. Von jeder Seite: ob Lebensbeschreibung, Lebensläufe oder Gedichte – bietet sie ein anderes Gesicht. Aus den Hinterlassenen Schriften spricht Knechts Persönlichkeit ohne vermittelnde Einschaltung des Dichter-Biographen. Hier bricht ihr seelischer Kern auf, rückt bedrängende Fragen, Erkenntnisse und Visionen von sich ab in die Legende oder formuliert sie direkt in einem strengen Rhythmus.

In der Lebensbeschreibung wird berichtet, daß Josef Knecht sowohl die Verse als die Lebensläufe in jugendlichem Alter geschrieben habe, und wirklich ist es das Jünglingsantlitz Knechts, das die »gesteigerten Selbstbildnisse« der drei Legenden festhalten, sein Antlitz aus der Zeit, da er noch ein gläubiger Kastalier und von den hierarchischen Zielen erfüllt war. Das Ideal des jungen Josef Knecht, das er in den Geschichten vom Regenmacher, vom Beichtvater Josephus Famulus und vom indischen Yogin umwirbt, ist das Ideal des Heiligen, des die Welt in Opferbereitschaft oder Demut oder innerer Einkehr überwindenden Geistes. Der Regenmacher, der Beichtvater und der Yogin haben miteinander die Kraftquelle ungewöhnlicher seelischer Energie gemein, die Fähigkeit einer magischen Konzentration und Willensspannung. Doch nicht nur die Gestalt des Heiligen beschäftigt das Herz des jungen Josef Knecht, der ja in dem alten Musikmeister des Ordens das Beispiel eines solchen späten kastalischen Heiligen vor Augen hatte, sondern daneben die Gestalt des Jüngers, das Verhältnis von Meister und Jünger und die Nachfolge des geistigen Erben. Jede der Legenden wandelt die Perspektive des eigenen Weges mit einer neuen Deutung ab. Darin nur stehen der Knabe Knecht, der Pater Josephus und der Hirtenjüngling Dasa in Gegensatz zum Kastalier Josef Knecht, daß sie in weit reicherem Erleben an der Sinnenwelt teilhaben, daß sie erst ein Erdenleben in der ganzen Fülle menschlicher Erfahrung auskosten, ehe sie sich zum Weisen oder zum Asketen hinaufläutern. Josef Knecht beschenkt seine mythischen Inkarnationen mit all den Gelegenheiten zur Empfindung, mit all der Sinnenfreudigkeit, die er selbst in sich nur sublimieren, nicht realisieren durfte. In den Gestalten des Knaben Knecht, des Beichtvaters und des Hirtenprinzen Dasa lebt er seine Weltliebe aus, um schließlich an den Punkt zu gelangen, wo vom kastalischen Gesichtspunkt aus ein solches Leben sich selber ad absurdum führt und in eine neue geistige Zielsetzung umschlägt. Ihm selbst, dem Deuter und Bekenner Josef Knecht, ist da etwas vorenthalten, aber auch erspart geblieben. Er ist den kürzesten Weg gegangen, nicht den Weg des Suchers oder Büßers oder Liebenden, sondern den strengen Weg »klarer Stufenfolge«.

Wie die Knecht-Biographie sind auch die Legenden geistlich strukturiert, legen ihrem Weltbild den kastalisch-mönchischen Gegensatz von Welt und Geist zugrunde. In der Vorzeit-Legende vom Regenmacher ist dieser Gegensatz zwar noch nicht eigentlich vorhanden, es wird hervorgehoben, daß der Geist sich noch nicht selbstherrlich vom Weltganzen abgespalten habe – aber kastalisch ist an dieser Geschichte, daß der Geist doch schon im Zuge ist, diese Abspaltung vorzubereiten: in einer primitiven Welt ist er unablässig an der Arbeit, sich zum Bewußtsein der Welt und damit zu einem neuen Weltbild und einem neuen Bewußtsein seiner eigenen Aufgaben durchzuringen.

Das Ideal einer Heiligung durch den Geist ist ein unbedingtes, asketisches Ideal, mit dem der Jüngling über die Welt hinaus, nicht wie der reife Josef Knecht in sie hinein strebt. Doch diese Weltüberwindung ist nicht hochmütig gemeint. Wenn Josef Knecht auch den geraden Weg der Berufung gegangen ist, so hat doch

noch dieser Weg seine unsichtbaren Klippen, Versuchungen des Geistes, die nur durch die entschlossenste Konzentration auf Weg und Ziel zu bannen sind. Jeder der drei Lebensläufe erreicht seinen inneren Gipfelpunkt in dem eigenartigen Beispiel einer solchen magischen Verdichtung und Spannung eigentlich passiver Seelenkräfte, die gleichwohl eine sublime geistige Aktivität ausstrahlen.
So bunt das Geschehen in den Lebensläufen lockt, so sparsam ist die »Handlung« der Biographie. Diese Handlung – der musterhafte Weg Josef Knechts von der Kindheit über Berufung, Studienjahre, Dienst, Amt und Würden im Kastalischen Orden wieder zurück in die Welt, aus der er einst gekommen –, stellt mit ihrem Kreislauf das Gerüst der Erzählung, an dem sich eine anders dimensionierte, weit anspruchsvollere »Handlung« entlangrankt: die geistige Auseinandersetzung mit dem Problem Kastalien.
Der kastalische Orden zelebriert die Selbst-Herrlichkeit des Geistes in den Riten des Glasperlenspieles. Die kastalische Hierarchie ist die denkbar vollkommenste Organisation, die der Geist seiner Selbst-Herrlichkeit gegeben hat; ihre Autorität erscheint dem Knaben Josef Knecht, da er an sie herangeführt wird, göttlich absolut. Und doch klingt die innere Problematik der »geschichtslosen« pädagogischen Provinz, mehr oder weniger bewußt, schon von früh auf im kastalischen Erlebnis Josef Knechts an. Der rote Faden der Knecht-Biographie ist der »Zuwachs an Problematik, freilich auch an Horizont«, den der Eliteschüler Knecht im Maße seines scheinbar so glatten und fraglosen Aufrückens gewinnt, die Veränderung, die sein Geist- und Weltbild erfährt, da es der Kritik des Weltmenschen Plinio, dem lebenskundigen Blick des Pater Jakobus, den Scheuklappen des empfindlichen Tegularius, schließlich der eisernen Konsequenz kastalischer Notwendigkeit begegnet. Von jeder Begegnung mit einer sehr anders gearteten Sichtweise bleibt etwas in Knechts Bewußtsein haften, er empfängt Belehrung, lernt mit fremden Augen sehen, und das langsam reifende Ergebnis dieser Auseinandersetzungen ist, daß der »Erzkastalier« Josef Knecht, auf Grund seiner sparsamen Berührungen mit der außerkastalischen Welt, die ihm vor allem in Plinio und Pater Jakobus entgegentritt, sein eigenes, will sagen: das kastalische Weltbild berichtigt.

Josef Knecht bezeichnet den Konflikt, der seine kastalische Existenz von Zeit zu Zeit immer wieder mit Zweifeln heimsucht, als den Konflikt der ästhetischen und der ethischen Einstellung zum Leben. Der Angelpunkt dieses Konfliktes ist das Verhältnis von Geist und Welt, welches überhaupt das Kernproblem der Dichtung vom Glasperlenspiel darstellt. Je länger Josef Knecht in Kastalien lebt, dient und lehrt, je mehr die kritischen Stimmen »von draußen« aus der eigentlichen Welt seinen Blick für das kastalische Gemeinwesen schärfen, desto unabweisbarer muß sich ihm die Frage stellen, ob dies überhaupt die Aufgabe des Geistes sei, sein könne, sein dürfe: Selbst-Herrlichkeit zu entfalten, unbekümmert um alles, was an dieser Herrlichkeit nicht teilhat. Das Glasperlenspiel ist der vollkommenste und gleichzeitig fragwürdigste Endpunkt jenes »Weges nach innen«, den die ästhetische Geisteshaltung der Romantik erstmals zum Programm erhob. Josef Knecht erkennt: der kastalische Gegensatz von Welt und Geist ist im Grunde ein falsch abgeleiteter Gegensatz. Die Vorbilder Kastaliens – die alten Mönchsorden – sahen hinter dem asketischen Gegensatz Welt–Geist doch immer die eine absolute Realität: Gott, die Geist und Welt umschloß, an deren Kraftsphäre der kleine geistliche Mönchsstaat stets angeschlossen blieb, deren Ausstrahlungen das Ordenswesen vor jeder Abspaltung und Erstarrung behüteten. Der kastalische Geist hat den Anschluß an eine Wirklichkeit, die über ihn hinaus liegt, nicht mehr. Er, der sich einzig selbst als göttlich begreift, der nichts Höheres erstrebt als das bewußte Durchlichten der eigenen Unendlichkeit, müßte in seiner aufgeklärten Frömmigkeit auch wissen, daß er zwar die Krone der Schöpfung, aber doch eben nur ihre Krone ist, daß er verpflichtet bleibt der Welt, der er entstammt, dem Gang der Geschichte, an dem er von je beteiligt ist. Josef Knecht erkennt: ein kastalischer Geist-Staat, der von Welt und Geschichte absieht, um seine Kräfte nur an die eigene »geschichtslose« Herrlichkeit zu wenden, lebt an den Aufgaben des Geistes vorbei. Diese fordern gerade: Mitarbeit an der Welt, aus der der Geist doch hervorgeht, von der seine Existenz in jedem Falle abhängig bleibt, so daß sie sein natürliches Betätigungsfeld darstellt. Denn, sieht der Geist von der Tatsache ab, daß er selber ein Teil der Welt und der Geschichte ist, zieht er sich in sich selbst zurück und setzt eine Kluft, wo lebendige Wechselwirkung stattfinden sollte, so rächt sich diese Abspaltung nicht nur an der Welt,

sondern ebenso an ihm selbst, der, von den eigenen Wurzeln abgeschnitten, allmählich vergreisen und absterben muß.
Die Geburtsstunde Kastaliens war das Bedürfnis eines späten, von Kriegen und Leiden erschöpften Zeitalters nach geistiger Reinigung und Erneuerung. Aber die Ordenshierarchie, sowie sie sich über diesen bestimmten geschichtlichen Augenblick hinaus befestigte, ist nicht offen geblieben gegen die Welt, an deren »heroisch-asketischer« Wiedergeburt sie doch mitzuarbeiten berufen war. Kastalien hat im Laufe der Zeit vergessen, daß der Orden der erste Diener des weltlichen Staates sein sollte, es ist dahin gelangt, sich als Selbstzweck zu empfinden und zu genießen. So ist die Geschichte des kleinen kastalischen Staates im Staate die Geschichte einer immer fortschreitenden geistigen Introversion, deren Ergebnis ebenso sehr eine höchste aristokratische Kulturtradition wie der geistige Hochmut der Dekadenz, die Unfähigkeit zu verantwortungsbewußtem Dienst an der Gemeinschaft ist. Der alte abendländische Traum eines ausschließlich dem Schönen und Guten geweihten geistigen Reservates, eines ästhetischen Geister- und Lebensbundes, wie er vor allem in der Romantik Gestalt annahm, erweist also am Exempel des späten Kastaliens die Gipfelhöhe universaler Herrlichkeit wie die Unzulänglichkeit solcher Entwicklung. Der einzig sich selber genießende Geist stellt eine Sackgasse geschichtlichen Lebens dar – und als eine solche Sackgasse empfindet Josef Knecht im Zenit seiner Laufbahn die Hierarchie. Dem Knaben und dem Manne Josef ist die eigene Bestimmung schon mit dem Namen Knecht gewiesen: er ist zum Diener der Idee prädestiniert, zu ihrem Treuhänder in der Welt; seine Aufgabe ist es, die Idee zu realisieren. Aber welcher Idee dient Josef Knecht?
Je höher Josef Knecht in den hierarchischen Ämtern aufrückt, je selbständiger er die kastalischen Zustände beurteilen lernt, desto unabweisbarer bedrängt ihn die Entdeckung, daß die Hierarchie gar keine absolute Autorität besitzt, sondern nur eine durchaus problematische Annäherung an das Eidos darstellt. Zwischen der Idee und der kastalischen Erscheinung lernt Josef Knecht immer klarer unterscheiden, und erst, als sein Auge sich der Brille entwöhnt hat, durch die er einfach »kastalisch« sah und urteilte, »erwacht« er zu jener geistigen Mündigkeit, die ihm das Eidos, dem er ein Leben lang gedient hat, enthüllt. Das Eidos, das hinter Kastalien steht und doch nicht Kastalien ist noch in Kastalien auf-

geht, ist das Eidos des geistigen Lebens in der Welt, das dem Menschen keine geschichtslose Insel, sondern die Verantwortung des Geschichtsträgers und -bildners zuweist. Die Dichtung vom Glasperlenspiel wandelt hier auf ahnenreicher Spur. Wie der Bildungsroman der deutschen Klassik, Romantik und Biedermeierzeit, betrachtet auch sie als ihr vornehmstes Anliegen das Problem menschlicher Erziehung.

»Wir Kastalier sind Schulmeister«, sagt Josef Knechts Freund Carlo Ferromonte einmal, und auch unter diesem Aspekt erweist sich die Ordensgemeinschaft als Pflanzschule einer großen deutschen Tradition. Die Gestalt des Schulmeisters ist seit den Tagen Goethes und Jean Pauls, Pestalozzis und Gottfried Kellers ein bedeutsamer Faktor der Kultur, von dem Gedeih und Verderb der jungen Generation abhängt. In der historischen Aufgabe, Pädagogen heranzubilden, liegt letzten Endes Kastaliens Daseinsrechtfertigung vor der Welt. Von jeher hat auch Josef Knecht das Lehren und Erziehen als einen Schwerpunkt seines kastalischen Wirkens empfunden. Das Amt des Pädagogen bietet ihm die harmonische Synthese der Gegensätze seines Wesens: Beschaulichkeit und Aktivität, Lernen und Lehren, Forschen und Erziehen. Der rechte Pädagoge ist ein Mann von goethischer Gesinnung und Lebenskunst, dessen ethisches Bemühen auf eine harmonische Entfaltung des Individuums im Zeichen des inneren Gleichgewichtes abzielt.

Die kritischen Bedenken, die sich in Josef Knecht allmählich gegen Kastalien ansammeln, setzen gerade am Kernproblem des kastalischen Pädagogen an. – Von Plinio geweckt, vom Pater Jakobus an Welt und Wirklichkeit herangeführt, von der Hierarchie mit den neuen Problemen allein gelassen, wehrt sich Josef Knecht immer mehr gegen die rein ästhetische Struktur der »pädagogischen Provinz«, weil diese Kastaliens eigenste Aufgabe: der Welt Erzieher und Schulmeister zu geben, in Frage stellt. Ein überzüchtetes geistiges Aristokratentum erweist angesichts der Forderungen der Wirklichkeit seine Unzulänglichkeit. Die verhängnisvollen Konsequenzen des kastalischen Gegensatzes von Welt und Geist treten am drastischsten an der kastalisch gebildeten Lehrerelite in Erscheinung. Wie, fragt sich Josef Knecht, soll ein Geistiger, der die Welt verachtet und flieht, diese Welt etwas lehren können? Wie soll einer, der nur die Früchte des Geistes genießen, aber von seinem Wachsen und Sterben, von seinen

Kämpfen und Niederlagen, wie soll einer, der von der Geschichte nichts wissen will, Erzieher einer Jugend sein können, die die Geschichte der Zukunft gestalten soll?
Verläßt Josef Knecht Kastalien mit dem pädagogischen Bestreben, ein fruchtbareres Verhältnis zwischen Geist und Welt in die Wege zu leiten als der kastalische Gesichtspunkt es erlaubt, so erfüllt sich doch sein Schicksal in ganz anderer Weise, als er selber vorsorgend plante. Sein Leben bricht jäh ab; bei tieferem Hinschauen zeigt sich, daß es nicht eigentlich abbricht, sondern daß der Kreis, in dem es verläuft, sich schließt. Aus dem Dunkel einer unbekannten Herkunft zum Aufstieg der Berufung verpflichtet, taucht dieses Leben auf seiner Höhe in das Dunkel eines plötzlichen Todes zurück: Geheimnis waltet über dem Anfang und dem Ende Josef Knechts, zwei Sphären berühren einander im Mysterium und schaffen so den Nährboden der Legende. Die Wellenringe, die das Knecht-Schicksal zieht, greifen weiter und weiter, und so erreicht der Dichter seine Absicht, daß »das, was die Legende berichtet, als letzte Stufe dieses Lebens völlig den vorhergegangenen zu entsprechen scheint.«
Ist Josef Knechts kastalische Existenz durch ein schrittweises »Erwachen«, durch die Ausweitung seines menschlichen Horizontes und das Mündigwerden der Erkenntnis charakterisiert, so vollzieht sich in der Legende seines Endes ein letzter aktiver Durchbruch in neue Tiefen, ein Mysterium, das vom Eidos selber inspiriert scheint. Diese Inspiration gibt dem Endkapitel der Knecht-Biographie sein Gewicht, sie »realisiert« die Grundstimmung der imaginären Lebensläufe mit überpersönlicher Vollmacht. Erst mit Josef Knechts Tod erreicht die ahnungsvolle Bereitschaft seiner Jünglingsjahre die letzte Stufe der Bewährung. Der reife Josef Knecht ist nicht »der Heilige« der Lebensläufe, der – selbst in noch so asketischer Gestalt – das höchste Glück der Erdenkinder: die Persönlichkeit darstellt; Josef Knecht erscheint in der letzten Phase seines Lebens als Mittler des Eidos, als Werkzeug überpersönlicher und übervernünftiger Mächte; sie schließen sein Schicksal in einer Weise ab, die Knecht nicht beabsichtigt und die doch seiner groß angelegten Bestimmung entspricht: Knechts jäher Tod steigert die Wirkung seines Vorbildes bis zu einem non plus ultra. Ehe er ins Namenlose zurücktritt, bricht noch einmal wie Sonne durch Wolken das Bild des Menschen, dem er nachlebt und das er schon selbst verkörpert, um ei-

ner neuen Generation einzuleuchten. So zeigt sein Schicksal den »Glücksfall« einer gesetzmäßigen Entwicklung.

Verzichtet Josef Knecht auf die Privilegien des geistigen Aristokraten, um sich den Pflichten zu unterziehen, die der Gebildete gegen die Welt hat, und wünscht er auf dem neuen Boden die Rolle des Magister ludi mit dem Alltagsdienst des Schulmeisters zu vertauschen, so erteilt ihm doch das Schicksal einen anderen Auftrag: nicht das Vorbild zu lehren, sondern selber Vorbild zu sein, nicht an die Idee zu mahnen, sondern im Sinne Nietzsches, von ihr zeugend, unterzugehen als ein Hinübergehender. Und dieser letzte mythische Auftrag stimmt genau zu Knechts innerster Sorge, die nicht dem Freunde und Nächsten, dem Kollegen, dem einzelnen Schüler gilt, sondern dem Zukunftsbilde einer kommenden Gesamtheit. Deshalb beschert das Schicksal Josef Knecht auch keinen eigentlichen Schüler mehr, aber es beschert ihm gleich dem Regenmacher, dem Beichtvater und dem Yogin den geistigen Erben und Nachfolger. Es ist eine aristokratische Ordnung, daß Einer wieder Einen findet und in diesem Einen sich erfüllt. Josef Knecht kommt als Zeuge einer alten vornehmen Welt und als Liebender eines neuen Menschenbildes, er findet es in dem Jüngling Tito verkörpert, aber es schläft noch in ihm. Die Begegnung Knecht–Tito ist also – um in der Sprache des kastalischen Biographen zu reden – die klassische Begegnung zweier Typen, von denen der eine den Adel des Geistes, der andere den Adel der Natur darstellt. Knecht erkennt die Aufgabe, vor die dieser edle Gegensatz ihn stellt: im Jüngling Tito – dem Stellvertreter einer neuen Menschheit – wieder das »schöne Ganze« der Geist-Natur zur Entfaltung zu bringen.

Je spröder und unverbildeter das Material ist, desto reichere Möglichkeiten hat der Menschenbildner. Knecht findet Tito »härter, unzugänglicher, geistferner, heidnischer«, als er und seine kastalischen Kameraden gewesen waren. Eben deswegen verspricht der Jüngling Tito aber auch mehr als sein Lehrer Knecht und sein Vater Plinio zu ihrer Zeit versprochen hatten. Denn im Freundespaar Knecht–Plinio fand doch am Ende der kastalische Gegensatz von Welt und Geist seine klassischen Vertreter, die bei aller Einsichtigkeit und Liebe zum Antipoden nun einmal in ihrer Haut steckten und ihre eindeutige Bestimmung zu erfüllen hatten, sei es im Reich des Geistes, sei es im Weltgetriebe. Der Weltmensch Plinio leidet an der Nur-Welt, der Ka-

stalier Josef am Nur-Geiste, der »heidnische« Knabe Tito ist unberührt und unbeschwert von diesem Gegensatz. Aber gerade deshalb ist Tito empfänglich für die Mahnung, die von dem durchgeistigtsten Wesen Josef Knechts ausstrahlt. Diese Mahnung ist die Vorstufe der Erweckung und Berufung, die mit dem Tode Josef Knechts an Tito herantritt. Das Bewußtsein einer geheimen Mitschuld an Knechts Tod macht den »reinen Toren« Tito sehend. An der tragischen Verantwortung, die ihm aus heiterem Himmel aufgeladen wird, erwacht sein Gewissen. Am Verlust erwacht Tito zum Bewußtsein dessen, was er »kaum gegrüßt, verloren« hat und zu einem ahnungsvollen Wertempfinden, das ihn empfänglich und bedürftig ausschauen läßt nach jenem geistigen Licht, von dem Josef Knecht zeugte. Dieses Licht, so ahnt Tito, ist mit dem Tode Josef Knechts nicht erloschen. Es ist nicht identisch mit Knechts Persönlichkeit.
So erlebt Tito die Berufung weit elementarer als einst der Knabe Josef. Denn ihn führt kein Götterbote behutsam in den Vorhof eines geräumigen, weise gestuften Tempels, sondern das Schicksal selber weiht ihn ein. Damit fällt für ihn auch der Umweg fort, der für Josef Knecht mit seinem Aufenthalt in Kastalien vorgezeichnet war. Lange brauchte Knecht, ehe Kastalien ihm durchsichtig für das Eidos wurde. Mit dem Tode Knechts steht nichts Menschliches mehr zwischen Tito und dem Eidos. Von jenen himmlischen Mächten ins Herz getroffen, die den Armen schuldig werden lassen, findet er sich ebenso nackt dem Schicksal wie dem Eidos gegenüber. Schicksal und Eidos aber stehen für Tito in geheimer Verbindung. Denn was eben noch namenlos ihn umwarb, trägt nun ein Gesicht, das freilich in der künftigen Wirklichkeit des Lebens erst »realisiert« werden muß.
Nicht nur thematisch steht das *Glasperlenspiel* der deutschen Romantik nahe, sondern auch in der poetischen Form. So wie etwa der *Heinrich von Ofterdingen* des Novalis die innere Unendlichkeit seines Themas auszuschöpfen sucht, indem er es in den verschiedensten Spiegeln des Dichters auffängt: im Vers, im Märchen, im Zusammenhang der Erzählung und noch in der geistbezogenen Fülle der Sinnbilder und Gestalten jene innere Mitte festhält, die sie alle deutend umschweben, so nähert sich auch das *Glasperlenspiel* seinem Zentrum mit dem Spiegel verschiedener Ausdrucksmöglichkeiten, die dem Dichter zu Gebote stehen. Aber wo der Romantiker lose Bruchstücke zusammen-

fügt, errichtet Hesse ein straff gegliedertes, dreidimensional gebautes Ganzes, dessen Teile sich mit innerer Notwendigkeit aneinanderschließen und den Plan des Dichters folgerichtig objektivieren.
Im *Glasperlenspiel* offenbart Hesse seine ganze Meisterschaft der Mythisierung einer dichterischen Entdeckung. Die Lebensbeschreibung Josef Knechts hat den poetischen Schein historischer Zuverlässigkeit: die Einbildungskraft macht sich die Methoden des Forschers zunutze, und indem sie sie für ihre Zwecke nachzeichnet, eine ganze imaginäre Quellenkunde, Archivstellen, Zitate, Schüler- und Zeugenberichte, umlaufende Gerüchte und historische Parallelen erfindet, gibt sie dem Ganzen das breite Fundament, das sonst der Einzelne allein nicht schaffen kann.
Aber dieses Fundament würde sich auch nicht als so tragkräftig erweisen, wenn Hesse die Universalgeschichte nicht so sorgfältig studiert und ihre geistigen Ausdrucksformen sich nicht so spielfreudig assimiliert hätte. In der Dichtung vom *Glasperlenspiel* unternimmt es Hesse, sich an den überlieferten Ausdrucksformen des objektiven Geistes mit einem Worte Rilkes »produktiv zu versuchen«. Ob es sich um scholastische Philosopheme, um chinesische Orakelweisheit oder die Bildersprache indischer und christlicher Legenden handelt, stets bleibt es Hesse, der in das fremde Kleid hineinschlüpft, es stilgerecht rafft und zum Ausdruck des eigenen Geistes umprägt. Unvergleichlich weiß er sich auf der Höhe eines klassischen Erzählergefälles zu halten und die Fäden seines poetischen Gewebes, nach Art antiker Vorbilder, in fernen Räumen zu befestigen, was wiederum dem Prestige der Erzählung zugute kommt. »Wenn wir die Unterhaltungen der Kameraden über das Verschwinden unseres Meisters, über dessen Ursachen, über Recht und Unrecht seiner Entschlüsse und Schritte, über Sinn und Widersinn seines Schicksals anhören, so muten sie uns an wie die Erörterungen des Diodorus Siculus über die mutmaßlichen Ursachen der Überschwemmungen des Nil...«
Doch nicht nur mit mythischen und historischen Motiven durchwirkt Hesse sein utopisches Geschichtsbild, auch kleine persönliche Züge seiner selbst, seines Alltags, seiner Umwelt geheimnißt er hinein. Im Mythisieren seiner persönlichen Welt war Hesse schon im *Steppenwolf* und in der *Morgenlandfahrt* groß, von dort ist er ausgegangen. So wie der mittelalterliche Maler sich oft auf

einem Bilde der Schar der Gläubigen, der Familie eines frommen Stifters oder den grünen Büschen einer Landschaft zugesellte, so hat auch Hesse in einem Seitengange der kastalischen Geschichte ein Selbstbildnis angebracht. Das Bambusgehölz im Süden des Landes, in dem als Einsiedler der »ältere Bruder« lebt, ist eine stilisierte Variante der Einsiedelei von Montagnola, und wenn auch der Eremit und Chinesenfreund nicht mit dem Dichter Hesse identisch ist, so ist doch seine Gestalt, wie sie Josef Knecht begegnet, da er die altchinesische Idylle betritt, ein Selbstbildnis. »Ein schmächtiger Mann, in graugelbes Leinen gekleidet, mit einer Brille über blauen abwartenden Augen, erhob sich von einem Blumenbeet, über dem er kauernd verweilt hatte, kam langsam auf den Besucher zu, nicht unfreundlich, aber mit jener etwas linkischen Scheu, wie Zurückgezogene und Alleinlebende sie manchmal an sich haben, richtete den Blick fragend auf Knecht und wartete, was er zu sagen habe.«

Es erhebt sich in diesem Zusammenhang die Frage, ob und inwieweit die Lebensbeschreibung Josef Knechts Autobiographie ist. Denn für Hesse bildet die eigene Problematik ja vom Peter Camenzind bis zur Morgenlandfahrt, die schon ahnungsweise einem anderen Zentrum zustrebt, die Problematik und Wirklichkeitsgrundlage seiner Dichtungen. In der Dichtung vom *Glasperlenspiel* hat der autobiographische Hintergrund keine wesentliche Bedeutung.

Gewiß ist die Verwandtschaft des Freundespaares Josef–Plinio mit Narziß und Goldmund, mit Hermann Heilner und Hans Giebenrath nicht zu verkennen. Gewiß hat Kastalien seine Vorstufen in den »pädagogischen Provinzen« der Klöster Maulbronn und Mariabronn. Aber diese Anklänge, deren Beispiele sich vermehren ließen, sind belanglos angesichts der Tatsache, daß das dichterische Leitthema diesmal nicht Josef Knecht, sondern »das Glasperlenspiel« heißt.

So klar sich der Typus Josef Knecht vom kastalischen Hintergrunde abzeichnet, so klar ist die Sprache, welche diese Zeichnung ins Wort faßt. Sie ist die Gußform jener geläuterten Menschlichkeit, die der Alt-Musikmeister Kastaliens dem jungen Josef Knecht mahnend vor Augen hält: »Wer die höchste Kraft des Begehrens ins Zentrum richtet, gegen das wahre Sein hin, gegen das Vollkommene, der scheint ruhiger als der Leidenschaftliche, weil man die Flamme seiner Glut nicht immer sieht, weil er zum Beispiel beim Disputieren nicht schreit und nicht mit den Armen fuchtelt. Aber ich sage dir: Er muß glühen und brennen.« Sie hat die Anmut einer letzten poetischen Sublimierung.

(1946)

Theodor Heuss
Das Glasperlenspiel
Hermann Hesses neues Werk

Es mag ein Jahrzehnt her sein, vielleicht auch etwas länger, das Zeitgefühl ist in dieser Gegenwart ins Fließen geraten, da kamen aus Montagnola gelegentlich kleine Sonderdrucke, Verse, Reflexionen, sie waren als Stücke aus dem Nachlaß des Josef Knecht bezeichnet, eines magister ludi.
Hermann Hesse sandte sie an seine deutschen Freunde; ein Grußwort sollte dienen, die gelockerten Beziehungen nicht zerreißen zu lassen. Mit dem Austausch von brieflichen Mitteilungen, die ins Ausland gingen, war man sparsam geworden; jeder wußte, daß Urteil oder Nachricht einen unerbetenen Mitleser bekommen würden. Wer dieser Josef Knecht denn eigentlich sei und in welcherlei Spiel er der Meister, das mochte bei der ersten Begegnung nicht gleich deutlich werden – war er es nur in dem Versteckspiel einer dichterischen Laune? Aber die Fragmente, in ihrem verhaltenen Sprachton schwer einer geschichtlichen Zeit zuzuordnen – wir dachten einmal, es sei der geistige Raum des ausklingenden Humanismus im 16. Jahrhundert gegriffen – fügten sich auf eine eigentümliche Weise ineinander: das war ein Nirgendland, ein Utopien, Schauplatz einer denkerischen Ordnung, geistiger Exerzitien – würde die Bühne, in ihrer Ausdehnung überschaubar geworden, der Rahmen einer tragenden Fabel sein, einer Handlung, eines Tätertums? Das Rätselvolle blieb. Man spürte und erfuhr es dann wohl auch, daß Hermann Hesse seit langem an einem großen Werk arbeitete; es mochte nicht recht gelingen, nach den einzelnen Proben ihm einen festen Platz in der literarischen Kategorienfolge anzuweisen. Vor über zwei Jahren ist die Arbeit nun in der Schweiz erschienen und wenn man Glück hatte, konnte man eines der wenigen Exemplare greifen, die in die Heimat des Dichters gelangten. Der Titel lautet:

»Das Glasperlenspiel. Versuch einer Lebensbeschreibung des Magister Ludi Josef Knecht samt Knechts hinterlassenen Schriften. Herausgegeben von Hermann Hesse«. Fretz und Wasmuth Verlag in Zürich. Die zwei Bände umfassen 814 Seiten. Die Widmung – sie ist nicht zu übersetzen – gilt »den Morgenlandfahrern«.

Es gehört zu den Paradoxien dieser verwirrenden Gegenwart, daß den Deutschen sehr wichtige Geschenke ihrer Dichtung (und ihrer Wissenschaft) noch fremd sind. So ist es auch mit Hesses Alterswerk. Die Zeit des Nationalsozialismus hatte ihn mehr oder weniger verfemt – sie wußte um seinen tiefen Gegensatz gegen alle nationalistische Hybris; seine menschliche und geistige Erscheinung war inmitten der moralischen (und der sprachlichen) Verlotterung so unzeitgemäß wie nur möglich. Wo mochte inmitten des lärmenden Getriebes die Stille zu finden sein, in der seine leisen und ruhigen Worte überhaupt hörbar wurden? So mag man es sinnvoll finden, daß die Musik des Glasperlenspiels nicht in dem lauten, bedrohenden und bedrohten Deutschland zuerst erklang; man hätte sie verlacht, ja die kontemplative Haltung des Dichters als eine Sabotage der Tatenenergien beschimpft. Nun haben sich die Dinge gewandelt: daß die Stadt Frankfurt vor einigen Wochen ihren Goethe-Preis dem Dichter widmete, war mehr als eine jetzt fällige Huldigung – Hesse nähert sich der Vollendung des siebzigsten Jahres. In dieser Entscheidung war auch ein Rang, war der Rang gewiesen, den der Dichter vor den anderen inne hat. Aber da sich die deutsche Heimat erneut zu ihm bekennt, der seit ein paar Jahrzehnten in der Schweiz Herberge und Bürgerrecht gefunden hat, sperren die banalsten Dinge die geistige Kommunikation: Devisen! Hesses umfassendstes Werk, eben das »Glasperlenspiel« und die große Gesamtausgabe seiner Lyrik sind heute dem deutschen Liebhaber nicht greifbar. Das darf, denken wir, nicht zu lange dauern, bis ein von der Währungsproblematik unabhängiger Druck vorliegt.

Die geistige Landschaft, in die die Erzählung eingebettet ist, sofern man von einer solchen reden mag, ist ein weltlicher Orden, der den jungen Knecht aufnimmt und den Rahmen zu seinem Aufstieg, zu Entfaltung, Reife, Wandlung und Abschied bildet. Es ist ein kontemplativer Orden; seine Glieder leben den Wissenschaften, den Sprachstudien, der Musik, in freundlichem Austausch von Erfahrungen und Gesinnungen mit den Benedik-

tinern; Asiens alte Weisheit, China, Indien, wirken in die Denkwelt ein; Hesses frühe Neigung zu den Geheimnissen und Geheimlehren des Ostens kehren in den Reflexionen wieder, es ist eine wunderbare Verbindung mit der Hellsichtigkeit der abendländischen Ratio. In der Mitte des Ordensbrauches, Erhöhung seines Gemeinschaftslebens, wie lockender Ruf an Wille, Hingabe, Ehrgeiz des einzelnen ist nun eben das »Glasperlenspiel«. Man mag nicht den Versuch machen, dessen Werden, Art und Sinn mit spröden Worten zu deuten – Generationen haben sich um seine Verfeinerung und Vervollkommnung bemüht, und es bleibt nie ein Ende, sondern immer ein Durchgang zu neuem Wandel. Das Wort Spiel darf dabei den Reiz des unnütz Anmutigen behalten, muß aber auch offen sein, Tiefsinn des kultisch Gewichtigen in sich aufzunehmen, es umgreift intellektuelle Artistik und hintergründige Phantastik, Mathematik und Musik begegnen sich in ihren rationalen Beziehungen, ohne der schöpferischen Freiheit des spielenden Erfindens zu wehren. Das Könnertum des Virtuosen lebt hier neben einer stillen und frommen Einfalt. Die strenge und geachtete Hierarchie des Ordens verwaltet mit Klugheit und Takt die weite pädagogische Provinz. Sie ist weder geographisch angesiedelt noch zeitlich festgelegt – jene Geschichtsperiode, da die Menschheit dem Wahn der Selbstvernichtung verfallen war, liegt in einer von der Erinnerung gemiedenen Vergangenheit. In einer beiläufigen Bemerkung erfährt man, daß die freundschaftlichen Beziehungen zur römischen Kirche eine vorübergehende Gefährdung erhalten hatten, da der Papst Pius XV., ehedem selber ein Liebhaber des Spiels, eine feindselige Wendung vollzog. Aber das ist für den Chronisten auch bereits eine Episode des Gewesenen, irgendwo in den Annalen oder in den mündlichen Überlieferungen vermerkt. Diese Zeitentrücktheit gibt dem Werk eine seltsame Transparenz zum Ewigen und Gültigen.
Das Buch hat kaum eine Fabel. Dieser junge Josef Knecht, einfach, klar, fleißig, wissensdurstig, zuverlässig, wächst, von dem Vertrauen der Oberen getragen, fast ohne es zu wollen, in Aufgabe und Verantwortung. Die Freunde, die Lehrer, die Schüler – das ist die Umwelt, worin sich sein Menschentum ausprägt, und zu Hesses reifem Vermögen gehört es, wie er die Träger dieser Gemeinschaft, die ihre einheitliche Formung von einer geistigen Mitte erfährt, in einer sehr zarten, doch schier heiteren Weise in-

dividualisiert, verhaltene Eifersucht, gedämpften Herrschsinn, das leicht Verschwärmte, das heftig Argumentierende. Es ist eine Welt ohne Frauen, doch auch ohne naive Menschen. Die Welt des Tuns, des Handelns, des Wirkens, des Opferns ist weit weg von diesem Raum der musischen und wissenschaftlichen Esoterik – als Josef Knecht älter, noch nicht alt geworden, überfällt ihn eine Unruhe, eine quälende Einsicht, daß dies in der gesicherten Hingabe an die geistige Vervollkommnung Leben, daß dies den Zwecken und Nöten entrückte Sein in Kontemplation und Erkenntnis wenn auch ein Großes, so doch nicht das Ganze und Letzte sei. Und er nimmt seinen stillen Abschied. Bei dem Versuch einen ihm zur Erziehung anvertrauten Knaben von der Gefahr des Ertrinkens zu retten, findet er den Tod. In seinem Opfer, so mag man Hesse deuten, findet dies Leben seine Erfüllung.
Der »Lebensbeschreibung« nur hat Hesse Knechts »hinterlassene Schriften« beigefügt, »Gedichte des Schülers und Studenten«, in denen die Thematik des Glasperlenspiels wiederkehrt und »Die drei Lebensläufe«, in sich geschlossene Erzählungen zeitlos, aus dem östlichen Raum. Sie gehören, zumal die letzte, »Indischer Lebenslauf«, zum Vollkommensten, was der deutschen Dichtung dieser Gegenwart geschenkt wurde: die wunderbarste poetische und tiefsinnige Erfindungskraft ist in eine herrliche Einfachheit des sprachlichen Vortrags gebaut.

(1946)

Hermann Lenz
Hermann Hesse, »Das Glasperlenspiel«

In den Jahren, die dem Erscheinen der Erzählung »Die Morgenlandfahrt« folgten, ahnten alle in seine Lebensbemühung Eingeweihten, daß Hermann Hesse wiederum an einer neuen Wende, einer Wandlung seiner inneren Gestalt angelangt war. Für sie hatte die »Morgenlandfahrt«, die von vielen Seiten mit schokkierten Mienen aufgenommen wurde, nichts Befremdendes oder Verblüffendes, die neue Dichtung erschien ihnen als konsequente Fortsetzung einer Entwicklung, welche mit den Büchern »Demian«, »Siddhartha« und »Steppenwolf« begonnen hatte. Damals wurde dem neuen Buche vorgeworfen, es sei zur Hälfte

unverständlich und wirke absonderlich wenn nicht abstrus, weil sein Verfasser zu viele persönliche Anspielungen und private Weisheiten hineingeheimnist habe, denen ein Außenstehender nur mühsam folgen könne; es sei im besten Falle als skurrile Arabeske eines Sonderlings zu würdigen, ein Irrgarten und Seelenlabyrinth, worin sich nur die Eingeweihten zurechtfänden.
In der Tat, es war ein Buch für Eingeweihte, dem etwas vom Prüfstein des Magiers anhaftete. Wem es gefiel, wer diese Darstellung eines Bundes aller Geistigen, der sich über alle Zeiten und Länder erstreckte, als Bestätigung eigener innerer Erlebnisse empfand, konnte sich schmeicheln, selbst in irgendeinem Teile seines Wesens jenem großen Orden, jener unsichtbaren Loge anzugehören, deren Aufbau und magische Organisation hier zum erstenmal mit vorsichtigen Strichen nachgezeichnet worden war. Zum anderen aber wurde sich der kundige Nachspürer aller hier beschworenen Empfindungswelten einer Einordnung in einen großen magischen Zusammenhang bewußt, und es berührte ihn zum erstenmal eine neue Gläubigkeit, von der er eine läuternde Kraft auf sich übergehen fühlte.
Durch Freunde, die mit Hermann Hesse in persönlicher Verbindung standen, erhielt man ab und zu Abschriften neu entstandener Gedichte, die in ihrer merkwürdig sakralen Transparenz die Gestalt eines neuen Werks gleichsam unter Wasser oder wie durch einen dünnen Nebelschleier sichtbar werden ließen. Als schließlich in der »Neuen Rundschau« 1936 die Idylle »Stunden im Garten« zum erstenmal abgedruckt wurde, erfuhr man vom »Glasperlenspiel«, dem sich der Dichter in seinem Tessiner Hausgarten, am rauchenden Krautfeuer sitzend, hinzugeben liebte. Was war nun eigentlich dieses »Glasperlenspiel«? War es etwas Reales, eine Musik, die mit irdischen Mitteln hervorgezaubert werden konnte und am Ende gar den dünnen verschwimmenden Tönen einer Glasharmonika vergleichbar war?
Es ist ein schwieriges Unterfangen, den Inhalt des Buches »Das Glasperlenspiel«, das 1943 bei Fretz & Wasmuth in Zürich erschienen ist, mit nüchternen Worten darstellen zu wollen, weil alles Geschehen, das sich darin widerspiegelt, in eine Zauberwelt, eine überwirkliche Dimension hinaufgehoben ist. In zwei Bänden wird dieser »Versuch einer Lebensbeschreibung des Magister Ludi Josef Knecht, samt Knechts hinterlassenen Schriften, herausgegeben von Hermann Hesse« vor uns ausgebreitet und man

erinnert sich beim Lesen dieses Untertitels an andere Verhüllungen, andere Realisationen seiner geistigen Gestalt, hinter denen sich der Dichter in früheren Jahren zu verbergen liebte. Schon 1900 erschienen in Basel die »Hinterlassenen Schriften und Gedichte von Hermann Lauscher«, ein »literarischer Nachlaß«, den der Dichter »herausgab«, und »Demian« ist unter dem Pseudonym Emil Sinclair veröffentlicht worden. Aber was früher vielleicht das Zeichen eines scheuen, gepeinigten Zurückweichens vor der Öffentlichkeit gewesen ist, die die private Existenz des Dichters ins Scheinwerferlicht ihrer Neugier zerren wollte, ist hier zum Sinnbild einer Wandlung geworden, einer Wandlung zum Überpersönlichen, zur willigen Ein- und Unterordnung in die vielfädigen Zusammenhänge einer geistigen Welt, die im »Glasperlenspiel« dargestellt wird. So ist dieses »herausgegeben« aufs engste mit dem Charakter, der inneren Struktur dieser Dichtung verbunden und erhält seine Rechtfertigung aus ihr.

Josef Knecht, dessen äußere Erscheinung, dessen Herkunft und private Sphäre nicht näher umschrieben wird, lebt in einem Zeitalter jenseits des zwanzigsten Jahrhunderts, nachdem die kriegerische und »feuilletonistische« Epoche unserer fragwürdigen Gegenwart überwunden worden ist. Er tritt in früher Jugend in die Eliteschulen ein, welche der kastalische Orden unterhält, eine weltliche Vereinigung aller Geistigen seines Landes, der mönchische Züge trägt und dessen Bereich gegen die reale Welt der Leidenschaften und der staatlichen Macht genauestens abgegrenzt ist. Es ist eine Art exklusiver Pflegestätte der verschiedenartigsten wissenschaftlichen und künstlerischen Disziplinen, eine Universitas im weitesten Sinn, ein eigenes Gemeinwesen mit selbständiger Verwaltung und einer sorgfältig aufgebauten Hierarchie, die zur Staatsmacht genau geregelte Beziehungen unterhält.

In den Eliteschulen wächst Josef Knecht als einer unter vielen heran. Schon früh zeigt sich sein inniges Verhältnis zur Musik, eine Neigung, die von seinem Musikmeister sorgfältig herangebildet wird. Dieser Musikmeister nun stammt aus der berühmtesten Schule des Ordens, aus Waldzell, wo das Glasperlenspiel als höchste Dizsiplin geübt wird, und bestimmt schließlich, daß der junge Josef Knecht ebenfalls in Waldzell Aufnahme finden und in die Anfangsgründe, die Grundregeln des Glasperlenspiels eingeweiht werden soll. Er lernt die Schemata, die graphischen Dar-

stellungen einfacher Spiele kennen, bis er allmählich ins ganze vielfädige Gewebe des Glasperlenspiels vordringt, das sich ihm einmal als reale Musikübung präsentiert, von der gesagt wird, daß sie zuerst von einem gewissen Bastian Perrot aus Calw ausgebildet worden sei, dem es gelang, eine Einheit von Notenschrift und musikalischen Klangwerten in seinem Glasperlenspiel darzustellen, das äußerlich und mit irdischen Augen betrachtet, ein System farbiger Glaskugeln, die nach Art der Rechenmaschinen für Kinder an Drähten aufgereiht waren, gewesen sein muß. So wird das Glasperlenspiel im äußeren zwar ab und zu ziemlich genau beschrieben und es wird berichtet, daß in den Ordensschulen Repetierkurse für Fortgeschrittene in der Art wissenschaftlicher Seminare abgehalten werden, es heißt auch, das immer wieder erstrebte Ziel des Spieles sei das Erreichen eines »Generalnenners« aller Wissenschaften und Künste, aber ganz entschleiert es sich nie. Es verschwimmt im Nebulosen, wird transparent und schillernd, ein durchsichtiges Mysterium von seltsam schwebender Intensität. Es ist, als lockten einen die Worte eines Zaubermeisters in weiser Vieldeutigkeit, und es wird immer wieder auf die entsinnlichte Musik des achtzehnten Jahrhunderts hingewiesen, die als ideales Glasperlenspiel gepriesen wird, bis man erkennt, daß alles ein Symbol ist für jede schöpferische Betätigung, die Betätigung des Dichters im besonderen. Und wenn man vom Magister Ludi Thomas von der Trave hört, der in Knechts Waldzeller Lehrjahren die großen öffentlichen Spiele des kastalischen Ordens leitet, wird einem ein flüchtiges verhuschendes Irrlicht als Wegzeiger aufgesetzt und man fragt sich, ob mit diesem Magister Thomas von der Trave nicht Thomas Mann gemeint sein könnte. Bei näherem Zusehen wird man dessen gewiß, und das Glasperlenspiel offenbart sich als Ausdeutung, als imaginäre Spiegelung des dichterischen Schöpfungsvorganges überhaupt, der mit dem Musikalischen und den strengen mathematischen Gesetzen in seltsam fließendem Zusammenhange steht... Aber man sieht, wie schwierig alles zu erklären ist, wie schwer sich die Worte den Empfindungssphären angleichen lassen, die hier auf jeder Seite beschworen werden.
Josef Knecht steigt auf der Stufenleiter der Hierarchie seines Ordens immer höher empor, wird nach langen Studienjahren an einer der Universitäten des Landes Repetent in Waldzell, wo er die jungen Schüler nun seinerseits in den Anfangsgründen des Glas-

perlenspieles unterweisen muß. Aber diese äußeren Titel und Würden, welche er bekleidet, sind wiederum Symbole für gewisse innere Entwicklungsstadien, welche er durchläuft, Stadien einer Läuterung, die er durchmachen muß. Daß es die Stadien des Glasperlenspielers Hermann Hesse sind, daß alle Begegnungen, deren Josef Knecht in seinem Ordensleben teilhaftig wird, sich als Spiegelbilder von Hermann Hesses eigener Existenz präsentieren, wird keinen überraschen, der mit dem Lebenswerk des Dichters seit langen Jahren vertraut ist. Da taucht Plinio Designori, der Freund Josef Knechts auf, der in schmerzender Liebe an allen Bestrebungen des Ordens teilnimmt, in Streitgesprächen alle Fehler und Fragwürdigkeiten des kastalischen Lebens ans Tageslicht zerrt, gepeinigt und unglücklich zwischen Waldzell und der Welt der Alltäglichkeit hin- und hergerissen wird, sich schließlich vom Orden löst und als Staatsmann der wirklichen Welt anheimfällt, um später, als Josef in die oberste Ordensleitung eingerückt und Glasperlenspielmeister geworden ist, desillusioniert und müde in der alten Heimat Zuflucht zu suchen und von Josef Knecht Tröstung und Heilung zu erlangen. Dieser Plinio aber, ist er nicht der von allen Grausamkeiten einer überhitzten Zivilisation gepeinigte Harry Haller des Steppenwolfes, ist er nicht Goldmund und jener abgefallene Bundesbruder H. H. der »Morgenlandfahrt«? Oder man liest vom »älteren Bruder«, den Josef Knecht in seiner Klause unten im Süden besucht, am Rand des Sees, wo im hochgelegenen Hausgarten das Stäbchenorakel mit Schafgarbenstengeln befragt wird und der »ältere Bruder« als scheuer, weiser Mann, der eine Brille trägt, geschildert wird, müde und gütig und schon nimmer völlig im Irdischen zu Haus. Auch dies ist ein Selbstporträt, oder besser gesagt eine Manifestation seiner selbst, und zwar die letzte, die wir kennen: im breitrandigen Strohhut mit sonnegegerbtem Fakirgesicht, den zugleich gütigen und flackernden Augen eines Zaubermeisters ... Und im Weiterlesen erkennt man überall vertraute Abbilder seiner Existenz, es spielt alles untergründig ineinander, die verborgensten Kanäle verbinden alle Gestalten mit früheren Emanationen des Dichters, früheren Verwandlungen und Maskierungen, die in zwielichtigem Dämmer überall aufleuchten. Das Buch ist ein Zauberkabinett, ein magisches Verwandlungszimmer, dessen Fluidum eine Einheit von Gegenwärtigem und Zukünftigem, von Leser und Dichter erzeugt, die unergründlich bleibt.

In seinen Studienjahren hat Josef Knecht außer mehreren Gedichten drei »Lebensläufe« verfaßt, die im Rahmen der »Hinterlassenen Schriften« dem zweiten Bande des Glasperlenspiels angefügt sind. Es handelt sich hier um Arbeiten des jungen Knecht, die nach den Bestimmungen des Ordens in jedem Jahr bei der obersten Behörde eingereicht werden mußten, um ein Bild der inneren Entwicklung im Sinn der kastalischen Ordensregeln und des Fortschreitens seiner Studien zu geben, Studien, die ungehindert und in weitgespanntem Rahmen durchgeführt werden konnten und an deren Ende kein Abschluß in Form eines landläufigen Examens gefordert wurde; es waren nur jene Lebensläufe einzusenden, in denen es dem Studierenden freigestellt war, im Rahmen eines genauen Berichtes von seinen Beschäftigungen Rechenschaft zu geben oder seine augenblicklichen Studien, die sich mit fernen Zeiten oder versunkenen Kulturen, etwa der indischen, beschäftigten, in seinen Lebenslauf einfließen zu lassen, seine Existenz in entlegene Epochen zu verlegen und auf diese Weise eine Einheit von hier und dort, von heute und damals aus seinen Worten erstehen zu lassen. Diesen letzteren Weg hat Josef Knecht gewählt und der Ordensleitung drei Untersuchungen seiner mythischen Vorexistenz geliefert, die das Äußerste an Transparenz, an Sichtbarmachung seelischer Entwicklungsphasen darstellt, was Hermann Hesse geschrieben hat. Das Untertauchen in mythische Tiefen läßt ihn einen hohen Grad von Entpersönlichung, von Läuterung und Einordnung erreichen.
Es möge noch auf Tegularius, einen Ordensbruder Josef Knechts, hingewiesen werden, der, mit geschichtsphilosophischen Studien beschäftigt, zu einer bedingungslosen Abwendung von allem, was sich als Weltgeschichte und Heldenverehrung aufspielt, gelangt. Sie erscheint ihm – und hierin gewinnt das Glasperlenspiel einen besonderen Grad von Aktualität – als Vergötzung der Triebhaftigkeit aller trüben, leidenschaftsgepeitschten Menschennatur überhaupt, und es wird eine Abwendung von aller falschen Macht und Größe gefordert, deren bedrohliches Anwachsen wir erleben mußten. Der Feuerofen einer schlimmen Zeit, den wir durchschritten haben, hat vielleicht auch in uns eine Bereitschaft und Hellhörigkeit erzeugt, die uns für die Sphärenmusik des Glasperlenspiels besonders empfänglich macht und das Buch als Kompendium unseres brennenden Begehrens nach neuer Gläubigkeit erscheinen läßt, die uns die »Morgenlandfahrt« bereits ahnen

ließ. Die Ausweglosigkeit unserer heutigen Situation läßt uns das »Glasperlenspiel« als Heilmittel und Zufluchtsgrotte empfinden, wie sie kein noch so verführerisches Lourdes oder – Moskau jemals aufzurichten imstande ist.

(1946)

Ernst Robert Curtius
Der homo ludens

Es gibt glücklicherweise zwischen Schwarzwald und Locarno eine Schweiz – vielleicht die einzige freundliche Gabe dauerhafter Art, mit der die Geschichte unsern gequälten kleinen Erdteil bedacht hat. Ein Land und Volk, fest in sich ruhend; klein genug, um vor den Wirren der großen Anlieger geschützt zu sein; groß und mannigfaltig genug, um Europa in sich zu spiegeln. Der Basler Philosoph Karl Joel hat vor Jahren geistvoll die »Verschweizerung Europas« im 18. Jahrhundert geschildert. Pestalozzi und Rousseau wurden Erzieher des Kontinents, Haller und Geßner brachten eine neue Naturverklärung, Bodmer und Breitinger bereiten die Abkehr vom französischen Klassizismus vor. Voltaire wohnt an der Schweizer Grenze, Gibbon vollendet das Geschichtswerk, das in Rom konzipiert wurde, in Lausanne. Goethe schließt Bruderschaft mit Lavater. Im 19. und 20. Jahrhundert wird die Schweiz Asyl der politisch Verfolgten oder mit ihrer Heimat Zerfallenen. Sie ist für Hesse, den so vieles mit Basel verband, die Wahlheimat geworden. Transponiert in das utopische »Kastalien«, wird sie der Schauplatz des »Glasperlenspiels«.

Man hat das Werk einen Erziehungsroman genannt. Das ist einer seiner vielen Aspekte. Aber es trifft nicht den Kern. Ihm kommt man näher, wenn man sich fragt, warum Hesse das Thema der Erziehung wieder aufgegriffen, warum er Josef Knecht als Schüler, dann als Lehrer, endlich als »Spielmeister« vorführt. »Unterm Rad« schilderte das Scheitern des Knaben an der Schule. Im »Glasperlenspiel« holt der entlaufene Schüler gleichsam die versäumten Schuljahre nach und wird selber zum Lehrer (einem Klosterlehrer wie Narziß). Es wird also ein Thema aus Hesses Frühzeit auf der Stufe der Altersreife aufgenommen, aus dem Negativen ins Positive gewendet und damit »aufgehoben«. Nicht nur dieses Thema. Alle Themen des Dichters (unter denen wir Konflikte, aber auch Heilungsversuche fanden), werden in diesem Werk aufgenommen und kontrapunktisch verwoben. Der »Versuch einer Lebensbeschreibung des Josef Knecht« ist die letzte, die nunmehr endgültig gelungene Transposition und Überhöhung all jener Lebensläufe, in denen Hesse sich als Camenzind, als Heilner, als Sinclair, als Siddhartha, als Goldmund darstellte. Alle diese Lebensläufe kristallisierten sich um Konflikte. Konflikt mit dem Elternhaus und seiner pietistischen Atmosphäre; mit der Schule; mit der Bürgerwelt; mit der Sozialsphäre überhaupt. Konflikt endlich auch mit dem selbstgewählten Beruf: der Literatur. Noch 1927 notiert der Dichter: »Was mich betrifft, so glaube ich, daß kein anständiger und arbeitsamer Mensch mir mehr die Hand geben würde, wenn er wüßte, wie wenig Wert die Zeit für mich hat, wie ich Tage und Wochen, ja Monate vergeude, mit welchen Spielereien ich mein Leben vertue.« Ein fünfzigjähriger Dichter, der das Spielen nicht lassen kann und das mit schlechtem Gewissen gesteht. Aber ist denn der Spieltrieb etwas, dessen man sich zu schämen hätte? Unerkannter, unaufgelöster Rest eines bürgerlichen Vorurteils! Spielen und spielen können ist eine der wichtigsten Funktionen des Verhaltens zur Welt. Ein gelehrter Kulturhistoriker hat gewissenhaft Indianerspiele analysiert, um dem homo sapiens den homo ludens entgegenzustellen. Tiere und Menschen, aber auch Götter spielen, in Indien wie in Hellas. Platon sieht im Menschen eine Gliederpuppe, die von den Göttern vielleicht bloß zu ihrem Spielzeug angefertigt wurde. Was folgt daraus? Bejahung des Spieltriebs. Wendung des Negativen ins Positive! Sein eigenes Spiel spielen, mit dem tiefen Ernst des kindlichen Spiels. Das Höchste wäre: *sein eigenes Spiel zu erfinden.* Das ist dem Dichter gelungen. Er ist der Erfinder des Glasperlenspiels. Er hat das Spiel gemeistert: das des Lebens, das der Perlen. So ist er in doppeltem Sinn magister ludi geworden (ludus bedeutet im Latein zugleich »Spiel« und »Schule«). Das Perlenspiel ist das Symbol der absolvierten Lebensschule. Der Fund dieses Motivs – das war die entscheidende Konzeption; Eingebung und glückhafter Griff zugleich; Keim, aus dem die goldene Blüte sprießt.

Motiv und Thema sind zweierlei, und der Kritiker wird gut tun, sie zu unterscheiden. Motiv ist das, was die Fabel (den »Mythos« der aristotelischen Poetik) in Bewegung setzt und zusammenhält.

Das Motiv gehört der Objektseite an. Thema ist alles, was das originäre Verhalten der Person zur Welt betrifft. Die Thematik eines Dichters ist das Register seiner typischen Reaktionen auf bestimmte Lagen, in die ihn das Leben bringt. Das Thema gehört der Subjektseite an. Es ist eine psychologische Konstante. Es ist dem Dichter mitgegeben. Das Motiv ist eingegeben, gefunden, erfunden: was dasselbe bedeutet. Wer nur Themen hat, kann nicht zum Epos oder zum Drama gelangen. Auch nicht zur großen Lyrik! Wir berühren hier ein ästhetisches Gesetz, dessen beste Formulierung ich bei T. S. Eliot finde: The only way of expressing emotion in the form of art is by finding an »objective correlative«; in other words, a set of objects, a situation, a chain of events which shall be the formula of that *particular* emotion; such that when the external facts, which must terminate in sensory experience, are given, the emotion is immediately evoked. Mit dem Motiv, dem objektiven Correlat, ist die Dürftigkeit des bloßen »Erlebens« überwunden. Das Motiv ist ein organisches, autonomes Gebilde pflanzlicher Art. Es entfaltet sich, gliedert sich, verzweigt sich, treibt Blätter, Blüten, Früchte.

War das Perlenspiel einmal da, so mußte eine ganze Welt darum aufgebaut werden. Das konnte nur eine Phantasiewelt sein, also eine Utopie und Uchronie (der Begriff von Renouvier). Sie mußte aber in eine Epoche verlegt werden, die von der unseren nicht durch zu weite Zeiträume getrennt ist. Denn in Kastalien müssen ja noch Inhalte unserer Kultur weiterleben. Sonst verstehen wir die kastalische Welt nicht. Es muß also, in einer – etwas mühsamen – Einleitung eine Brücke zwischen dem 22. und dem 20. Jahrhundert gebaut werden. Das gestattet eine Kritik unserer Epoche, zugleich aber – viel wichtiger – den Nachweis, daß das Glasperlenspiel Vorläufer in allen Epochen abendländischen Geistes hat. Das bedeutet aber die *Integration der abendländischen Tradition in Hesses Geistigkeit.*

Und das Morgenland? Wie alle Hauptthemen des Dichters kristallisiert es sich an das neue Gebilde an. Das Werk ist »den Morgenlandfahrern« gewidmet. Seelentechnik des Yoga wird in Kastalien geübt. Indien taucht im »indischen Lebenslauf« wieder auf. Aber die Führung ist doch auf China übergegangen. Das neuerdings so beliebte I Ging darf nicht fehlen. Es gibt in Kastalien ein »chinesisches Studienhaus«, es gibt sogar – wie in einem Rokokopark – eine chinesische Eremitage, »Bambusgehölz« ge-

heißen. Da findet man Goldkarpfenteiche, Orakelstäbchen aus Schafgarbenstengeln, Pinsel und Tuschnäpfchen: hübsche Chinoiserie. Als aber der Einsiedler nach Waldzell eingeladen wird, kommt statt seiner nur ein zierlich getuschtes chinesisches Briefchen mit der unwiderleglichen Feststellung: »Gehen führt in Hemmnissse.« Seneca, Thomas a Kempis, Pascal hatten ähnliches geäußert, wenn auch minder preziös. Das »Glasperlenspiel« schließt und krönt also auch den Morgenlandzyklus des Dichters. Und doch ist die Welt des Ostens in diesem Buch nicht Kernsubstanz, sondern dekorativer Hintergrund. Sie wirkt »antiquarisch«, wie Demian von der Abraxas-Mythologie des Dr. Pistorius sagte.
Das »Glasperlenspiel« ist ein abendländisches Buch. Für das Perlenspiel wird eine Ahnenreihe statuiert, die mit Pythagoras und der Gnosis anhebt, durch Scholastik und Humanismus zur Philosophie des Cusaners, zur Universalmathematik des Leibniz und bis zu den Intuitionen des Novalis führt. Mit besonderer Pietät werden aber zwei Namen genannt, die den wenigsten Lesern geläufig sein dürften: Johann Albrecht Bengel (1687-1752) und Friedrich Christoph Oetinger (1702-1782): große schwäbische Theologen, in denen strenger Bibelglaube sich mit Apokalyptik und Theosophie, mit Chemie und Kabbala zusammenfand. Sie sind Mittler zwischen Böhme, Swedenborg und Schelling. Oetinger war Pfarrer in Hirsau bei Calw, der Vaterstadt Hesses. Die Hervorhebung dieser Namen bedeutet die Auflösung des Konfliktes mit dem schwäbischen Pietismus des Elternhauses: zugleich also eine Annäherung an das Christentum. Sie bekundet sich auch in der Befreundung Knechts mit dem Pater Jakobus und dem Orden des hl. Benedikt.
Auch Kastalien ist ein Orden. Hiermit wird das älteste Thema Hesses in die Kombinatorik des Werkes einbezogen: das Klosterthema. Höchst merkwürdig nun, wie auch dieses Thema durch eine neu errungene Freiheit umgestaltet wird. Wie sein eigenes Spiel, so hat sich der Dichter seinen eigenen Orden erfunden. Psychologisch heißt das: er ist Herr seiner selbst geworden. Er kann sich aus eigener Mächtigkeit die Autorität setzen, der er sich einfügt. Was als neurotischer Konflikt Stein des Anstoßes war, ist durch »Anagogie« Baustein geworden. Die Auflehnung gegen alle äußere Autorität wird jetzt erkannt als leidenschaftliche Suche nach einer aus dem eigenen Gesetz kommenden Auto-

rität. In dieser neuen Ordensbindung durchläuft Josef Knecht alle Stufen, sich freiwillig einfügend. Nach langem Dienst, langer Meisterschaft »erwacht« er (Goldmund, erinnern wir uns, war durch Narziß »erweckt« worden). Knechts inneres Gesetz nötigt ihn, aus dem Orden zu scheiden. Der Abschied vollzieht sich in den vorgeschriebenen, zeremoniellen Formen. Die Ordensbehörde freilich muß den Schritt mißbilligen. »Hätte er doch«, sagt sich der Scheidende, »was ihm selber so klar schien, auch den anderen klarmachen und beweisen können: daß nämlich die ›Willkür‹ seines jetzigen Handelns in Wahrheit Dienst und Gehorsam war, daß er nicht einer Freiheit, sondern neuen unbekannten und unheimlichen Bindungen entgegenging, nicht ein Flüchtling, sondern ein Gerufener, nicht eigenwillig, sondern gehorchend, nicht Herr, sondern Opfer.« So wird der knabenhafte Ausbruch des Klosterschülers nach fünf Jahrzehnten mit umgekehrtem Vorzeichen wiederholt, aber zugleich umgeschmolzen, von Schlacken gereinigt und in seinem tieferen Sinn verstanden: als eine Stufe des Transzendierens. Es ist so: in diesem Alterswerk sind dem Dichter alle früheren Stationen seines Lebensweges durchsichtig geworden. Es ist auf der Stufe der »Hellsicht« entstanden.

Wohin ruft den erwachten Ordenslehrer das innere Gesetz? In die »Außenwelt«, die gewöhnliche Menschenwelt jenseits von Kastaliens befriedetem Bezirk. Die »unbekannte Bindung«, der er entgegenzieht, ist – der Tod. Aber dieser Aufbruch ins Unbekannte, nicht mehr eines Vaganten, sondern eines »Gerufenen«, ist die heldische Ausfahrt des nordischen Menschen, den östliche Versenkung nicht festhält. Letzte Besiegelung der Heimkehr in das Abendland, protestantischer Nonkonformismus. Dürersches Rittertum.

Ein letztes! Wir fanden bei Hesse Psychanalyse und östliche Weisheit als Versuch zur Heilung der neurotischen Konflikte. Daneben – wir haben das Thema kaum gestreift, es zieht sich aber vom »Camenzind« ab durch alle Bücher – das Ausweichen in den Alkoholrausch. Das »Glasperlenspiel« ist Ergebnis und Zeugnis einer Selbstheilung – also der einzig würdigen und echten, weil sie aus dem Kern der Person hervorgeht. Psychanalyse, Yoga, chinesische Weisheit waren Hilfsstellungen. Der »Erwachte« bedarf ihrer nicht mehr. Die Konflikte lösen sich auf im Prozeß einer neuen, begnadeten Schaffensperiode. Sie wird heraufgeführt

durch den Fund des Perlenspieles. Es fungiert als Zentrum, um welches sich die Person und zugleich das Schaffen des Dichters neu ordnet. Die Auflösung der Dissonanzen ist die große neue Erfahrung. Daher die Bedeutung der Musik in diesem Werk. Sie ist Symbol des Wohlklangs und des Einklangs; der rhythmisch gegliederten Vergeistigung – also der Harmonie mit dem All.
Das reiche Spätwerk genauer zu zergliedern, eingehender zu würdigen, muß andern überlassen bleiben. Aus dem Flugsand, den unzählige Blätter und Blättchen uns in die Augen wehen, um dem Tage zu dienen und mit ihm zu vergehen, ragt es als einer der einsamen Gipfel auf und weist seinem Schöpfer einen Rang zu, der Ehrfurcht heischt.

(1947)

Hellmut von Cube
Hermann Hesses Glasperlenspiel

Hermann Hesse: der Dichter, der mit »Peter Camenzind« einen großen Namen, mit »Demian« die Jugend seiner Zeit gewann, – der das leidenschaftliche, farbenglühende Buch »Klingsors letzter Sommer« schrieb, – der mit dem »Kurgast« ein Selbstporträt gab, durch dessen Ironie und sublime Schilderung überall der Schmerz, die Einsamkeit, der Dämon uns anblickt, – der mit dem »Steppenwolf« seinen Lesern und sich auf eine radikale, fast verzweifelte Art untreu zu werden schien, – der in »Narziß und Goldmund« geistige Spannung mit bezaubernder Poesie altmeisterlich legierte, – der in den »Neuen Gedichten« und in den »Gedenkblättern« eine beglückende menschliche und künstlerische Reife bezeugte, – der in vielen Aufsätzen und Betrachtungen immer wieder, aus geprüftem Herzen wie aus profunder Bildung, die Zeichen der Humanität, des wahren Weltbürgertums, der Wahrheit und der Freiheit aufrichtete, – der nicht nur ein großer Poet und Meister der Sprache, sondern eine bedeutende und unverkennbare Persönlichkeit ist, man darf wohl sagen ein Europäer mit Zügen der Weisheit.
Von ihm erschien seit 1937 kein neues Werk mehr in Deutschland. Doch brachte »Die neue Rundschau« 1942 Abschnitte aus dem »Versuch einer Lebensbeschreibung Josef Knechts«, –

Stücke, die ohne Schwierigkeit auf ein werdendes Buch von großen inneren und äußeren Proportionen zu schließen erlaubten, auf ein Werk, das vermutlich die geistige Essenz von Hesses Leben in der Form eines sehr ungewöhnlichen und reizvollen Bildungsromanes bieten würde. Wie tief, wie dringlich war seitdem – unter dem Joch des Regimes, in der Isolierung Deutschlands, in der Nacht des Krieges und dem Elend des Zusammenbruches – unsere Ungeduld, dies Buch in die Hand zu bekommen! Jahrelang gehörte »Das Glasperlenspiel« zu den innerlichsten Vorfreuden und Wünschen nicht nur der Freunde des Dichters, sondern der Freunde und Kenner der Literatur überhaupt. Nun ist es da, – leider bei viel zu wenigen.

Äußerlich betrachtet handelt es von der Entwicklung eines dem Geistigen zugewandten Mannes, Josef Knecht, in einer unbestimmten Zukunft, innerlich betrachtet, vom Schicksal des Geistes schlechthin, von seiner Gnade und seiner Gefahr. Ein Buch, das anscheinend utopisch, spekulativ, phantasiespielend, in Wirklichkeit höchst zeitnahe ist und in gewisser Weise eine Kulturbilanz und eine Kulturperspektive von bemerkenswerter dichterischer und geistiger Reife darstellt. Die Gegenwart präsentiert sich in ihm als »feuilletonistisches Zeitalter«. An seinem Ende – und das heißt: dicht vor der völligen Entwertung, Verflachung, Versklavung, Desorientierung des Geistes, findet sich eine kleine Gruppe, die ohne jede Rücksicht auf eigenen Vorteil oder Glanz, die Hoheit des Geistes rettet und wiederherstellt: die Unabhängigkeit, die Strenge, die Reinheit des Schaffens in allen seinen Disziplinen. Sie bildet den Kern einer Gemeinschaft, besser: eines Ordens, der sich mit der Zeit zu der pädagogischen Provinz Kastalien erweitert, gleichsam einem Staat im Staate, ähnlich der Kirche. Und so wie die Kirche einst die Führung und Erziehung der Seelen in die Hand nahm, so ergreifen die Kastalier – Priester des Wissens, Streiter der Kultur – die Erziehung und Führung der Geister. Sie werden zur obersten Erziehungsbehörde, bilden die Lehrer und Hochschullehrer aus und errichten daneben für ihre Zwecke und ihren Nachwuchs Eliteschulen, Laboratorien, Forschungsstätten, Archive aller Art. Zugleich mit dieser Entwicklung geht ein ungeahnter Aufschwung der Wissenschaften und Künste vor sich, den das Zusammenwachsen und der Zusammenschluß aller Zweige des Geistes zu einer neuen Art der unitas litterarum, eben dem Glasperlenspiele, krönt. Dies

Spiel ist eine reflektierende und reproduzierende, aber gleichwohl königliche Kunst. Der Mathematik wie der Musik besonders verwandt, gestattet sie (mittels einer umfassenden Notenschrift des Geistes, in der die Gesetze und Wesensinhalte und die tausendfachen Berührungen und Entsprechungen der Wissenschaften und Künste festgehalten sind), alle Kulturwerte beliebig zu kombinieren, zusammenzuschauen und zusammenklingen zu lassen in Spielen tiefster Weltsicht und erlesenster Erkenntnisfreude.

Geschildert wird im ersten Bande der Weg Josef Knechts vom Knaben zum Meister des Glasperlenspieles, zum »magister ludi«, einer der höchsten Stellen in der Hierarchie der kastalischen Provinz, im zweiten Band sein Abschied. Zu ihm wird er nicht nur durch das Gesetz seines Lebens getrieben – durch die Einsicht, daß auch Kastalien nur eine Stufe in seinem Dasein ist –, sondern auch durch die Erkenntnis, daß Kastaliens Sinn und Fruchtbarkeit sich zu Ende neigt, daß die Welt draußen, »der Mutterboden aller Schicksale, aller Erhebungen, aller Künste, allen Menschentums«, einen gerechteren Anspruch auf sein Mitleben hat. Er legt sein Amt nieder und begibt sich zu seinem Freunde, dem Weltmann und Politiker Designori, um dessen Sohn Tito zu erziehen.

Es ist hier unmöglich, einen auch nur annähernden Begriff von der Reife, von den Reizen, von dem Reichtum des »Glasperlenspieles« zu geben. Es bietet – ohne nur im Geringsten wissensbeladen oder weisheitsselig zu wirken – für alle, die auf der Suche nach dem Licht der Wahrheit, nach dem Wasser des Lebens sind, eine Fülle von Erkenntnissen und Beobachtungen, von Problemen und Aspekten, von Warnungen und Tröstungen, und ist dabei an jeder Stelle von hoher dichterischer Kunst und Sorgfalt, von einem stillen, klaren geistigen Glanz. Es ist nicht nur ein Bild vom Wachstum, von der Blüte, vom Welken des Herzteiles einer Kultur, nicht nur eine souveräne und kritische Analyse des Zeitgeistes, sondern es stellt zugleich bewundernswert plastisch und gerecht das kontemplative gegen das aktive Leben und – im Bereich des Geistes und des Ethos – die Welt des Glaubens und der Kirche gegen die des Geistes und der aus ihm fließenden Humanität, ähnlich wie Thomas Mann im »Zauberberg«, aber versöhnlicher die bedeutendsten inneren Mächte des Abendlandes gegeneinander abwägend. Zweifellos liegt das Schwergewicht der

Beschreibung auf der vita contemplativa, so daß das Buch sich ungeistigen oder halbgeistigen Menschen nicht erschließen wird; trotzdem dürfte es in den Händen des Staatsmannes, des Priesters, des Arztes, ja jedes Aufgeschlossenen und Kulturbemühten kaum weniger am Platz sein als bei der eigentlichen Zunft des Geistes. Seiner Haltung und Bedeutung nach (wozu auch die breite, logisch und rhythmisch wunderbar gegliederte Sprache gehört) schließt es an jene Reihe an, die mit den Titeln »Wilhelm Meisters Wanderjahre«, »Nachsommer«, »Der grüne Heinrich«, »Der Zauberberg« angedeutet sei. Doch ist es dabei ein sehr echter Hesse. In jeder Zeile spürbar ist der Geist des Grüblers, des großen Autodidakten, des Weisen hors de métier (der »Siddhartha« und die »Morgenlandfahrt« schrieb) und die ihm eigene Mischung von Skepsis und Gläubigkeit, von romantischer Fabulierlust und humanistischer Gelehrsamkeit, von Seelenqual und spöttischem Scharfblick, von Pädagogik und leidenschaftlicher Menschlichkeit. Daß es – mitunter kaum merklich, mitunter offener – einen ganz feinen Unterton der Ironie und Selbstironie aufweist, macht vielleicht seinen höchsten Reiz aus. Durch diese leise Brechung verliert es nicht an Gewicht und Ernst, bekommt aber etwas Schwebendes und vermeidet auch den leisesten Anschein des Gravitätischen und Belehrenden, eine Gefahr, die einem bei aller Weltweite so ungemein deutschen Buch vielleicht gedroht hätte.

Es sind gegen »Das Glasperlenspiel« von manchen Leuten Bedenken erhoben worden. Es wurde von ihnen als spielerisch, als weltabgewandt bezeichnet. Was das Spielerische angeht, so ist es in diesem Maß und in dieser Ausprägung nur ein Positivum: das Lächeln des innerlich Freien und Weisen (das von jeher die Fanatiker, die Moralisten und Teleologen reizte). Über die Weltabgewandtheit aber ist kein Wort zu verlieren, denn Hesse selbst hat sich in dem Buch vollkommen unmißverständlich von einer selbstgenügsamen, lebensfremden Geistigkeit distanziert. Der bald siebzigjährige Dichter hat vor kurzem den Nobelpreis für Literatur erhalten. Zu dieser höchsten äußeren Ehrung durch die Welt wird jetzt der Dank und die tiefe Verehrung aller jener treten, die »Das Glasperlenspiel« als Krönung seines Lebens im Geiste, als Vermächtnis eines Dichters und Wissenden an die Aufgerufenen, an die Suchenden, erkennen.

(1947)

Barbara Klie
Glasperlenspiel

I.

Wer einen utopischen Staat erfindet, hat andern Dichtern was voraus. Er schildert nicht, er experimentiert. Er gewinnt die dritte Dimension. Er ist nicht Maler, sondern Architekt.
Sein Problem ist das Gesetz. Er hat sich nicht nur mit dem gegenwärtig Vorhandenen herumzuschlagen, das leider immer verwirrt, undurchschaubar, vielschichtig ist. Er zieht seine eigenen Grenzen, und nun beginnt er neu.
Auch Hesse tut das in seinem »Glasperlenspiel«. Er hat eine neue Welt geschaffen, Kastalien, eine pädagogische Provinz in ausdrücklicher Nachfolge der in Goethes »Wanderjahren«. Er läßt die Provinz, in der Wissenschaftler arbeiten und Wissenschaftler erzogen werden, als ein streng geschlossenes Gefüge leben, fast ganz abgetrennt von der übrigen Welt. Und schließlich: die utopische Provinz ist frei vom Ballast der Ablenkungen. In diesem Bezirk erscheint die Welt gereinigt von Verwirrung, neu und eindeutig.

II.

Hesse hat sich wie Goethe durch poetische Darstellung davor geschützt, daß man die Fiktion seiner pädagogischen Provinz zu direkt als durchführbar annehme. Und er geht noch weiter als Goethe, dessen Provinz man doch in ungebrochener Blüte betritt. Sein Kastalien ist ein schon wieder gefährdetes Vorbild, ein überzüchtetes Muster, sinkendes Ideal.
Doch, ob Kastalien nun untergehen wird oder nicht: weniger seine Geschicke als vielmehr seine Gesetze sind vorerst zur Debatte gestellt.
Als Auswege aus dem Zusammenbruch, als mögliche Form einer Rettung beziehen sie sich unmittelbar auf unsere heutige Situation. Der Sammelbegriff, in den Hesse die vielspältigen Züge unserer Epoche zusammenzieht, heißt »das feuilletonistische Zeitalter«. Sieht man, wie die Antithese dazu lauten muß? Sie lautet: Verzicht, und lautet: Konsequenz.

III.

Den radikalsten Feuilletonismus (in der Tat: radikal, obwohl Feuilleton so harmlos klingt) vermittelt das Radio. Das zersplitternde Viertelstundenprogramm! Und schlimmer: nirgends mehr schließt eines etwas anderes aus.

Das Organ für Ausschließlichkeit, etwas, das mehr ist als die Logik des Geschmacks, wird im Hörer abgetötet. Hört einer die Pathétique, kann er zwei Minuten vorher und nachher oder mittels Nebengeräuschen gleichzeitig Tanzmusik, Frauenfunk, Nachrichten, Kabarett hören. Die Kunst ist nicht mehr unverwechselbar, nicht mehr einmalig. Sie wird mit allem anderen auf eine Stufe gestellt. Sie ist Material geworden.

Und nicht das Kunstwerk allein, auch der Hörer büßt seine Würde ein. Widrige Zeitungen legt er allenfalls ungelesen fort, das störende Bild an der Wand entfernt er. Nur über das, was auf akustischem Wege in ihn einfließt (und sein Inneres jederzeit mit formen hilft), hat er die Bestimmung verloren.

Solange er die dämonische Maschinerie nicht abschaltet. Und wenn schon...! Kann er hindern, daß zu gleicher Minute in Kneipen, Autos, Wohnküchen überall das ekelhaft Gleiche ertönt? Den Apparat stellt jeder, aber nicht mehr sich selber auf das Dargebotene ein. Es ertönt ungesucht, nicht durch die geringste Geste der Andacht, der Bereitschaft umworben.

IV.

Ein Prozeß reinigender Askese führt vom feuilletonistisch vermengten Ungeist zur Blüte der kastalischen Geistesprovinz. Diesen imaginären historischen Vorgang läßt Hesse die Biographie seines Glasperlenspielmeisters Josef Knecht einleiten. Und hier ist in dem umfassenden Werke einer der Punkte, in denen der Leser unmittelbar zur Nachfolge im Geist aufgerufen ist.

Utopien sind immer in einen Bezirk entrückt, der durch das Siegel des Konjunktivs verschlossen bleibt. (Es könnte, aber es wird kein Kastalien geben wie auch nicht Huxleys »Wackre neue Welt«, das andere Extrem.) Und doch hat der Leser das Bedürfnis, und soll es haben, das Vorzeichen aufzulösen. Kann man nicht den fiktiven Komplex in die Tonart der Realität hinüber transponieren? Das ist nur subjektiv möglich. Aber der Wert von Utopien bestimmt sich eben auch nicht nach dem Grade ihrer

Realisierbarkeit. Utopien tragen ihre Wirkung in sich, und sie kann – individuell – jederzeit fruchtbar gemacht werden.
Eine wesentliche Hilfe dazu leistet Hesse eben in seiner historischen Einführung. Hier ist unsere Welt, das heißt: feuilletonistisches, nivellierendes Vielzuviel. Dort steht Kastalien: strengste Methodik der Wissenschaft. Hier die heterogensten Wissensbruchstücke, zu einer impressionistischen Illusion von Bildung vermengt. Dort eine »puritanische Scheu vor Allotria« (Allotria gleich Zusammenwerfen des von Natur aus Fremden).
Hier Zersplitterung, dort Kontinuität. Hier schließlich der Individualismus in seiner End- und Auflösungsform, einem entfesselten Bürokratismus schon ausgeliefert. Dort der freiwillige Entschluß, sich möglichst vollkommen einzuordnen. Auch in das Anonyme; aber in eine hierarchische, höchst sinnvolle Organisation. Die kastalische Behörde leitet, übt das Ratgeben. (Welcher junge Mensch kennt das heute eigentlich: einen Ratgeber?) Aber sie genießt nicht die dämonische Macht des Untersagens.

V.

Hesse fordert also Entsagung. Entsagung, neutraler: freiwillige Begrenzung, ist eigentlich das ungeschriebene Leitmotiv, das auch die Form des Romans bis ins Kleinste durchdringt. Kastalien rettet die europäische Kultur. Es rettet sie von der Wissenschaft her, philologisch und mathematisch zählend und messend. Und nur, was vor der Wissenschaft Bestand hat, wird bewahrt. Von hier aus erst sichert Kastalien auch den Zusammenhang der Kultur.
Das Glasperlenspiel nämlich, Kastaliens Kunstübung und Inbegriff, bezieht Inhalte und Ergebnisse aller Wissenschaften aufeinander. Seine Spielregeln sind eine Art sublimer Grammatik. Man verfügt über ein System von Kürzungen, Chiffren, Signaturen, um den Gang dieses intellektuellen Spiels auszudrücken.
Das ist ein Spiel der Exaktheit, der Akribie. Jede Bereicherung der Spielsprache wird von gewiegten Gelehrten aufs strengste kontrolliert.
Entsagung! Kastalien hat keine Frauen. Es hat auch keine Künstler. Es bezahlt seine vollkommene Konstruktion, indem es verzichtet auf das weibliche Element schlechthin. Da gibt es keine Lust an der Impression, nicht den Genuß des Lichts und der Farbe. Von Malerei wird nicht gesprochen.

Vergleiche mit Goethes pädagogischer Provinz drängen sich unwillkürlich und mächtig auf. Wie Wilhelm und sein Sohn einfahren in das Reich der singenden Knaben, die auf dem Feld arbeiten; und die Lehre von den Ehrfurchten, und wie sie dargestellt werden – wie dringlich und faßlich war das! Noch das religiöse mystische Zentrum des Schulstaates wird bei Goethe durch die Malerei sichtbar gemacht.

Dagegen Hesse: Sogar in Kastaliens zentraler Kunstübung, der Musik, ist der Seele nicht das Ausruhen auf dem sinnlichen Wohlklang des Akkords erlaubt. Das Spiel des Kontrapunkts, das Umschreiben, Umschreiten, Konstruieren der barocken Musik, das ist es, was Hesse sucht. Da wird jederzeit die Plastizität, ja Architektonik in der Musik gefunden. Es gibt kein Aufbrausen, nur Bändigen. Nicht Sehnsucht: – Heiterkeit!

VI.

Ist das alles nicht zu schön, zu ästhetisch? Trägt es nicht die Hybris schon in sich?

Da nun geben Kastaliens Geschicke Auskunft. Kastalien, wie es sich für eine Utopie ziemt, denkt ganz unhistorisch. Der vollkommene Erz- und Elitekastalier negiert leidenschaftlich überhaupt, daß die geistige Geschichte etwa mit der materiellen zusammenhänge.

Dieses historienfeindliche Völkchen ist aber selbst nicht unabhängig. Es lebt von Gnaden eines Landes, das an dem heiligen Schmarotzer wird Finanzen einzusparen suchen, sobald ein Krieg drohen wird. Der Held des Romans nun, der Magister Josef Knecht, müht sich, dieses Dasein in der Zeitlosigkeit zu rechtfertigen gegen das »wirkliche Leben« draußen. Zuerst verteidigt er Kastalien gegen den Freund, der von draußen kommt, später gegen den Benediktiner, der ihm sagt, was eigentlich Geschichte ist. Und ganz unversehens wird dabei aus dem Verteidigen ein Erkennen der Mängel. Man hat da ein Kernproblem geahnt. Und doch ist man überrascht, wenn man das Problem »Geschichte« das der Utopie erst durchdringen und schließlich ablösen sieht. Auch Kastalien also ist nicht unantastbar! Daß es unhistorisch denkt, ist nicht eine bloße Tatsache, sondern wirklich ein Mangel! Auch der utopische Staat, erkennt man fast mit Bedauern, ist also der Geschichte anheimgegeben.

Und wird unterliegen.

Allerdings heißt das auch: er hat uns nichts voraus. Und so kann Hesse nun mit der Mahnschrift, die Knecht an Kastaliens oberste Behörde richtet, noch einmal unmittelbar den (deutschen) Leser anrufen. Wie muß sich der Geist zur Geschichte verhalten? Und die politische Gegenwart ist jederzeit »Geschichte«. An ihren Entwicklungen hat er notwendig teil und darf doch seine Methode nicht einmal dem Vaterland opfern. Denn die Methode ist das Gewissen des Geistes und nicht nur sein Handwerkszeug.
Das ist allerdings kein utopisches Problem mehr. Und auch keines, das etwa nur unsere Vergangenheit beträfe.

VII.

Aber dann beginnt eine Legende die Geschichte der Utopie abzulösen. Oder ist es nicht vielmehr ein Auflösen?
Knecht verläßt Amt und Provinz. Er wird, wie er es wünschte, Erzieher eines Jünglings, »draußen«. Aber er stirbt, kaum in die neue Welt hinübergetreten, in der Flut eines eisigen Bergsees. Und auch dieses aufgezeichnete Ende nennt Hesse nur eine »Legende«. Ist es wirklich so gewesen? Die Spuren verlaufen sich im Dunkeln.
War Knecht ohne die geklärte Luft des Ordens lebensunfähig? Oder hat er, indem er die Welt des zeitlosen Spiels verließ, gleichsam eine Unsterblichkeit verloren? Weist der Tod des Mahners auf die nahe Katastrophe?
Wilhelm Meister rettete seinen Sohn aus der Flut; Knecht geht darin unter. Welch bezeichnender Gegensatz. Und doch gibt es auch hier einen Geretteten. Kein Zweifel, daß der Jüngling, der den Lehrer so rasch verlor, doch nicht unbelehrt zurückbleibt. Daß Knecht sich dem nackten Leben stellte und einen widerspenstigen Lebendigen dem kastalischen Gedanken gewann – steht dieser eine Tag für ein mögliches Jahrzehnt neuer Tätigkeit?

VIII.

Das sind Parallelen und Fragen, die nicht mehr treffen. In dem letzten Teil des Buches wird vielmehr aus der geistigen Haltung, die sich auf Wesentliches beschränkte, Welt-Entsagung schlechthin. Zum Schluß wird alles, was vorher war, zurückgelassen und die Erzählung in eine ganz andere Dimension hinübergespielt. An das Ende seines Buches nämlich hat Hesse drei erdachte Lebensläufe gesetzt, die aus dem Nachlaß Knechts stammend zu

denken sind. Der dritte Lebenslauf zeigt, wie Knechts Ende aufzufassen ist. Da ist ein junger Inder, Dasa, der im Traum ein Leben in der Welt – Liebe, Herrschaft, einsame Arbeit – vor sich sieht. Erwacht, verzichtet er auf alles und wird ein Yogin.
In diesem Augenblick bleibt alles Gestaltete als unzulänglich zurück, und das Buch endet. Auch Knecht, erkennt man nachträglich, ist solch ein Yogin geworden. Die Welt, sogar das Glasperlenspieler-Land, war für ihn nicht mehr existent. Welche Version man daher dem Bericht über sein Entschwinden gab, ist letztlich belanglos . . .
Wir sagten, die Wirkung von Utopien könne jederzeit für den Leser fruchtbar sein. Das Buch vom Glasperlenspiel zeigt viele Wege dazu. Aber dann läßt es den Leser allein. Der Yogin, Josef Knecht, ja Hesse selbst ziehen sich in den innersten Kreis ihrer Kontemplation zurück. Der bleibt, wie es so sein muß, unzugänglich.
Wird die Konzeption der kastalischen Provinz von diesem Ende her verneint? Man empfindet, das ganze Buch mitsamt den drei herrlichen Lebensläufen ist selber komponiert wie ein Glasperlenspiel. Es ist ein köstlich gelungenes Spiel. Aber wird nicht die ganze Gattung durch den Ausgang dieses einen aufgelöst?

(1947)

Manfred Hausmann
Hermann Hesses »Glasperlenspiel«
Die Krönung eines Lebenswerkes

Es kommt vor, daß selbst bedingungslose Verehrer des schwermütigen und traumversponnenen Dichters, der am 2. Juli seinen siebzigsten Geburtstag begeht, verlegen werden, wenn man sie fragt, wie ihnen denn dieser »Versuch einer Lebensbeschreibung des Magister Ludi Josef Knecht samt Knechts hinterlassenen Schriften«, genannt »Das Glasperlenspiel« gefallen habe. Sie bezeugen ihre Hochachtung vor der schriftstellerischen, vor der denkerischen Leistung, können aber nicht umhin, zu gestehen, daß ihnen die reine, die allzu reine Luft geistiger Abstraktion nicht recht behagen wolle und daß sie das Sinnenhaft-Dichterische, eben das Hessesche, vermißten. Ja, einige geben unumwunden zu, ihr Interesse sei im Laufe der Lektüre ermattet, sie hätten es nicht über sich vermocht, das Werk zu Ende zu lesen. Schon einmal hat man in einem Buch dieses Dichters das typisch Hessesche vermißt: im »Steppenwolf«. Damals allerdings aus dem entgegengesetzten Grunde wie heute. Da aber das eine wie das andere Werk offensichtlich von Hesse verfaßt ist, folgt daraus, daß die Vorstellung, die sich eine gewisse Anzahl, wahrscheinlich sogar die Mehrzahl der Leser von dem Dichter Hermann Hesse gebildet hat, wie üblich zu eng ist. Was für eine erstaunliche Spannweite aber auch vom »Steppenwolf« bis zum »Glasperlenspiel«! Dort die wirre, abgründige Wildnis des Welttruges, hier die kühle Klarheit, ja Heiterkeit kastalischen Lebens.

Was ist das denn: kastalisches Leben? Der Magister Ludi Josef Knecht, ein Nachfahre, wenngleich, wie aus dem Namen hervorgeht, Gegenmensch, eines gewissen Wilhelm Meister, lebt in Kastalien. Kastalien ist ein Staat des Geistes inmitten der Welt und der leidenschaftlichen, kindlichen, grausamen, unbeherrschten, zwischen Glück und Angst flackernden Weltmenschen, eine Art pädagogischer Provinz, entstanden in Zeiten tiefster Not, langsam und unter bitteren Kämpfen, »am Ende der kriegerischen Epoche ebensowohl aus einer asketisch-heroischen Selbstbesinnung und Anstrengung des Geistigen wie aus einem tiefen Bedürfnis der erschöpften, verbluteten und verwahrlosten Völker nach Ordnung, Norm, Vernunft und Maß«. Die Hauptdisziplinen Kastaliens bestehen, neben der Grammatik, der Astronomie, der Mathematik und der Musik, in der meditativen Geisteszucht und eben im Glasperlenspiel. Dies wiederum ist der differenzierteste Ausdruck der speziell kastalischen Art von Geistigkeit. Was es eigentlich darstellt, erfährt der Leser nicht, so oft auch von ihm die Rede geht. Es handelt sich offensichtlich um so etwas wie eine hochentwickelte Geheimsprache, an der mehrere Wissenschaften und Künste teilhaben, namentlich die Mathematik und Musik, und welche die Inhalte und Ergebnisse nahezu aller Wissenschaften auszudrücken und zueinander in Verbindung zu setzen imstande ist. Ein Spiel also mit sämtlichen Werten und Inhalten der Kultur, eine Unio Mystica aller getrennten Glieder der Universitas Litterarum. Man erkennt aus diesen Andeutungen bereits, daß der Geist Kastaliens nicht mehr der Geist der schwelgerischen Schöpferlust, sondern der beruhigte, der geläuterte, der kontemplative Geist einer abendländischen Spätkultur ist, vergleichbar dem hellenistisch-alexandrinischen Zeitalter. Das »Glasperlenspiel« ist, mit einem Wort, ein utopisches Werk. Aber es geht uns Gegenwärtige, wiewohl in unwirklicher Zukunft sich vollziehend, mehr an als fast alle im lebensvollsten Heute und in der krassesten Wirklichkeit spielenden literarischen Veranstaltungen. Es ist zeitlos in einem besonderen Sinne. Rein äußerlich enthält die Lebensbeschreibung so gut wie keine aufregenden oder auch nur merkwürdigen Ereignisse. Der Lebensgang Josef Knechts von der Lateinschule durch alle Stufen der strengen kastalischen Hierarchie, in der übrigens Frauen keinen Raum haben, bis zur einsamen Würde des Glasperlenspiel-Meisters wird nicht wegen seiner Besonderheit, sondern einzig und allein wegen der stillen, heiteren, ja strahlenden Art erzählt, mit der Knecht sein Schicksal, seine Begabung und seine Bestimmung erfüllt. Wem es aber darum zu tun ist, das Wesen des Geistes in seiner selig-unseligen Tragik kennenzulernen, der wird das Buch mit wachsender Erregung lesen.

Die Kardinalfrage, die sich einstellt, sobald die tiefere Absicht des Werkes deutlich geworden ist, lautet: »Kann der Geist, kann ein Leben, das ganz und gar der Heiterkeit und Weltentbundenheit gewidmet ist, das Menschenherz zur Ruhe wiegen?« »Er setzte sich«, heißt es einmal von Josef Knecht, »und spielte behutsam einen Satz aus einer Sonate von Purcell. Wie Tropfen goldenen Lichtes fielen die Töne in die Stille, so leise, daß man dazwischen noch den Gesang des alten laufenden Brunnens im Hofe hören konnte. Sanft und streng, sparsam und süß begegneten und verschränkten sich die Stimmen der holden Musik, tapfer und heiter schritten sie ihren innigen Reigen durch das Nichts der Zeit und Vergänglichkeit, machten den Raum und die Nachtstunde für die kleine Weile ihrer Dauer weit und weltgroß.« Kann der Geist dem Menschen diese Erlösung bringen? Dort, wo die wundervoll geschwungene Kurve der Lebensbeschreibung ihren Höhepunkt erreicht, hat es beinahe den Anschein, als wolle Hesse, dessen Darstellungsweise hier eine unsinnliche Klarheit und Durchsichtigkeit erreicht, wie sie nur den Alterswerken der ganz Großen beschieden ist, tatsächlich die endgültige Erlösungsmöglichkeit durch den Geist verkünden. Aber dann zeigt es sich, daß er sehr wohl um die Bedrohung weiß, die, wie in allen Erscheinungen dieses Äons, so auch im Geist, ihr Wesen hat.

Wenn der Geist seine letzte, feinste Spielart darlebt, beginnt er von innen her zu erstarren. Das »Glasperlenspiel« ist – ob gewollt oder nicht gewollt, bleibe dahingestellt – eine atemberaubende Demonstration des inneren Ungenügens und Unvermögens, das nun einmal das Schicksal oder den Fluch der Diesseitigkeit ausmacht. Auch in der äußersten, zartesten übersinnlichen Abstraktion kann sie sich der alles durchdringenden Auswirkung des – sagen wir einmal Sündenfalls, der Besonderheit nicht entziehen. Ohne die Liebe aus der Unbegreiflichkeit des »ganz Anderen« sind Mensch und Welt verloren. Diese letzte Folgerung findet sich natürlich nicht bei Hesse, der, wenn man ihn fragte, wohl eine andere Antwort, eine von östlichen Weisheiten inspirierte, geben würde.

Das »Glasperlenspiel« ist sehr viel mehr als eine Lebensbeschreibung. Auf jeder Seite stehen Erkenntnisse, Einsichten und Deutungen, wie sie nur einem unablässig Grübelnden, einem vor nichts Zurückschreckenden, einem wirklich alten und wirklich weisen Manne geschenkt werden. Und wenn es sich ergibt, daß irgendwelche Begebenheiten zu erzählen sind, wie eben ein Dichter dergleichen erzählt, dann schimmert sofort der innige Zauber der Hesseschen Sprachkunst auf, auch die verstehende Wärme seines liebevollen Herzens, auch die traurige Verhaltenheit seines Lächelns angesichts der wunderlichen und hoffnungslosen Einsamkeit aller Menschen. (1947)

Heinrich Schirmbeck
Der homo ludens und das Glasperlenspiel

Die moderne Dichtung präsentiert sich in großen Partien als experimentelle Variationskunst und ist damit der mathematischen Spieltheorie verpflichtet. Der Dichter wird als eine Art »homo ludens« verstanden. Vorgebildet oder besser: vorausgeahnt findet man seine Methoden schon bei Novalis, dessen »Fragmente« bestürzend modern anmutende Passagen über die Sprache enthalten. So sagt er einmal, das Sprechen sei nur ein Wortspiel. Derjenige, der sich bemühe, von etwas Bestimmtem zu sprechen, werde bald erfahren, daß ihm die Sprache ihr eigenes Gesetz aufzwinge. Versuche er, souverän über das Wortmaterial zu verfügen, so lande er schließlich bei Ungereimtheiten. Spreche er aber bloß, um zu sprechen, dann produziere er die originellsten Wahrheiten. Es sei mit der Sprache wie mit den mathematischen Formeln: sie spielten nur mit sich selbst, drückten nichts als ihre wunderbare Natur aus und seien eben deshalb so ausdrucksvoll. Wer dem Verfasser eines Buches etwa über die Elektronenmikroskopie sagen würde, daß er, in dem guten Glauben, die Sprache nur für seine Zwecke zu benützen und einen ganz bestimmten wissenschaftlich-technischen Sachverhalt darin auszudrücken, unbewußt auch wieder ein Werkzeug eben dieser Sprache gewesen sei, die ihn auf solche Weise in den Dienst ihres Spieltriebes gestellt habe, wer, wie gesagt, eine solche Behauptung wagen würde, käme bald in den Ruf eines gefährlichen Narren, wenn nicht in den eines ästhetischen Nihilisten. Und doch ist eine solche Betrachtungsweise der modernen Linguistik nicht fremd. Die Spieltheorie ist zu einem Instrument der technischen Zivilisation geworden. Johan Huizinga hat in seinem Buche »homo ludens« das spielerische Element in der menschlichen Kulturentwicklung verfolgt. Er entdeckte sogar in dem erbittertsten Vorgange menschlicher Auseinandersetzung, dem Kriege, spielerische Formen. Die Prosa Ernst Jüngers zeichnet sich durch den magisch-funkelnden Parallelismus zwischen konkreter Wirklichkeitsbetrachtung und genußvoller Ausdeutung ihres ästhetisch-spielerischen Gehaltes aus. Der Krieg ist im Spiegel seines Facettenauges nicht nur die fürchterlichste Offenbarung der menschlichen Natur, sondern zugleich eine magische Bühne, auf der Dämonen Spiele von grandioser Schönheit aufführen. Es will scheinen, als wirke hinter den Dingen ein geheimnisvoller Spieltrieb, der sich auf Kosten des Lebens zu vollenden und zu erschöpfen trachte. Die Konstellationen, die er schafft, sind zwar katastrophal für den Menschen selbst, nehmen jedoch im Entfaltungsplane dieses Spieltriebes nur die Rolle von ästhetischen Stationen ein.

Betrachtet man gewisse Entwicklungstendenzen der modernen Musik und Malerei, dann kann man sich des Eindrucks nicht erwehren, als sei sich der zeitgenössische Künstler dieses spiegelbildlichen Verhältnisses zwischen Kunstwerk und Spieldämon bewußt geworden und nutze ihn rational für die von ihm beabsichtigten Wirkungen aus. So scheint eine Komposition von Schönberg oder Strawinsky manchmal eher aus dem Geiste eines mathematisch-konstruktiven Spieltriebes hervorgegangen, als aus den irrationalen Gründen des künstlerischen Ingeniums. Für diese Auffassung spricht die Einbeziehung einer Fülle neuen Klangmaterials und bisher verpönter Tonbeziehungen in den Bereich der kompositorischen Erfindung. Es ist, als sei den Künstlern bewußt geworden, daß sich der Vorrat der klassisch-traditionellen Spielkombinationen zusehends erschöpfe und als müßten sie deshalb den Raum der Erfindung durch Hinzunahme neuer Klangelemente erweitern. So beruht die Verwandtschaft der modernen Komposition mit der Musik des Barock auf der gemeinsamen formschöpferischen Grundlage: beide sind aus einem bewußt gewordenen Spieltrieb hervorgegangene Gebilde von konstruierter Durchsichtigkeit, die den musikalischen Erlebnisbereich über die Sphäre des bloßen Gefühls in die Bezirke eines differenzierten, vergeistigten Genusses hinein erweitert haben. Diese Entwicklung, für welche Musik und Malerei als deutlichste Beispiele stehen mögen, ist auch auf anderen Gebieten künstlerischer Schöpfung am Werke. Ihr Ende ist noch nicht abzusehen, es sei denn, im Bilde einer utopischen Prophetie.

Diese Utopie legt uns Hermann Hesse in seinem »Glasperlenspiel« vor. Hier hat der »homo ludens« die höchste Stufe seiner Vollendung erreicht. Hier ist er aus dem Stadium der naiven Ernsthaftigkeit in das der spielerischen Ironie eingetreten. Er ist endgültig im Besitze jener schon seit dem Altertum erträumten »mathesis universalis«, einer universellen Symbolsprache, die alle Gebiete des Lebens, der Kunst, der Wissenschaft, der Religion, der Metaphysik umspannt und sie bewußt zur gegenseitigen Durchdringung und Erhellung einsetzt. Das Werkzeug dieser verfeinerten Art von Weltbeherrschung ist das »Glasperlenspiel«. Seine Mechanik und Handhabung wird des öfteren in ausführlichem Vortrag behandelt, doch glaubt man immer, einen feinen duftigen Nebel über den Worten zu spüren, der im selben Augenblick, da er sich entschleiernd verteilt, auch schon wieder verhüllend über seinen Gegenstand sinkt. Dieses Vexierspiel scheinbar fortschreitender Enthüllung, welche dennoch ihr eigentliches Objekt nicht preisgibt, paßt vortrefflich zu der ganzen Anlage des Buches, das, wie von der Mehrzahl seiner Leser noch nicht bemerkt zu sein scheint, durchaus als eine ironische, subtile, wenn auch mit allen Zeichen prophetischen Tiefblicks ausgestattete Mystifikation verstanden werden muß. »Das Glasperlenspiel ist ein Spiel mit sämtlichen Inhalten und Werten unserer Kultur. Was die Menschheit an Erkenntnissen, hohen Gedanken und Kunstwerken in ihren schöpferischen Zeitaltern hervorgebracht, was die nachfolgenden Perioden gelehrter Betrachtung auf Begriffe gebracht und zum intellektuellen Besitz gemacht haben, dieses ganze ungeheure Material von geistigen Werten wird vom Glasperlenspieler so gespielt, wie eine Orgel vom Organisten, und diese Orgel ist von einer kaum auszudenkenden Vollkommenheit, ihre Manuale und Pedale tasten den ganzen geistigen Kosmos ab, ihre Register sind beinahe unzählig, theoretisch ließe mit diesem Instrument der ganze geistige Weltinhalt sich im Spiele reproduzieren.«

Der letzte Satz ist wichtig. Die Reproduktion des gesamten geistigen Weltinhaltes im *Spiele* ist die eigentliche Essenz des Glasperlenspiels. Der »homo ludens« ist in sein »fin de siècle« eingetreten; denn der »gesamte geistige Weltinhalt« umspannt auch den Ablauf der Geschichte. Die Phase der schöpferischen Entwicklung ist für den Glasperlenspieler abgeschlossen. Er hat sich ein Instrument geschaffen, das in einer so geschliffenen, durchsichtigen und schlüssigen Art und Weise die Stationen der geistigen Weltentwicklung im Spiel zu wiederholen vermag, daß die eigentliche Wirklichkeit plump und unwahrscheinlich dagegen anmutet.

Es gewährt einen hohen geistigen Genuß, Hesse in die Welt dieser Glasperlenspieler zu folgen. Sie sind in einem weltlichen Orden, dem der »Kastalier« zusammengeschlossen, der in strenger Zucht ein der Wissenschaft und der Erziehung gewidmetes Leben führt. Gedanken des christlichen Mönchtums durchdringen sich in ihm mit morgenländischen Formen der Meditation. Die Ordensprovinz, ein von der übrigen Welt abgesondertes Gemeinwesen von streng hierarchischem Aufbau, gemahnt in vielen Zügen an Goethes »Pädagogische Provinz«, wie ja auch der Name des Helden, Josef Knecht, leicht kontrastierend an die Hauptfigur des »Wilhelm Meister« erinnert. Kastalien ist eine Eliteprovinz. Ihre Verfassung trägt zugleich demokratische und aristokratische Züge. Demokratisch ist die Gleichheit aller vor den immanenten Grundsätzen, die dieses Gemeinwesen regieren: dem Sittengesetz, einer erhabenen Auswahl der ethischen Forderungen aller Religionen und Philosophien, der bedingungslosen Freiheit der Forschung, die es jedem erlaubt, sich mit den scheinbar entlegensten Gegenständen zu beschäftigen, wenn es nur mit dem geforderten Ernste und methodischer Tiefe geschieht, und nicht zuletzt vollkommener Unabhängigkeit von allen materiellen Sorgen. Aristokratisch ist die freiwillige Unterwerfung unter die Gesetze einer hierarchischen Ordnung, deren Ausleseprinzipien nur die Besten und Würdigsten in die wichtigen Ämter gelangen läßt. Man denkt nicht ohne Grund an den von Philosophen regierten platonischen Staat. Die brausende Flut des schöpferischen Lebens mit seinen Krisen, Abgründen, Höhepunkten und Katastrophen hat in der kastalischen Welt einem vergeistigenden Destillierungsprozeß Platz gemacht; eine geschichtslose Insel, die Creme aller bisherigen Kulturentwicklung, so blüht diese Staatsidylle unter einem ewig heiteren Himmel dahin. Die Dialektik der Geschichte ist für Kastalien aufgehoben, oder besser: sie ist aus der Sphäre der Realität in die der unverbindlich miteinander spielenden Ideen und Bilder gehoben worden. Der Glasperlenspieler hat die Welt und ihre Entwicklungsgesetze in einer geschmeidigen Symbolsprache eingefangen, deren kombinatorische Rhythmik nicht nur den geistigen Kosmos widerspiegelt, sondern ihn auch in seinem innersten konzentrischen Gefüge, der gegenseitigen Bezüglichkeit und magischen Vertretbarkeit aller ihrer Ausdrucksformen durchsichtig macht. Der alte Traum von einer weltumspannenden Symbolsprache, die selbst das in der gewöhnlichen Lautsprache Unsagbare und das in den einzelnen Kunstgattungen Unausdrückbare elegant wiederzugeben vermag, dieser Traum des Pythagoras, der Gnostiker, eines Nikolaus von Kues, »Albertus Secundus«, Leibniz und Novalis, ist Wirklichkeit geworden. Mathematik und Musik, die schon einmal, zur Zeit des Johann Sebastian Bach und der Mathematikerakademien des 18. Jahrhunderts in ein enges, sich gegenseitig befruchtendes Verhältnis getreten waren, haben ihren Symbolgehalt endgültig zur Keimzelle einer neuen Universalsprache verschmolzen, in die nach und nach auch alle anderen Disziplinen der freien Künste und exakten Wissenschaften eingingen.

Das Glasperlenspiel ist die Religion der Kastalier. In jährlich wiederkehrenden öffentlichen Weihespielen finden sie sich zusammen, wie ehedem die Griechen in Olympia, und erbauen sich an einem von dem Glasperlenspielmeister, dem Magister Ludi, in vollkommener Form zelebrierten Musterspiel. Eleganz und

Virtuosität der Spieltechnik gehen hierbei eine unauflösliche Verbindung mit morgenländischer Meditation ein.
Es wurde schon gesagt, daß Hesse sein Kastalien durchaus als eine utopische Idylle, ein Gebilde des bewußten Verzichtes auf schöpferische Entwicklung verstanden wissen will; das ist der Preis, der für jede Idylle gezahlt werden muß. Ein Geschlecht, das den Geschichtsprozeß durchschaut, seine Triebkräfte analysiert und sie im magischen Spielgleichnis jederzeit zu rekonstruieren imstande ist, macht keine Geschichte mehr. Es steht ihr ironisch-skeptisch gegenüber: Der »homo ludens« ist hinter sein eigenes Geheimnis gekommen. Man denkt mit einem boshaftschelmischen Seitenblick an die »letzten Menschen« aus Nietzsches »Zarathustra«, jene geschichtslos lebenden Geschöpfe, die das Glück erfunden haben und blinzeln. Das aber ist nur eine ganz flüchtige Erinnerung, die sich der Würde und der genialen Eingebung des Hesseschen Werkes gegenüber von selbst verbietet. Und doch: hat er nicht selber seine Schöpfung relativiert? In den Auseinandersetzungen Knechts mit dem Benediktinerpater Jakobus, einem historisch geschulten Geist und ehemaligen Diplomaten des Vatikans, deutet sich die kommende Auseinandersetzung Kastaliens mit den geschichtlichen Mächten an; denn Rom und die katholische Kirche werden hier als das gültigste Beispiel einer Idee, einer Offenbarung, eines Dogmas verstanden, das sich in unaufhörlicher Auseinandersetzung mit der geschichtlichen Welt verwirklicht und daraus Lebenskraft, Weisheit und Autorität schöpft. Auch Knecht muß, nachdem er die kastalische Hierarchie durchlaufen und schließlich zum höchsten Rang, dem eines Magister Ludi, emporgestiegen ist, erkennen, daß das eigentliche Wesen des Menschen in seiner ewigen Unfertigkeit liegt, und daß es keinen noch so idealen und vollkommenen Endzustand geben kann, der einen Menschen in der Fülle seiner Möglichkeiten erschöpfen könnte. So ist der Schluß dieses »Versuchs einer Lebensbeschreibung des Magister Ludi Josef Knecht« für Hesses Auffassung von der funktionell begrenzten und keinesfalls absoluten Bedeutung jeder Art von Utopie oder Idylle bezeichnend: Knecht entsagt allen kastalischen Würden und kehrt in die Welt zurück, wo er in der Erziehung eines Kindes sich praktisch bewähren will. Gleich am Anfang dieses neuen Wirkens stirbt er im Anblick der unberührten Natur beim Bade im eisigen Wasser eines Bergsees. (1947)

Karl Korn
Verspielte Perlen

Man wird sich an eine Scheindiskussion erinnern, die nationalsozialistische Ideologen gelegentlich über das Thema, ob und inwieweit Geist und Kunst, Künstler und Intellektuelle politisch sein sollen, anstellten. Unter der Ägide des Historikers Walter Franck erschien etwa im Jahre 1938 postum das dicke Buch eines früh verstorbenen jüngeren Schriftstellers namens Christoph Steding »Das Reich und die Krankheit der europäischen Kultur«. Was der Hyperborusse Franck einleitend zu der Publikation zu sagen hatte, war von intellektueller Grobschlächtigkeit und kommissigem Ressentiment gegen den Geist eingegeben und bewies erneut, daß ein Mann wie Franck nicht das Recht hatte, sich als geistigen Preußen auszugeben. Dagegen überraschte Steding durch eine vielfältige Belesenheit und durch einen echten Problemansatz. Freilich war der Wälzer ungenießbar wegen des in abstruser Unordnung ausgebreiteten Materials, und, was entscheidend ist, in der These verfehlt. Steding gehört in die Reihe jener schrecklichen Vereinfacher, deren Heraufkommen Jakob Burckhardt in einem berühmten Brief für unser Jahrhundert angekündigt hat. Die grobe These lautete, daß die führenden Geister des Abendlandes seit Burckhardt und kurioserweise auch seit Nietzsche der »Verschweizerung« verfallen seien. Steding zog eine geistesgeschichtliche Parallele zur politischen Geschichte, indem er den »Abfall« der Schweiz, Hollands, des Elsaß und gewisse innerdeutsche Erscheinungen mit der modernen Entpolitisierung des Geistes in Zusammenhang brachte. Naive Leser ohne Wissen und Kenntnisse mögen von der Zuordnung eines Huizinga, Albert Schweitzer, C. G. Jung, Bachofen, Bernoulli, Groethuysen u. a. zum ungeschichtlichen Raum beeindruckt gewesen sein. Fatal war, daß Stedings Charakteristiken ein Körnchen Wirklichkeit enthielten und daß die Handlanger der staatlichen Polizeibespitzelung der Intelligenz die Vokabel »Verschweizerung« mit jener merkwürdigen Instinktwitterung aufschnappten, die zur nationalsozialistischen Psychologie gehört. Wer überhaupt das Problem Geist und Macht noch aufgriff oder zu erörtern wagte, war verdächtig, verschweizert, das heißt neutral oder, wie eine törichte und bösartige Gleichsetzung wollte, unpolitisch zu sein. Wenn einmal die Akten des Sicher-

heitsdienstes zum Thema Professoren und Intellektuelle zu unserer Kenntnis kommen, werden wir hierzu wohl interessante Aufschlüsse und Belege erhalten.
Wir haben heute den Gegenschlag: Geschichte ist als Schulfach verpönt, der Staat und die Politik als solche anrüchig. Der einfache Mann der Straße nennt das Jahr 1945 grotesk genug wieder einen Umbruch. So wie es gutmeinende Leute gibt, die der Friedensidee aufzuhelfen meinen, indem sie Grimms Märchen von den grausamen Scheußlichkeiten säubern wollen, so sind manche heute geneigt, Geist und Kunst ein Reservat fernab von aller Politik anzuweisen. Daneben gibt es freilich andere, die in Diskussionen und Schriften wieder den militanten Intellektuellen und eine innige Gemeinschaft von Geist und Politik fordern. Die letztere Tendenz ist um so stärker zu spüren, je weiter links derjenige steht, der die Sinnhaftigkeit des Geistes und der Kunst nur im Bunde mit der Politik, das heißt im Dienste des Sozialismus, bejahen zu können glaubt. Aber weder das schamhafte Verschweigen oder gar Verdrängen der Problematik noch das kurzangebundene Formulieren von Forderungen bringen uns weiter. Wir müssen die Diskussion im Geiste der Wahrheitssuche wagen und uns auch nicht durch die Tatsache irremachen lassen, daß derartige »kitzligen« Probleme mit dem Odium des Nazismus belastet zu sein scheinen.
Zur rechten Zeit kommt uns das große zweibändige Alterswerk von Hermann Hesse – ob Steding ihn mit dem Anathema der Verschweizerung ausdrücklich bedacht hat, ist nicht feststellbar, da das Buch zur Zeit nicht zur Hand ist – »Das Glasperlenspiel« sehr zu statten.
»Das Glasperlenspiel« ist ein eminent wichtiger Beitrag zum Thema Geist und Politik. Wer dawider protestieren wollte, daß hier eine Dichtung zum Diskussionsstoff erniedrigt werde, hätte nur recht, wenn wir nicht auf der Ebene des Werkes selbst und in seinen Kategorien diskutierten. Hesse selbst hat die chronikalische Lebensbeschreibung Josef Knechts in einer gewissen wohltemperierten stilistischen Trockenheit, Luzidität und »kastalischen« Schlichtheit aufgeschrieben und dem Werk bruchlos große theoretische Abschnitte eingefügt. Vor allem der vorangestellte Traktat über das Glasperlenspiel, der den Untertitel »Versuch einer gemeinverständlichen Einführung in seine Geschichte« trägt, dürfte Zweifel in unser Unternehmen beheben.

Die Lebensbeschreibung des Magisters Josef Knecht ist insofern der Gattung Utopie zuzuzählen, als unsere gegenwärtige Epoche darin als bereits vergangen erscheint. Der Rückblick auf unser Zeitalter, dem Hesse die Signatur »feuilletonistisch« gibt, ist von hoher geistesgeschichtlicher Bedeutung. Eine üble, echt und unecht nicht mehr unterscheidende Promiskuität der Kultursachgebiete und ein dazugehöriger geschmäcklerischer Massenkonsum, eine gewisse Fahrigkeit des wahllosen Genießens, eine Süchtigkeit nach den Reizen der Kultur, die zu Reizmitteln degradiert werden, ein Überwiegen der Dynamik und des schwülstigen Bombastes – kurzum, die spätbürgerliche Götterdämmerung der Kultur sind unmittelbar der Epoche der großen Massenglaubenskriege, der Zerstörung und der Barbarei vorangegangen. Dann kam die große Ermattung und der Friede aus Ermattung. In kleinen Zirkeln gleichgesinnter Geister, die sich in »büßerisch-fanatischer Hingabe an den Geist« zusammenfanden, kam eine »heroisch-asketische Gegenbewegung« auf. So entstand die neue pädagogische Provinz Kastalien, ein Staat der Geistigen im Staate der andern, der Bezirk eines Ordens der Jünger des Geistes, wo es keine sozialen Unterschiede und ökonomischen Machtkämpfe, wohl aber eine strenge Hierarchie der geistigen Ränge und entsprechend ein verzweigtes System von Schulen und dazugehörige Grade der Einweihung gibt. In ihren Ursprüngen war die Provinz einer legitimen politischen Idee entsprungen. Wer die äußere Tatsache der Absonderung vom Leben der Vielen als Rückzug der Intellektuellen in den elfenbeinernen Turm deuten wollte, erwiese sich als oberflächlicher und flacher Banause. Der Orden hat es sich zur Aufgabe gesetzt, den strengen methodischen Geist zu pflegen. Die kulturelle Erneuerung, die von Kastalien ausstrahlt, bedeutet eine Erneuerung des Lebens überhaupt. Hesse spricht es deutlich aus: »Es würde zu weit führen, wenn wir des näheren schildern wollten, in welcher Weise sich der Geist nach der Reinigung auch im Staate durchsetzte... Es dauerte immerhin lange genug, bis die Erkenntnis sich Bahn brach, daß auch die Außenseite der Zivilisation, auch die Technik, die Industrie, der Handel und so weiter der gemeinsamen Grundlage der geistigen Moral und Redlichkeit bedürfen.« Die Loslösung der Kastalier aus dem Weltbetrieb, die äußere Zurückhaltung von der Politik, von den sozialen Machtkämpfen, von den materiellen Interessen, Phänomene, die im Verlauf der

Entwicklung sogar dazu führen, daß die Kastalier einen hochmütigen Kastengeist und eine gewisse Weltfremdheit ausbilden, daß eine Spannung zu dem Draußen entsteht – all dies besagt nichts gegen den ursprünglichen politischen Impetus der Ordensgründung. Man sollte nach den zitierten und anderen Stellen annehmen, daß Kastalien, das sich den höchsten Erziehungsauftrag anmaßt, eine Idee der Macht habe, die Idee der Macht des Geistes. Alle Erziehung ist Ausübung von Macht. Auch Erziehung zwingt und muß bezwingen, es sei denn, sie gäbe sich selber auf und verfiele in Skepsis und Nihilismus oder in snobistischen Betrieb, was einem partiellen Rückfall in das feuilletonistische Zeitalter gleichkäme. Wenn Kastalien die Reaktion auf die Verflachung und Dekadenz des feuilletonistischen Zeitalters war, dann muß der Kastalier auch die wirtschaftlichen und sozialen Hintergründe dieses Zerfalls für immer zu überwinden trachten – mit den ihm gemäßen geistigen Mitteln.
Hier aber kommt das Buch nicht von der Stelle. Es ist erstaunlich, zu beobachten, wie stark der Spenglersche Kulturpessimismus auf Hesse eingewirkt hat. Das Gesetz, nach dem Kastalien in die Zeit – Geschichte zu sagen verbietet sich in diesem Zusammenhang – eintritt, ist das Gesetz aller späten Epochen, denen die schöpferische Kraft abgesprochen wird, so weitgehend abgesprochen, daß auf den kastalischen Schulen in die nach Versen und allerlei Expression von Natur gelegentlich hungernden Jünglinge der Keim der Ironie und der Skepsis gelegt wird. Das kastalische Weltalter erfindet nicht mehr, es ist Alexandrinertum, seine Aufgabe ist die Bewahrung und Reinerhaltung der Kultur. Als nun aber der Meister des Glasperlenspiels aus Gründen, über die noch zu berichten ist, der hohen Behörde seinen Abschied einreicht, erklärt er: »Wir Kastalier sind, obwohl gesittete und ganz kluge Leute, zum Herrschen nicht geeignet«, und fährt dann fort, daß es zum Herrschen einer ungebrochenen Freude an einer nach außen gewendeten Aktivität, einer »Leidenschaft des Sichidentifizierens mit Zielen und Zwecken« bedürfe. Es sei unmöglich, zugleich Bluts- und Geistesadel zu sein. Plato sei eine Gestalt der Frühe, der unwiederholbaren aristokratischen Ära des menschlichen Geistes. Knecht faßt zusammen: »Also wir haben nicht zu regieren und haben nicht Politik zu machen.« Damit vollzieht er aber nur eine Absage an die Politik als Beruf. Für seine Person sagt er einem aktiven Lebensideal keineswegs ab. Im Gegenteil,

er verläßt den Orden, legt sein hohes Amt nieder, geht wieder in die wirkliche Welt der sozialen Machtkämpfe und Spannungen und widmet sich dem Werk der Jugenderziehung. »Wir müssen den demütigen, an Verantwortung schweren Dienst an den Schulen, den weltlichen Schulen – nicht also den kastalischen exklusiven Ordensschulen! – immer mehr als den wichtigsten und ehrenvollsten Teil unserer Aufgabe erkennen und ausbauen.« Damit bejaht Knecht eine Verantwortung vor der Gesellschaft. Er verdient nicht, unpolitisch geheißen zu werden, wenn er auch den politischen Beruf für sich und seinesgleichen ablehnt.

Was aber bleibt von Kastalien, und wird das kastalische Prinzip in seiner Fragwürdigkeit überwunden? Auf diese Fragen gibt das Buch keine Antwort, es entscheidet sich nicht. Knechts Flucht aus der Provinz bleibt ein individuelles Anliegen und wird hinreichend aus der Psychologie des Glasperlenspielmeisters erklärt, aus einer Anlage, die ihn von Stufe zu Stufe führt. Ist Knecht in den Augen eines konsequenten Kastaliers nicht ein letzter Europäer, einer, den das beständige Ungenügen immer weiter treibt, der die klassische Idee der unendlichen Progression inmitten einer Umwelt der resignierten, geschichtsungläubigen Intellektuellen noch vertritt?

Die offizielle Replik der kastalischen Behörde auf Knechts Abschiedsexposé fährt schwerstes Geschütz auf. Knecht antwortet nicht mehr. Schließlich ist er aber selbst einer der großen Repräsentanten des Prinzips der pädagogischen Provinz und vor allem Meister des Spiels gewesen. In der offiziellen Antwort heißt es, daß Kastalien keine geschichtsbildende Kraft gehabt habe. Mit andern Worten, die Kastalier haben nicht den Glauben gehabt, mit Erfolg gegen das Chaos und gegen die Kräfte des Unterganges angehen zu können. Unter ausdrücklicher Anspielung auf Hegel wird die Weltgeschichte als unvernünftig apostrophiert. Die hohen Blütezeichen des Geistes seien von politischen Zuständen nicht nur abhängig, sie seien auch ohne Einfluß auf die geschichtliche Realität. Solche Thesen sind nicht nur theoretisch vertretbar, sie haben nach den Erfahrungen, die wir gemacht haben, sinistre Größe.

Wie aber soll bei solcher Skepsis Kastalien überhaupt verstanden werden, verstanden als dichterisches Symbol? Wie seine Ordnung, wie seine Hierarchie, wie sein Sendungsbewußtsein? Denn dieselben hohen Hierarchen, die abweisend und düster über die

Geschichte schreiben, sagen, daß Kastaliens Ethos die Sauberhaltung aller Wissensquellen sei.

Den für hohe Würden vorgesehenen Josef Knecht hatte der Orden einst in besonderer Mission zu den Benediktinern geschickt, wo der kastalische Gast zunächst mit höflicher Reserve aufgenommen und später als Freund aus geistesverwandten Kreisen bekannt und vertraut wurde. Diese benediktinische Hospitantenzeit Knechts gehört zu den wesentlichsten und schönsten Partien des Buches. Der alte Orden der Kirche gibt dem Kastaliertum, das in dünner Luft lebt und uneingestandenermaßen die Tradition entbehrt, eine Folie mit Geschichte gesättigter Wirklichkeit. Gerade hier aber wird die ganze Künstlichkeit Kastaliens offenbar. Das soziale, ökonomische und geistige Gebilde des benediktinischen Ordens ist für jeden ein echtes geschichtliches, in die »Welt« wirkendes Phänomen, an dessen Anfang die Devise »Ora et labora« gestanden hat. Welche Devise steht am Beginn der kastalischen Provinz? Man könnte sagen, daß dieser neue Orden fest in seinem geistigen Ethos gegründet sei – wenn er daraus eine Sendung, und das heißt allemal im weiteren Sinne eine gesellschaftliche Wirkung, ableitete. Aber Kastalien scheint diese Sendung zu verleugnen und damit seine Ursprünge vergessen zu haben. Kastalien ist um seiner selbst willen da – und darum ist es in sich zwiespältig, unwirklich, unmöglich. Kastalien ist um des Glasperlenspiels willen da.

Was ist das Spiel? Einige Rezensenten haben Schillers ästhetische Theorie und insbesondere die des künstlerischen Spieltriebes angezogen, andere haben Novalis' Fragmente und den Ofterdingen oder die Wanderjahre des alten Goethe in Parallele gesetzt, wieder andere Huizingas Homo ludens, das Gegenbild des »faustischen homo faber«, zur Erläuterung zitiert. Fast alle, die sich bisher über das Glasperlenspiel äußerten, kommen darin überein, daß der Dichter trotz zahlreicher Angaben über Wesen, Art und Technik der Spiele den Schleier eines Geheimnisses über diesem kastalischen Mysterium gelassen habe. Hieran Kritik üben, hieße der Dichtung das Recht bestreiten, daß sie die Geheimnisse mehr dem Ahnungsvermögen anheimgibt, als sie dem Verstande expliziert. Soweit freilich Hesse selbst von dem symbolischen und metaphorischen Gehalt des Glasperlenspiels absieht und es in die epische Realität Kastaliens und in die kulturkritische Sicht des Werkes einbezieht, so weit dürfen auch wir interpretierend und

analytisch in den Sinn des Glasperlenspiels einzudringen versuchen.
Das Spiel, dessen Name den Ursprung von einem Instrument, äußerlich nicht unähnlich den Rechenschiebern mit bunten Kugeln, vermuten läßt, war in seinen Anfängen nichts weiter als eine »witzige Gedächtnis- und Kombinationsübung«. Musiker verwandten die Glasperlen als graphische Zeichen für bestimmte musikalische Werte und wandelten mit Hilfe der Zeichen Motive kontrapunktisch ab. Dann ging für eine kurze Zeit die Weiterentwicklung des Spiels an die Mathematiker über, die sich ein mathematisch-astronomisches Formelspiel daraus schufen. Danach geriet die Spielübung an die Logiker und Grammatiker, insbesondere an die Philologen, die mit Hilfe des Spiels »sprachliche Gebilde nach der Weise auszumessen begannen, wie die Physik Naturvorgänge maß«. Dieser Satz ist dunkel. Dem Erforscher der Sprache sagt die Parallelisierung Sprache–Physik wenig. Da das Glasperlenspiel ausdrücklich als ein Gewinnen von Formeln durch Abstraktion und als ein souveränes Spielen mit diesen Formeln, eine Art von Kompositionsübung, bezeichnet wird, kann man sich die Anwendung auf die Musik, aus der übrigens Hesse im Laufe des Buches die wenigen konkreten Beispiele wählt, auf Mathematik und Architektur – das große Jahresfestspiel unter Leitung Knechts als Magister ludi behandelt die Symbolik des Chinesenhauses – sinnvoll denken. Wie das Spiel aber auf historische Gebilde angewandt werden kann, bleibt fragwürdig. Sprache läßt sich, wenn man von der Logik der deskriptiven Grammatik absieht, sinnvoll nur geschichtlich und das heißt immer letztlich in gesamthistorischen Zusammenhängen verstehen und darstellen. Ebenso ist es in allen geisteswissenschaftlichen Disziplinen. Wenn nun das Glasperlenspiel mit Bezug auf diese Sachgebiete nichts weiter als eine streng sachengetreue, wohlgebaute, historische Darstellung bedeutet, dann ist es zum mindesten nichts Neues, spezifisch Kastalisches, dann müßte Burckhardts Kultur der Renaissance ebensowohl ein Glasperlenspiel heißen wie Goethes Metamorphose der Pflanze oder auch Kants Kritiken. Es wäre vollends auch nicht einzusehen, wie anders als durch die Vermittlung im Buch, Lehrvortrag oder wissenschaftlichen Gespräch die schönen Wissenschaften einer Gemeinschaft zugänglich gemacht werden könnten. Es ist zwar kein Argument wider Kastalien, daß das dermaßen verstandene Glasperlenspiel

nur eine neue Metapher für eine gute alte abendländische Tradition sei. Aber es ist nicht recht einzusehen einmal, was für die historischen Sachgebiete die Zergliederung in Formeln und das Zusammensetzspiel bedeuten, dann, weshalb Kastalien diese Dinge grundsätzlich exklusiv macht, so daß eine gefährliche programmatische Bildungsesoterik entsteht. Die Bildung wird zum sozialen Privileg, und Kastalien setzt seine und damit die Sache der Bildung aufs Spiel. Überaus problematisch aber wird das Glasperlenspiel schließlich durch die wesensnotwendige Verbindung von Erkenntnis und Kontemplation. Hesse hat das Buch »den Morgenlandfahrern« gewidmet. Gewisse Yogaübungen werden mit dem Glasperlenspiel in Zusammenhang gebracht, und der Europäer weiß schließlich nicht mehr, wie die kultischen und die rationalen Elemente miteinander in Einklang gebracht werden sollen. Nicht genug damit, daß fernöstliche Meditationsübungen ungeschieden von dem Erkenntniselement im Spiel vereint sein sollen, Hesse bezeichnet als die wesentlichste Leistung des Spiels seine Universalität. Das eigentliche Wesen des Spiels scheint in der Herstellung von Beziehungen zwischen den verschiedenen Disziplinen zu bestehen. Gelegentlich wird auf die scholastischen Analogien hingewiesen, es fällt das Wort von der Coincidentia oppositorum. Ja, der Dichter greift sogar zu dem Begriff der Unio mystica. In den Anfängen hatte man sich auf das Ordnen, Gruppieren und Gegeneinanderstellen beschränkt, später werden die Möglichkeiten des Spiels zu unbegrenzten Kombinationen geführt.

Die Vergleiche, die in dem Buch selbst und von Beurteilern des Werkes angezogen wurden, nennen zunächst die scholastischen Analogien. Hier muß freilich darauf hingewiesen werden, daß die Analogien, die der Scholastiker im gesamten Bereich der Schöpfung auffindet, für unser modernes Bewußtsein übrigens oft genug willkürlich auffindet, die Analogien zwischen dem Endlichen und dem Unendlichen und dem wie ein Bindeglied dazwischenliegenden Engelreich auf dem großen metaphysischen Hintergrund der Kathedrale jedem Verglichenen seine Stelle und seinen Ort anweisen können. Insofern ist das scholastische Spiel nicht spielerisch. Schiller erfüllt das Spiel des schönen Scheins mit dem tiefen Sinn der von Kant entlehnten Idee der schöpferischen Spontaneität und metaphysischen Freiheit des Menschen. Die Kunst geleitet den Menschen durch das Schöne zur Sittlichkeit,

d. h. aber auch zur Gesellschaft und damit zum Staat. Novalis' Kombinatorik ist, wie das romantische Wort sagt, ahndungsvoll, d. h. das Spiel ist von religiöser Ahnung getragene Sinnsuche. Baudelaires »Correspondances« dagegen sind nurmehr Entsprechungen verschiedener Sinneswahrnehmungen und Sinnesbereiche ohne objektive Verbindlichkeit. Der sensualistische Subjektivismus erhält zwar die Form des Kunstwerkes, bleibt aber ethisch und politisch irrelevant. Huizinga steht in der humanistischen Tradition: Der homo ludens ist das Urbild des freien Menschen – eine politische Idee! – im Gegensatz zum funktionalisierten Roboter, der durch politische und ökonomisch-soziale Mechanismen eingespannt wird. Obwohl es als ausgemacht und keines Beweises bedürfend erscheint, daß Ernst Jünger nach Temperament und Geistesart kein Glasperlenspieler ist, könnte man die Frage stellen, ob manche seiner beziehungsreichen Capriccios im »Abenteuerlichen Herzen« oder dieses oder jenes Stück aus »Blätter und Steine«, etwa das Lob der Vokale, als moderne Glasperlenspiele im Hesseschen Sinne anzusprechen seien. Jüngers kombinatorische Abenteuer aber sind keine Bildungsspiele. Seine Analogien kommen wie durch Funken, die überspringen, zustande. Das Hessesche Glasperlenspiel ist blaß, ohne Dämonien, es sondert alles Irrationale, Existenzielle aus dem geschichtlichen Stoff aus und stellt der intellektuellen Betrachtung wohlgeordnete abstrakte Formgebilde vor. Wie die pädagogische Provinz ohne Eros ist, auch ohne den kasteiten Eros der Gottesminne, so ist das Spiel ohne Leidenschaften. Das Glasperlenspiel ist kontemplativ im fernöstlichen Sinne. Und wie die Kastalier sich der natürlichen Zeugung enthalten, so kann das Glasperlenspiel den hohen Zeugungen der abendländischen Kultur nicht mehr zugerechnet werden. Über Kastalien liegt so etwas wie die klare, dünne Luft der metaphysischen Langeweile. Wie nun aber? Ist es nicht Knecht selbst, die Zentralfigur des Buches, der das Spiel abtut, der eines Tages sagt, daß ein Kastalien ohne Glasperlenspiel denkbar sei? Alles, was der abtrünnige Magister Ludi, kurz bevor er sein intellektuelles Gewissen salviert, zu sagen weiß, ist, daß man nicht »ein Leben lang Abstraktionen atmen, essen und trinken« könne. Die Historie habe den Vorzug der Wirklichkeit. Wenn dies der einzige Einwand wider das Glasperlenspiel wäre, dann gäbe es kein Problem des Ordens der Geistigen in der pädagogischen Provinz. Ob Hesse es ausdrücklich seinen Lesern überlassen wollte, den Schluß zu ziehen, daß Kastalien keine Möglichkeit der Rettung des Geistes ist, dies bleibe dahingestellt. Wir dürfen dem Dichter dankbar sein, daß er den Mythos Kastalien und dazu die epische Fabel eines Lebens, das alle Stationen der Provinz durchläuft, geschaffen hat. Nach den furchtbaren Erfahrungen der noch kaum beendeten Epoche der Kulturversklavung liegt die kastalische Versuchung nahe. Es gibt eine legitime Bewegung des Geistes auf die Klausur hin. Gefahr der Unfruchtbarkeit und des Niederganges stellt sich aber immer ein, wenn die Absonderung Selbstzweck wird. Der Geist hat eine hohe gesellschaftliche und damit politische Aufgabe. Sie kann ihm niemals von außen her aufgetragen werden. Solange er sich selbst treu bleibt, wächst sie ihm aus seinen Sachgebieten und Erkenntnissen zu. Kultur ist insofern Spiel, als sie frei ist und nur in der Freiheit existieren kann. Sobald aber der Geist dem Hang zum Selbstgenuß nachgibt, wird das Spiel zur Spielerei und sei sie noch so subtil und sublim. Auch die späten Epochen, denen mehr das Sammeln und Hegen, das Bewahren und Weitergeben aufgegeben ist, haben noch eine geschichtliche Mission zu erfüllen, der Wahrheit zu dienen und das Ethos der Wahrheitssuche zu hüten. Was Kastalien an hoher Kraft und Zucht besaß, das nimmt Knecht bei seinem Abschied mit. Wenn es künftig noch ein Kastalien geben wird, dann wird es ohne das Glasperlenspiel sein und sich eingliedern in den großen geschichtlichen Prozeß, der offen ist für neue Möglichkeiten.

(1947)

Paul Böckmann
Ist das »Glasperlenspiel«
ein gefährliches Buch?

Geschrieben als Entgegnung auf einen Essay von Wolfgang v. Schöfer, »Hermann Hesse, Peter Camenzind und das Glasperlenspiel« im 10. Heft der Zeitschrift »Die Sammlung«, 1948. Unser Nachdruck wurde leicht gekürzt.

Wenn wir uns über ein Werk wie *Hermann Hesses* Glasperlenspiel klar werden wollen, werden wir uns darüber verständigen müssen, daß die Bedeutung einer Dichtung nicht danach abzuschätzen ist, ob sie den Tageszwecken entgegenkommt und unsere persönlichen Bedürfnisse und Vorstellungen zu erfüllen verspricht oder nicht. Dem »Glasperlenspiel« werden wir nur gerecht, wenn wir ihm eine eigene Freiheit der Aussage zugestehen und in uns jene Gehalte des Menschseins zu beleben wissen, auf die es ihm ankommt. Ist es nicht schon leichtfertig zu meinen, daß wir eine Dichtung »dankbar als Stütze und Stab in der Weglosigkeit dieser Zeit« ergreifen müßten? Verbirgt sich hinter einer solchen Erwartung nicht die tiefere Ahnungslosigkeit gegenüber den Möglichkeiten der Dichtung, als könne sie tatsächlich auf die Alltagsnöte antworten, wie ein Techniker das Versagen einer Maschine aus diesem oder jenem Materialfehler erklären und dann beheben mag? Sind wir nicht endlich gewarnt genug, um allen zu mißtrauen, die sich einbilden, als »Führer aus dem Unheil in das Heil« auftreten zu können, aber auch denen, die nichts Besseres wissen, als nach einem solchen Führer zu suchen, statt mit sich selbst und auch wohl der eigenen Weglosigkeit ernst zu machen? Was stellt man sich denn unter der Dichtung überhaupt vor, wenn man meint, daß sie »ein wackeres Programm« entwerfen wolle oder könne, als solle sie eine »Lösung«, eine »Theorie« versprechen, mit der sie unsere »Krankheiten« überwindet; als müsse sie »einen Weg zeigen, ein Ideal aufstellen«, das sich in eine handfeste Lebenspraxis verwandeln lasse? Gewiß, in einem vermittelten, geistigen und seelischen Sinn ist der echten Dichtung wohl eine heilende und reinigende Kraft eigen, so wie die antike Theorie davon sprach, daß die Tragödie für das Gemüt eine reinigende Gewalt besitze. Aber diese Katharsis hat mit dem ungeduldigen Verlangen nach praktischen Ratschlägen, mit denen sich die Zeitnöte überwinden lassen, nichts zu tun. Die tröstende Kraft, die von ihr ausgeht, kann allein darin bestehen, daß sich der Mensch als Mensch gerechtfertigt sieht, daß seine Schmerzen und Beglückungen ihn seines unverlierbaren Eigenwertes gewiß machen und daß er die Botschaft begreifen lernt, die ihm ein Leben im Geiste verheißt. Die Dichtung beginnt immer erst da zu sprechen, wo es nicht mehr auf die Nutzbarkeiten und Zweckmäßigkeiten der alltäglichen Daseinsbewältigung ankommt, sondern auf den dem Menschen eigenen Raum eines inneren Daseins.

So ist auch dem »Glasperlenspiel« gegenüber die Frage falsch gestellt, wenn man nur wissen will, ob sich eine solche kastalische

Welt, wie sie der Roman schildert, einrichten läßt und ob sie die Schwierigkeiten der Zeit zu überwinden verspricht. Es geht nicht um ihre praktische Möglichkeit, sondern um ihre dichterische Bedeutsamkeit, um ihre die menschlichen Grunderfahrungen erschließende Kraft. Wer wollte denn schon die Märchen danach befragen, ob sich eine Welt so einrichten läßt, daß die Tiere sprechen und die Menschen sich in Pflanzen oder Tiere verwandeln? Und wer würde die Faustdichtung danach beurteilen, ob man den Teufel leibhaftig beschwören und mit ihm einen Pakt schließen kann oder nicht? Die Spiele der Phantasie besitzen ihr eigenes Recht und gewinnen um so mehr Bedeutung, je mehr sie an das Unsagbare und doch Bewegende im menschlichen Dasein herangreifen. Warum soll nicht auch die Erfindung des Glasperlenspiels gerade durch die beziehungsreiche Freiheit der Erfindung eine eigene Bedeutsamkeit des Menschlichen entfalten können? Wenn man meint, daß »dabei nichts herauskommt«, liegt es vielleicht nur daran, daß man in sich die Organe hat verkümmern lassen, um der Not und Fragwürdigkeit des Daseins auf eine echtere Weise zu begegnen, als es der auf praktische Lösungen erpichte Verstand wahrhaben will. Ist es denn so ausgemacht, daß wir nur die nötige »Aktivität« und »Energie« entwickeln müßten, um uns die »Zukunft« zu öffnen? Vielleicht ließe sich auch die Meinung vertreten, daß der moderne Mensch gerade deshalb »mit dem Leben nicht fertig« wird, weil er alle Schwierigkeiten nur als Aufforderung nimmt, noch mehr Energie und Aktivität zu entfalten, ohne viel nach den Voraussetzungen und begründenden Gehalten zu fragen, die sein Handeln bestimmen sollten. Die Welt des Glasperlenspiels ist so weit möglich und berechtigt, als sie auf die Gehalte hinführt, die den Menschen in seine eigene Tiefe nötigen und ihm eine Bildungsaufgabe bewußt machen, ohne deren Erfüllung er sich an eine leere Betriebsamkeit verlieren würde.

Wenn so die dichterische Erfindung sich nur von ihrem menschlichen Gehalt und nicht von ihrer faktischen Realisierbarkeit her beurteilen läßt, so verbieten sich damit auch alle voreiligen Verdächtigungen und Verunglimpfungen. Gewiß ist es das Bequemste für die zielbewußte Aktivität, alle Widerstände und Bedenken zu überrennen und denjenigen als Träumer, Phantasten oder Romantiker zu schelten, der sich nicht so einfach vor den Wagen der Zeit spannen lassen will. Um sich dem Bedeutungsgehalt des Glasperlenspiels zu entziehen, braucht man nur eine kleine Ver-

schiebung der Ebenen vorzunehmen: man spricht nicht mehr vom Werk und seinem geistigen Anspruch, sondern von dessen psychologischen Ursachen im Dichter, über die man sich um so freier äußern kann, als man nichts Genaues über sie weiß. Man behauptet schlechtweg, daß »die psychologische Wurzel des Glasperlenspiels in einer Schwäche, einer Insuffizienz vor dem Leben« zu finden sei, daß es den »Ausweichtraum eines Schwachen« darstellt. Diese Behauptung läßt sich nicht widerlegen, weil sie sich auch nicht beweisen läßt und nur der subjektiven Meinung des energiegeladenen Kritikers entspringt. Wenn wir ihm folgen, beschließen wir, fortan statt von Dichtungen von Ausweichträumen zu sprechen und die Kraft, große dichterische Leistungen zu vollbringen, als Schwäche anzusehen. Dieses amüsante Versteckspiel könnte dann die Verwirrung der Zeit noch um einige Varianten eines schon recht vertraut anmutenden Verfahrens bereichern.
Auf die gleiche Weise kann man mit dem für die Dichtung empfänglichen Leser fertig werden und darüber hinaus noch hoffen, ihn in seiner eigenen Freude an der Dichtung unsicher zu machen. Wenn die Dichtung einer »Insuffizienz« entspringt, so ist klar, daß nur der Leser auf sie reagiert, der von der gleichen Schwäche befallen ist und bereit ist, sich mit Ausweichträumen zufrieden zu geben: die Wirkung des Werkes entspricht dem menschlichen Bedürfnis, »die Augen zu schließen und sich vor ungelösten Problemen in eine möglichst harmlose Scheinwelt zu flüchten«. Wieder geht es nicht darum, eine sachliche Anteilnahme als solche zu erläutern oder zu bekämpfen, sondern sie psychologisch zu verdächtigen; das läßt sich in entsprechender Weise auf die Wirkungen ausdehnen, die von Werken der Bildung, der Kunst, der Religion ausgehen. Bei ihnen allen ließe sich unterstellen, daß sie es mit einer »Scheinwelt« zu tun haben, weil sie ja offenbar noch etwas anderes kennen, als jene nackten Tatsachen, die den Lebenskampf so sichtbar bestimmen. Und sofern dann diese Werke auf Gehalte und innerlich bindende Kräfte hinführen, die mit dem Tagesgeschehen nichts mehr unmittelbar zu tun haben, sondern eher einen inneren Abstand von ihm bewirken, können sie gar noch als gefährlich gescholten, wenn nicht verfolgt werden. So kann denn auch das »Glasperlenspiel« als ein »gefährliches Buch« verdächtigt werden, weil sich die Menschen durch seine »unaufrichtige« Haltung verführen lassen und es nicht als eine

»Erscheinungsform der Auflösung«, als ein »Zerfallsprodukt« durchschauen. Man sieht, dieser Kritik liegt ein sehr einfaches und gar nicht so neues Schema zugrunde. Erst wird der Dichtung die aktivistische Aufgabe zugewiesen, zur Lösung der Zeitfragen beizutragen und einen Weg zum Heil zu zeigen, und dann wird die Dichtung, die dieser Erwartung nicht entspricht, als Produkt der Schwäche verächtlich gemacht und als gefährlich für vogelfrei erklärt. Der Kritiker braucht sich dieses Denkschemas gar nicht ausdrücklich bewußt zu sein und es auch nicht in bösartiger Absicht anzuwenden. Aber um so mehr müssen wir uns die Frage stellen, ob wir uns auf diesen Boden begeben wollen und die Dichtung von solchen Maßstäben her überhaupt in den Blick bekommen können.

Nun scheint die Kritik am Glasperlenspiel sich freilich noch auf besondere Mängel des Werkes berufen zu können. Es wird auf einige stilistische Eigentümlichkeiten hingewiesen, vor allem auf den stark konstruktiven Zug des Ganzen, auf seine begrifflich bestimmte Sprache, auf die eigentümliche Einschränkung der schöpferischen Dichterkraft durch den Ordensgedanken, auf die etwas zeremoniöse Förmlichkeit in den Berichten über das Leben der Glasperlenspieler und auf den mehr festgestellten als ausgetragenen Konflikt zwischen dem Orden des Geistes und dem Treiben der Weltmenschen. Und gewiß lohnt es sich, über diese kennzeichnenden und manchen Leser wohl auch befremdenden Züge ausführlicher zu sprechen. Doch sollte man die stilistischen Eigentümlichkeiten einer Dichtung nicht einfach von einer geläufig gewordenen Vorstellung und Erwartung vom Roman aus verurteilen, sondern sie als die besten Wegweiser erkennen, die uns an die eigentliche Struktur des jeweiligen Werkes heranführen. Erst diese Struktur vermag uns genauere Auskunft über den gemeinten Gehalt zu geben. Insofern sei es erlaubt, noch mit einigen Worten auf diese in der Gesamtstruktur des Romans sich enthüllenden Fragen nach dem um sein Menschsein bemühten Menschen hinzudeuten. Das mag um so nötiger sein, als der Kritiker in seinem Verfahren ja eine scheinbare Rechtfertigung dadurch erhält, daß die Dichtung selbst einen starken Zeitbezug herstellt und mit der an ihrem Anfang gegebenen Kennzeichnung des feuilletonistischen Zeitalters zur kritischen Auseinandersetzung mit der Gegenwart hindrängt, als wollte sie sich in den Tagesstreit mischen und ein Rezept geben.

Aber gerade dieser Einsatz läßt auch erkennen, in welchem Sinn der Gegenwartsbezug allein Bedeutung gewinnt: nicht, um ein praktikables Rezept zu geben, sondern um die Frage der Menschenbildung unter dem heute dringlich gewordenen Aspekt dichterisch von neuem zu bewältigen. Insofern will beachtet sein, daß *Hermann Hesse* nach der in der deutschen Erzählkunst so bestimmend gewordenen Form des Bildungsromans greift und ihr eine eigene Bedeutung abgewinnt. Er gibt damit von vornherein zu erkennen, daß für ihn das Geschehen in der Menschenwelt sich nicht allein aus den naturhaften Kräften herleitet, auch nicht in der möglichst vollkommenen technischen Beherrschung der elementaren Gewalten – sei es der Veranlagung, sei es des Lebenswillens – besteht, sondern letztlich durch den geisterfüllten Bezug zu einem höheren Gehalt sich erst erfüllt. Daß menschliches Dasein eine Bildungsaufgabe einschließt und erst dadurch sein Maß findet, ist die aus aller billigen Aktualisierung herausführende Grundüberzeugung, die es ermöglicht, daß sich die Form des Bildungsromans mit der des utopischen Romans vereint und die konstruktive Erfindung den Bau beherrscht. Aber gerade diese Welt der Bildung ist dem Menschen der Moderne in mancher Hinsicht verdächtig geworden; nicht nur weil er sie als eine Scheinwelt beargwöhnt und als einen Überbau eines entweder mehr soziologisch oder biologisch gedeuteten Geschehens entwertet, sondern vor allem auch, weil diese Bildungswelt in sich selbst widerstreitend und damit unverbindlich geworden zu sein scheint. Wenn also der Dichter die Bildungsaufgabe in ihrem unabdingbaren Gewicht spürbar machen will, muß er sie bis auf den Punkt zurückverfolgen, von dem aus sie sich in ihrem eigentlichen Sinn wieder erkennen läßt. Er folgt damit nur dem Beispiel, das der Bildungsroman schon immer gegeben hat.

Im Rückblick auf die Geschichte des Bildungsromans seit *Wieland* und *Goethe* wird klar erkennbar, wie im Grunde jedesmal erst durch die dichterische Darstellung sich offen legt, in welchem Sinn denn mit der Bildung ein echter Gehalt des menschlichen Daseins ergriffen wird. Die Bildung ist nicht auf das selbstverständlich bekannte, sondern auf das immer noch neu zu entdeckende und zu verwirklichende Bild eines echteren Menschentums gerichtet. Nur im Hinblick auf eigentümliche Nöte des Daseins sucht sich der Mensch jeweils eine Bildung zu geben, die ihn über die ihm begegnenden Konflikte und Fragwürdigkeiten hinaus hebt; so gewinnt das Ziel der Bildung nur in einem inneren Ringen seine lebendige Gestalt. Im Wilhelm Meister erhält diese Aufgabe der Bildung ihre Notwendigkeit durch die dem bürgerlichen Geschäftsleben eigene Beschränkung des Menschen auf Nutzen und Gewinn. Der Einzelne scheint nur noch so weit etwas leisten zu können, als er durch sein Erwerbsstreben Geld in den Beutel zu bringen weiß. Er sieht sich an die Berufsarbeit so sehr gefesselt, so sehr zum bloßen Glied und Werkzeug eines wirtschaftlichen Geschehens erniedrigt, daß er darüber jede freie Verfügung über die Vielfalt seiner menschlichen Kräfte zu verlieren droht. So heißt es denn, daß dem Bürger seine Persönlichkeit verlorengeht, er mag sich stellen, wie er will. Wilhelm durchbricht deshalb die Schranken seiner Herkunft, überläßt sich dem Theatertreiben, kommt in Austausch mit der Welt des Adels und kennt kein anderes Ziel, als sich selbst auszubilden. »Was hilft es mir, gutes Eisen zu fabrizieren, wenn mein eigenes Innere voller Schlacken ist?« In solchem Satz spricht sich die Grundpolarität aus, die dem Bildungsvorgang im Wilhelm Meister ein Recht gibt. –

In *Gottfried Kellers* Grünem Heinrich hat sich die Bildungsaufgabe eigentümlich verwandelt, so daß nun die Gefahren sich abzeichnen, die dem Menschen begegnen, der sich nur von seinen inneren Vorstellungen und Erwartungen treiben läßt. Er droht ständig sich an eine bloße Phantasie- und Traumwelt zu verlieren, um dann um so schmerzhafter die Gesetzlichkeit einer vorgegebenen Wirklichkeit zu erfahren und sich durch sie in Frage gestellt und in die Schranken des Irdisch-Gegebenen zurückgewiesen zu sehen. Die rechte Bildung kann nur gewonnen werden, wenn sich innere Vorstellungswelt und äußere Wirklichkeitswelt immer echter und tiefer durchdringen; damit erhält die rechte Arbeit einen neuen Sinn; sie dient nicht nur der Erreichung eines praktischen Zweckes, sondern trägt insoweit einen bildenden Gehalt in sich, als sie Mensch und Welt in Zusammenhang bringt. Und der Weg des Malers, des Künstlers, wird beispielhaft für diesen geistigen Sinn der Arbeit und die in ihr immer neu aufbrechenden Gegensätze zwischen Vorstellung und Erfahrung.

Von noch einer anderen Seite zeigt sich die Bildungsaufgabe in *Stifters* Nachsommer. Das Leben im Rosenhaus zeichnet sich durch eine abgeklärte Ruhe und Gehaltenheit aus und mag uns von so mannigfachen Leidenschaften heimgesuchten Menschen ebenso konstruiert und utopisch erscheinen wie der Dienst im kastalischen Orden. Aber wenn dort die Menschen nur mit der Pflege des Gartens, der Obstbäume und Rosen beschäftigt scheinen und in der Wiederherstellung und Bewahrung alter Kunstwerke eine schöne Aufgabe finden, so spricht sich darin doch nicht nur eine längst entschwundene biedermeierliche Genügsamkeit aus, sondern eine echte Sorge um den dem Menschen zugehörigen Bereich. Dies Leben im Rosenhaus hebt sich ab von einem Naturgeschehen, das in seiner eigenen Unermeßlichkeit und Fremdheit den Menschen in die Nichtigkeit und Beliebigkeit zu stoßen droht, als müsse er dem sinnfremden Naturgesetz gegenüber jeden Anspruch auf ein ihm menschlich Eigenes fahren lassen. Als der junge Heinrich das Gebirge durchforscht, droht ihn die Übergewalt der einsamen, menschenfremden Natur zu vernichten. Der Blick von der Höhe über die Weite des Landes macht die Kleinheit und Unbedeutendheit alles Menschlichen fühlbar: »Alles schwieg unter mir, als wäre die Welt ausgestorben, als wäre das, daß sich alles von Leben rege und rühre, ein Traum gewesen.« Erst unter diesem Aspekt wird die Bildungsaufgabe für *Stifter* entscheidend, weil es nun darauf ankommt, das dem Menschen Zugehörige sichtbar zu machen und ihm den Weg zu zeigen, auf dem er im Zusammenwirken mit der Natur sich seinen eigenen Raum schafft. Das Hegen und Pflegen der Dinge verwandelt die ursprüngliche Landschaft in den Garten, der sein Dasein nur der Sorgfalt des Menschen verdankt und seine bildende Kraft rechtfertigt.

Hermann Hesses Glasperlenspiel steht ganz in der Tradition dieser Bildungsromane, gerade auch insofern, als wieder in sehr eigener Weise auf die Bildungsaufgabe hingeführt wird und sie sich wieder von einer neuen Seite zeigt. Die menschliche Bildung sieht sich hier nicht primär bedroht durch das Nützlichkeitsdenken des Bürgers oder die Wirklichkeitsfremdheit des menschlichen Vorstellungslebens oder die Sinnfremdheit des Naturgeschehens, sondern nur durch die das moderne Dasein beunruhigende Beliebigkeit und Unverbindlichkeit des geistigen Lebens selbst, eben durch das feuilletonistische Zeitalter, in dem alles Wissen zum Anlaß subjektiver Betrachtungen und effektsuchender Einfälle werden kann. Die Zucht des Geistes wird damit zur bestimmenden Bildungsaufgabe, das treue Dienen und Gehorchen im Namen des Geistes. Insofern ist es berechtigt, daß sich nun die

Bildungswelt vor dem Hintergrund einer sehr grundsätzlichen Zeitkritik aufbaut, nicht um neue Rezepte für das politisch-praktische Handeln zu geben, sondern um den echten Sinn der Bildung sichtbar zu machen. Je fragwürdiger der Betrieb des Bildungslebens selber geworden ist, um so mehr muß der Abstand gegenüber dem Gewohnten betont werden, um so freier kann sich die Darstellung einer ungeborenen Zukunft überlassen. Die Aufmerksamkeit richtet sich auf mancherlei Anzeichen einer gefährlichen Entleerung des geistigen Lebens: wie es »durch eine Sintflut von vereinzelten, ihres Sinnes beraubten Bildungswerten und Wissensbruchstücken« überschwemmt wird, wie sich die »Beispiele von Entwürdigung, Käuflichkeit, Selbstaufgabe des Geistes« häufen und die weltlichen Machthaber alles Geistige in ihren Dienst zwingen. »So wie die Kirchenglocken zum Guß von Kanonenrohren, so sollte der Geist als Kriegsmittel beschlagnahmt und verbraucht werden.« Die »Flut von eifrigem Geschreibe« scheint »den Stempel der rasch und verantwortungslos hergestellten Massenware« zu tragen. Dadurch greift die »Entwertung des Wortes« immer weiter um sich, die eine allgemeine »Unsicherheit und Unechtheit des geistigen Lebens« bewirkt und der »Mechanisierung des Lebens, dem Sinken der Moral, der Glaubenslosigkeit der Völker, der Unechtheit der Kunst« in die Hand arbeitet. Es ist ein düster-drohender Hintergrund, von dem sich die Welt Kastaliens um so klarer und reiner abhebt, als in ihr die Entwürdigung und Entleerung des Geistes überwunden scheint.

Diese Erneuerung des Geistes, die Rückbesinnung auf die echten Aufgaben der Bildung, ergibt sich nicht als Folge eines Programms, einer Universallösung, einer neuen Idealsetzung oder eines besonderen Führeranspruchs, sondern allein aus dem Ernstnehmen des Geistes selbst und insofern aus dem Zusammenwirken der Menschen, die dem Anspruch des Geistes zu folgen bereit sind. »Schon mitten in der Blütezeit des Feuilletons gab es überall Einzelne und kleine Gruppen, welche entschlossen waren, dem Geist treu zu bleiben und mit allen Kräften einen Kern von guter Tradition, von Zweck, Methode und intellektuellem Gewissen über diese Zeit hinwegzuretten.« Es kann also in der Darstellung des Romans um nichts anderes gehen, als um dieses verpflichtende Leben im Geist und für den Geist; es müssen Menschen sichtbar werden, die dem Geist treu bleiben und die Zucht des Geistes auf sich nehmen, um dadurch das nur durch Bildung zu erreichende wahre Eigentum des Menschen zu verwirklichen. Je mehr sich die Bildungsaufgabe durch die Beliebigkeit und drohende Dienstbarkeit des Geistes in Frage gestellt sieht, um so mehr muß dieses Leben für den Geist in sich ruhen und seine eigene Gesetzlichkeit entfalten, so daß das Welttreiben weitgehend ausgeklammert werden kann und nur als ständig drohende und fordernde Gegenmacht wirksam bleibt.

Darüber hinaus muß es darum gehen, die dem geistigen Leben eigene Autorität und Verbindlichkeit wieder fühlbar zu machen. Insofern kann es nicht genügen, an die Freiheit des Geistes zu appellieren und die individuelle Schöpferkraft des Genies zu feiern, die sich trotz aller Hemmungen Bahn bricht. Diese Ursprünglichkeit des Genies scheint vielmehr in eben dem Maße selbst noch verdächtig zu sein, als sie als bloße Naturgabe sich jedem Bildungsanspruch entzieht und selber nur die Beliebigkeit zu steigern droht. Die seit dem Mittelalter sich vollziehende »Befreiung des Denkens und Glaubens von jeglicher autoritativen Beeinflussung« hat dazu geführt, daß »das Talent ohne Charakter, das Virtuosentum ohne Hierarchie« sich breit macht, und manche vermeintliche »Genies« in Wahnsinn und Selbstmord enden. In solchem Sinn ist es wohl auch zu verstehen, wenn Kastalien »im allgemeinen auf das Hervorbringen von Kunstwerken Verzicht geleistet hat und besonders das Gedichtemachen für das denkbar Unmöglichste, Lächerlichste, Verpönteste« hält. Und dann bringt ein gewisser trotziger Mut in Josef Knecht diese Produktivität doch in Fluß, so daß seine Verse einen eigenen Teil des Werks bilden. Darüber hinaus werden die Spielkompositionen des erfahrenen Glasperlenspielers als »richtige Dichtungen« bezeichnet, als kleine Dramen, die »das individuelle, ebenso gefährdete wie geniale Geistesleben ihres Autors widerspiegelten«. Ein Dichter wird nicht ohne eine gewisse Ironie seine eigene Kunst in ihre Schranken weisen, so daß es nur seine Absicht sein kann, auch in ihr die Verbindlichkeit des Geistes zur Anerkennung zu bringen und sein Genie der Zucht und dem intellektuellen Gewissen zu unterwerfen und es damit der Bildungsaufgabe zuzuordnen.

Wenn so das »Glasperlenspiel« eine geistige Welt zur Geltung bringt, die sich weder an die Dienstbarkeit des Weltlebens verliert, noch einfach die Geniefreiheit des Individuums feiert, so kann nun die hierarchische Stufung des Ordens sowohl die Bedeutung des Institutionellen für alles geistige Leben hervortreten lassen, wie zugleich die geistige Bildung als ein Aufsteigen von Stufe zu Stufe erläutern. Der Geist gedeiht nur, wo er gepflegt wird, und das heißt, wo Schulen und Institutionen bestehen, die die Überlieferung bewahren und lebendig weiter tragen; aber wo auch die Vertrautheit mit dem geistigen Leben eine eigene Rangordnung schafft, die sich in einer Hierarchie objektivieren kann. Um der Verbindlichkeit des Geistes willen darf der Einzelne nicht einfach seinen Launen und Einfällen folgen; vielmehr muß er in der hierarchisch gegliederten Institution und nach erprobter Methode zur stufenweis fortschreitenden Entfaltung seines geistigen Lebens gelangen, um so in freier Bereitschaft die Ordnungen des Geistes für sich fruchtbar zu machen. Auf solche Weise dringt in den Roman eine mit leichter Ironie umspielte zeremoniöse Förmlichkeit ein, die auch der Sprache gelegentlich einen akademisch-ironischen Ton gibt und die berichtende Haltung des Chronisten oder gar der wissenschaftlichen Untersuchung rechtfertigt. Aber es verzichtet der Dichter darum doch nicht auf einen ihm gemäßen Stil; denn alle Sprachmittel helfen nur dazu, eine geistig durchhellte Sprache zu erzeugen, die die sicherste Gewähr dafür bietet, daß der herausgehobene Bereich menschliche Wirklichkeit werden kann. Die unbekümmerte Freiheit, mit der gelegentlich eine mehr begrifflich-theoretische Sprache sich vordrängt, macht nur fühlbarer, wie sehr sich alles Menschlich-Seelische dem Geistig-Bewußten öffnet.

In einem früheren Aufsatz suchten wir zu zeigen, in welchem Sinn *Hermann Hesse* der Welt des Geistes eine eigene Verbindlichkeit zu gewinnen weiß; wie die Erlebniswirklichkeit für ihn zu der erschließenden Erfahrung wird, in der die subjektive Innerlichkeit des je einzelnen und eigenen Menschen den ihn verpflichtenden Gehalten begegnet, so daß der Geist sich immer nur in solcher Bezüglichkeit greifen läßt.[1] Das Glasperlenspiel deuteten wir deshalb als ein erschließendes Symbol für diesen in seiner Funktionalität lebendigen Geist. Darauf brauchen wir hier nicht mehr einzugehen. Wir möchten nur noch betonen, daß uns eine kritische Auseinandersetzung mit dem Werk nur insoweit fruchtbar scheint, als sie sich der Verbindlichkeit des geistigen Lebens öffnet und der Frage nach dem verpflichtenden Gehalt der Menschenbildung gerecht zu werden weiß. Da die Geisteserfahrung des Menschen immer zwischen Glauben und Zweifel steht, wird sie auch die Kritik nicht ausschließen wollen; noch das Ende Josef Knechts bezeugt, daß es nicht darum gehen kann, ein neues Mandarinentum zu begründen, sondern nur darum, den Menschen bis zu dem Punkt zu führen, wo er um der geistigen Gewißheit willen die gewohnten Wege verlassen muß und darf und in der Bereitschaft zum Opfer sich zu den ihn bindenden Erfahrungen stellt.[2] Aber jeder Kritiker, der der Frage nach dem eigentlichen Menschsein ausweicht und nur nach einer praktikablen Zielsetzung für die eigene Energie verlangt, verkennt nicht nur die der Dichtung und Kunst zugehörigen Möglichkeiten und versucht also gemalte Trauben zu essen, sondern er entlarvt sich damit selbst in seiner Zeitverstrickung. So mag für ihn das Glasperlenspiel ein gefährliches Buch sein, da es ihn nötigen könnte, bei sich selbst einzukehren und seinen selbstsicheren Erwartungen zu mißtrauen und mit Hilfe der Dichtung seinem echteren Menschsein nachzufragen. Es würden dann die Worte des Musikmeisters für ihn gelten, mit denen dieser auf die Wünsche und Fragen des Adepten antwortet: »Ach, wenn man doch wissend werden könnte! rief Knecht. Wenn es doch eine Lehre gäbe, etwas woran man glauben kann! Alles widerspricht einander, alles läuft aneinander vorbei, nirgends ist Gewißheit... Gibt es denn keine Wahrheit? Gibt es keine echte und gültige Lehre? Der Meister hatte ihn noch nie so heftig reden hören. Er ging eine Strecke weiter, dann sagte er: Es gibt die Wahrheit, mein Lieber. Aber die Lehre, die du begehrst, die absolute, vollkommen und allein weise machende, die gibt es nicht. Du sollst dich auch gar nicht nach einer vollkommenen Lehre sehnen, Freund, sondern nach Vervollkommnung deiner selbst. Die Gottheit ist in *dir,* nicht in den Begriffen und Büchern. Die Wahrheit wird gelebt, nicht doziert.«

(1948)

Anmerkungen

[1] Vgl. *Paul Böckmann,* »Die Welt des Geistes in *Hermann Hesses* Dichten« Die »Sammlung«, 3. Jahrg., S. 215 ff.
[2] Die »Neue Rundschau« (10. Heft 1948, S. 244/5) bringt einen kurzen Briefwechsel *Hermann Hesses* über das Ende Josef Knechts, in dem

es heißt: »Aber schließlich ist es gar nicht so wichtig, ob Sie mit dem Verstand diesen Tod Knechts begreifen und billigen, denn dieser Tod hat ja seine Wirkung auf Sie schon getan. Er hat in Ihnen, so wie er es in Tito getan hat, einen Stachel hinterlassen, eine nicht mehr ganz zu vergessende Mahnung. Er hat eine geistige Sehnsucht und ein geistiges Gewissen in Ihnen erweckt oder bestärkt, welche weiterwirken werden, auch wenn die Zeit kommt, wo Sie mein Buch und Ihren Brief vergessen haben werden. Hören Sie nur auf diese Stimme, die jetzt nicht mehr aus einem Buch sondern in Ihrem eigenen Inneren spricht. Sie wird Sie weiterführen.«

Siegfried Unseld
Hermann Hesse: »Das Glasperlenspiel«
Eine Besprechung

Fünf Jahre sind nun vergangen, seit Hesses »Glasperlenspiel« im Verlag Fretz und Wasmuth in Zürich erschienen ist, nachdem alle Versuche, es in Deutschland zu veröffentlichen, fehlgeschlagen waren. Die deutsche Ausgabe, die der Suhrkamp Verlag in Berlin im Dezember 1946 vorlegte, wurde glücklich vorbereitet durch die Verleihung des Goethepreises an Hermann Hesse. Diese Auszeichnung ist mehr als nur ein Dank, den wir dem Dichter, dem beständigen Mahner und Warner schulden. Sie wirkt gleichsam als Symbol der innigen Verbundenheit, die Goethe und Hesse umschließt. »Das Glasperlenspiel« wurde zu Recht mit Goethes »Wilhelm Meister« verglichen; Goethes »pädagogische Provinz« ist im Bezirke Kastaliens Wirklichkeit geworden, ja man darf vielleicht sagen, daß das »Glasperlenspiel« in der Konzentration seiner Gedanken, in einer fast an Zauber grenzenden Verdichtung feinster psychologischer Studien und in dem durchweg musikalischen, ehrfürchtig-meditativen Ton wohl an Goethes Alterswerk heranreicht. »Wieder ist es ein abstraktes Buch geworden«, schreibt Hermann Hesse einmal und meint damit die im Jahre 1932 erschienene »Morgenlandfahrt«. Diesen Morgenlandfahrern, deren »Brüder weniger eine intellektuelle als eine seelische Zucht, eine Pflege der Frömmigkeit und Ehrfurcht« betrieben, widmet Hesse sein neues Buch. Und so will es auch verstanden werden: Als letzte Entwicklung Hermann Hesses, als oberste Stufe seines reichen Schaffens, das ohne die unterste

nicht das geworden wäre was es ist. Wer aber Hesses verästelten, abstrakten und oft spekulativen Weg nicht mitzugehen gewillt ist, wem die Weisheit des alten China, die Frömmigkeit des alten Indien nicht vertraut sein mag, wem der Sinn für die großen Dialektiker von Heraklit über Nikolaus von Kues bis Hegel abgeht, der Sinn für die Einheit über den Gegensätzen, der lege dieses Buch beiseite, oder aber er wird in den Chor derjenigen miteinstimmen, die das Werk als skurril-abstrakte Spielerei eines Alternden abtun wollen.
Hermann Hesse schreibt als Krönung seines Lebens jene spezifische Art des deutschen Romans, die mit »Parcival« beginnt und über den »Simplicissimus«, »Wilhelm Meister«, »Maler Nolten«, »Grünen Heinrich« zum »Doktor Faustus« führt. Josef Knecht, die Hauptfigur des Romans, wird als Schüler, Lehrer und Spielmeister gezeigt. Hesse nimmt damit seine früheren literarischen Themen wieder auf (»Narziß und Goldmund«, »Unterm Rad«) und führt sie zu einer höheren Stufe; denn der Lebenslauf des Magister Ludi Josef Knecht ist doch nichts anderes als eine Überhöhung all jener Lebensbeschreibungen, die Hesse im »Camenzind« und im »Siddhartha« gibt. Und noch mehr: Da Hesses Werk sich nicht von seinem Leben trennen läßt, erkennen wir in Knechts Lebenslauf das Leben Hermann Hesses, widergespiegelt im Elemente von »Dichtung und Wahrheit«. Nicht umsonst trägt der Held der Geschichte den Namen »Knecht«, wie sich uns Hesse auch stets als der große Dienende am Reiche des Geistigen zeigt. Hesse zieht in diesem Werk die Summe seines Lebens; staunend und ergriffen zugleich durchwandern wir die Seiten dieses Buches.
Wie uns das Titelblatt unterrichtet, ist »Das Glasperlenspiel« der »Versuch einer Lebensbeschreibung des Magister Ludi Josef Knecht samt Knechts hinterlassenen Schriften, herausgegeben von Hermann Hesse«. Nach der Widmung an die Morgenlandfahrer folgt ein Motto in altfränkischem Latein. Sowohl die dunklen und geheimnisvollen Worte des Leitspruches wie der Autor Albertus Secundus sind erfunden. Was wollen sie uns wohl sagen? Es scheint mir, als würde uns Hesse zurufen: Ich, Hermann Hesse, Knecht, Diener am Reiche des Geistigen, will versuchen, euch zu zeigen, wie eure Welt, die nicht nur durch äußere Ereignisse, sondern auch durch eine innere Entwicklung zugrunde gegangen ist, wieder von innen her neugeordnet werden

kann. »Frommen und gewissenhaften Menschen« wird die Einheit des Lebens, die »Verschwisterung von Wissenschaft und Kunst« offenbar werden. Dienet wie ich! Diesen rätselvollen Worten, die nur aus dem Gesamt des Werkes deutlich erklärbar sind, folgt der »Versuch einer allgemeinverständlichen Einführung« in die Geschichte des Glasperlenspiels, in jene Kunst der Künste, die es nie gegeben hat. »Versuch« und »allgemeinverständlich« nennt der Dichter seine Einleitung. Gerade diese Einleitung jedoch ist das wohl am schwersten Verständliche des ganzen zweibändigen Werkes. Hier verwirrt sich der Leser leicht. Diese Einleitung ist Irreführung *und* Deutung, zugleich aber auch aktuelle Kritik an der Kultur des zwanzigsten Jahrhunderts. Das Glasperlenspiel wird an der obersten Schule der »pädagogischen Provinz« Kastaliens gespielt. Die Glasperlenspieler, der Orden von wahrhaften Dienern am Geiste, nennen sich Kastalier, nach Kastalia, jener heiligen Quelle in Delphi, dem Sinnbild echter dichterischer Begeisterung. Der Orden der Glasperlenspieler ist hierarchisch gegliedert: In den niederen Schulen werden Wissenschaften und Künste, in Waldzell das Glasperlenspiel gelehrt, dessen oberster Leiter der Glasperlenspielmeister (Magister Ludi) ist. Dieser untersteht wiederum der obersten Erziehungsbehörde. Symbol dieser Hierarchie ist eben das Glasperlenspiel, das in den Jahresspielen besonders feierlich zelebriert wird. Höchste Pflicht der Ordensbrüder ist es, im Glasperlenspiel »die Wahrheit, d. h. das Streben nach Wahrheit« als obersten Glaubenssatz zu pflegen. In seiner Einleitung geht es Hesse nicht darum, die Technik des Spiels zu zeigen und das so oft erwähnte Instrument dem spannend wartenden Leser genau zu schildern (er kann es gar nicht, da es ein solches nicht gibt), vielmehr aber will er uns den Sinn, den geistigen Gehalt deuten. Die Einleitung erklärt uns das Glasperlenspiel als »ein Spiel mit sämtlichen Inhalten und Werten unserer Kultur«. »Theoretisch ließe sich mit diesem Spiel der ganze geistige Weltinhalt im Spiele reproduzieren.« Es basiert auf der Mathematik und der Musik(wissenschaft) des 15. bis 18. Jahrhunderts, in der Hesse den »Extrakt und Inbegriff unserer Kultur« sieht. Vorgang des Spieles ist, alles Wissen und allen kulturellen Willen der Zeit »systematisch und synoptisch auf ein Zentrum hinzuordnen und zusammenzupassen« und mit ihnen zu spielen »wie etwa in den Blütezeiten der Künste ein Maler mit den Farben seiner Palette gespielt haben mag«. Wie

dies im einzelnen geschehen soll, darüber schweigt Hesse. Hier muß sich der Leser – und dies scheint mir für das Verstehen des Werkes wichtig zu sein – vollständig von einem äußeren Erscheinungsbild eines etwaigen Instruments freimachen, er muß jene abstrakte Konstruktion in sich selbst abstrahieren und nur den Sinn des Spieles im Augen behalten: Das Glasperlenspiel als »Inbegriff des Geistigen und Musischen«, der »sublime Kult, die Unio Mystica aller getrennten Glieder der Universitas Litterarum«.
Und noch eines: Der Biograph Hermann Hesse transponiert das Leben seines Helden in die Zeit um 2300. In seiner Einleitung nun, in der er – uns irreführend – die Geschichte seines Spieles zu deuten sucht, setzt er sich mit unserem Zeitalter auseinander, das Hesse das feuilletonistische nennt; das Zeitalter einer brutalen Ungeistigkeit, eines verantwortungslosen Individualismus und Chauvinismus, der grausamen Kriege und Selbstzerfleischungen, die Zeit, in der sich der Geist jeder noch so utilitaristischen Machtpolitik unterordnete. Die Zeichen dieser Zeit sind »die öde Mechanisierung des Lebens, das tiefe Sinken der Moral, die Glaubenslosigkeit der Völker, und die Unechtheit der Kunst«. Hier spüren wir ganz deutlich die aktuelle Nähe dieses angeblich so wirklichkeitsfernen Werkes. Das Wissen um den Verlust der geistigen Einheit der abendländischen Kultur und der ihr deshalb drohenden Auflösung mag der Grundantrieb gewesen sein, der Hesse zu dieser Dichtung veranlaßte.
Wenden wir uns nun dem Hauptteil des Werkes zu: der Lebensbeschreibung Josef Knechts. Seine Herkunft und äußere Erscheinung werden nicht näher beschrieben. Als einer unter vielen wächst er in den Eliteschulen heran. Was den jungen Schüler besonders auszeichnet, ist seine innige Neigung zur Musik. Von seinem Musiklehrer empfohlen, wird Knecht von dem Altmusikmeister des Ordens auf seine Eignung als Glasperlenspieler geprüft. Diese Prüfung – ihre Darstellung gehört zu den reifsten Studien Hessescher Prosa – wird für Knecht zur ersten Berufung. Nicht in einem Examen, das doch nur Fleiß und Verstand feststellen kann, wird der Schüler geprüft, sondern im harmonischen Musikspiel mit dem Musikmeister wird Knecht erwählt und seine Aufnahme in die Schule in Eschholz bestimmt. Der Altmusikmeister – der als einziger des Werkes namenlos bleibt, gleichsam als wolle Hesse damit das Überpersönliche dieser Gestalt dem

Leser vor Augen führen – wacht auch weiterhin über die Ausbildung seines Zöglings, der zu den Begabtesten unter seinen Schülern gehört. Als Knechts Eintritt in den Orden bevorsteht, wird er von dem Altmusikmeister eingeladen. Es war dies eine große und seltene Ehre und für Knecht das zweite bedeutende Ereignis seines Lebens. In der Stunde eines beseligenden Zusammenspiels am Klavier führt der Meister den Schüler in die Kunst und Tiefe der Meditation ein; er spricht zu ihm das Wort, das wie ein Leitspruch über Knechts (und Hesses) Leben stehen könnte: »Du selbst sollst aber nie vergessen...: unsere Bestimmung ist, die Gegensätze richtig zu erkennen, erstens nämlich als Gegensätze, dann aber auch als die Pole einer Einheit... Jeder von uns ist nur ein Mensch, ein Unterwegs. Er soll aber dorthin unterwegs sein, wo das Vollkommene ist, er soll ins Zentrum streben, nicht an die Peripherie.«

In Waldzell, der höchsten Schule des Ordens, wird Josef Knecht zunächst in die Grundregeln des Glasperlenspiels eingeweiht, bis er dann von Schritt zu Schritt tiefer in das Wesen des Spieles eindringt. Noch einmal wird das Glasperlenspiel beschrieben – diesmal äußerlich – als ein System farbiger Glaskugeln. Gleichsam, als wollte uns ein Zauber vom Wege locken, wird die entsinnlichte Musik des 18. Jahrhunderts besonders betont, bis plötzlich ein Lichtstrahl in das geheimnisvolle Dunkel unserer Vorstellungen dringt, und wir begreifen, daß das Glasperlenspiel nur ein Gleichnis ist für jede reife schöpferische Fähigkeit. Dann erkennt man auch im Glasperlenspielmeister Thomas von der Trave die Züge Thomas Manns.

Das Glasperlenspiel

> Musik des Weltalls und Musik der Meister
> Sind wir bereit in Ehrfurcht anzuhören,
> Zu reiner Feier die verehrten Geister
> Begnadeter Zeiten zu beschwören.
>
> Wir lassen vom Geheimnis uns erheben
> Der magischen Formelschrift, in deren Bann
> Das Uferlose, Stürmende, das Leben,
> Zu klaren Gleichnissen gerann.

> Sternbildern gleich ertönen sie kristallen,
> In ihrem Dienst ward unserm Leben Sinn,
> Und keiner kann aus ihren Kreisen fallen,
> Als nach der heiligen Mitte hin.

Von Josef Knecht hören wir, wie er sich 1 $^1/_2$ Jahre gänzlich der Musik verschreibt und wie er dann deutsche Philosophie studiert, insbesondere Leibniz, Kant und die deutschen Romantiker, »von denen ihn Hegel weitaus am stärksten anzog«. Auch hier dürfen wir an die Stelle von Knecht Hermann Hesse setzen. Immer wieder werden wir in dem Werk diese Selbstbetrachtungen finden. Dann aber zerreißt ein Mann von außen, Plinio Designori, die Stille von Knechts Studium. Designori ist der chevalereske Vertreter der »profanen« Welt, der Welt außerhalb Kastaliens. Er war ein feuriger, anmutiger Jüngling, mit großen rhetorischen Gaben ausgezeichnet. Mit scharfen Worten läuft er Sturm gegen die hochmütige Geistesaristokratie Kastaliens und wirft dem Orden alle Fehler und die Fragwürdigkeit seiner Existenz im politischen Sinne vor. Im Auftrage der Schule kam es zwischen Knecht und Designori zu einem offiziellen Streitgespräch. Nach außen hin geht Knecht als der Sieger hervor. In Knechts Innern jedoch geschieht Merkwürdiges. Während er hervorragend die Belange Kastaliens vertritt und Designori keine Erklärung und nichts an Schärfe schuldig bleibt, wächst in seinem Innern plötzlich eine Unsicherheit gegen seine bisherige Welt, und er erkennt auch Richtiges und Wahres an der Haltung des andern. Jetzt erinnert sich Knecht auch wieder der Worte des Altmusikmeisters. Nun hat auch er seinen Gegenpol gefunden; er hatte von da an, wie der Biograph berichtet, heimlich viel zu leiden. In diesem Gedanken der Polarität müssen wir die Grundhaltung des Werkes erblicken; um ihn ranken sich alle inneren Spannungen (äußere Handlungen gibt es fast keine) wie die einzelnen Stimmen um eine Melodie. Aus jener Zeit, in der Knecht die Geistigkeit Kastaliens fragwürdig zu werden beginnt, finden wir seine Gedichte, die uns seine ganze Unsicherheit und Verzweiflung zeigen.

Mit 24 Jahren ist Knechts Schulzeit abgeschlossen, nun beginnen die Jahre des Studierens. Die Studenten konnten sich ihre Fächer frei wählen. Von der Erziehungsbehörde wurde nur jährlich einmal die Abfassung eines Lebenslaufes, einer fiktiven, in eine beliebige Zeit zurückverlegten Selbstbiographie verlangt. Es war dies eine »Übung, sich das eigene Ich in veränderter Lage und Umgebung vorzustellen«. Die drei erhaltenen Lebensläufe Josef Knechts führen in die vorgeschichtliche Zeit einer magischen Kultur (»Der Regenmacher«), in die frühchristliche Welt der Eremiten und Büßer (»Der Beichtvater«) und in die Hesse besonders vertraute Welt des alten Indien, mit seinen reich-quellenden Daseinsströmen und seiner tiefen Erkenntnis vom Scheincharakter alles Seienden, aller Freude und alles Leids (»Indischer Lebenslauf«). Die Lebensbeschreibungen sind wohl das Schönste an diesem Werk, eine Bewertung, die bestimmt nicht leicht fällt. Die reife Kunst der Darstellung, der zarte Glanz, der über den Gleichnissen und Bildern liegt und die meditative Kraft östlicher Weisheit, die die Erzählungen ausströmen, verleihen ihnen wie auch dem ganzen Werke jenen einzigartigen Zauber, dessen nur ein Meister fähig ist. So verschieden die äußeren Geschehnisse dieser Lebensbeschreibungen sind, eines einigt sie; »Jenes Streben nach dem letzten Sinn alles Lebens, nach der Mitte alles Seins und nach der Vollendung des wahren Menschen«. Und damit ist zugleich der Sinn des ganzen Werkes ausgesprochen.

Doch wenden wir uns wieder Josef Knecht zu. Er wird feierlich in den Orden aufgenommen und steigt in der Hierarchie von Stufe zu Stufe. Längst zählt er zu der Elite der Glasperlenspieler, als ihn ein ehrenvoller Auftrag in das Benediktinerkloster Mariafels abberuft. Auch in Mariafels sind die äußeren Geschehnisse weniger wichtig. Wesentlich wird für Knecht die Begegnung mit Pater Jakobus, dem Historiker der Benediktiner. Auch dieser zeigt Knecht, der eben die kastalische Stufenleiter aufzusteigen beginnt, die ganze Fragwürdigkeit Kastaliens in seiner »dünnen sublimierten Atmosphäre« und seinem »gelehrt-artistischen Dasein«. Er stellt dem geschichtslosen reinen Sein der Kastalier die Geschichte und die Gegebenheiten der wirklichen Welt gegenüber. »Geschichte treiben heißt: sich dem Chaos überlassen und dennoch den Glauben an die Ordnung und an den Sinn bewahren«. Knecht hört und erkennt. Seine Augen sind schärfer geworden für die Schwächen Kastaliens. Wieder, wie bei seinem Waldzeller Wettstreit mit seinem Freunde Designori wächst in ihm der Zweifel an der Gültigkeit seiner Welt. Abermals verspürt Knecht diese Polarität als dauernden Rhythmus seines Lebens

und der Leser selbst wird immer tiefer in seine innere Auseinandersetzung einbezogen.
Während seines Aufenthalts in Mariafels stirbt mitten in dem feierlichen Jahresspiel der Glasperlenspielmeister Thomas von der Trave, und Knecht wird als sein Nachfolger zum Magister Ludi gewählt.
Bis zur obersten Stufe hat Knecht die Hierarchie nunmehr durchschritten. Als Glasperlenspielmeister vereinigt er in sich die höchste geistige Macht. Vorbildlich wirkt er in seinem Amt als Lehrer und Erzieher. Und doch vermehren sich in ihm die Zweifel. Designori, Pater Jakobus und die Worte des Altmusikmeisters hatten ihm den polaren Charakter des Lebens offenbart; die »Geschichte kann nicht ohne den Stoff und ohne die Dynamik der Sündenwelt, des Egoismus und des Trieblebens entstehen und auch so sublime Gebilde wie das des Ordens werden aus dieser trüben Flut geboren und irgendeinmal von ihr wieder verschlungen«. Noch einmal durchleben wir mit Knecht alle Stationen seines Lebens: seine Berufung, seine Einführung in die Meditation durch den Altmusikmeister, seine Gespräche mit Designori und Pater Jakobus, die seinen Durst nach Wirklichkeit angeregt haben. Nun steht er als Magister Ludi auf dem Gipfel seiner Macht. Und doch sieht er sehr bald seinen richtigen Weg vor sich. Er erinnert sich an sein Jugendgedicht »Stufen«, in dem er in prophetischer Schau sein Leben vorweggenommen hatte:

Stufen

Wie jede Blüte welkt und jede Jugend
Dem Alter weicht, blüht jede Lebensstufe,
Blüht jede Weisheit auch und jede Tugend
Zu ihrer Zeit und darf nicht ewig dauern.
Es muß das Herz bei jedem Lebensrufe
Bereit zum Abschied sein und Neubeginne,
Um sich in Tapferkeit und ohne Trauern
In neue, andre Bindungen zu geben.
Und jedem Anfang wohnt ein Zauber inne,
Der uns beschützt und der uns hilft, zu leben.

Wir sollen heiter Raum um Raum durchschreiten,
An keinem wie an einer Heimat hängen,

> Der Weltgeist will nicht fesseln uns und engen,
> Er will uns Stuf' um Stufe heben, weiten.
> Kaum sind wir heimisch einem Lebenskreise
> Und traulich eingewohnt, so droht Erschlaffen,
> Nur wer bereit zu Aufbruch ist und Reise,
> Mag lähmender Gewöhnung sich entraffen.
> Es wird vielleicht auch noch die Todesstunde
> Uns neuen Räumen jung entgegensenden,
> Des Lebens Ruf an uns wird niemals enden...
> Wohlan denn, Herz, nimm Abschied und gesunde!

Knecht hatte Mut zu diesem Abschied. In einem Rundschreiben an seine Mitmagister bittet er um seine Entlassung als Spielmeister, die ihm aber von der Erziehungsbehörde nicht gewährt wird. In einem persönlichen Gespräch mit dem Ordensleiter, in dem noch einmal alle Probleme der kastalischen Geistigkeit aufklingen, vollzieht Knecht seine Trennung von Kastalien und wandert in die Welt hinaus.

Als einfacher Lehrer will er sich der Erziehung eines eigenwilligen Knaben, Tito, widmen und bezieht mit diesem ein Landhaus in den Bergen. Schwer ist der Knabe für den Unterricht zu gewinnen. Doch eines Morgens glaubt Knecht, ihm endlich nahegekommen zu sein. Als ihn der Knabe nach dem Unterricht zum Bad im umliegenden Bergsee auffordert, zögert Knecht nicht, um den Knaben nicht zu enttäuschen und das Angebahnte nicht wieder zu zerstören und folgt ihm in das kalte Naß. Eisig und lähmend umfängt es ihn. Und während er noch glaubte »um die Seele des Knaben zu kämpfen«, kämpfte er schon mit dem Tode, »der ihn gestellt und zum Ringen umarmt hatte«. Mit Knechts Tod schließt das Werk.

Wie ist dieser Tod zu begreifen, wie dieses Ende zu verstehen? Wohl haben wir den polaren Rhythmus in Knechts Leben als unabänderliches Gesetz verfolgt, aber im Vertrauen auf die Einheit über den Gegensätzen hatten wir gehofft, daß sich die östliche Weisheit und reine Geistigkeit Kastaliens mit den Gegebenheiten unserer Welt verschmelzen würde. Und nun dieser überraschende Tod! Doch hören wir, wie Hesse selbst diesen Tod aufgefaßt wissen will (zitiert nach einem Brief in der Neuen Rundschau, Stockholm, Heft 10, 1948): »Aber schließlich ist es gar nicht so wichtig, ob Sie es verstehen werden; ich meine: mit dem

Verstande diesen Tod Knechts begreifen und billigen. Denn dieser Tod hat seine Wirkung auf Sie schon getan. Er hat in Ihnen, so wie er es in Tito getan hat, einen Stachel hinterlassen, eine nicht mehr zu vergessende Mahnung; er hat ein geistiges Gewissen in Ihnen erweckt oder bestärkt, welches weiter wirken wird, auch wenn die Zeit kommt, wo Sie mein Buch ... vergessen haben werden. Hören Sie nur auf diese Stimme, die jetzt nicht mehr aus einem Buche, sondern in Ihrem eigenen Innern spricht; sie wird Sie weiterführen«.

In Hesses »Glasperlenspiel« hat sich im Bilde der hierarchisch gegliederten Provinz Kastaliens die seit dem Bewußtwerden des menschlichen Geistes wirkende Sehnsucht erfüllt: die Sehnsucht nach einem reinen und höheren Dasein. Die Worte Hermann Hesses aber sind für unsere Zeit gesprochen: »Es können Zeiten des Schreckens und tiefsten Elends kommen. Wenn aber beim Elend noch ein Glück sein soll, so kann es nur ein geistiges sein, rückwärts gewandt zur Rettung der Bildung früherer Zeit, vorwärts gewandt zur heiteren und unverdrossenen Vertretung des Geistes in einer Zeit, die sonst gänzlich dem Stoff anheimfallen könnte.« Und ein weiteres Wort richtet Hesse besonders an uns, an die studierende Jugend: »Du sollst dich nicht nach einer vollkommenen Lehre sehnen, sondern nach einer Vervollkommnung deiner selbst.« Dieses Streben zur Vervollkommnung und das Wissen, daß Wahrheit nicht doziert, sondern gelebt wird, ist Knechts und Hesses Ziel und sollte auch das unsere sein.

(1948)

Georg Ehrhart
Der Tod des Glasperlenspielers

Um Hermann Hesses reifstes und umfassendstes Werk, das »Glasperlenspiel«, ist es in den letzten Jahren merkwürdig still geworden. Wenn es freilich auch nicht umlärmt sein möchte, so scheint sich doch wieder einmal Goethes Wort an ihm zu erfüllen, wonach es zu den beklagenswerten Fähigkeiten insbesondere der Deutschen gehört, am Großen achtlos vorbeizugehen. Allerdings siedelt dieses Buch bereits in einem Bezirke, der von den Wissenschaften soeben erst betreten wird: in der Erkenntnis von der

Ganzheit alles Seienden. Zwar spricht man heute immerhin vom Studium generale und davon, daß die Entwicklung keineswegs auf eine weitere Spezialisierung, sondern auf eine Komplettierung der Fakultäten gerichtet sei, die in Querverbindungen über sich hinauswüchsen. Nicht nur die zahlreichen Disziplinen der Naturwissenschaft, sagt man, arbeiteten schon aufs engste zusammen; auch die früher so peinlich getrennten Bereiche der Naturwissenschaft einer- und der Geisteswissenschaft andererseits fänden sich mehr und mehr. Allein dies zusammen ist zunächst noch viel zu wenig Allgemeingut; und so wird es verständlich, daß Hesses gleichlaufend-vorausgreifende Paraphrase der »Unio mystica aller getrennten Glieder der Universitas Litterarum« vorläufig noch einem Mißverständnis begegnet, wie es wohl kaum eine andere Schöpfung der neueren Literatur zu beklagen hat. Man wartet sozusagen auf die Antwort »von unten«.
Unverständlich indessen bleibt das Urteil, das nicht nur viele Leser, sondern nahezu alle Literaturhistoriker über den Schlußvorgang des Buches fällen, dessen Bedeutung doch eigentlich jeder Besinnung sich aufschließen sollte: über das Ende des Glasperlenspielmeisters Josef Knecht. Wie bekannt, folgt dieser seinem badenden Schüler – er widmete sich nur diesem in der Erkenntnis, daß alle Erziehung beim einzelnen zu beginnen hat – mit einem Sprung in den kalten Bergsee und findet dabei den Tod. Bleiben wir bei der Fachleuten. Es ist erstaunlich, mit welcher Ratlosigkeit sich zehn Literaturgeschichten und drei repräsentative Abhandlungen, die daraufhin angesehen wurden, mit diesem Tode herumschlagen, der schließlich fast durchweg als sinnlos bezeichnet wird. Er stelle »alles in Frage, was in dem Buch sorgsam aufgebaut« sei. Es ende wie der »Zauberberg«. Knecht zeige sich dem Leben »nicht mehr gewachsen«. »War ihm die bloße geistige Welt zu abgeschlossen, so entspricht ihm die andere Welt auch nicht.« Er starb »am Todeskeim der Selbstbezweiflung«. Man redet von »Resignation«, von einer »Rätselfrage«, die uns »in großer Verlegenheit« zurücklasse, von einem »Irrtum« und von einem »Scheitern«. Es liegt »etwas zuviel Zufall (!) in diesem Sterben«. Es fehlt die »endgültige Antwort«. Man vermißt »den Weg zu neuem Aufbau«. Erzöge Knecht den Schüler zum Geist und zur Natur, so »würde das Hesse erst zu einem Gestalter eines neuen Gemeinschaftslebens machen, als den man ihn oft so gerne sieht«. (Natürlich: auch Faust wäre zum Happy-End gediehen,

wenn er Gretchen geheiratet hätte.) Völlig undiskutabel, doch um so bemerkenswerter ist die Behauptung eines Autors, Knecht habe im Wasser den Tod »gesucht«. Er stempelt ihn schlichtweg zum Selbstmörder.
Man ist versucht, sich allen Ernstes zu fragen, ob das Buch von manchen Besprechern überhaupt gelesen worden ist. Die Terminologie der Einwände gleicht sich frappierend, was schier zu dem Verdacht verleiten könnte, es liege hier weniger die Quelle als vielmehr eine »öffentliche Meinung« von Fachkollegen zugrunde. Nur ein einziger Autor kommt zu dem einigermaßen sinngerechten Schlusse, der zumindest einem jeden »vom Bau« sich aufdrängen müßte: »daß dieser Tod... wohl den ewigen Wandel auch im Reiche des Geistes und seine Möglichkeit zu immer neuen Lebensformen andeuten soll«. In der Tat: Man braucht sich nicht erst an Hesses Goethenähe zu erinnern, um an das »Stirb und werde!« und an jenes andere Wort zu denken, wonach der Tod »ein Kunstgriff der Natur ist, viel Leben zu haben«. Der Tod Josef Knechts ist im Sinne Rilkes tatsächlich ein großer, weil »eigener« und notwendiger Tod, der sein Leben nicht zufällig beschließt, sondern so folgerichtig zu ihm paßt wie der letzte Akt eines Dramas zu den vorhergehenden. Einen solchen Tod für sinnlos erklären: hieße das nicht, daß auch die vielen ähnlichen Opfertode – ohne die Ebenen zu verwechseln: selbst der eines Christus – unnütz gestorben worden seien? Ist denn der Glaube an das körperlose Weiterwirken des Geistes so gänzlich erloschen?
Wer mit jungen Menschen einfühlend umgeht, weiß, daß kein noch so wohlmeinendes oder beschwörendes Wort an die Kraft heranreicht, mit der sie das vorbehaltlose – auch äußere – Mitgehen des Erziehers gewinnt und überzeugt. Wo dieses Mitgehen nun gar zum Opfertode wird, da erweckt er das Gefühl der Mitschuld und entbindet in jedem Empfänglichen den Drang zur Entsühnung – damit aber auch die schöpferischen Kräfte. Der Wert eines Opfers steigt überdies mit dem Werte dessen, der sich opfert. Unerfindlich bleibt es in diesem Zusammenhang, wie man den letzten Absatz des Glasperlenspiels einfach übersieht oder nicht beachtet und würdigt. Er schildert mit hinreichender Deutlichkeit die Empfindungen Titos, der, am Seeufer sitzend, dem versunkenen Meister nachstarrt: »O weh, dachte er entsetzt, nun bin ich an seinem Tode schuldig! Und erst jetzt, wo kein Stolz

mehr zu wahren und kein Widerstand mehr zu leisten war, spürte er im Weh seines erschrockenen Herzens, wie lieb er diesen Mann schon gehabt hatte. Und indem er sich, trotz allen Einwänden, an des Meisters Tod mitschuldig fühlte, überkam ihn mit heiligem Schauer die Ahnung, daß diese Schuld ihn selbst und sein Leben umgestalten und viel Größeres von ihm fordern werde, als er bisher je von sich verlangt hatte.«
Fernab von allen Rätselfragen, Irrtümern, Resignationen, Selbstbezweiflungen und Scheiterungen endet so das Werk. Es läßt uns nicht ohne Antwort, nicht ohne »Weg zu neuem Aufbau« und nicht »in großer Verlegenheit« zurück. Dies kann nur dem widerfahren, der im Tode des Magisters Ludi einen blinden Zufall sieht, nicht aber das, was er wirklich ist: der Schlüssel zum eigentlichen Geschehen, ein Same zu neuem und gesteigertem Leben. Wem dies verborgen bleibt, der hat allerdings nach einer Äußerung Hesses »das ganze Buch umsonst gelesen«.

(1955)

Karl Schmid
Über Hermann Hesses
»Glasperlenspiel«

Zeichen und Bedeutung

Hermann Hesses großer Roman »Das Glasperlenspiel« ist 1943 erschienen, vier Jahre vor Thomas Manns großem Roman »Doktor Faustus«. Die beiden Werke sind für viele von uns im Gedächtnis eng zusammengerückt, obwohl sie zunächst nur äußerliche Ähnlichkeiten aufzuweisen scheinen, so etwa, daß der »Doktor Faustus« den Untertitel trägt »Das Leben des deutschen Tonsetzers Adrian Leverkühn, erzählt von einem Freunde«; das »Glasperlenspiel« aber wird bezeichnet als »Versuch einer Lebensbeschreibung des Magister Ludi Josef Knecht samt Knechts hinterlassenen Schriften, herausgegeben von Hermann Hesse«. Wichtiger als Anklänge solcher Art sind aber Gegenläufigkeiten des künstlerischen Temperaments, der Stimmung, der Formung, die uns von einem gewissen Augenblicke des Nachdenkens an jeden der beiden Romane als Schatten und Spiegelbild des anderen erscheinen lassen. Die eigentliche Entstehungszeit der beiden Werke, die Zeit der deutschen und europäischen Katastrophe im Zweiten Weltkrieg, ist für beide Dichter nur der irritierende Ausgangspunkt. Die Katastrophe selber gelangt kaum zur Darstellung; dies, das Abbild zu geben des Unterganges ihrer Zeit, war nicht die Absicht der beiden Siebzigjährigen, von denen der eine in Kalifornien, der andere im Tessin lebte – sie konnten es nicht, sie wollten es nicht.

Thomas Mann holt aus in die Vergangenheit, zu glühender Schattenbeschwörung; vom deutschen Mittelalter, von Luther und der Mystik wird's hergeleitet zur Romantik, zu Beethoven, zu Nietzsche, zur frevelnden Genialität Leverkühns schließlich. Da gewinnt die Geschichte Transparenz, und im Flusse der deutschen Jahrhunderte werden die ewig gleichen Riffe sichtbar, an denen sich die europäischen Abläufe brachen. Das Ende, die Gegenwart, ist Katarakt, Einsamkeit und Verzweiflung. So gibt der analytische »Doktor Faustus« eine geschichtlich-psychologische Antwort auf die Frage »Wie kam's?« Das ist eine Pathographie, die Geschichte einer Erkrankung.

Hermann Hesse im »Glasperlenspiel« geht umgekehrt in die Jahrhunderte nach unserer Zeit hinein; ihn fragt die Gegenwart: »Wie kann es und wie muß es weitergehen?« Das »Glasperlenspiel« ist ein Zukunftsroman; Josef Knecht lebt im 23. Jahrhundert. Die geistige Welt, für die er steht und die in Kastalien und im Glasperlenspiel ihre Symbole besitzt, verdankt ihre Entstehung einer umfassenden geistigen Gegenbewegung gegen das 19. und 20. Jahrhundert. Wenn im »Faustus« die Epoche seit dem Ende des Mittelalters auf dieses unser 20. Jahrhundert hinläuft, so nimmt das 21. bis 23. Jahrhundert bei Hesse hier seinen Anfang. Der ideelle Keimpunkt zu jener nach rückwärts, dieser nach vorwärts geworfenen Vision ist beide Male das Rätsel der Gegenwart, die Krise unserer Zeit; durch sie hindurch läuft die Symmetrieachse der beiden sozusagen spiegelbildlichen Romane.

Als Dichter erblicken Thomas Mann und Hermann Hesse das entscheidende Symptom für das Wesen der geschichtlichen Abläufe im jeweiligen Verhältnis des schöpferischen Geistes zur Materie des Lebens; das Gesamt der Geschichte wird am Symbol des geistig-schöpferischen Menschen erfahren. Daß diese symbolischen Träger vergangener und künftiger deutscher Geistes- und Seelengeschichte, Leverkühn und Josef Knecht, beide der

Musik zuzuordnen sind, daß das innere Gesetz von Krankheit und Heilung der Zeit sich für Mann und Hesse im Schicksal und in der Sprache der Musik ausspricht, verbürgt einen weiteren, faszinierenden und zunächst unerklärlichen inneren Zusammenhang von »Faustus« und »Glasperlenspiel«.
Die beiden Romane haben die Zeitgenossen stark bewegt, und schon läßt sich bemerken, daß ihre Symbole sich selbständig machten und ein *autonomes Leben* zu führen begonnen haben, abgelöst von den Werken, in denen sie geformt wurden, und abgelöst von den Dichtern. Das läßt immer darauf schließen, daß dem scheinbar privaten Geschöpf des Dichters in der Seele der Zeitgenossenschaft die Stelle bereitet war, daß das Neu-Geschaffene auf Alt-Vorhandenes traf. Im Falle Leverkühns ist das nicht erstaunlich. Thomas Mann hat ihn, der das Absolute vermessenerweise herabzwingen will, bewußt mit Zügen Nietzsches ausgestattet und in die Nähe der urdeutschen Faust-Gestalt gerückt. Das *trägt* Leverkühn nun, und wo Faust aufgeistert, geistert auch der »Faustus« mit, und Leverkühn. Auf Josef Knecht trifft solches nicht zu. Nicht daß es das Gefühl und eine gewisse Bereitschaft für die hochdiszipliniert-esoterischen Formen der Kultur, wie der Spielmeister Knecht sie übt, in Deutschland überhaupt nicht gäbe. Die Faszination, die der französische Geist und gelegentlich auch die römische und indische Kulturwelt auf den deutschen Menschen ausüben, zeugt immer wieder von der unbewußten Bereitschaft zu solch fremden Erfahrungen. Aber wir vermögen innerhalb der deutschen Welt selbst keine geschichtliche Gestalt zu erkennen, die solch geometrische Geistigkeit an sich und in Reinheit verkörpern würde und eine gegenwärtige, die Gegenwart prägende Gestalt wäre. Andernorts ist Ignatius von Loyola zu nennen, oder Spinoza, oder Leonardo da Vinci, oder Descartes, oder Pascal. In diese Richtung ist Deutschland nur mit Wenigem vorgestoßen, am weitesten mit Johann Sebastian Bachs »Kunst der Fuge«; Leibniz ist nie ins Licht des breiteren Bildungsbewußtseins getreten. Der Spielmeister Josef Knecht hat keine bildkräftigen deutschen Vorläufer und Ahnen wie der faustische Adrian Leverkühn. Und nicht er ist es auch, der über die Grenzen des Buches ins Bewußtsein seiner Zeit eingegangen wäre, sondern das Glasperlenspiel selber. Diesem Worte begegnet man heute – da ist etwa vom Glasperlenspiel der Literaten oder der Musiker oder der Maler die Rede

– auch bei Menschen, die es kaum aus dem so benannten Romane selbst bezogen haben. Es schwebt frei, es ist zur Hand; Hermann Hesse und sein Werk haben keinen Einfluß mehr darauf. Es ist anonym geworden wie »l'art pour l'art«, wie der »Elfenbeinturm« der Geistigen, wie »apollinisch« (gegen dionysisch), wie »Jenseits von Gut und Böse« und manche andere ähnliche Formel mehr: alles Ausdrücke, die für den unbedachten Gebrauch eine lichte, aber etwas dünnluftige geistig-künstlerische Welt bezeichnen, eine spielerisch-harmonische Traumsphäre ohne eigentliche Verbindlichkeit, ohne letzten Ernst, »zu schön, um wahr zu sein«. *Hier* ist das Wort »Glasperlenspiel« angeschossen – was nur *Spiel* heißt, bewegt innerhalb der deutschen Sprache nur Vorhänge, aber Tore vermag es nicht zu öffnen...

In Hermann Hesses Sinn ist das offenbar nicht. Die Art, wie die Zeitgenossen diese ganz neue symbolische Formel zur Hand nahmen und verwenden, sagt über die Zeitlage und die Nation mehr aus als über Hesse. Der gute Kenner des Romans könnte nun ja einwerfen, Josef Knecht lege am Ende seines Lebens doch wirklich sein spielmeisterliches Amt nieder, aus der Überzeugung heraus, daß der Geist aus seiner Glasperlenspiel-Klausur herauszutreten und in die Wirklichkeit hinauszuwirken habe; Hesse selber rücke also kritisch vom Glasperlenspieler ab. Aber das erlaubt diese generelle Umdeutung des Glasperlenspiel-Zeichens ins Spielerisch-Leichtfertige nun doch keineswegs. Daß die platte Unbedachtheit in ihren ersten Instinkten mit der Weisheit letztem Schluß zusammenfällt, macht sie selber noch nicht weise. Wer von Anfang an Dämme baut, ist deswegen noch kein alter Faust – wer das Glasperlenspiel von vornherein verwirft, deswegen nicht klüger als Hesse und der unsichtbare Orden, der eine diszipliniert-asketische Phase der Kultur nun für fällig hält. Diese völlige Verkennung der kultur-disziplinierenden Funktion des Glasperlenspiels, seiner harten geistigen Kraft, ist ein Symptom für bedenkliche Neigungen unserer Zeit; das Erste, was über den Roman »Glasperlenspiel« zu sagen ist, muß infolgedessen der Hinweis auf die ganz andere Intention sein, die Hermann Hesse und der Orden mit diesen Exerzitien verfolgen.

Nach seiner utopischen Geschichtsschreibung folgt auf den das 19. und 20. Jahrhundert kennzeichnenden extensiven, aber inbildlosen kulturellen Betrieb, den er mit dem vielleicht etwas zu spitzigen Namen des »Feuilletonismus« versieht, als heilende

Gegenbewegung eine Zeit der geistigen Askese, der strengen Auswahl übungswürdiger Wissenschaften und Künste, der klösterlichen Abscheidung der Gelehrten und Künstler von der Menge, der objektiven und subjektiven Konzentration also. Symbol dieser objektiv-kulturellen und subjektiv-seelischen Konzentration ist das Glasperlenspiel: die meditative Befassung mit den Essenzien der bisherigen Weltkultur, der geschichtlich zerstreuten Perlen der geistigen Entwicklung unseres Geschlechtes, die für die Spielübung durch die Glasperlenzeichen vertreten sind. Es geht in dieser nächsten Phase der Geistesgeschichte also nicht um objektive Mehrung, sondern um die subjektive Läuterung der geistigen Besitztümer der Menschheit. Aufgabe der Geistigen ist auch nicht die Vermittlung, hieße: die weitere Zerstreuung des Erbes, sondern seine Disziplinierung. Die in unserem feuilletonistischen Zeitalter in chaotischer Fülle anfallenden geistigen Schätze der Vergangenheit sind jetzt – nach Hesses Fabel würde das für einige Generationen zutreffen – durch eine ordensmäßig strukturierte Minderheit recht eigentlich in ihrem innersten Wesen zu integrieren, heißt: der Selbstwerdung dienstbar zu machen; nur über einen solchen entsagenden Orden von Mittlern kann ihre Strahlungskraft wiederhergestellt werden. Die inflatorische Wort- und Papierflut unseres heutigen Bildungsbetriebes ist nicht aufzuhalten; das kann sich nur vollends totlaufen. Eine neue kulturelle Währung, die geistig »gedeckt« wäre, ist allein in klösterlicher Disziplin zu schaffen. Die Goldkörner, die der Strom der Menschheitsgeschichte mit sich führte, müssen gesammelt und gereinigt werden. Sie sind in Wenigen als in Tiegeln einzuschmelzen, und nur Meditation stellt ihren Karat fest. Dann mag – und diesem Übermorgen ist der letzte Abschnitt des Romans gewidmet – wieder der Augenblick kommen, wo das Glasperlenspiel den Charakter des Notwendigen verlöre, wo die abgeschiedene Hortung und Pflege der Kultur zum Selbstzwecke, wo Kastalien zum Gefängnis und der Orden der Glasperlenspieler zur unfruchtbaren Sekte würde. Dann hat Josef Knecht, der in den Orden ging, um dem Geiste zu dienen, ihn wieder zu verlassen um des Dienstes am Leben willen.

Das wäre so etwa die geistige Formel, die in diesem eigentümlichen Roman verschlüsselt ist. Das »Glasperlenspiel« liegt nicht hinter uns, sondern *vor* unserer Zeit: als Aufgabe, als nächste Stufe, als das große, heilsame Ganz-Andere. Über diese Diagnose der Zeit und die therapeutische Anempfehlung des Asketisch-Meditativen geht die unbedachte Aneignung des Wortes »Glasperlenspiel« stillschweigend hinweg. Aber sie darf sich dabei nicht zu Recht auf jene letzte Erkenntnis berufen, daß das Leben nicht nur des Geistes bedarf, sondern auch der Geist auf das Leben hingeordnet ist. Daß der Geist dem Leben dienstbar werde, ist an die Voraussetzung geknüpft, daß er sich als Geist treu bleibe, ja erst wiederfinde. In der heutigen Inflation der Kultur vermag er das nicht. Darum Kastalien – darum das strenge symbolische Exerzitium des Glasperlenspiels.

Man ahnt, daß in diesem Hesseschen Alterswerke nicht nur die Summe der Zeit, sondern auch die Summe seiner Selbsterkenntnis gezogen wurde. Davon soll in den nächsten beiden Abschnitten die Rede sein: einmal von dem subjektiven Sinne dieses Werkes für Hermann Hesse selber und der Frage, wie weit solch private Mythologie für uns Verbindlichkeit gewinne, und sodann von dem objektiven Sinne der Hesseschen Vision, der Frage also nach dem Verhältnis von Geist und Leben, Seele und Kultur.

Das Glasperlenspiel in Hesses Leben

Man braucht kein besonderer Kenner von Hermann Hesses Werk zu sein, um gleich zu spüren, daß die Welt des Glasperlenspieles nicht unverbunden neben derjenigen des früheren Hesse steht. Wenn uns hier, im Kastalien des Glasperlenspiels, eine organisierte Geistesprovinz begegnet, aus welcher alle weltlichen Versuchungen und Strebungen ausgeklammert sind, so zeigt diese unverkennbar die Züge jenes *Klosters,* das im Leben Hesses eine so große Rolle spielte. Unter vielen Namen ist Narziß im Kloster zu Hause; unter vielen Namen bricht Goldmund aus ihm in die Welt aus. So steht auch im »Glasperlenspiel« neben dem klösterlichen Josef Knecht sein Freund Plinio Designori, der Welttätige. Da ist nicht Feindschaft und Unverständnis zwischen ihnen, wie zwischen Tasso und Antonio; Narziß und Goldmund, Knecht und Designori lieben sich. Die *Spannung zwischen Geist und Leben* ist für Hesse nie eine Hölle gewesen; nie bestimmt Verachtung des einen für den anderen das Verhältnis. Vollends im »Glasperlenspiel« nicht: der gealterte Designori träumt welttraurig nach Kastalien zurück, und um dem Weltkind Tito, Designoris Sohn, zu dienen, bricht Josef Knecht schließlich auf. Hes-

ses ganzes menschliches und künstlerisches Dasein verwirklicht sich im Raume dieser Spannung. Er hat sie als christliche Spannung früh erfahren, er hat sie als romantische Spannung ausgekostet und genossen; immer sehnt sich das Leben aus seiner Wirrnis in die Geistes-Lauterkeit hinüber, immer das Geistig-Einsame in den dunkeln Schoß des Lebens zurück. Solch polare Daseinserfahrung unter doppeltem Zeichen: unter dem Mutterzeichen des dunkeln Lebens und unter dem Vaterzeichen des lichten Geistes, hat große Ahnen- und Verwandtschaft im deutschen Geistes- und Seelenleben. Die Romantik ist getränkt von diesen Säften: Schopenhauer und Novalis, später dann Nietzsche und Wagner, nochmals eine Generation hinauf Thomas Mann, Leopold Ziegler und andere mehr. Wenn die christlichen Transzendierungen und humanistischen Schlichtungen dieser psychologischen und metaphysischen Spannung ausfallen, richtet sich der europäische Blick etwa nach dem Osten; Hesse hat sich um das Indische nicht anders bemüht als die Romantik vor ihm auch schon. Die für ihn entscheidenden Stufen der Bewältigung freilich fand er bei den romantischen Ahnen nicht vor: die Tiefenpsychologie nicht, und nicht China. Die Tiefenpsychologie zwang ihn, die Geist-Trieb-Beziehung, die sich so leicht ästhetisieren und romantisch genießen läßt, in ihrer Abgrundhaftigkeit zu erfahren; davon zeugen Demian und Steppenwolf. Nur aus der voll erkannten, anerkannten Dissonanz des Lebens geht menschliche Harmonie als Würdiges hervor; sonst ist sie fad und platt. China aber wurde ihm zur »Zuflucht«, wie er einmal sagt, weil dort, was im deutsch-romantischen Felde meistens in unbehausten Doppelprojektionen von Kreuz und Blume, Seele und Welt geistert, zur Ganzheit und Weisheit zusammengedacht und zusammengelebt sich findet.
Die Tiefenpsychologie und das chinesische Erlebnis haben den Grund von Hesses Wesen nicht aufgehoben, aber sie haben den Charakter dieser Geist-Seele-, Geist-Leben-Spannung *verwandelt*. Das »Glasperlenspiel« ist nur bedingt mehr ein romantisches Werk zu nennen. Die Subjektivität des Romantischen dominiert nicht mehr. Nicht Josef Knecht und Plinio Designori sind wichtig, sondern Kastalien und die außerkastalische Welt. Es geht nicht mehr um die beiden psychologischen Typen des Introvertierten, der immer zurück will, und des Weltverfallenen, der immer in der Versuchung steht. Bezeichnend für dieses Verlassen der romantisch-psychologischen Gründe ist, daß die erotischen

Motive fehlen. Die jetzige Formulierung der Polarität – Kastalien gegen die Welt, Glasperlenspiel gegen Feuilletonismus – hat nichts mehr zu tun mit jenem Gegenüber von Keuschheit und Sinnlichkeit, das dem jungen Hesse so zu schaffen machte.
So sicher also die Klostermauer, die noch jetzt die beiden Welten der Welt voneinander scheidet, aus denselben Steinen gefügt ist wie alle jene früheren Klostermauern in Hesses Werk, so sicher ihre Zinnen und Tore die gleichen sind wie bei Novalis und Brentano, Caspar David Friedrich und Moritz von Schwind, so sicher hat der alte Hesse doch die Stufe des selig-sinnlichen Genusses der Zweiheit von Heimat und Ferne nun hinter sich gelassen. Das romantische Narziß-Goldmund-Motiv ist seit Eichendorff und immer unerschöpflich. Im »Glasperlenspiel« aber wird die magische Spannung durch eine definitive *Struktur* ersetzt, das seelische Schaukel- und Gaukelspiel durch eine höhere Polarität. Die Faszination der Bewegung, der Sehnsüchte und Triebe, weicht dem Bekenntnis zu dem Zeitlosen, das dahinter steht.
Was die Spätromantik des ausgehenden 19. Jahrhunderts kennzeichnet, ist ihre Strukturlosigkeit; es ist Welt ohne Transzendenz. Welt der Neigungen und Faszinationen, Welt der Irritierbarkeit und differenzierten Sinnlichkeit – das Pendel schwingt, aber wir wissen nicht, wo es befestigt ist. In der deutschen Romantik, die dieser Lebensform den Namen gegeben hat, war die christliche Heimat noch unverloren und der Weg zurück immer offen. Was in Hesses »Glasperlenspiel« vorliegt, muß vor diesem Hintergrund gesehen werden. Nun wird, hinter aller Seelenschwingung, hinter aller Polarität von Geist und Leben wieder eine solche unzerstörbare Welt errichtet, nicht primär aus den Elementen der christlichen Tradition – obwohl ja die Auseinandersetzung mit dem Katholizismus als einem überdauernden Geisteshalt eine große Rolle spielt –, sondern aus der Erfahrung *östlicher Seelenkultur*. Im »Glasperlenspiel« kommt der Mensch Hesse zu sich, in einem damit, daß der von hier aus gesehen »heimatlose« Romantiker Hesse sich aufgibt. Ein solches Werk schafft man nur einmal im Leben; es ist von tiefer Folgerichtigkeit, daß alles, was Hesse seither schrieb, im höheren Sinne »nur noch« seelische Handreichung war, menschliche Gebärde, Betrachtung, Brief und Zuspruch.
Wenn wir aber sagen: »nur noch« seelische Handreichung, und nicht mehr großes Kunstwerk, so ist das aus einem Wertsystem

heraus gesprochen, das nun eben für Hesse nicht mehr gilt. Die absolute Erhöhung des Kunstwerks über die Wirklichkeit, die fluoreszierende Antithese von Künstler und Bürger, die klaffende Scheidung von Geist und Leben: das alles sind problematische *Phänomene des Abbaus einer wirklich geistigen Welt,* einer wirklich welthaften Geistigkeit. Die Kastalien- und Glasperlenspiel-Idee paßt nun eben gerade in diese Kategorien nicht mehr hinein. Nicht aus hochmütiger Absonderung verläßt der Geist die Welt und begibt sich nach Kastalien, sondern um der Reinigung willen, daß er seine Kraft wiederherstelle und aus ihr heraus wieder zu strahlen beginne. Das Leben in der antithetischen Spannung von Geist und Wirklichkeit hat zu den westlichen Karikaturen des hybriden Intellektuellen und des weltlosen Bohèmiens geführt. Die Leitgestalt des alten Hesse aber ist der chinesische Weise, der aus der weltlos-weltreichsten Gänze und Innigkeit seines Selbst heraus den anderen hift. Nur noch lehrt und hilft. Dieser Selbstwerdung dient die Übung des Glasperlenspiels. Sie ist auch eine Art von Alchemie – C. G. Jung hat die Identität von alchemistischer Praxis und Selbst-Intention nachgewiesen –, aber nicht eine Alchemie der Natur, sondern eine der Kultur, ein alchemistisches Spiel mit den Extrakten der Kultur. Um die Anverwandlung der stärksten und reinsten Essenzen und Wesenheiten des Westens und des Ostens geht es Hesse seit Jahrzehnten. Das hat er in Kastalien und in der geheimen Übung des Glasperlenspiels symbolisiert. Das mayahafte Schleierglück der schönen Künste soll ihn und soll unsere Zeit nicht mehr verführen. Nur was die Seele in ihrer Kristallhaftigkeit, in ihrer Ganzheit aufleuchten läßt, ist menschenwürdig und geisteswürdig. Um die *Aufheiterung der Seele* in solch höchstem Sinne geht es dem alten Hermann Hesse; sie ist erst möglich, wenn die Sintflut der nur intellektuellen Aufklärung abgeflossen ist.

Das ist der subjektive Sinn des Glasperlenspiels für Hermann Hesse: daß hinter der Zeitlichkeit und Weltlichkeit die eine, letzte und erste Menschenaufgabe aufstrahlt: *sich selbst zu finden.* Für diesen einfachsten Richtpunkt hat ihn ganz ohne Zweifel der Osten sehend gemacht; auf ihn vereinigt er alle Lumina, die er in Geschichte und Kultur findet, ihm haben sie alle zu dienen. Solch äußerste Introversion ist aber nicht mehr narzißtischer Selbstgenuß; sie ist auch äußerstes Weltgefühl. Mit keinem anderen führt Josef Knecht fruchtbarere Gespräche als mit dem Pater

Jakobus, zu dem Jacob Burckhardt Modell stand: als der geschichts- und wirklichkeitsreiche Geistige, der in seinen »Weltgeschichtlichen Betrachtungen« so etwas wie ein Glasperlenspiel der Weltgeschichte dargeboten hat.

Dieses Licht aus dem Osten nun ist ins Spektrum des Romans »Glasperlenspiel« aufgebrochen, der an einem esoterischen und doch weltlichen Bilde zeigen soll, wie der Geist aus seiner Zerstreutheit in der objektiven Kultur in den Schoß der Seele zurückgenommen wird, um neu geboren zu werden, strahlend, seelenkräftig und gut.

Die alte Doppelheit von egozentrischer Intellektualität und haltlosem Verfallensein an die Verlockungen der sinnlichen Welt geht in einer höheren Vision von Geistigkeit auf. Nur der Intellekt – und es gibt auch einen ästhetischen Intellekt – steht dem Leben fremd und feindlich gegenüber. Geist aber und Leben sind aufeinander hingeschaffen. Die ausweglos in Spirituelles und Materielles auseinanderklaffende Welt wird *ganz,* wenn die Seele des Menschen ganz wird. Wer sich selbst findet, findet das Geistige in der Welt, findet im Geistigen das Irdisch-Ganze.

Entmythologisierung

Nun hat Hesse diese Weisheit aber nicht in der Form einer esoterischen Anweisung »Wie finde ich mich als Geistiger? Wie finde ich mich als Geistiger in dieser Zeit zurecht?« dargestellt. Der Roman handelt primär nicht von Psychologie, sondern von der Kultur, von verschiedenen tatsächlichen und möglichen Erscheinungsweisen der Kultur. Was wesentlich innerseelischer Vorgang ist, ist im Freskostil an die leeren Wände der Zukunft hinausprojiziert. Seine äußere Struktur erhält der Roman von der Gegenüberstellung der kastalischen Zukunftskultur des 23. Jahrhunderts mit dem Feuilletonismus unserer Gegenwart.

Es gibt äußerlich ähnlich utopische Romane, die wesentlich der freien Phantasie entsprungen sind. Meist ist es eine extravertierte Phantasie, die zur zeitgenössischen politischen oder technischen Wirklichkeit die möglichen Steigerungen erfindet; die Linien unserer Zeit werden über den Bildrahmen hinausgezogen, die Zukunft ist phantastisch überhöhte Gegenwart. Bewußt oder unbewußt wäre es das größte Lob für solche Autoren, wenn man in ein paar Jahrhunderten von ihren Romanen sagen dürfte, die Prognosen hätten sich erfüllt; es sei so gekommen.

Man würde Hesse und sein »Glasperlenspiel« wohl ganz falsch verstehen, wenn man ihnen einen solchen prognostischen Ehrgeiz unterschöbe. Das »Glasperlenspiel« steht ohne Zweifel nicht unter dem Zeichen der Prognose, sondern unter dem ganz anderen der Therapie. Und deshalb ist es nicht nur erlaubt, sondern notwendig, in dem Augenblicke, wo wir nach dem objektiven Sinn dieser Vision fragen, von der ganzen utopischen Projektion abzusehen. Wir wollen uns gar nicht weiter um die Details dieser Kastalien- und Glasperlenspiel-Mythologie bemühen, wir wollen dieses 23. Jahrhundert Jahrhundert sein lassen und haben nicht die Absicht, als Glasperlenspiel-Theologen nun die Phantasien und Scherze des alten Dichters im Einzelnen nachzurechnen und peinlich genaue Exegese zu treiben. Es wären das in Hesses Augen wohl ganz ausgesprochen feuilletonistische Beflissenheiten – von völliger Belanglosigkeit.

Holt man das von Hesse in die künftigen Jahrhunderte Ausgefächerte in unsere Zeit zurück, so haben wir eine kritische, pessimistische Diagnose unserer Kultur in der Hand und einen klaren Hinweis darauf, in welcher Richtung nach seiner Einsicht die geistige Entwicklung, die Entwicklung der Geistigen heute gehen sollte. Kastalien als Geistraum, das Glasperlenspiel als Kulturprinzip sind nicht Ereignisse der Zukunft, sondern *Notwendigkeiten der Gegenwart*. Der Feuilletonismus kann überall und augenblicklich überwunden werden. Schlüge die Bekanntschaft mit dieser spielerischen Kastalien-Mythologie bei uns in eine passive Erwartung des künftigen Anbruchs des kastalischen Zeitalters um, so bliebe die Utopie ewig Utopie, und der Roman vom »Glasperlenspiel« hätte die geistige Passivität, den kulturellen Defätismus nur verstärkt.

Was ist, ganz ohne jede Mythologie, der Sinn des Glasperlenspiels, die Formel von Hesses Diagnose und Therapie? Fundamental ist offenbar eine doppelte Einsicht. Erstens: unser 20. Jahrhundert hat in einem einzigartigen Ausmaß die Ergebnisse, die Schätze der objektiven Kultur aus allen Zeiten und aus allen Erdteilen *zu seiner Verfügung*. Geschichtliche und technische Umstände wirken dahin zusammen; in Wort und Ton und Bild ist der europäischen Menschheit von heute an die Hand gegeben, was die tiefsten Denker, die gescheitesten Wissenschaftler, die größten Künstler seit Jahrtausenden in Europa, in Asien und überall gedacht und geschaffen haben. Und auch in einer

weiteren Hinsicht sind die äußeren Bedingungen der Kultur vorteilhafter als je: es steht nicht nur einer begünstigten Aristokratie die Möglichkeit zu solcher Aneignung offen, sondern je länger desto mehr trifft dies auch auf das arbeitende Volk in weitestem Sinne zu.
Mit dem steht nun aber das Zweite in schroffem Widerspruch: diesem ungeheuren Umfang der objektiven Kultur entspricht auf der subjektiven Seite nicht kulturelle Intensität, sondern nur *intellektuelle Ausdehnung*. Ausdehnung in die Breite, in die Ferne, ins Spezielle; es ist da ein energischer Intellekt am Werke, der sich offenbar nur zentrifugal auswirken kann, aber immer von der Mitte und dem Schwerpunkt wegblickt und wegrast. Gesteigert worden ist in solch alexandrinischer Inflationszeit nur die Intellektualität und das wahrnehmende Bewußtsein, nicht aber die Kultur und die seelische Ganzheit. Der Scheinwerfer dieser intellektuellen Aufklärung vermag alles zu belichten, nur nicht sich selber. Im Gegenteil: es ist als ob diese Aneignung des Äußeren alle seelische Substanz an sich zöge; die Tiefe der Person aber bleibt im Unerhellten, und die primitivsten Fasqnationen haben freies Spiel. Je höher der intellektuelle Verschleiß ist, je umfassender die wissenschaftliche Systematisierung der äußeren Welt und je großartiger die sogenannten Einblicke in Natur und Kultur, um so verschlissener, chaotischer und strukturloser wird das Innere des Menschen. Es ist, als hätte dieser Mensch alle Elemente der Ordnung und Einsicht nach außen getragen, vor das Haus seiner selbst hinaus; nun sind seine Zimmer leer, und die Ratten der Sinnlosigkeit huschen herauf und fallen einander an. Hier hat das einzusetzen, was Hesse mit dem Glasperlenspiel meint. Die Frage lautet: »Wie wird Kultur wieder sinnvoll?« Heißt: »Wie wird Kultur subjektiv?« Offenbar ist es für unsere westliche Kultur kennzeichnend, daß sie nur sich selbst als einem Objektiven zugutekommt, nicht aber dem sie tragenden Menschen. Nach Hesse müssen die korrigierenden Leitworte heißen: *Askese und Meditation.* Sie strahlen ihm nicht primär in der europäischen Seelengeschichte auf, wo sie, als dunkle Lichter, gelegentlich auch zu finden sind, sondern im Osten, in Indien und China, der für uns eindrücklichsten Heimat aller Theorien und Praktiken seelischer Kultur.
Es ist aber mit Nachdruck darauf hinzuweisen, daß Hesses Rezept nicht auf den Import östlicher Drogen des Quietismus und

der Weltabwendung ausgestellt ist; das wäre nun freilich utopisch und enthöbe seine Aussage aller ernsthaften Verbindlichkeit. Die rückläufige Missionierung des Westens vom Osten her ist als psychologisches Unternehmen gleich fragwürdig wie die forcierte Applikation westlicher Kulturformen auf Asien oder Afrika. Askese, richtig verstanden, meint nicht eine dem westlichen Menschen wohl nicht gemäße Enthaltsamkeit von weltlichem Tun, sondern Befreiung von der Faszination der Leistung, Freiheit von der Magie, nur das Äußere mehren und auf meßbare Resultate seines Lebens allein hingewiesen sein zu müssen. So schafft Askese die Möglichkeit, die Energien zurückzunehmen und – nicht nur, aber auch – in der anderen Richtung, derjenigen nach innen, anzusetzen. Das ist in Hesses Mythologie *Kastalien*. Meditation, richtig verstanden, meint nicht einen asozialen, sublimen Egoismus, der von dem Zwecke der persönlichen Erweckung und Erhöhung alleinig beherrscht wäre, sondern die von allen äußeren und intellektuellen Dominanzen befreite, betrachtende Bedenkung seiner selbst. Meditation soll das Verhältnis zur vorgefundenen objektiven Kultur bestimmen. Die erloschenen Lichter der Jahrhunderte und Jahrtausende leuchten nur auf, wenn der einzelne meditativ für ihre Symbolik wieder sehend wird. Die Seele wird vom diffusen Lichte des Wissens um die objektive Kultur nicht belichtet; ich kann den photographischen Film nicht einfach auf den Tisch legen, wenn ich ein Bild erhalten will. Nur was durch die Linse der Meditation in ihre Camera obscura eintritt, schafft das bleibende, wirkende Bild. Das ist in Hesses Mythologie die Wirkungsform des *Glasperlenspiels*. Die unermeßliche Ausdehnung unserer objektiven Kultur muß im Zauberbade der einzelnen wieder ausdehnungslose Qualität werden, um wieder lebendig sein zu können. Das geschieht in der meditativen Befassung mit dem Glasperlenspiel und ist die Aufgabe der Kastalier: der Dichter, der Künstler, der Weisen und der Lehrer. Der höchste unter ihnen ist der Lehrer; in ihm wird das Innen wieder zum Außen, der subjektive Gewinn zur objektiven Strahlung. In dem Maße, als auch der Weise und Künstler Lehrer ist, entsühnt er seine Einsamkeit und das, was als die Lieblosigkeit Kastaliens, dieser Not- und Übergangsform der Kultur, erscheinen muß.

Das wäre wohl so etwa der entmythologisierte Sinn von Hesses »Glasperlenspiel«-Vision. Er ist zu bedenken; als selbstgenügsames Altersspiel eines in den Osten Verliebten darf das nicht abgetan werden. Der Roman vom »Glasperlenspiel« ist ein durch und durch europäisches, westliches Werk und keine Morgenlandfahrt eines Europamüden. Daß ein deutscher und europäischer Roman von so hoher Absicht heute die Gegenkräfte zu den rasenden Fortschritts-Abläufen des Westens im alten Osten aufzeigt, überrascht nicht. Martin Bubers, Richard Wilhelms, Carl Gustav Jungs und vieler anderer Wirkung in die Zeit entspricht der geichen Konstellation, bis hinunter zur Yoga-Mode. Bloße Fasziniertheit durch den Osten ist gefährlich; sie verwirrt, statt zu helfen. Von tiefer Richtigkeit aber ist die sich immer mehr verbreitende Ahnung, daß der Westen auf seine Art durch ihm gemäße Formen der Enthaltsamkeit und Verinnerlichung die Waage zwischen Seele und Außenwelt wieder ins Gleichgewicht rücken müsse, deren Balken so gefährlich gegen das Außen geneigt ist. Der chinesische Weise vollzieht das Geheimnis der Vereinigung von Seele und Welt in Weltabgeschiedenheit. Daß der westliche Mensch das Mysterium coniunctionis von Seele und Kultur in der Weltfülle, in den Fluten des Wissens, Wirkens und der Geschichte vollziehen müßte, macht es nicht leichter. Kein Wunder, daß Hesse, der Dichter, der auf Gestaltbares hingewiesen ist, seinen Roman erst dort einsetzen läßt, wo Kastalien schon steht und das Glasperlenspiel schon gelehrt werden kann. Es kann in Wirklichkeit nicht gelehrt, es muß versucht werden. Das ist die Lehre dieses tiefen Werkes, in das das Leben eines großen Dichters mündete.

(1956)

Karl Fehr
Gedanken zum Glasperlenspiel

Die Gestalt Josef Knechts und das Wesen des Glasperlenspiels haben den Dichter Hermann Hesse wohl mindestens ein Jahrzehnt lang aufs stärkste beschäftigt, und die Niederschrift des Buches erstreckte sich etwa von der Zeit von Hitlers Machtübernahme bis zum Erscheinungsjahr 1943. Wenn wir dies bedenken, dann darf wohl gesagt werden: das Buch vom Glasperlenspiel ist eine heroische Leistung, der leidenden Seele und dem leidenden Geiste in einer Zeit der Gewalt und der Schrecken abgerungen.

Es ist die Frucht einer geistigen Konzentration, die Hesse wohl seinem Studium der geistigen Techniken des Ostens verdankt. Wir dürfen aber auch darauf hinweisen, daß gerade dieses Buch ohne die Ordnung und Freiheit, die sich die Schweiz in jenen Jahren zu sichern vermochte, vielleicht nicht hätte entstehen können?

Das Buch als Ganzes ist ein großes Spiel, und der Dichter selbst hatte, von Stufe zu Stufe »transzendierend«, hier eine geistige Stufe erreicht, die wir eine Spielsituation nennen dürfen. Es gilt, sich an jene Höhepunkte des Menschen Hesse zu erinnern, wo er jeweils aus einer unerträglichen Situation heraus sich zu einer neuen Stufe emporschwingt und nun, eine kurze Zeit nur im labilen Gleichgewicht, in spielerischer Schwebe die Ekstase erlebt. Dieses Dasein in schöpferischer Ekstase hat schon der junge Hesse in der Musikernovelle »Gertrud« dargestellt; einen ekstatischen Höhepunkt stellt ferner die Novelle »Klingsors letzter Sommer« dar: ein Leben endet in schöpferischer Glut, nachdem es selbst über sich hinausgetreten ist, und Siddhartha, dieser Mann, der die letzte Tiefe der Weisheit erreicht hat, beschließt sein Leben beim alten Fährmann, losgelöst von all den irdischen Beziehungen und Verpflichtungen. Was ihn zutiefst ergriffen und sein Leben bestimmte, fällt von ihm ab; er verbringt seine letzten Tage in kummerloser, aber auch beziehungsloser Heiterkeit, er schwebt über den Dingen. In einem Zwischenreich zwischen Diesseits und Jenseits zu sein und nicht mehr zu leben, gelöst zu sein von Leidenschaft und Leiden, das sind Zustände, die der an der Welt leidende Dichter immer wieder anstrebte. Je mehr er körperlich und seelisch litt, um so mehr mußte er sich sehnen nach einem Zustande der Erlöstheit. Was in seinen Jugendwerken als romantische Verspieltheit in Erscheinung tritt, das läutert sich später zu seiner Sehnsucht nach einem Dasein im Spielerischen. Denn im Spiel liegt vor allem Freiheit; wer spielt, ist in der Zeit seines Spiels erlöst von Bindungen und Verpflichtungen, und je schwerer ein Mensch an Bindungen und inneren Verpflichtungen leidet, um so mehr wird er sich sehnen nach der Erlöstheit im Spiel. Einen spielerischen Zustand erreichen heißt einen Zustand beglückender Erlöstheit erreichen, einen Zustand in freier Schwebe zwischen Erdgebundenheit und seliger Jenseitigkeit.

Vor Ausbruch des Zweiten Weltkrieges hat Johan Huizinga sein Buch »Homo ludens« veröffentlicht, worin er den Nachweis er-

bringt, daß jede große schöpferische Leistung eine Frucht des spielenden Menschen, daß mit andern Worten die spielerische Freiheit und Gelöstheit die unbedingte Voraussetzung alles schöpferischen Tuns sei. Ein Kunstwerk muß, wenn es gerundet und geklärt, wenn es nicht tendenziös gerichtet und gefärbt sein soll, in diesem Zustand völliger Freiheit gediehen sein. Und tatsächlich sind die Zeiten großer Kulturleistungen Zeiten, in denen die geistige Freiheit und Unabhängigkeit einen hohen Stand, eine Art Spielsituation erreicht haben. Derselbe Huizinga hat schon in seinem 1935 erschienenen Buch »Im Schatten von morgen« einen neuen Menschentypus postuliert, der fähig wäre, die Menschheit aus ihrer Verrohung und Verelendung hinauszuführen. Dieser neue Menschentypus sollte einen Weg der Katharsis beschreiten. Es werde eine neue Askese, eine neue geistige Haltung nötig sein: »Die neue Askese wird eine Askese sein nicht der Weltverleugnung und um des himmlischen Heiles willen, sondern der Selbstbeherrschung und der gemäßigten Schätzung von Macht und Genuß... Die neue Askese wird eine Hingabe sein müssen, Hingabe an das, was als das Höchste zu denken ist. Das kann weder Staat noch Volk noch Klasse sein, ebensowenig wie das eigene, persönliche Dasein.« Was hier ein Kulturwissenschaftler fordert, das hat Hermann Hesse im dichterischen Bilde des Kastalischen Ordens künstlerisch gestaltet. Die Elite von Kastalien und die Gestalt Josef Knechts sind die Träger solch neuen Geistes.
Wenn wir aber die spielerische Freiheit in solcher Weise als ein menschliches Grundziel erkennen, so ist damit dargetan, daß der Traum von einem universalen Spiel ein ewig menschlicher Traum ist, und daß Hesses Buch vom Glasperlenspiel kein abseitiges Buch ist, sondern eine schlummernde allgemeine Sehnsucht der Menschheit zu neuem Leben erweckt.
Die Idee des Glasperlenspiels ist bei Hesse langsam herangereift. Die erste untrügliche Vorstufe findet sich im »Steppenwolf«. Der Steppenwolf Harry Haller wird am Schlusse in einen Traumzustand, in ein »Magisches Theater«, versetzt, in welchem alles in alles verwandelbar erscheint. Er weiß, daß er plötzlich »alle hunderttausend Figuren des Lebensspiels in seiner Tasche hat«, und indem er erschüttert den Sinn dieser Lebenswirrnisse ahnt, ist er gewillt, »das Spiel nochmals zu beginnen, seine Qualen nochmals zu kosten, vor seinem Unsinn nochmals zu schaudern, die Hölle

meines Innern nochmals und noch oft zu durchwandern«. »Einmal«, heißt es am Schlusse des Buches, »würde ich das Figurenspiel besser spielen.« So nimmt der Dichter dieses Figurenspiel, das er einst spielen wird, voraus. Doch welche Distanz zwischen dem »Steppenwolf« und dem »Glasperlenspiel«! Wenn irgendwo, so müssen wir hier von einem intensiven Reifungsprozeß reden. Von diesem Reifungsprozeß und vom eigentlichen Werdegang des Buches berichtet uns Hesse selber.
In diesem Sinn ist das »Glasperlenspiel« auch weit entfernt von »Narziß und Goldmund«. In »Narziß und Goldmund« ist Hesse noch der Naturromantik verhaftet; beachten wir wohl, daß Narziß und Goldmund noch nicht zu gleichen Rechten nebeneinanderstehen. Das Schicksal Goldmunds ist bewegter, ergreifender und mit größerer Liebe dargestellt als das des Narziß. Wohl stehen da Natur und Geist einander gegenüber, aber noch ist der Geist der Widersacher der Seele. Das Geistige ist das Sublimierte, das Abgeleitete, das Abstrakte und Lebensfremde. Im »Glasperlenspiel« jedoch hat das Geistige die Oberhand gewonnen; das Natürliche und Gefühlsmäßige ist zurückgedrängt worden. Bei aller Poesie, die das Ganze durchweht, strömen nicht Wärme und Gefühl, sondern ein strenges, beinahe wissenschaftlich-objektives Denken entgegen. Es ist daher nicht zufällig, daß die Frauen sozusagen keinen Platz in diesem Buche gefunden haben. Während noch »Narziß und Goldmund« von einem leidenschaftlichen Eros durchweht ist, ist im »Glasperlenspiel« alles Vitale auf das Notwendige zurückgeschraubt, alles Triebhafte, alle Macht des Gefühls erscheint durch die Kraft einer überragenden weisen Vernunft ersetzt. Darin zeigt sich vielleicht am deutlichsten das Alterswerk. Das könnte die Vermutung aufkommen lassen, daß das Buch gewissermaßen aus der Ohnmacht des Alters heraus geschrieben und zu so steilen Höhen hinaufgetrieben worden sei. Allein, wer zu lesen versteht, wird hinter allem eine tiefe, verhaltene Leidenschaft spüren, eben jene Leidenschaft, diesen »hunderttorigen Dom des Geistes« aufzubauen (»Stunden im Garten«, 1935). Damit hat hier der große Individualist und Alleingänger Hesse seine Einsamkeit und Eigenwilligkeit aufgehoben.
Aber wir müssen, um das Verständnis zu mehren, noch einen anderen Blickpunkt wählen. Vielleicht geht uns dabei auch das Wort Glasperlenspiel besser ein. Wenn es nämlich um ein Spiel

mit Glasperlen geht, dann geht es um Wertloses, um nichts, es sei denn um den schönen Schein. Wie die Glasperlen nur einen Scheinwert erhalten durch ihre Ähnlichkeit mit den echten Perlen, so ist alles, was mit dem Glasperlenspiel verbunden ist, ohne Wert und Ertrag in der Welt. Wer Kastalien und der Welt um das Glasperlenspiel zugehört, verzichtet auf allen persönlichen Erfolg in der Welt, verzichtet auf Reichtum, Ehe und gesellschaftliche Stellung. In Kastalien scharen sich somit die Menschen, die um das Wesen alles Geistigen wissen, die wissen, daß der Geist sich nie mit dem Materiellen verbrüdert, daß er nur dort sich entfaltet, wo er frei ist von den Ketten des Raffens, Besitzens und Habens. Aber der Dichter ist realistisch genug, nicht zu übersehen, daß alle geistige Bemühung, daß die Pflege von Musik und Kunst, von Wissenschaft und Forschung ohne die materielle Hilfe nicht auskommt. Die Kastalier können nicht in einem luftleeren Raum ohne Nahrung und Wohnung existieren; darum kehrt Hesse zur Form des Ordens zurück, eines Ordens, der von der Staatsgemeinschaft anerkannt wird und von dort materielle Unterstützung erhält, weil die verantwortlichen Männer des Staates wissen, welche befruchtenden Kräfte aus der Welt Kastaliens in die Gemeinschaft des Volkes zurückströmen. Während aber dieses Volk draußen in demokratischer Weise regiert wird und den Zufälligkeiten des außen- und innenpolitischen Kräftespiels ausgesetzt ist, so herrscht innerhalb der Ordenswelt, wie es dem Sinn und Begriff des Ordens eh und je entspricht, eine strenge und absolute Hierarchie. Hier, in Kastalien, gibt es den Begriff der Freiheit im üblichen Sinne nicht, das Individuum hat nur Sinn im Ganzen der hierarchischen Ordnung. Bindung und Verpflichtung im Orden schließen ohne weiteres persönliche Freiheiten und Willkür aus. Wer ohne diese persönlichen Freiheiten nicht auskommt, hat nicht in wahrem Sinne Anteil am Geiste Kastaliens und wird seinen Weg zurück in die Welt suchen wie jener Plinio Designori, der eine Zeitlang Josef Knechts Weg begleitet.
Der Form nach gibt sich das Buch als eine wissenschaftliche Untersuchung. Gestalt, Werden, Wirken und Ende des Magister Ludi, des Glasperlenspielmeisters, werden auf Grund von Dokumenten und Aufzeichnungen von seiner eigenen Hand und von Zeitgenossen, die in irgendeinem Sinne mit ihm in Verbindung standen, so unvoreingenommen wie möglich dargestellt. Der Bearbeiter und Herausgeber dieser Dokumente befleißigt sich dabei

einer völlig unromantischen, unmystischen Sprache. Alle Glut der Leidenschaft und alle Phantasie erscheint gebändigt und beherrscht und in die Sphäre einer kühlen Objektivität erhoben. Und doch, welche herrliche Poesie strömt aus der Sprache des »Glasperlenspiels«! Davon nur ein kleines Beispiel: »Er erhob sich, ging zum Fenster und blickte nach oben, wo zwischen wehenden Wolken und Streifen eines tiefklaren Nachthimmels zu sehen waren, voll von Sternen. Da er nicht sofort zurückkehrte, stand auch der Gast auf und trat zu ihm ans Fenster. Der Magister stand, nach oben blickend und mit rhythmischen Atemzügen die dünnkühle Luft der Herbstnacht genießend. Er wies mit der Hand zum Himmel. ›Sieh‹, sagte er, ›diese Wolkenlandschaft mit ihren Himmelsstreifen, beim ersten Blick möchte man meinen, die Tiefe sei dort, wo es am dunkelsten ist, aber gleich nimmt man wahr, daß dieses Dunkle und Weiche nur die Wolken sind und daß der Weltraum mit seiner Tiefe erst an den Rändern und Fjorden dieser Wolkengebirge beginnt und ins Unendliche sinkt, darin die Sterne stehen, feierlich und für uns Menschen höchste Sinnbilder der Klarheit und Ordnung. Nicht dort ist die Tiefe der Welt und ihre Geheimnisse, wo die Wolken und die Schwärze sind, die Tiefe ist im Klaren und Heiteren. Wenn ich dich bitten darf: blicke vor dem Schlafengehen noch eine Weile in diese Buchten und Meerengen mit den vielen Sternen und weise die Gedanken und Träume nicht ab, die dir dabei etwa kommen.‹« Daß aber Sinn und Wert des Kastalischen Ordens am Ende durch die Willensentscheidung Josef Knechts und durch sein Schicksal aufgehoben oder doch begrenzt werden, das verleiht dem Buche erst seine dichterische Bedeutung. Ohne sie liefe es Gefahr, zum Lehrbuch einer ideologischen Sekte zu werden; so aber steht es vor uns als eine große utopische Dichtung.

(1957)

Hans Mayer
Hesses ›Glasperlenspiel‹ oder
Die Wiederbegegnung

Die Begegnung

Ein Werk der Kriegszeit, des Alters, der Einsamkeit. Es erschien zuerst im Kriegsjahr 1943 in Zürich. Die von Peter Suhrkamp angestrebte Veröffentlichung in Deutschland war nicht gestattet worden. Die Schweiz war damals eine Insel, von allen Seiten bedroht. Sie mochte dem Schreiber unten im Tessin, der das Glasperlenspiel erfand und die Lebensgeschichte des Spielmeisters Josef Knecht, selbst wie eine Art Kastalien erscheinen im Gegensatz ihrer Neutralität zu den kriegführenden Parteien. In der Tat hat die Kritik bei Erscheinen des Buches sogleich angemerkt, die Landschaften dieses Romans – von gelegentlichen Visionen abgesehen, in denen Hesses schwäbische Heimatlandschaft auftaucht – seien allenthalben eigentlich gut schweizerisch: das Alpenvorland, der Tessin, die Familie Designori könnte in Bern in der Junkerngasse wohnen, Knecht ertrinkt vermutlich in einem Bergsee des Engadin. »Unser Land« heißt es immer wieder im Roman, wenn die Beziehungen zwischen Kastalien und der Außenwelt geschildert werden. Vom »Bundesrat« ist die Rede mit dem Regierungsnamen schweizerischer Eidgenossenschaft. Gleichzeitig helvetisch und altväterisch ist eine Bezeichnung wie »Altmusikmeister«. Die Beziehungen zwischen Kastalien und dem Staatsgebilde, zu dem die pädagogische Provinz gehört, sind offensichtlich den Relationen eines kleinen Staates nachgebildet. Man hat nicht den Eindruck, als müsse ein Angehöriger der obersten Erziehungsbehörde von Kastalien große Entfernungen zurücklegen, wenn er die Provinz inspiziert oder zu Verhandlungen mit der Regierung in die Hauptstadt fährt.

Es kommt hinzu, daß Hermann Hesse in dieser Geschichte, die doch offensichtlich, wie von den Interpreten meist nachgerechnet wird, um das Jahr 2200 spielen soll, nicht bloß die schweizerischen Größenordnungen zugrunde legt, sondern auch den technischen Zustand einer Welt, der bereits überholt war, als das Buch vom Glasperlenspiel entstand. Knecht fährt mit der »Eilpost« zu einer Sitzung. Er hört am »Apparat« den Ablauf einer Preisverleihung, scheint aber offensichtlich im Benediktinerkloster des Paters Jakobus auch in jener – von uns aus gesehen – fernen Zukunftsepoche nicht die Möglichkeit gehabt zu haben, die Waldzeller Zeremonie am Bildschirm betrachten zu können. Eine Utopie mithin in den räumlichen Maßstäben des Kleinstaates, den technischen einer noch keineswegs automatisierten Epoche.

Beim ersten Erscheinen erregte das ›*Glasperlenspiel*‹ sogleich große Aufmerksamkeit. Endlich wieder ein neues Romanwerk Hermann Hesses. Darauf hatte man seit dem Jahre 1930, seit ›*Narziß und Goldmund*‹ warten müssen. Ein Buch hoher geistiger Aktualität. Alle Lebens- und Werkmotive des Dichters – das wurde sogleich von der schweizerischen Kritik erkannt – in neuer Verflechtung. Wieder die Alternative der vita activa und der vita contemplativa; abermals die Freundespaare des klösterlichen Gelehrten und des Weltmannes. Giebenrath und Hermann Heilner aus dem Roman ›*Unterm Rad*‹. Demian und Emil Sinclair. Siddhartha und Govinda. Der Steppenwolf Harry Haller und Pablo. Narziß und Goldmund. Wieder Indien. Sogar die früheren Namen Govinda und Vasudeva kehren anspielungsweise wieder im »Indischen Lebenslauf« des Romans. Vertraute Motive und Charaktere, dennoch in einer durchaus neuen Konstellation. Auch die Beziehungen zu Goethe, zu Wilhelm Meister vor allem, werden sogleich erkannt. Daß bereits die Wahl des Namens Knecht einen Zustand der Einordnung, der geistigen Nachfolge bedeuten sollte, wodurch sich der Verfasser in die Tradition deutscher Bildungsromane zu stellen gedachte, blieb gleichfalls schon bei Erscheinen des Buches nicht unbeachtet. Max Rychner bemerkte sogleich noch einen anderen Kontrapunkt. Nicht bloß Hesse und Goethe, sondern auch Hesse und Hölderlin. Der Tod Josef Knechts in einem Bergsee ist die »Gegenführung des Motivs vom Kratersturz des Empedokles«.

Die eigentliche Laufbahn des Buches jedoch begann drei Jahre nach der ersten Publikation. Der Krieg war zu Ende. Was Hesse noch zu Kriegszeiten als Zukunftszustand dargestellt hatte: Beendigung der Kriegsära, Wiederbesinnung auf geistige Tradition, Gründung der pädagogischen Provinz Kastalien, schien nun, mit den Worten des Buchmottos zu sprechen, »dem Sein und der Möglichkeit des Geborenwerdens um einen Schritt näher geführt« zu sein. Ein Jahr nach Kriegsende erreichte das ›*Glasperlenspiel*‹ seine Leser in Deutschland. Alle Fragen der literari-

schen Bewertung traten einen Augenblick zurück hinter der erregenden geistigen Auseinandersetzung, die Hesses Alterswerk bot und verlangte. Die drei Lebensläufe blieben verhältnismäßig unbeachtet, was Hesse ein wenig betrübte. Auch an törichten Verkennungen war kein Mangel. Die Auswahl aus seinem Briefwechsel zwischen 1946 und 1950, die Hesse im Jahre 1951 herausgab, weiß davon zu berichten. Da muß eine »gelehrte Frau« beruhigt werden, »die mich fragt, warum ich im ›*Glasperlenspiel*‹ nur von Eliteschulen für Männer und nicht für Frauen erzählte«. Eine deutsche, recht unbelehrte Leserin erhält kräftigen Bescheid, als sie die Freundschaft zwischen Hesse und Thomas Mann zu stören und das ›*Glasperlenspiel*‹ gegen den ›*Doktor Faustus*‹ auszuspielen sucht. Viel erörtert wird das Unchristliche, sogar Gegenchristliche des kastalischen Gedankens. In einer Antwort vom 2. August 1949 auf eine briefliche Anfrage vermag Hesse bloß zu erwidern: »Ich habe im ›*Glasperlenspiel*‹ die Welt der humanistischen Geistigkeit dargestellt, die vor den Religionen zwar Respekt hat, aber außerhalb derselben lebt... Mehr als dies habe ich nicht zu geben. Über die Werte und Segnungen der christlichen Religion wird Ihnen jeder Priester und jeder Katechismus mehr sagen, als ich Ihnen sagen könnte.«
Im Mittelpunkt aber aller Auseinandersetzungen bei der ersten Begegnung mit Hesses Roman standen die beiden großen kulturkritischen Traktate des Buches: der Rückblick auf das »feuilletonistische Zeitalter« und das Rundschreiben Josef Knechts an die Ordensbehörde. Beides mußte notwendigerweise bei der ersten Begegnung von allen Lesern und Interpreten absolut genommen werden. Die Relativierung jedoch und partielle Zurücknahme, die Hesse selbst vorgenommen hatte, wurde zunächst übersehen oder gering angeschlagen. Allein bei aller Schärfe dieser kritischen Deutung des Kulturstandes in der bürgerlichen Endzeit (worin Hesses Roman zum Gegenstück der entsprechenden Partien im ›*Doktor Faustus*‹ wird) durfte nicht vergessen werden, daß die Schilderung des feuilletonistischen Zustandes in Form eines historischen Rückblicks erfolgt – und daß die von Knecht in seinem Rundschreiben angekündigte Gefährdung der Beziehungen zwischen kastalischer Welt und staatlicher Wirklichkeit, die sogar zur Abschaffung Kastaliens führen könnte, offenbar nach dem Tode des abdankenden Spielmeisters nicht eintrat und auch, wie das Abschiedsgespräch zwischen Knecht und Alexander er-

kennen läßt, von der Ordensleitung nicht ernsthaft in Rechnung gestellt wurde. Eine doppelte »Zurücknahme« also der akuten und aktuellen Kulturkritik des Buches: vollzogen durch den Vorgriff auf die Zukunft des Jahres 2200. Der Historismus relativierte und entschärfte die Kulturkritik des Zeitgenossen Hesse an zeitgenössischen Zuständen seiner eigenen Zeit, des »feuilletonistischen Zeitalters«. Man erkennt, daß nicht bloß Josef Knecht, sondern auch sein Schöpfer Hermann Hesse, beim Pater Jakobus, bei Jacob Burckhardt, in die Lehre ging.

Dennoch setzte sich bei der ersten Begegnung mit dem Buch, aller dialektischen Spiegelung ungeachtet, die Auseinandersetzung Hesses mit den Zuständen einer Kultur, die in zwei Weltkriege getaumelt war, immer wieder durch. Das »feuilletonistische Zeitalter« trug seinen Namen nach den Feuilletons, die anstelle ernsthafter Beschäftigung mit geistigen und künstlerischen Werten getreten waren. Es kam darauf an, ein schnell genießendes, schnell vergessendes, ahnungsloses und unvorbereitetes Lesepublikum mit kleinen Geschichten zu minutenlanger Zerstreuung zu unterhalten. Nicht auf Kunsterlebnis, Wahrheitsfindung, Belehrung, Erschütterung ging man aus, sondern auf Zerstreuung, Rausch, Ablenkung. Die Künstlerleben und -kämpfe der großen Meister verwandelten sich in eine Fortsetzungsreihe mit pikanten Anekdoten und psychologischen Spielereien. Das feuilletonistische Zeitalter aber war, wie es im ›*Glasperlenspiel*‹ heißt, »eine im besonderen Maße ›bürgerliche‹ und einem weitgehenden Individualismus huldigende Epoche«. Den Künstlern und Gelehrten jener bürgerlichen und individualistischen Spätzeit kam es an »auf raschen und leichten Gelderwerb, auf Ruhm und Ehrungen in der Öffentlichkeit, auf das Lob der Zeitungen, auf Ehen mit Töchtern der Bankiers und Fabrikanten, auf Verwöhnung und Luxus im materiellen Leben«. Aber Hesse ging noch weiter. Er zeigte zugleich, welche Funktion diese Prostitution von Kunst und Wissenschaft in jener Welt des feuilletonistischen Zeitalters für die darin lebenden Menschen zu erfüllen hatte: »Sie lernten mit Ausdauer das Lenken von Automobilen, das Spielen schwieriger Kartenspiele und widmeten sich träumerisch dem Auflösen von Kreuzworträtseln – denn sie standen dem Tode, der Angst, dem Schmerz, dem Hunger beinahe schutzlos gegenüber, von den Kirchen nicht mehr tröstbar, vom Geist unberaten. Sie, die so viele Aufsätze lasen und Vorträge hörten, sie gönnten sich die Zeit und Mühe nicht, sich gegen die Furcht stark zu machen, die Angst vor dem Tode in sich zu bekämpfen, sie lebten zuckend dahin und glaubten an kein Morgen.«

Das alles wurde zwar als Rückblick gegeben, besaß aber für den Leser im Jahre 1946 die verwirrende und keineswegs beruhigende Gewalt einer unmittelbaren Zeitkritik. Die kastalische Welt aber wirkte in Hesses Darstellung nur scheinbar gesichert und abgeklärt, durch Wissenschaft, Kunst und Meditation zur Harmonie gewandelt. Auch sie war gefährdet und wurde auch so geschildert. Hier war die Dialektik aus Zukunft und Gegenwart diesmal in umgekehrter Weise wirksam. Das feuilletonistische Zeitalter schilderte Hesse als unser Zeitgenosse, gleichzeitig aber als historisch überwundenen Zustand. In Knechts Rundschreiben an die Ordensbehörde sprach scheinbar ein Mann aus dem Jahre 2200, der die Epoche des Feuilletonismus nur noch aus Büchern kennt. In Wirklichkeit erhielten wir, aufgeschrieben von unserem Zeitgenossen Hermann Hesse, abermals eine Zeitkritik unserer Gegenwart: eine Darstellung aktueller Konflikte, die nur scheinbar in künftigen Jahrhunderten angesiedelt wurden. Knecht schreibt etwa: »Wir essen unser Brot, benutzen unsre Bibliotheken, bauen unsre Schulen und Archive aus – aber wenn das Volk keine Lust mehr hat, uns dies zu ermöglichen, oder wenn das Land durch Verarmung, Krieg usw. dazu unfähig wird, dann ist es im selben Augenblick mit unsrem Leben und Studieren zu Ende. Daß unser Land sein Kastalien und unsre Kultur eines Tages als einen Luxus werde betrachten, den es sich nicht mehr erlauben könne, ja sogar daß es uns, statt wie bisher gutmütig stolz auf uns zu sein, eines Tages als Schmarotzer und Schädlinge, ja als Irrlehrer und Feinde empfinden werde – das sind die Gefahren, die uns von außen drohen.« Dazu noch: »Hat der heutige Kastalier ein Bewußtsein vom Fundament seiner Existenz, weiß er sich als Blatt, als Blüte, Zweig oder Wurzel einem lebendigen Organismus angehören, ahnt er etwas von den Opfern, die das Volk ihm bringt, indem es ihn ernährt und kleidet und ihm seine Schulung und seine mannigfachen Studien ermöglicht?« Man kann es nicht klarer sagen. Das mag zukünftige kastalische Problematik sein, wie auch immer. Der Leser am Ausgang des Zweiten Weltkriegs mußte es – durchaus zu Recht – als Frage nach den gesellschaftlichen Wurzeln unserer Bildung, auch als Beitrag zur Soziologie der bürgerlichen Intellektuellen betrachten. Die Fragen, die sich, in ferner Zukunft scheinbar, der Spielmeister Josef Knecht stellte, waren gar nicht so fern den *Fragen eines lesenden Arbeiters* in Bertolt Brechts berühmtem Gedicht.

Dies war die erste Begegnung mit dem ›Glasperlenspiel‹. Ein Werk der Kriegszeit, zuerst erschienen in Kriegszeiten in einem von der Vernichtung verschonten kleinen Land, wenige Jahre später gelesen und überdacht von Menschen, die noch einmal davongekommen waren. Im Vordergrund aller Deutung stand die Auseinandersetzung mit Hesses Kulturkritik, die, je nachdem, als utopisch, bürgerlich-humanitär, pessimistisch, beherzigenswert, unzulänglich bezeichnet wurde. Die interpretierende Literaturkritik bemühte sich – wie billig – zunächst um die Einordnung dieses großen Altersbuches in das Gesamtwerk Hermann Hesses. Ernst Robert Curtius stellte fest: »Der *Versuch einer Lebensbeschreibung des Josef Knecht* ist die letzte, die nunmehr endgültig gelungene Transposition und Überhöhung all jener Lebensläufe, in denen Hesse sich als Camenzind, als Giebenrath, als Sinclair, als Siddhartha, als Goldmund darstellte.« Das ›Glasperlenspiel‹ selbst nennt er ein »abendländisches Buch«. Von den China-Elementen der Geschichte scheint er nicht viel wissen zu wollen. »Das neuerdings so beliebte I Ging darf nicht fehlen.« Dahinter spürt man leisen Spott. Thomas Mann, in dem Roman leise einverwoben als »Magister Thomas von der Trave«, notiert im Tagebuch und dann in der *›Entstehung des Doktor Faustus‹* das Verbindende wie das Trennende zwischen den beiden Büchern: »Die Beziehungen im Großen verblüffend. Das Meine wohl zugespitzter, schärfer, brennender, dramatischer (weil dialektischer), zeitnäher und unmittelbarer ergriffen. Seines weicher, schwärmerischer, versponnener, romantischer und verspielter (in einem hohen Sinn). Das Musikalische durchaus fromm-antiquarisch.«

Das ist die erste Resonanz und Reaktion. Auseinandersetzung mit Themen, die absolut genommen werden, der Struktur des Buches zum Trotz. Das Biographische und die Stellung des ›Glasperlenspiels‹ in Hesses Gesamtwerk. Glasperlenspiel und Doktor Faustus. Optimismus oder Pessimismus der beiden Bücher. Vorrang hat die Geschichte vom Spielmeister Josef Knecht, hat der Traktat vom Glasperlenspiel. Der merkwürdige Aufbau des Buches wird den Lesern zunächst noch nicht zum Problem. Drei Teile: einleitender Traktat, Lebensbeschreibung, hinterlas-

sene Schriften, die dazu noch in Gedichte und Prosastücke zerfallen. Meist glaubt man mit einem Blick auf parallele Strukturen im ›Steppenwolf‹ auszukommen, der auch mit »Vorwort des Herausgebers«, Aufzeichnungen und Traktaten gearbeitet hatte. Der Hinweis auf Jean Paul und die Romantiker war nicht fern, was ganz richtig war, aber die besondere Komposition des ›Glasperlenspiels‹ noch nicht erklärte. Denn es handelte sich um einen komponierten Roman, was man getrost bei einem Buch voraussetzen durfte, worin der Musik eine so entscheidende Rolle zugedacht war. Überdies lag der Gedanke wohl auch nicht fern, der Romanverfasser, der das Glasperlenspiel erfand, sei zum eigenen Vergnügen davon ausgegangen, seinen Roman vom Glasperlenspiel als Glasperlenspiel zu komponieren. Was aber »war« das Glasperlenspiel?
Mit dem feuilletonistischen Zeitalter hatte es wohl nichts mehr gemein. Diese Ära war vergangen. Das Spiel aller Spiele konnte erst entstehen, als jene Zeit zu Ende war. Und doch. Gehörte die Erfindung des Glasperlenspiels selbst nicht insgeheim der Zeit Hermann Hesses, unserer Gegenwart an? Bestand wirklich ein so großer Gegensatz zwischen der Idee des Glasperlenspiels und gewissen höchst aktuellen geistigen Tätigkeiten? Sogar zu einigermaßen ungeistigen Tätigkeiten? In seinem Buch über ›*Hermann Hesses West-östliche Dichtung*‹, das 1957 erschien, hat Rudolf Pannwitz recht merkwürdige Feststellungen gemacht. Das Glasperlenspiel entstammt, so heißt es da, »nach engerer Datierung, den Dezennien, da es weit verbreitet war, mit allen Inhalten unserer Kultur zu spielen. Zu derselben Frist kamen, als das Belangloseste der gleichen Art, die Kreuzworträtsel auf. Daß dies beides zusammengebracht ist, erhellt den Bereich. Es handelt sich um eine Beherrschung und Auswertung des gesamten Kulturschatzes; aber nicht zu endgültigen Systemen, sondern zu unverbindlichen Gestaltungen, wie es meisterhafte Schachpartien oder Improvisationen auf einem Instrumente sind: also um ein höchst virtuoses Assoziieren und Kombinieren. Wir dürfen heute, der klärenden Unvergleichbarkeit wegen, mit dem Elektronenhirn vergleichen: das durch quantitative Bewältigung und statistische Auswertung etwas Unglaubwürdiges leistet, aber qualitativ überhaupt nichts zu leisten vermag, da ihm die Freiheit zu neuen Initiativen gänzlich fehlt.«
Das Glasperlenspiel, das im Jahre 2200 seinen Höhepunkt be-

reits überschritten hatte, gehörte dann also in der Grundkonzeption durchaus in den Vorstellungsbereich des feuilletonistischen Zeitalters und war dem verachteten Kreuzworträtsel innerlich näher, als man ahnen mochte. Wonach sich auch das Glasperlenspiel, aller utopischen Datierung zum Trotz, als geistiges Erzeugnis unserer Epoche präsentierte. Dann aber besaß es keine geistig befreiende und integrierende Kraft, sondern war gleichsam als Reflex des feuilletonistischen Zeitalters anzusehen. Woraus sich – neben der bereits von Pannwitz erwähnten Unverbindlichkeit – auch die tapfer akzeptierte und postulierte *Unfruchtbarkeit der kastalischen Beschäftigung mit Kunst und Wissenschaft* erklären ließ. Denn im Bereich Kastalien betreibt man Forschungen um ihrer selbst willen, man zieht keine Folgerungen daraus. Reine Mathematik, reine Philologie, Musikwissenschaft. Wissenschaft von der Musik, aber es wird keine neue Musik mehr geschrieben. Das Glasperlenspiel, aber keine neue Dichtung. Daß Josef Knecht als junger Mensch Gedichte macht, wird insgeheim mißbilligt, keinesfalls ernst genommen. Es ist eigentlich ein Symptom dafür, daß er kein ungebrochenes Verhältnis zum kastalischen Gedanken besitzt. Als er die Provinz und den Orden verlassen hat, in seinen letzten Lebenstagen, gesteht er dem Freund Designori, ihm könne wohl noch »das Glück einer Autorschaft blühen«. Er möchte Bücher schreiben, aber es ist nicht bloß zu spät dazu, sondern kündigt überdies nur als Symptom an, daß er sich auch darin von Kastalien schon sehr weit entfernte. Je näher man sich mit diesem seltsamen Buch befaßt, um so verwirrender erscheint darin das Spiel der Kräfte und Gegenkräfte, die Verstrickung von Wahrheit und Wirklichkeit, die Knecht als Hauptthema beschäftigt, die Beziehung zwischen Utopie und Zeitkritik.

Die Wiederbegegnung

Dreimal im Verlauf seines Lebensweges hatte Hermann Hesse versucht, dem Wüten der Nationalismen die Haltung des Bewahrers einer Gesamttradition der Menschheit entgegenzustellen, die weit über den Bereich der Vaterländer hinausreichte und die – jedenfalls für diesen Dichter und Traditionskenner – in den Werken der großen abendländischen Musik und der großen chinesischen gedichteten Philosophie ihren höchsten Ausdruck gefunden hatte. Das begann mit dem berühmten Aufsatz ›*O Freunde, nicht diese Töne*‹, der am 3. November 1914 in der

›*Neuen Zürcher Zeitung*‹ erschien: Beethovens Worte, die rezitativisch im Schlußsatz der Neunten Symphonie den Übergang zu Schillers ›*Lied an die Freude*‹ ankündigen sollen, nun aber, in der ersten Kriegszeit des Ersten Weltkriegs, auf dem Höhepunkt der Haßgesänge in allen Ländern, Erinnerung an eine gemeinsame geistige Hinterlassenschaft wachrufen sollten, die hier verspielt wurde. Man hat es Hesse damals nicht eben glühend gedankt, gerade auch in Deutschland nicht. Im gleichen Jahre 1946, als das ›*Glasperlenspiel*‹ zum erstenmal in Deutschland erschien, erinnerte der Dichter daran und schrieb im Geleitwort zu seinen ›*Betrachtungen zu Krieg und Politik*‹: »Seit damals ist mir in Deutschland nie mehr eigentlich verziehen worden, daß ich einmal an Patriotismus und Kriegsgeist Kritik geübt hatte, und wenn auch, ähnlich wie heute wieder, und unmittelbar nach dem verlorenen Krieg eine gewisse Schicht in Deutschland sehr friedlich und international empfand und mit manchem Echo auf meine Gedanken Antwort gab, so blieb doch das Mißtrauen gegen mich wach.«

Im gleichen Vorspruch zu diesen politischen Betrachtungen eines eigentlich Unpolitischen wurde auch an die zweite Dissonanz zwischen Hesses Zeitempfindlichkeit und einem damaligen allgemeinen Zeitgeist erinnert, nämlich an die erste Nachkriegszeit, jene zwanziger Jahre, in denen auch der ›*Steppenwolf*‹ erschien (1927), der keineswegs (oder nur für diejenigen stumpfen Leser, die vor des Autors Ironie versagten) als ein Buch »nur für Verrückte« angesehen werden durfte. Man nahm die Geschichte literarisch und begriff nicht, was Mozarts Auftreten am Schluß zu bedeuten hatte. Wenn Harry Haller, der Steppenwolf, im magischen Theater erkannte und abschließend mitteilte: »Einmal würde ich das Figurenspiel besser spielen. Einmal würde ich das Lachen lernen. Pablo wartete auf mich. Mozart wartete auf mich«, so ging es um weit mehr als Mozartmusik. Oder besser: so wurden diejenigen Möglichkeiten des Menschen aufgerufen, die in Mozart eine höchste Erfüllung gefunden hatten. Der ›*Steppenwolf*‹ war ein Buch der Warnung, in einem Zustand zwischen Krieg und Frieden, der Nachkrieg bedeutete und auch schon wieder, wie sich zeigen sollte, einen Vorkrieg ankündigte. Weshalb Hermann Hesse traurig in jenem Geleitwort von 1946 feststellen mußte: »Wer sich mit dem Ganzen meiner Lebensarbeit befaßt, der wird bald merken, daß auch in den Jahren, aus denen keine

aktuellen Aufsätze vorhanden sind, der Gedanke an die unter unsern Füßen glimmende Hölle, das Gefühl der Bedrohtheit durch nahe Katastrophen und Kriege mich nie verlassen hat. Vom ›Steppenwolf‹, der unter andrem ein angstvoller Warnruf vor dem morgigen Kriege war, und der entsprechend geschulmeistert und belächelt wurde, bis in die scheinbar so zeit- und wirklichkeitsferne Bilderwelt des ›Glasperlenspiels‹ hinein wird der Leser immer wieder darauf stoßen, und auch in den Gedichten ist dieser Ton immer wieder und wieder zu hören.«
Von jenem Aufruf mit Beethovens Worten im November 1914 führte also, nach Meinung des Dichters, über den ›Steppenwolf‹ von 1927 ein gerader Weg zu jenem ›Glasperlenspiel‹, dessen Plan vor Anbruch des Dritten Reiches entstand, dessen Ausarbeitung mit jenen verhängnisvollen Jahren der Kriegsvorbereitung synchron verlief, das schließlich, mitten im Kriege, gegen den Krieg und wider die Kräfte, die ihn heraufbeschworen hatten, in Einsamkeit und Trauer, aber mit aller Genauigkeit komponiert wurde. Im Jahre 1946 wurde das von jener Generation, die den Krieg noch in jeder Stunde ihres Alltags spürte, im allgemeinen verstanden. Es fanden sich aber nach der Katastrophe dieses Weltkriegs, nach Buchenwald und Coventry, nach Auschwitz und Dresden und Hiroshima, nicht in genügender Zahl jene Menschen und Gruppen, die, wie es im Traktat vom Glasperlenspiel heißt, »entschlossen waren, dem Geist treu zu bleiben und mit allen Kräften einen Kern von guter Tradition, von Zucht, Methode und intellektuellem Gewissen über diese Zeit hinwegzuretten«. Es wurde auch nicht – entgegen dem fingierten Geschichtsbericht in der Einleitung zum Glasperlenspiel – »die Erfahrung gemacht, daß wenige Generationen einer laxen und gewissenlosen Geisteszucht genügt hatten, auch das praktische Leben ganz empfindlich zu schädigen, daß Können und Verantwortlichkeit in allen höheren Berufen, auch den technischen, immer seltener wurden«. Nichts von alledem. Die Nachkriegszeit glitt hinüber in eine Ära des kalten Krieges, da und dort wurde auch wieder bombardiert, entstanden Schützengräben, wurden Städte »ausradiert«, Menschen »auf der Flucht erschossen«. Die Entwicklung der Jahrhundertmitte nahm keineswegs einen Verlauf wie in jenem aus Zukunft und Vergangenheit, angeblicher Historie und echter Utopie so sonderbar gemischten Bericht, mit dem Hesse sein Buch vom Glasperlenspiel beginnen läßt.

Krieg und Frieden, so überschrieb der Kulturkritiker Hesse im Jahre 1946 die Sammlung politischer Betrachtungen. Immer noch und wieder ein Schweben zwischen Krieg und Frieden. Von einer Gründung Kastaliens dürfte man weiter entfernt sein als je. Die Entstehung dieser Provinz zur Wirklichkeit wird allgemein auch gar nicht als wünschenswert empfunden. Hält sie der Dichter selbst für wünschenswert? Vieles spricht dagegen, wie die Lebensgeschichte Josef Knechts erkennen läßt. Trotzdem gibt es zu Beginn des Buches, also noch vor der Einleitung ins Glasperlenspiel, das sonderbare Motto jenes sonderbaren Albertus Secundus. Hier scheint der Schlüssel zum Verständnis des Spieles wie des Buches zu liegen. Die Wiederbegegnung mit Hesses ›*Glasperlenspiel*‹ am Ausgang einer Nachkriegszeit des kalten Krieges muß daher mehr bewirken als Rührung und Dankbarkeit. Der Dichter gab hier eine Quintessenz. Peter Camenzind und Demian und Steppenwolf und alles objektiviert, aus der Sphäre einer einzelnen, sinnbildlichen und doch individuellen Gestalt diesmal ins Allgemeine übertragen. Allen früheren Hauptwerken dieses Dichters war es eigen gewesen, daß der Name der Hauptgestalt auch den Titel abgab. Das begann mit Hermann Lauscher und Peter Camenzind, um über Knulp und Demian, Klingsor, Siddhartha und den Steppenwolf zur Dualität und geheimen Identität von Narziß und Goldmund zu führen. Hesses großes Alterswerk aber trägt den Titel ›*Das Glasperlenspiel*‹. Die Hauptgestalt Josef Knecht (ist sie auch wirklich die Hauptgestalt?) wurde in den Untertitel verwiesen. Der Weg zum Verständnis dieser merkwürdigen Dichtung führt an drei mahnenden Wegzeichen vorbei: Titel, Widmung, Motto. Wer sie nicht beachtet und betrachtet, verfehlt den Zugang zu einem Werk, das sich scheinbar so leicht bei erster Begegnung, so schwer bei der Wiederbegegnung erschließt.
Der Titel. Die Belletristik scheint fortgebannt zu sein. Nichts deutet darauf hin, daß hier ein Roman vorliegen könnte. Eine Aversion gegen diesen Gattungsbegriff hat Hesse wohl schon früh empfunden. Demian war eine »Geschichte« gewesen, Narziß und Goldmund waren die Helden einer »Erzählung«, der Steppenwolf trat unvermittelt, als reines Dasein, ohne alle Gattungsbezeichnung vor den Leser hin. Diesmal scheint der Titel nach Tonfall und Anlage dem Bereich der Wissenschaft entnommen zu sein, ohne Rücksicht auf Gepflogenheiten der bisherigen schönen Literatur. Vom »Versuch einer Lebensbeschreibung« ist

die Rede in der vorsichtigen Ausdrucksweise des zur Quellenkritik angehaltenen Historikers. Der Begriff eines »Magister Ludi« taucht auf, was sowohl Spielmeister wie Schulmeister bedeuten kann, denn Ludus meint beides: Schule und Spiel. »Samt Knechts hinterlassenen Schriften« ist betont altväterisch, gehört dem Tonfall nach in die Titelgebung deutscher Autoren des 18. Jahrhunderts. Schönes, aber altertümliches Deutsch. »Herausgegeben von Hermann Hesse«, also einem wohlbekannten Dichter. Offensichtlich ein Spielen mit der wissenschaftlichen Attitüde. Solche Herausgeberschaft kennt man seit Hesses geliebtem Jean Paul, seit Immermann, dem Herausgeber des »Epigonen«-Romans, den er als Familienmemoiren präsentierte. Eigentümliche Zwitterhaftigkeit dieses Titels aus Wissenschaft und schöner Literatur, altertümlich und traditionsgebunden, dennoch ganz neuartig in der Verwendung bisher unbekannter Begriffe eines Glasperlenspiels und eines Magister Ludi. Auch der sonderbare Parallelismus gibt zu denken, der nahezu gleichzeitig und ganz unabhängig voneinander die beiden Alterswerke Thomas Manns und Hermann Hesses als fingierte Lebensbeschreibungen in strenger Erzählgebärde eines sachkundigen Historikers und mit altertümlich getönter Überschrift entstehen läßt.

Die Widmung. Das Buch vom Glasperlenspiel ist »den Morgenlandfahrern« gewidmet. Diese Widmung aber bedeutet ein Selbstzitat Hermann Hesses. Der Leser der Zueignung wird in Beziehung gesetzt zu der im Jahre 1932 erschienenen Erzählung ›*Die Morgenlandfahrt*‹. Der Dichter spannt mit der Widmung einen Bogen zurück in die Vergangenheit: die Welt der *Morgenlandfahrt* soll gleichsam hinübergenommen werden in die Substanz der Geschichte vom Glasperlenspiel und seinen Spielmeistern. Nun steht es aber so, daß auch die Erzählung von der Morgenlandfahrt einen trügerischen Titel trägt; sie hat nichts mit Orient, Reisebericht und äußerer Bewegtheit der Abenteuer zu tun. Die Morgenlandfahrer in der Erzählung von 1932 haben eine nicht alltägliche Auffassung von ihrem Reiseziel. Voller Spott wendet sich Hermann Hesse sogar ausdrücklich dagegen, der umherreisend philosophierende Graf Keyserling oder der Reiseschriftsteller Ossendowski könnten in seinem Sinne als »Morgenlandfahrer« bezeichnet werden. Die Erzählung führt uns nur durch Süddeutschland, die Schweiz und die norditalienische Landschaft: aber auch das sind Landschaften, die eher dem

Italien in Eichendorffs Geschichte vom Taugenichts gleichen als einer realen Geographie. Plötzlich findet sich im Bericht der verblüffende Satz: »Wir lagerten, nachdem wir in kühnem Zuge halb Europa und einen Teil des Mittelalters durchquert hatten, in einem tief eingeschnittenen Felsental, einer wilden Bergschlucht an der italienischen Grenze.« Und einen Teil des Mittelalters? Eine Reise also gleichzeitig durch den Raum und durch die Zeit. Auch die Teilnehmer dieser Morgenlandfahrt sind wunderlich zusammengesetzt: reale Menschen der Gegenwart und große Meister der Vergangenheit. Der »Musiker H. H.«, der die Anfangsbuchstaben seines Dichters trägt, gehört zu den Morgenlandfahrern, aber auch Clemens Brentano und Hugo Wolf. Der Maler Paul Klee war gleichfalls mit ausgezogen. Neben ihnen in brüderlicher Gemeinschaft die Gestalten der Dichter. E. T. A. Hoffmann nimmt an der Fahrt teil, aber auch der Archivarius Lindhorst, der Feuersalamander aus Hoffmanns Erzählung vom ›Goldenen Topf‹. Stifters Witiko reist mit ins Morgenland und Laurence Sternes wunderlicher Romanheld Tristram Shandy. Daneben die meisten Romangestalten Hermann Hesses: Pablo aus dem ›Steppenwolf‹, der Maler Klingsor aus der Erzählung ›Klingsors letzter Sommer‹, Siddhartha und Goldmund, die hier zusammen mit Stifters Witiko durch halb Europa und das halbe Mittelalter ins Morgenland reiten. Von den *Kronenwächtern* wird berichtet – und wir kennen sie aus Achim von Arnims berühmtem Roman. Auch das Motto der ganzen wunderlichen Morgenlandfahrt wird uns nicht vorenthalten. Es ist der Satz des Novalis »Wo gehen wir denn hin? Immer nach Hause«.

Alles scheint wenig mit der Wirklichkeit zu tun zu haben, obwohl der äußere Rahmen der Erzählung unsere Gegenwart und unsere Lebensverhältnisse des 20. Jahrhunderts zu meinen scheint. Eine gemeinsame Reise der lebenden und toten Künstler, ein Miteinandersein von Dichtern und Dichtergestalten? Das muß eine unerträgliche Spannung ergeben, und an Spannungen fehlt es denn auch nicht unter den Morgenlandfahrern. Gelegentlich äußert einer von ihnen: »Das Durcheinanderwerfen von Leben und Dichtung – all das habe er übersatt, er werfe den Führern seinen Ring vor die Füße und nehme Abschied, um mit der bewährten Eisenbahn in die Heimat und an seine nützliche Arbeit zurückzukehren.« Auch der Violinspieler H. H., auch Hesse selbst scheint aus der Gemeinschaft der Morgenlandfahrer auszubrechen; er findet sich plötzlich wieder im bürgerlichen Alltag, hat es schwer, später von neuem die Beziehung herzustellen zur Gemeinschaft, mit der er ausgezogen war. Er jedenfalls gelangte nie zum Ziel, ins »Morgenland«.

Durch die Zueignung des ›Glasperlenspiels‹ an die »Morgenlandfahrer« hat Hesse die Schlüsselstellung der Erzählung aus dem Jahre 1932 noch einmal unterstrichen. Deren Motive, Gestalten und Konflikte scheint er als stellvertretend, wirkend und weiterwirkend zu betrachten. Auch die ›Morgenlandfahrt‹, die als Ich-Erzählung angelegt worden war, hat demnach insgeheim mit dem Glasperlenspiel zu tun. Es muß zu denken geben, daß Hermann Hesse für die Ausgabe seiner Gesammelten Dichtungen, die 1952 erschien, zum fünfundsiebzigsten Geburtstag, den sechsten und (damals) letzten Band ausschließlich den beiden Geschwistergeschichten vorbehielt: der ›Morgenlandfahrt‹ und dem ›Glasperlenspiel‹. In der Erzählung von den Morgenlandfahrern aber hieß es damals: »Denn unser Ziel war ja nicht nur ein Land und etwas Geographisches, sondern es war die Heimat und Jugend der Seele, es war Überall und Nirgends, war das Einswerden aller Zeiten.« Also war die pädagogische Provinz Kastalien auch vielleicht »nicht nur ein Land und etwas Geographisches«, sondern ein »Einswerden aller Zeiten«.

Das Motto. Wie es damit steht, wissen wir genau dank einer Briefstelle von Ende Januar 1944. Hesse schreibt über Buch und Motto: »Wenn es geht, so schreiben Sie mir dann noch einmal über den Gesamteindruck von meinem Buch. Sein Motto hat den Vorzug vor vielen andern, daß es haargenau paßt, und das war keine Kunst, denn der deutsche Text ist von mir und der Autor Albertus erfunden; die Fassung in scholastischem Latein hat Schall gemacht und Collofino (Feinhals) revidiert, drum sind auch die beiden in der Quellenangabe dankbar mitgenannt.« Der 1960 herausgegebene Bildband ›Hermann Hesse. *Eine Chronik in Bildern*‹ erlaubt es heute, die Entstehung des Mottos in der ersten Fassung im Faksimile der Handschrift betrachten zu können. Ein erfundener Autor Albertus Secundus, ein von Hesse verfaßter Text, altertümlich stilisiert, der dann durch zwei Philologenfreunde, Schall und Feinhals (Clangor und Collofino), ins scholastische Latein übertragen wurde. Ein Motto demnach, das genau zu lesen ist, da es nicht irgendwo hergeholt, sondern eigens und nach Maß angefertigt wurde.

So aber muß es doch wohl gelesen werden: Es ist ein Vorurteil der Dilettanten, zu glauben, die vom Dichter erfundenen Geschichten seien leichter zu verfassen als irgendwelche exakten Beschreibungen irgendeiner Realität. Umgekehrt. Es gehört sehr viel Arbeit und Können dazu, Werke der Einbildungskraft mit einem so hohen Grade der inneren Wirklichkeit zu begaben, daß sie – und hier kommt die entscheidende Wendung für das Verständnis des Glasperlenspiels – vom Leser nicht bloß wie eine Wirklichkeit empfunden werden, sondern sogar, dank dieser Leser, in der »eigentlichen« Wirklichkeit zu wirken imstande sind. Jetzt bereits angewandt auf die Erzählung vom Glasperlenspiel: natürlich existiert es nicht, sein Dasein ist, mit Albertus Secundus zu reden, »weder nachweisbar noch wahrscheinlich«. Aber es wurde durch die Mühe seines Dichters und Erfinders mit einem so hohen Grad bedrängender innerer Wahrheit und Wirklichkeit ausgestattet, daß es eben dadurch »gewissermaßen als seiend« betrachtet werden darf. Ist dies aber einmal, dank dieser Geschichte, erreicht, so kann das nicht existierende, aber als existierend gedachte Kastalien (vielleicht) »dem Sein und der Möglichkeit des Geborenwerdens um einen Schritt näher geführt werden«. Es sind, nach Meinung Hermann Hesses, die »pii diligentesque viri«, die frommen und gewissenhaften Menschen, die vielleicht doch eines Tages Kastalien errichten und ins Sein führen werden, die jedenfalls seine Entstehung ein bißchen fördern. »Paululum appropinquant.« Ein Brief Hesses vom September 1947, an eine Leserin des Buches gerichtet, unterstreicht: »Zu dem paululum appropinquant habe ich als Autor der Biographie Josef Knechts und als Erfinder des Albertus Secundus ein kleines beigetragen.«

Dann wäre das Buch dahin zu lesen, daß Hesse die Welt Kastaliens und des Ordens, daß er den Hain der Glasperlenspieler für wünschenswert hält, und daß seine wissenschaftliche Niederschrift über das Nicht-Existente zu dessen Werden und künftigem Entstehen beitragen soll. Dann wäre mithin, trotz allem, das Scheitern Knechts durchaus nicht als Widerlegung der Idee zu verstehen, wäre die Ordensbehörde im Recht gewesen, wenn sie das warnende Rundschreiben des Spielmeisters über die Gefährdung Kastaliens durch die bedrohliche Entwicklung in der Welt außerhalb Kastaliens nach kurzem Nachdenken verwarf. Je genauer man den Text liest, um so schärfer erscheinen die – von

Hesse beabsichtigten – Widersprüche der Konzeption. Knecht scheitert, aber der Orden besteht weiter. Knecht bereits sah die Blütezeit des Ordens und des Spiels überschritten. Trotzdem scheint alles weiter zu bestehen, und Knechts Geschichte oder Legende läßt sich mühelos durch spätere Historiker Kastaliens als bloßer Zwischenfall der Ordensgeschichte integrieren. Zu dieser Gewißheit aber kontrastiert äußerst scharf die durchaus aktuell gemeinte Kulturkritik des Dichters an seiner Zeit und seinen Zeitgenossen. Auch das Motto steht dazu im Widerspruch. Soll man Kastalien gründen, wenn gleichzeitig die Fragwürdigkeit Kastaliens demonstriert wird? Soll man sich dem Glasperlenspiel ergeben, wenn es gleichzeitig steril, spätzeitlich, der feuilletonistischen Ära gar nicht so unvertraut ist?

Wie aber ist das Glasperlenspiel zu verstehen? Die Historiker des Ordens, die nach Hesses Fiktion die historisch-kritische Einführung in seine Geschichte und Struktur verfaßt haben, äußern sich, ihrer Meinung nach, sehr genau, wenn sie definieren: »Das Glasperlenspiel ist also ein Spiel mit sämtlichen Inhalten und Werten unsrer Kultur, es spielt mit ihnen, wie etwa in den Blütezeiten der Künste ein Maler mit den Farben seiner Palette gespielt haben mag. Was die Menschheit an Erkenntnissen, hohen Gedanken und Kunstwerken in ihren schöpferischen Zeitaltern hervorgebracht, was die nachfolgenden Perioden gelehrter Betrachtung auf Begriffe gebracht und zum intellektuellen Besitz gemacht haben, dieses ganze ungeheure Material von geistigen Werten wird vom Glasperlenspieler so gespielt wie eine Orgel vom Organisten.« Nun wird in dieser Charakterisierung aber die Existenz des Glasperlenspiels und eine erste, approximative Kenntnis davon beim Leser vorausgesetzt. Hesses Ironie ist im Spiel. Die Kennzeichnung des Glasperlenspiels erfolgt so, wie etwa ein heutiger Traktat zur Poetik die Gattung des Romans oder des Dramas definieren würde, wobei stets vorausgesetzt wird, daß der Leser ohnehin bereits weiß, was das ist: ein Roman oder ein Drama. Leider ist das beim Glasperlenspiel durchaus nicht der Fall. Auch Thomas Mann hatte im ›*Doktor Faustus*‹ die Kompositionen Adrian Leverkühns, sein Violinkonzert etwa oder seine großen Oratorien, durch die Mittel der Sprache so genau komponiert, daß ein Komponist als Leser des Romans (der Versuch ist gemacht worden!) im Ernst daran gehen konnte, die Wortkomposition nachträglich als Partitur nachzuschreiben. Das nun ist beim

Glasperlenspiel nicht möglich. Natürlich wird jeder echte Leser dieser Buches aus Eigenem eine Vision des Spieles anstreben, und es ist anzunehmen, daß Hermann Hesse all diesen Einzelvisionen den gleichen Grad innerer Berechtigung und Nähe zu seinem eigenen Konzept zugestehen würde. Im Traktat steht zwar zu lesen: »Man erlernt die Spielregeln dieses Spiels der Spiele nicht anders als auf dem üblichen, vorgeschriebenen Wege, welcher manche Jahre erfordert«, aber insgeheim sieht es doch so aus, daß einer das Glasperlenspiel nur dann zu erlernen vermag, wenn er von Anfang an bereits ein Glasperlenspieler war. Man sucht bloß, was man schon gefunden hatte.

Dieser Zustand entsprach der von Hesse dargestellten Grundtendenz des Ordens und insbesondere der Glasperlenspielerei innerhalb des Gesamtordens. Die Beziehung Kastaliens zur »pädagogischen Provinz« aus Goethes ›Wanderjahren‹ ist vom Erzähler ebenso unterstrichen wie die geistige Verwandtschaft der Kastalier mit der Gesellschaft des »*Turms*«, die die Erwählung Wilhelm Meisters vollzieht und seine Laufbahn nach strengen Zunftregeln überwacht. Selektion durch die Ordensbehörde *und* innere Bereitschaft des Erwählten befinden sich daher in dauerndem Zusammenspiel. Als bei Josef Knecht die Bereitschaft aussetzt, wird die Katastrophe unvermeidlich. Die »Idee« des Glasperlenspiels setzt Hesse bei den rechten Lesern im Grunde voraus. Sie werden, so meint er, dank solcher Ahnung für sich (jeder für sich) ihr jeweiliges Bild vom Glasperlenspiel mit Hilfe der Romanfiktion zu erschaffen imstande sein. Natürlich bedeutet dies Selektion und Aristokratismus in einem. Deren Gefahren werden vom Erzähler sehr eindringlich dargestellt. Kastalien ist eine Aristokratie. Wer Kastalien will, muß also die Entartungsform des Aristokratismus offensichtlich in Kauf nehmen. Daher ahnt Josef Knecht schon in früher Jugend, daß die Erwählung für Kastalien nur dann vor Hochmut und Zerrissenheit der Seele zu bewahren vermag (für welchen Zustand die Gestalt des Fritz Tegularius als Warnbild dasteht), wenn sie als *Opfer* verstanden wurde. Weshalb alle drei von Knecht in jener Lehrzeit niedergeschriebenen Lebensläufe mit dem Thema des Opfers zu tun haben als dem notwendigen Ausgleich zum furchtbar vereinsamenden Vorgang der Erwählung.

Dennoch kann es nicht genügen, Hesses Angaben über das Glasperlenspiel bloß dahin zu verstehen, daß jeder Leser kraft eigener

bereits vorhandener Affinität das Spiel für sich rekonstruieren könnte. Der Text verlangt eine präzisere Kennzeichnung. Es ist ein Spiel, dessen wichtigste Spielelemente durch Einzelwissenschaften geliefert wurden. Wissenschaften, die eine höchste Synthese und neuartige Einheit in einem Kunstwerk finden. Auch dies ist, wie so vieles im ›Glasperlenspiel‹, ein Goethescher Gedanke. In den Anmerkungen, die der Verfasser des ›West-östlichen Divan‹ zum »besseren Verständnis« seiner Dichtung angefügt hatte, die er sogar als integrierenden Bestandteil des Ganzen verstand, so daß sich das eigentliche Divanwerk nach Goethes Absicht als Verbindung von Dichtung und Wissenschaft präsentierte, findet sich eine Kennzeichnung orientalischer Dichtung, die man gleichzeitig als eine Form Goethescher Selbstdarstellung bezeichnen kann: »Der höchste Charakter orientalischer Dichtkunst ist, was wir Deutsche Geist nennen, das Vorwaltende des oberen Leitenden; hier sind alle übrigen Eigenschaften vereinigt, ohne daß irgendeine, das eigentümliche Recht behauptend, hervorträte. Der Geist gehört vorzüglich dem Alter oder einer alternden Weltepoche. Übersicht des Weltwesens, Ironie, freien Gebrauch der Talente finden wir in allen Dichtern des Orients. Resultat und Prämisse wird uns zugleich geboten; deshalb sehen wir auch, wie großer Wert auf ein Wort aus dem Stegreif gelegt wird. Jene Dichter haben alle Gegenstände gegenwärtig und beziehen die entferntesten leicht aufeinander, daher nähern sie sich auch dem, was wir Witz nennen; doch steht der Witz nicht so hoch, denn dieser ist selbstsüchtig, selbstgefällig, wovon der Geist ganz frei bleibt, deshalb er auch überall genialisch genannt werden kann und muß.« Unverkennbar ist dieses Spiel der Kombinationen, das nur möglich ist durch Allgegenwärtigkeit der kulturellen Überlieferung auf allen Bereichen, auch in der Tätigkeit des Glasperlenspiels wirksam. Da alles mit allem zusammenhängt, eine ungeheure Harmonie der Welt in Keplers Sinne vorausgesetzt wird, läßt sich, durch Kombination und Assoziation, diese Harmonie von jedem Punkte aus immer wieder darstellen. Alles ist Mikrokosmos und als Grundlage eines Spiels geeignet: der Grundriß eines chinesischen Hauses, wie einmal in einer Spielkonstruktion Josef Knechts, der Aufbau einer Mozart-Sonate, wir dürfen ergänzen: ein Bild Leonardos oder auch der Lauf der Planeten um unsere Sonne.
Immer erschreckender jedoch wird an dieser Konzeption, die

Harmonie nur spielt, aber nicht bedeutet, das Spätzeitliche, letztlich Unfruchtbare dieser Spiele sichtbar. Ohne Zweifel: sie sind der zivilisatorischen Beliebigkeit des Feuilletonismus gar nicht so fern, wie sie sein möchten. Im Grundgedanken des Glasperlenspiels spukt der Historismus, dem alle vergangenen Formen und Gehalte gleich lieb und wert sind, der alles versteht und gar nichts mehr kann. Ähnlich jenen Architekten des späten 19. Jahrhunderts, die in allen Stilen zu bauen verstanden, aber keinen eigenen Stil besaßen.
Daher deuten alle Aussagen Hesses über das Glasperlenspiel wie unwillkürlich immer wieder hinüber zum Reich der sogenannt *schönen Literatur*. Knecht ist ein Künstler, ein Dichter, in dem der pädagogische Eros mit dem Künstlertum ständig im Kampf liegt. Auch sein Amtsvorgänger, der Magister Thomas von der Trave, ist – als Glasperlenspieler – ein Mann der Literatur: das ließe sich zeigen selbst ohne die Anspielung auf Thomas Mann. Wichtigste literarische Schöpfungen der späten Bürgerzeit besitzen alle charakteristischen Merkmale eines Glasperlenspiels. Am reinsten vielleicht der ›*Ulysses*‹ von James Joyce. Aber auch der ›*Tod des Vergil*‹ von Hermann Broch ist der Anlage nach ein Glasperlenspiel, und der ›*Mann ohne Eigenschaften*‹. Das ganze Spätwerk Thomas Manns ist gleichzeitig eine Sammlung von Glasperlenspielen des Magisters Thomas von der Trave. Hesses ›*Glasperlenspiel*‹ ist ebenfalls ein Glasperlenspiel. Das läßt sich bereits am Bildungsgang Josef Knechts zeigen. Die besondere Spielanlage Hermann Hesses besteht diesmal darin, die verschiedenen miteinander zu verknüpfenden Teilbereiche der Kultur nicht nebeneinander, sondern nacheinander – gemäß dem Spieltyp des Bildungsromans – zu komponieren. Das Glasperlenspiel ist diesmal als pädagogischer Prozeß angelegt.
Natürlich ist sich der Verfasser dieser Relation zur Literatur und zur Spätzeit bewußt. Hesse fühlte sich als Erbe und Nachfahre großer Tradition in einer Zeit, die dieses Erbe verleugnet. Er empfindet sich als Spätling und letzten Ausläufer, gehörte daher zu den Sternen, nicht zu den »Raketen« des literarischen Rummelplatzes, um ein Wort aus seiner Erzählung vom ›*Kurgast*‹ anklingen zu lassen. Am Schluß dieses Vorworts zum ›*Kurgast*‹ nannte er selbst sich einen »späten kleinen Dichter«. Schon in den frühesten Gedichten Hesses vom Jahre 1902 klingt, ähnlich wie im ›*Peter Camenzind*‹, diese Trauer über einen Endzustand

des Geistes, der echten Poesie. Ergreifend, aber auch mit den Akzenten der Hoffnungslosigkeit hat Hesse im Jahre 1937 den gleichen Gedanken Josef Knechts Gedicht vom *Letzten Glasperlenspieler* anvertraut:

> Jetzt blieb er übrig, alt, verbraucht, allein,
> Es wirbt kein Jünger mehr um seinen Segen,
> Es lädt ihn kein Magister zum Disput;
> Sie sind dahin, und auch die Tempel, Büchereien,
> Schulen Kastaliens sind nicht mehr. Der Alte ruht
> Im Trümmerfeld, die Perlen in der Hand,
> Hieroglyphen, die einst viel besagten,
> Nun sind sie nichts als bunte gläserne Scherben...

Im ›*Doktor Faustus*‹ hatte Thomas Mann von der Treue gegenüber einer Kunstübung gesprochen, an die man insgeheim nicht mehr glaubt, und hatte hinzugesetzt, daraus entstehe dann die Kunstform der Parodie. Hermann Hesse hält die Treue einer Kunstübung, an die er selbst noch glaubt, an die aber, wie ihm scheint, sonst nur noch wenige Einzelgänger, Steppenwölfe, Glasperlenspieler und Morgenlandfahrer zu glauben scheinen. Das wird eine Treue in Trauer, und die entsprechende Kunstform bei Hesse wird zur Elegie.

Aber nicht bloß mit der *Literatur* hängt das Glasperlenspiel zusammen, sondern auch mit der *Philosophie*. Das Prinzip des Glasperlenspiels hat mit dem *Platonismus* zu tun und mit der Ideenlehre. Kastalien selbst bezeichnet Hesse als eine Idee, wie er immer wieder zu erläutern sucht. Ein Brief vom 9. Januar 1951 erklärt geradezu: »Ich sehe die Welt als Künstler an und glaube zwar demokratisch zu denken, fühle aber durchaus aristokratisch, das heißt ich vermag jede Art von Qualität zu lieben, nicht aber die Quantität. Daß Platon mit seinem Versuch, dem Geist auch politisch auf den Thron zu verhelfen, gescheitert ist, wissen Sie, und auch, daß er, der Künstler, sich zur Politeia hat verirren können, einem frühen Versuch, die Welt vom Verstand her zu regieren. Trotz seinem doppelten Mißerfolg hat Europa zweitausend Jahre lang eine zwar unerfreuliche Weltgeschichte, aber auch eine wertvolle Kultur hervorgebracht. Fast zur selben Zeit wie er lebten die Größten der chinesischen Weisen, machten ähnliche Versuche und brachten zwar kein vom Geist regiertes Reich, aber eine tiefe Einsicht in das Verhältnis von Staat und Geist zustande.« Schon kurz nach Erscheinen seines Buches hatte Hesse am 1. November 1943 an den Zürcher Literarhistoriker Robert Faesi geschrieben: »Dagegen hat es mich sehr gefreut, daß Sie die Struktur meiner Utopie so richtig erkannt und es so gut formuliert haben: sie zeigt lediglich eine Möglichkeit des geistigen Lebens, einen platonischen Traum, nicht ein für ewig gültig zu geltendes Ideal, sondern eine mögliche, sich ihrer Relativität aber bewußte Welt.« Dennoch ist der Platonismus nicht allein hier im Spiel. Die Pädagogik tritt hinzu. Kastalien ist eine Utopie, die aber nach und nach der Verwirklichung nähergebracht werden soll. Hesses pädagogischer Eros selbst hat wenig mit Platon zu tun, um so mehr dagegen mit Gedanken der deutschen Klassik, mit bürgerlicher Aufklärung. Schillers Konzept einer ästhetischen Erziehung des Menschen; Goethes Gesellschaft des Turms, die übrigens eine Freimaurergesellschaft ist; abermals Mozart mit der Musik zur ›Zauberflöte‹, auch einer Freimaurer-Oper, die in ihrer Zahlensymbolik und bis hinein in die Wahl der Tonarten zugleich Züge der Maurersymbolik und – des Glasperlenspiels besitzt. Platonismus und Aufklärung sind untrennbar mit Hesses Idee des Glasperlenspiels, mit dem kastalischen Gedanken verbunden.

Die präziseste Aussage über das Wesen des Spiels gibt Josef Knecht am Schluß seines großen Gesprächs mit Plinio Designori: »Die Gelehrsamkeit ist nicht immer und überall heiter gewesen, obwohl sie es sein sollte. Bei uns ist sie der Kult der Wahrheit, eng mit dem Kult des Schönen verknüpft und außerdem mit der meditativen Seelenpflege, kann also nie die Heiterkeit ganz verlieren. Unser Glasperlenspiel aber vereinigt in sich alle drei Prinzipien: Wissenschaft, Verehrung des Schönen und Meditation.« Hier ist alles noch einmal zusammengedrängt. Die Verbindung der Wahrheit mit der Schönheit, wie in Schillers Gedicht ›Die Künstler‹ oder bei Goethe in der ›Zueignung‹ »Der Dichtung Schleier aus der Hand der Wahrheit«. Gedanken Kants, daß die Kritik der ästhetischen Urteilskraft die Erkenntnistheorie und die Moraltheorie überwölben müsse. Stärker aber noch spürt man an dieser Deutung des Glasperlenspiels durch Josef Knecht (und Hermann Hesse) die intensive Kenntnis *Hegels,* die sich Knecht, wie im Roman berichtet wird, schon früh angeeignet hatte. »Wissenschaft, Verehrung des Schönen und Meditation«, das weist hinüber zu Hegels absolutem Geist, der auch die Mo-

mente der Wissenschaft, der Kunst und der Religion umfaßt, wobei die Meditation bei Hesse gleichsam als säkularisierte Religion, oder als nicht-christliche Religion zu verstehen wäre. Das Glasperlenspiel hat also mit der deutschen Klassik vom Pädagogischen her zu tun, mit Hegels absolutem Geist hinsichtlich seiner Struktur.
Es bleibt aber ein Rest. Die Gleichung geht nicht auf und soll auch nicht aufgehen. Hesse ist nicht bloß in aller Bewußtheit der Epigone und letzte Glasperlenspieler, der Nachfolger Goethes und Hegels, übrigens auch des Novalis. Er stellt sich in die Nachfolge, zeigt aber gleichzeitig auch die geheime Absurdität dieses Unterfangens. Es bleibt ein Rest. Es bleibt der *Pater Jakobus*. Daß sich hinter der Gestalt des gelehrten Historikers und erfahrenen Diplomaten im Benediktinerkloster Mariafels einige Umrisse der Gestalt *Jacob Burckhardts* verbergen sollten, hat Hesse von Anfang an freimütig bekannt. Natürlich »ist« der Pater Jakobus nicht einfach eine Transponierung des Basler Kunsthistorikers in die Welt des jungen Josef Knecht. Die wenigen Gestalten, die das Buch vom Glasperlenspiel durchziehen (Knecht, der Musikmeister, der chinesische Einsiedler, Thomas von der Trave, Alexander, Pater Jakobus, dazu Tegularius und Designori als Komplementärfiguren zu Knecht), sind alle gleichzeitig Romanfiguren und Typen einer geistigen Existenz. Im Sinne realistischer Romantradition des europäischen 19. Jahrhunderts sind sie alle nicht vollkommen ausgeprägt, sondern im Zwischenstadium zwischen Sein und Sinn belassen worden. Auch dies ist ein Goethescher Zug im ›*Glasperlenspiel*‹. Schon über die Hauptgestalten in ›*Wilhelm Meisters Lehrjahren*‹ hatte Friedrich Schlegel in seiner berühmten Charakteristik geschrieben: »Überhaupt gleichen die Charaktere in diesem Roman zwar durch die Art der Darstellung dem Porträt, ihrem Wesen nach aber sind sie mehr oder minder allgemein und allegorisch.« Wir würden heute vielleicht eher von Symbol als von Allegorie sprechen, im übrigen aber dem romantischen Kritiker beipflichten. Mit den Gestalten in Hesses großer Erzählung steht es nicht anders. Sie sind Porträts und Symbole in einem. Der Pater Jakobus ist daher natürlich kein Porträt des Verfassers einer ›*Griechischen Kulturgeschichte*‹ oder ›*Weltgeschichtlicher Betrachtungen*‹, seine Bemerkungen zur Geschichte decken sich im Roman in den meisten Fällen gar nicht einmal mit den bekannten Thesen Jacob Burckhardts. Die Beziehung zwi-

schen Pater Jakobus und Jacob Burckhardt ist durch ihre Art des Verhaltens gegenüber der Geschichte gegeben. Knechts Lehrzeit beim Pater Jakobus ist gleichzeitig eine Rekonstruktion der prägenden und verändernden Burckhardt-Lektüre Hermann Hesses.
Die Schlußsätze des Geleitworts zu ›Krieg und Frieden‹ vom Juni 1946 fassen den Vorgang zusammen. Es sind Schlüsselworte zum Verständnis des ›Glasperlenspiels‹ und insbesondere des Paters Jakobus: »Es waren drei starke und lebenslänglich nachwirkende Einflüsse, die diese Erziehung an mir vollbracht haben. Es war der christliche und nahezu völlig unnationalistische Geist meines Elternhauses, es war die Lektüre der großen Chinesen, und es war, nicht zuletzt, der Einfluß des einzigen Historikers, dem ich je mit Vertrauen, Ehrfurcht und dankbarer Jüngerschaft zugetan war: Jacob Burckhardt.« Man darf annehmen, daß Hesse das Ergebnis seiner eigenen Lehrzeit auch nicht anders dargestellt hätte als mit den Worten aus der Biographie Josef Knechts, die berichten, was der junge Künstler nun eigentlich beim Pater Jakobus lernte: »Er erwarb nicht nur den Überblick über die Methoden und Mittel historischer Erkenntnis und Forschung und seine erste Übung in ihrer Anwendung, sondern weit darüber hinaus gewann und erlebte er Geschichte nicht als Wissensgebiet, sondern als Wirklichkeit, als Leben, und dazu gehört als Entsprechung die Wandlung und Steigerung des eigenen, persönlichen Lebens zu Geschichte.« Geschichte nicht als Wissensgebiet, sondern als Wirklichkeit. Was zu verstehen ist als Prozeß der Wechselwirkung von Individualität der einzelnen und allgemeiner geschichtlich-gesellschaftlicher Konstellation. Die Kenntnis, die sich Josef Knecht dank der Freundschaft mit Plinio von den Spielregeln der außerkastalischen Welt verschafft hatte, vertiefte er nun in der Lehre des Paters Jakobus zum Verständnis der jeweiligen geschichtlichen Ausformungen dieses Wechselspiels zwischen kastalischer und außerkastalischer Welt.
Jacob Burckhardt war ein Kulturhistoriker, dem die bildende Kunst im Bereich der Kultur über alles ging, aber er war kein Geschichtsphilosoph in Hegels Sinne. Auch Pater Jakobus hält es ähnlich: er führt Knecht zum Verständnis der geschichtlichen Zusammenhänge, sucht ihm aber gleichzeitig den Abscheu vor aller philosophischen Fixierung und Präjudizierung künftiger Ereignisse mitzuteilen. Pater Jakobus sieht die Vergangenheit im

Zeichen historischer Gesetzmäßigkeiten, die Gegenwart als Tätigkeitsfeld individueller diplomatischer oder politischer Fähigkeit, die Zukunft offen und undurchschaubar. Außerdem ist er Katholik und Benediktiner, was nicht vergessen werden darf.
Josef Knecht (und mit ihm wohl auch Hermann Hesse) unterscheidet sich von den Maximen der kastalischen Provinz vor allem dadurch, daß er das Spiel der politischen Mächte in Rechnung setzt und die Fiktion einer davon unabhängigen kastalischen Existenz aus seiner Kenntnis der Geschichte verneint. Es ist anzunehmen, daß Hermann Hesse bei seiner Verehrung des Historikers Burckhardt vor allem an die ›*Weltgeschichtlichen Betrachtungen*‹ gedacht hat, weit weniger an Kunst- und Kulturgeschichte. Gemeint sind Burckhardts Betrachtungen »Von den drei Potenzen«: dem Staat, der Religion, der Kultur, nebst einem Exkurs über die »Geschichtliche Betrachtung der Poesie und der Künste«. Hier werden die Zusammenhänge zwischen Kunstform und Gesellschaftsstruktur von der Urzeit bis zur Spätzeit des 19. Jahrhunderts angedeutet. Burckhardt verschweigt aber auch nicht, daß er, mit Schopenhauer, den Rangstreit zwischen Geschichte und Poesie zu Gunsten der Dichtkunst zu entscheiden gedenkt. »Die Poesie leistet mehr für die Erkenntnis des Wesens der Menschheit.« Ein Satz des Historikers Burckhardt; eine Maxime Kastaliens; ein hierarchisches Prinzip, zu dem sich die Glasperlenspieler bekennen. Aber Burckhardt zeigt auch – und darin unterscheidet er sich als Kenner der Gesellschaft und Wirtschaft nicht unbeträchtlich von den durchschnittlichen Kastaliern vom Schlage eines Fritz Tegularius –, daß die Beziehungen zwischen den Künsten und den großen gesellschaftlichen Mächten untrennbar verbunden sind mit dem Phänomen geschichtlicher Krisen, mit der Beurteilung der verschiedenen Staatsformen, mit der Beantwortung der Frage, wer nun eigentlich die Geschichte »mache«: das sogenannte große Individuum oder eine Klasse.
Die Kastalier sehen nicht einmal das Problem; Jacob Burckhardt entscheidet sich für das Individuum; Pater Jakobus ist päpstlicher Diplomat; Josef Knecht ist Kastalier mit einem durch Geschichtslektüre verfremdeten unglücklichen Bewußtsein. Man wird gut daran tun, all diese Möglichkeiten, die Hesse dadurch bietet, daß er – ähnlich wie in der ›*Morgenlandfahrt*‹ – geschichtliche Gestalten und Romangestalten ineinander montiert, gleich-

zeitig bei Beurteilung der Gestalt des Paters Jakobus mitzumeinen. Nur eine Möglichkeit ist hier, nach Hesses Absicht, unbedingt ausgeschlossen: die Geschichtsphilosophie, die Verbindung von geschichtlicher Interpretation und verändernder Praxis.

Damit aber ist auch das Urteil über die *Lebensgeschichte Josef Knechts* gefällt. Seine Gestalt war in den Untertitel verbannt worden. Die eigentliche Überschrift gehörte dem objektiven, über-individuellen Gebilde des Spiels aller Spiele. Gewissermaßen also verhält sich Hermann Hesse zur Gestalt des Josef Knecht ähnlich wie Thomas Mann zu Beginn des ›Zauberbergs‹ gegenüber seinem Hans Castorp. Auch Josef Knechts Geschichte wird »nicht um seinetwillen« erzählt, sondern »um der Geschichte willen«, die Hesse für erzählenswert hielt: Geschichte eines Spielmeisters, der in Konflikt gerät zum Spiel, dessen Meister er ist. Aber mit der Ironie des Magisters Thomas von der Trave durfte gleichzeitig zu Josef Knechts Gunsten daran erinnert werden, »daß es *seine* Geschichte ist, und daß nicht jedem jede Geschichte passiert«. Auch Josef Knecht war Porträt und Symbol in einem. Im Sinne des üblichen Romanrealismus blieb auch er nur ein Charakter mit schwachen Umrissen. Man sieht ihn nicht, er hat keine Besonderheit der Sprechweise, das Eigentümliche seiner Geschichte besteht darin, daß er disponibel ist, reizempfindlich für Erlebnisse aller Art, nicht bloß die kastalischen.

Da sich aber sein Wesen als derart vielseitig geöffnet erweist, muß auch der Ausgang seiner Geschichte *offen* bleiben. Hesse weiß sehr wohl, warum er den durchaus realistisch erzählten Schluß der Geschichte als *Legende* bezeichnet. Da alles von künftigen, lange nach Knechts Tode lebenden Kastaliern aufgeschrieben wird, bleibt der Abschluß dieses Lebens, von Kastalien her gesehen, nicht mehr nachprüfbar. Bloße Legende. Ironie Hermann Hesses. Die stark rituelle und hierarchisch bestimmte Laufbahn Knechts in Kastalien wird als biographischer Bericht präsentiert. Die realistische Erzählung der letzten Lebenstage dagegen sinkt für die Kastalier zur bloßen Legende herab.

Wie ist das Ende des einstigen Spielmeisters zu verstehen, der seinen Titel eines Magister Ludi plötzlich im ursprünglichen Wortsinne versteht und sich aus einem Spielmeister in einen Schulmeister verwandelt? Bei *Deutung von Knechts Tod* und Todesumständen stehen sich die Urteile schroff gegenüber. Die

eine These: Knecht ist in Kastalien endgültig für das praktische Leben unbrauchbar gemacht worden. Er scheitert vor der ersten kleinen Bewährungsprobe in der »wirklichen Welt«: an der Erziehung eines schwierigen und gefährdeten Knaben. Die Gegenthese: Knechts Tod erfüllt den Gedanken des Opfers, der von Anfang an, wie die Lebensläufe beweisen, in ihm steckte. Das Opfer war nicht vergeblich, denn durch die Begegnung mit Knecht und den indirekt verschuldeten Tod des Lehrers wurde das Leben des Knaben Tito umgestaltet. Der Schulmeister Knecht blieb nach dem Tode noch Sieger. Ein offener Schluß, eine offene Geschichte.
Es sei denn, man nähme die Deutung an, die Hesse vorgeschwebt haben mag (aber das ist eben nur seine Deutung, die Deutung der Geschichte Josef Knechts durch Hermann Hesse!) und die in Josef Knechts Gedicht ›Stufen‹ bereits vorgebildet war und von Knecht und Tegularius bei ihrer letzten Begegnung überdacht wurde. »Transzendieren«, so hatte, dem Romanbericht zufolge, die ursprüngliche Gedichtüberschrift gelautet, die dann durch den Titel »Stufen« ersetzt wurde. Die erste Niederschrift dieses Gedichts in Hesses Handschrift trägt das Entstehungsdatum des 4. Mai 1941. Fast genau ein Jahr später, am 29. April 1942, wurde das ›Glasperlenspiel‹ beendet. Die Schlußverse des Gedichts geben nicht bloß eine Deutung von Knechts Opfer, pädagogischem Erfolg, von seiner Transzendierung, sondern sind gleichzeitig auch wieder Platonismus und Aufklärung in einem, fortschreitende Entwicklung des Menschen wie der Menschheit. Alles mag das ›Glasperlenspiel‹ sein, ein Werk der Kriegszeit, des Alters, der Einsamkeit: das Buch eines Pessimisten ist es nicht. Die Schlußverse geben nicht bloß die Deutung der Geschichte Josef Knechts, sondern sind Verse eines Mannes, der seinen Hegel genau gelesen hat. Der hier als Schüler des großen schwäbischen Dialektikers spricht, nicht als dankbarer Zögling des Paters Jacobus Burckhardt.

> Es wird vielleicht auch noch die Todesstunde
> Uns neuen Räumen jung entgegensenden,
> Des Lebens Ruf an uns wird niemals enden...
> Wohlan denn, Herz, nimm Abschied und gesunde!

(1961)

Joseph Mileck
Die Namen in Hesses Glasperlenspiel

Wenn Namen [wie bei Hesses *Glasperlenspiel*] derart stark zu einem integrierten Bestandteil der Schreibkunst werden, wird auch ihre Untersuchung zu einem wesentlichen Bestandteil der Literaturkritik. Namen sind durchaus ein Element der Form, und sie können eine unentbehrliche Hilfe bei der Interpretation leisten. Darüber hinaus, und das ist wahrscheinlich von noch größerer Bedeutung, können sie ein neues Licht auf die schwer greifbaren Zusammenhänge zwischen Leben und Kunst werfen, sie können künstlerisches Spiel oder genau überlegte Formsymbole erkennen lassen und damit neue Einsichten in den schöpferischen Prozeß vermitteln.

Unter den zahlreichen Namen im *Glasperlenspiel* hat Hesse wahrscheinlich auf diejenigen des Josef Knecht und des Plinio Designori seine ganz besondere Aufmerksamkeit gerichtet. Es scheint, als habe er bei der Wahl dieser Namen zwei Ziele im Auge gehabt: der Name seines Protagonisten sollte das Herr-Diener-Ideal erkennen lassen, das er bereits in *Siddhartha* (1922) angeschnitten hatte, in der *Morgenlandfahrt* (1932) weiter entwickelte und im *Glasperlenspiel* von neuem aufnahm; und zudem mußten die Namen seines Protagonisten, als dem Vertreter des *logos*, und des Ergänzungsparts seines Protagonisten, als dem Vertreter des *bios*, entsprechend antithetisch zueinander stehen. Ohne Zweifel hatte Hesse Goethes Wilhelm Meister vor Augen, als er sich für eine so deutliche Charakterisierung wie Knecht entschied. Josef war eine mehr subtile Wahl. Hesse könnte ganz von sich aus an die biblische Geschichte von Joseph und seinen Brüdern gedacht haben, oder der erste der Josephs-Romane Thomas Manns (1933) mag ihm den Namen suggeriert haben. In jedem Fall muß er ihm sofort als zutreffend eingeleuchtet haben. Joseph, der Lieblingssohn Jacobs, Hausvogt bei Potiphar und hoher Beamter am Hof des Pharao, gehörte zu den Auserwählten, den Herren der Erde. Sein Name besaß all jene aristokratischen Gedankenverbindungen, die Hesse von einem Vornamen seines Protagonisten erwartete. Josef Knecht ist daher ein Synonym für Herr-Diener: eine ganz genaue Charakterisierung seines Trägers und zutreffendes Symbol für das dargestellte Ideal.

Nachdem Hesse sich einmal für den Namen Knecht entschieden hatte, wählte er Designori als eine klare Antithese für die Komplementärgestalt des Protagonisten. Abgesehen davon, daß der italienische Name Plinio mit Designori gut zusammenklingt, scheint dieser Vorname zufällig ausgewählt worden zu sein.
Hesses bevorzugtes Tarnungsmittel im *Glasperlenspiel* wurde die ironisch-spielerische, ins Lateinische übersetzte Form der Namen. Das lateinische Motto, einem gewissen Albertus Secundus zugeschrieben und einem von Clangor und Collof. edierten Werk entnommen, darf als bezeichnend für Hesses Art von Humor angesehen werden. Als er auf den Namen Albertus Secundus verfiel, dachte er zweifellos an den historischen Albertus Magnus, den er auch in der bunt gemischten Schar der Reisenden in der *Morgenlandfahrt* aufgezählt hatte. Clangor ist kein anderer als Franz Schall, ein ehemaliger Schulkamerad Hesses, der lebenslang mit ihm befreundet blieb. Dieser Altphilologe war es, welcher das von Hesse in deutscher Sprache verfaßte Motto ins Lateinische übersetzte.[1] Collof. ist Collofino, der »Rauchzauberer« in der *Morgenlandfahrt,* und dieser wiederum war ein früherer Freund Hesses, ein Zigarrrenfabrikant aus Köln [namens Feinhals]. Der Musikwissenschaftler Carlo Ferromonte ist ganz eindeutig Hesses musikalisch begabter Neffe Carlo Isenberg, der später während des Zweiten Weltkriegs an der russischen Front ums Leben kommen sollte. Lodovicus crudelis, alias Louis der Grausame in *Klingsors letzter Sommer* (1920), ist der Schweizer Maler Louis Moilliet. Der Grund, warum Hesse seinem Freund einen solchen Beinamen gegeben hat, ist bis jetzt ein Geheimnis geblieben. Der geschichtsbewußte Pater Jakobus ist Hesses Tribut an den Historiker Jacob Burckhardt, für den er immer Hochachtung empfunden hatte. Fritz Tegularius, das einsam hochstehende Genie, Altphilologe mit einem starken Einschlag zur Philosophie und seiner Geringschätzung der Geschichte, kann nur Friedrich Nietzsche sein. Hesses Entscheidung für Tegularius (Ziegelbrenner, Dachdecker) bleibt ein noch zu lösendes Rätsel. Der Joculator Basiliensis, dem es gelang, die Musik und die Mathematik auf ihren gemeinsamen Nenner zurückzuführen, ist wahrscheinlich eine Anspielung auf Hesses Freund Otto Basler aus Burg im Aargau, einen begeisterten Musikkenner. Chattus Calvensis II, dessen gewaltiges, vier Bände umfassendes Werk über »die Aussprache des Lateins an den Hochschulen des südli-

chen Italien gegen Ende des zwölften Jahrhunderts« Fragment geblieben war, ist ein ironisch-scherzhaftes Selbstporträt. Chattus ist die lateinische Form von Hesse, und Hesse wurde in Calw geboren. Aber warum Hesse der Zweite? Dachte Hesse an seinen Großvater Dr. Hermann Hesse aus Weissenstein, als er sich selbst den Zweiten zu nennen entschloß? Oder sollte er mit dem Ersten den Humanisten aus dem sechzehnten Jahrhundert Hermannus Hesse gemeint haben, dessen Name mehrmals auf dem *Index librorum prohibitorum* erscheint? Wenn auch Hesse selbst offiziell noch nicht auf die Schwarze Liste der Nazis gesetzt worden war, so erkannte er doch genau, daß es nur eine Frage der Zeit war, bis sein Name dazugehören und er damit der zweite, solcherart geehrte Hermann Hesse werden könne. Und wie soll man Magister Ludi Josephus III (Knechts amtlichen Titel) verstehen? Hätte jede andere Zahl außer »der Dritte« die Absicht Hesses ebensogut erfüllt, oder war es, wie man wohl vermuten darf, auch diesmal eine hintergründig verspielte Entscheidung? Wenn ja, wer sind dann die beiden anderen Josephs-Gestalten, auf die Hesse indirekt verweist? Es könnten der Joseph der Bibel sein und Manns Joseph, besonders wenn unsere obige Vermutung zuträfe und Hesse bei der Wahl des Vornamens für seinen Knecht von der biblischen Geschichte des Jacob und seiner Söhne beeinflußt worden wäre.

Von den übrigen Namen des *Glasperlenspiels* können nur noch wenige mit einiger Sicherheit kommentiert werden. Der ehrwürdige Magister Ludi Thomas von der Trave, Knechts Amtsvorgänger, ein Stilist par excellence und Meister der Ironie, ist offensichtlich kein anderer als Hesses alter Freund Thomas Mann, der an der Trave geboren war. Der immer wieder vorkommende Louis Moilliet erscheint noch einmal, diesmal leichter erkennbar, als Ludwig Wassermaler. Bastian Perrot aus Calw, »ein Freund handwerklicher Betätigung«, Pionier in der Entwicklung des Glasperlenspiels, deutet auf jenen Perrot, in dessen Turmuhrenfabrik Hesse als junger Mann einmal gearbeitet hatte. Perrots Abhandlung über *Blüte und Verfall der Kontrapunktik* läßt sofort an den Hauptvertreter des Kontrapunkts denken, an Johann Sebastian Bach, dem Perrot zweifellos seinen Vornamen verdankt. Dubois, Leiter des auswärtigen Amtes von Kastalien, erhielt seinen Namen von Hesses Großmutter mütterlicherseits. Bei der Beschreibung der unglücklichen Umstände in Designoris

Ehe muß Hesse die ähnlichen Nöte des Veraguth in *Roßhalde* (1914) vor Augen gehabt haben. Veraguth, Designoris Schwiegervater, hat seinen Namen sicher aus dieser Gedankenverbindung heraus erhalten. Der Name des Rektors Zbinden erinnert lediglich an den Lehrling aus einer frühen Kurzerzählung (*Der Schlossergeselle*, 1905). Aber was für Geschichten, wenn es überhaupt welche gibt, verbergen sich hinter den beiden letzten Namen?

Auf welchen »Gelehrten der chinesischen Philologie« spielt der *Pariser Gelehrte* an? Wer war Hesses Prototyp für den Chronisten Plinius Ziegenhalß? Welche Erklärung kann es geben für Gervasius, den Abt, und für Anton, den Novizen in Mariafels, für Petrus, den Schüler in Monteport, für Bertram, den Vertreter (auch »Schatten«) des Thomas von der Trave, und für Alexander, den Präsidenten Kastaliens? Sind die Schüler Otto, Charlemagne und Oskar Erinnerungsgestalten aus Hesses eigener Schulzeit? Und wie steht es mit Tito, dem vornehmen und äußerst vielversprechenden jungen Sohn Designoris, für den Knecht sich opfert? Ganz gewiß hat Hesse sich bei seinem Tito nicht viel weniger Gedanken gemacht als er es bei Knecht und Designori tat. Hat er den Namen wegen seines kaiserlichen Beiklanges gewählt? Oder geht er zurück auf Titan, den Sonnengott, dem zu Ehren Tito, der Sonnenanbeter, seinen wilden Opfertanz aufführt, welcher dem Tod Knechts vorangeht? Hesse allein kann auf diese Fragen eine Antwort geben, und er selbst hat vielleicht schon vergessen, was ihn bewog, diese oder jene Wahl zu treffen.

Die Namen der drei Lebensläufe Knechts im Anhang machen uns genauso viel Mühe. In der primitiven matriarchalischen Gesellschaftsform des *Regenmachers* erscheint Knecht ganz einfach als Knecht, und das leuchtet ohne weiteres ein. Als Lehrling ist er der Gehilfe und Diener des Regenmachers, und als Nachfolger seines Meisters wird er zum Diener seines Volkes. Seine Frau Ada (Adalein) erhielt ihren Namen möglicherweise von Hesses Schwester Adele. Knechts Meister und Lehrer Turu, der Regenmacher, verdankt seinen Namen wahrscheinlich Hesses Wortspielerei mit dem Sanskrit, wo *Guru* soviel wie Lehrer, Führer bedeutet; aber genausogut könnte Turu eine spielerische Abänderung von Thor, dem Gott des Donners, sein. Der berechnende Maro, der es auf den Untergang Knechts abgesehen hat, bekam seinen Namen wohl von Maro, dem Geist des Bösen und Gott des

Todes im Buddhismus. Auf jeden Fall klingen Ada, Turu und Maro tatsächlich wie passende alte und authentische Namen. Im *Beichtvater* sieht Knecht sich als einen einsiedlerischen Beichtvater in der Wüste des frühchristlichen Palästina und nimmt die entsprechende lateinische Form seines Namens an: Josephus Famulus. Wie Famulus ist auch Dion Pugil genau das, was sein letzter Name andeutet: eine kämpferische Natur (pugil = Faustkämpfer, Boxer). Er bekämpft, als strenger Beichtvater, immerzu Dämonen und schlägt seine Büßer. Dion könnte eine Kurzform von Dionysos sein, und falls das zuträfe, würde der Name hinweisen auf Pugils Veranlagung zur Ausschweifung, oder er könnte eine Anspielung sein auf sein früheres Leben als Wüstling, das seiner Bekehrung vorausgegangen war.

Von den vielen Namen, die im *Indischen Lebenslauf* vorkommen, ist nur der des Dasa leicht erklärlich. Daß Knecht nach Indien versetzt wird, erforderte ganz einfach die Übersetzung seines Namens in das Sanskrit. Aber warum nannte Hesse den Vater Dasas Ravana, seine Frau Pravati (im Sanskrit Parvati), seinen habsüchtigen Stiefbruder Nala, den heimtückischen Befehlshaber Vishwamitra (im Sanskrit Visvamitra), die benachbarten Radschas Govinda und Gaipala und zwei der Hofbrahmanen Gopala und Vasudera? Sind diese Namen absichtlich gewählt oder ergaben sie sich zufällig aus der Erinnerung Hesses an die Lektüre indischer Epen wie etwa *Mahabharata* und *Ramajana*? Auch das kann allein Hesse aufklären.

Die Auswahl und Wortspielereien bei den Ortsnamen im *Glasperlenspiel* sind genauso als scherzhafte Veränderungen anzusehen wie seine Handhabung der Personennamen. Kastalien, Hesses pädagogische Provinz einer noch fernen Zukunft, liegt weit weg von dem Berg Parnassus und der berühmten Quelle der Inspiration, von der er den Namen übernahm. In Landschaft und Atmosphäre erinnert es an das Württemberg, das Hesse aus seiner Kindheit her kannte. Hinzu kommt noch ein klein wenig Schweizer Kolorit. Die Klosterschule Mariafels geht zurück auf die Klosterschule Mariabronn in *Narziß und Goldmund* (1930), und diese wiederum war eine versteckte Anspielung auf Maulbronn, jenes Seminar, das Hesse in den frühen neunziger Jahren kurze Zeit besucht hatte. Bevor Knecht nach Kastalien kommt, ist er *Lateinschüler* in Berolfingen am Rand des Zaberwalds. Sehr wahrscheinlich hatte Hesse hierbei die Lateinschule in Göppingen im Sinn, die er vor seinem Eintritt in Maulbronn besucht hatte, und diese wiederum liegt nicht weit entfernt von Zabergäu. Hirsland muß abgeleitet sein von Hirsau, einem Nachbarort von Hesses Geburtsstadt an der Nagold[2], und Eschholz könnte eine Abkürzung des Schweizer Dorfes Escholzmatt[3] sein. Nach seiner Ankunft in Eschholz wird Knecht in die Stube Hellas eingewiesen, die gleiche Stube, in die Hans Giebenrath aus *Unterm Rad* (1906) kommt, und in eben derselben Stube hatte auch Hesse gewohnt während seiner Maulbronner Zeit. Der gütige alte Magister Musicae in Monteport ist eine Anspielung Hesses auf sich selbst in Montagnola. Die chinesischen Studien, die Knecht in Sankt Urban beginnt, werden in der Bambus-Eremitage des nach orientalischem Vorbild lebenden *Älteren Bruders* fortgesetzt. Dieser *Ältere Bruder* ist ein weiteres Selbstporträt Hesses, (auch in seinem Montagnoleser Garten war ein Bambusgehölz). Aber welche Erklärung gibt es für Sankt Urban? Der Name Planvaste mag als Wortmalerei für eine mathematische Schule zutreffen, und Porta wurde wahrscheinlich angeregt von dem berühmten Schulpforta, das Nietzsche neben vielen anderen Gelehrten und Literaten einst besucht hatte. Aber warum nannte Hesse die Schule für klassische Philologie Keuperheim[4] und die Schule, welche als erste nachdrücklich die Betonung auf die Universalität legte, Waldzell? ...

In der deutschen Literatur sind systematische Namensstudien eine Seltenheit. Nicht daß die Germanisten sich jedweder Bedeutung von Wahl und Gebrauch der Namen eines Autors nicht bewußt wären, aber sie sahen das Studium solcher Namen für zu unsicher und zu wenig lohnend an, um sich auch nur am Rande damit zu befassen. Sicher steckt diese Art von Nachforschung voller Ungewißheiten, und häufig muß die Mutmaßung eine unangenehm große Rolle spielen. Häufig auch ist eine solche Untersuchung äußerst unrentabel. Wenn jedoch – wie das bei so bedeutenden Schriftstellern wie Thomas Mann, Hermann Hesse und Franz Kafka der Fall ist – die Namen nicht mehr rein zufällig und wahllos aufgenommen sind, sondern einen Bestandteil des Kunstwerks ausmachen, ist der Gegenstand nicht allein der Aufmerksamkeit würdig, sondern erfordert sie geradezu, trotz der damit verbundenen Risiken. (1961)
(Aus dem Amerikanischen von Ursula Michels-Wenz)

Anmerkungen

1 Hierzu und zu den nachfolgenden Thesen vgl. Glasperlenspiel Mat. I.
2 könnte auch von dem Zürcher Stadtteil Hirsland, Wohnsitz von Hesses Freunden Alice und Fritz Leuthold, kommen (Anm. Bruno Hesse).
3 Escholzmatt liegt auf dem Weg von Bern nach Luzern, den Hesse während seiner letzten Berner Jahre jede Woche zurücklegte, um in Luzern von dem Psychiater Dr. J. B. Lang behandelt zu werden (Anm. Bruno Hesse).
4 Zu »Keuperheim« konnte inzwischen eine Verbindung gefunden werden: Hesse nannte seine dritte Frau, Ninon, »Keuper«, wie man anhand von Nachlaßnotizen erkennen kann. Frau Ninon war begeisterte Archäologin und hatte eine Vorliebe für Altphilologie (Anm. des Übers.)

G. W. Field
Zur Genesis des Glasperlenspiels

Das Wachstum von Hesses *magnum opus,* dem *Glasperlenspiel,* kann anhand der unveröffentlichten Manuskripte aus dem Nachlaß genau verfolgt werden, insbesondere auch die langsame Entwicklung des Werkes unter der Einwirkung der politischen Ereignisse.

In einem Brief an Rudolf Pannwitz vom Januar 1955 erklärt Hesse, daß der ursprüngliche Anstoß zu diesem Buch für ihn in der Idee der Reinkarnation gelegen habe, als einer »Ausdrucksform für das Stabile im Fließenden, für die Kontinuität der Überlieferung und des Geisteslebens überhaupt«. Er fährt fort mit dem Hinweis, er habe, bereits Jahre bevor er mit der Niederschrift begann, die Vision eines »überzeitlichen Lebenslaufes« vor sich gesehen, »ich dachte mir einen Menschen, der in mehreren Wiedergeburten die großen Epochen der Menschheitsgeschichte miterlebt.«[1] Übriggeblieben von diesem Plan sind die *Lebensläufe,* die drei historischen, der kastalische und, natürlich, der nicht aufgenommene Lebenslauf aus dem achtzehnten Jahrhundert, der inzwischen in der *Prosa aus dem Nachlaß* veröffentlicht wurde.[2]

Die zentrale Bedeutung der Seelenwanderung wird erhellt durch eine handschriftliche Notiz aus dem Nachlaß, die wahrscheinlich allen anderen Materialien[3] vorausgegangen ist, denn noch hat der

Held keinen Namen. Das Blatt ist überschrieben mit »drei Mal wird X geboren«, »drei« ist später ausgestrichen und die Zahl »5« dafür eingesetzt. Danach folgen unter fünf numerierten Abschnitten einige Stichworte. Aus der ersten Notiz wird ersichtlich, daß der *Regenmacher* noch nicht geschrieben war:
»primitives Leben. Endet freiwillig, kleiner Häuptling als Opfer nach Dürre oder Seuche oder Erdbeben. Geht in den Wald (der Seelen), entschlossen, sich als Sohn eines Sohns oder Enkels wiedergebären zu lassen.«
In Bleistift fügte Hesse später hinzu: »Regenmacher bei den Müttern?« Unter Abschnitt II heißt es: »Wiedergeburt als Enkel oder Urenkel Held, gründet Reich der Seele.« Unter IV steht: »Wiedergeburt als jetziger X, der die Geschichte erzählt. Die Sage von X ... Wird (will) nicht? wiedergeboren werden ... In die Körper seiner Enkel wird nicht Er mehr einkehren, sondern andere Wesen, Dämonen, vielleicht werden diese fremden Enkel einst eine neue Weltjugend schaffen.«
Die zweite und vierte Eintragung weisen somit bereits auf den *Indischen Lebenslauf* hin.
Abschnitt V ist ausführlicher und stellt sehr wahrscheinlich das früheste Stadium des kastalischen Konzepts dar:
»Zukunft. Noch weniger Wirklichkeit, noch mehr Phantasie. Höchste Kultur: das Perlenspiel in vielen Kategorien, umfaßt Musik, Geschichte, Weltraum, *Mathematik*. X ist jetzt höchster Perlenspieler, spielt die Weltsymphonie, wandelt sie nach Plato, nach Bach, nach Mozart, drückt das Komplizierteste in zehn Zeilen Perlen aus ... Aber die Notleidenden und Kulturlosen haben genug, sie schlagen (mit Recht) alles zusammen, die Perlenspieler sind ihnen lächerlich und verhaßt ...«
Hesse scheint in diesem frühesten Stadium folglich auf ein nichtutopisches Ende hingearbeitet zu haben, was er noch auf seltsame Weise betont durch das in Klammern gesetzte »mit Recht«. Dies scheint die These Ziolkowskis zu widerlegen, Hesse hätte während der Entstehung des Werkes das beabsichtigte utopische Ende umgeändert in den problematischen Tod Knechts.[4]
Hesses Notiz schließt ab mit: »Schilderung des Spiels: ›Nicht leicht anschaulich zu beschreiben, da so kompliziert und außerdem so noch gar nicht erfunden‹. In diesen Zeilen scheint sich eine spielerische Selbstironie widerzuspiegeln, denn das »Spiel« war ja tatsächlich noch nicht »erfunden«.

Das Anliegen Hesses, »anschaulich zu beschreiben«, wird auch deutlich an einer anderen Unterlage des Nachlasses: einer Federzeichnung mit dem Titel »Eschholz«.* Obwohl Kastalien und seine »Eliteschulen« in einer abstrakten Zukunft existieren sollten, hat Hesse, der als bildender Künstler Tausende von expressionistischen Landschaftsaquarellen malte, den Schauplatz des Geschehens sichtbar und konkret entworfen. Im Mittelpunkt steht eine Gruppe von fünf *Mammutbäumen,* an den beiden Seiten sind die Gebäude der Klosterschule und in ihrer Mitte die zwei Schwimmbassins, an deren Rand fünf Knaben teils stehen, teils sitzen (WA, 9, S. 67).

In seinem Brief an Pannwitz beschreibt Hesse, wie sich der Gedanke des *Glasperlenspiels* langsam aus seiner Vorstellung herauszuschälen begann, »bald in feierlichen, bald in mehr spielerischen«, sich immer noch ändernden Formen, als um die Zeit der Machtergreifung aus Nazi-Deutschland etwas wie Giftgas aufstieg. Angesichts dieser drohenden Gefahren griff Hesse, wie er schreibt, »zum Rettungsmittel aller Künstler: zur Produktion«. Er nahm den »schon alten« Plan wieder auf, um »einen geistigen Raum aufzubauen, in dem ich atmen und leben könnte aller Vergiftung der Welt zum Trotz«, und zweitens, um »meine Freunde in Deutschland im Widerstand und Ausharren zu stärken«. Es galt, »das Reich des Geistes und der Seele als existent und unüberwindlich« zu schildern und »die üble Gegenwart in einer überstandenen Vergangenheit« zu bannen, wobei sich, wie Hesse schreibt, der utopische Schauplatz Kastaliens ganz unbewußt ergeben hätte: »zu meiner eigenen Überraschung entstand die kastalische Welt wie von selbst. Sie brauchte nicht erdacht und konstruiert zu werden.« Jedoch darf die Behauptung, daß Kastalien spontan entstanden sei, als eine starke Simplifizierung des Prozesses angesehen werden, denn ein beachtliches Manuskript aus dem Nachlaß zeigt, wie es sich stufenweise entwickelt hat aus einem so banalen Anfangsstadium wie dem gewöhnlichen Kartenspiel, das als ein Ersatz für das Bridge-Spiel benutzt wurde.

Bernhard Zeller weist darauf hin[5], daß Hesse die Angewohnheit hatte, den ersten Entwurf immer mit der Hand zu schreiben und später eine maschinenschriftliche, überarbeitete Fassung folgen zu lassen. Im Nachlaß finden sich als »Einleitung« zur Geschichte

---

* nicht von Hesse (Anm. des Herausgebers).

des Glasperlenspiels zwei maschinenschriftliche Versionen, die als zweite und dritte* Fassung angesehen werden und derart stark von der endgültigen Fassung abweichen, daß anzunehmen ist, es sei noch eine weitere handschriftliche Fassung zwischen der dritten und der endgültigen geschrieben worden. Beide handschriftlichen Manuskripte sind nicht mehr auffindbar**, sie wären als erste und vierte Fassung einzuordnen. Ein von Hesse unterzeichnetes Blatt, datiert 1934, gibt eine Erklärung, daß das anhängende Typoskript der dritten Fassung im Frühsommer 1932 abgeschlossen wurde, nahezu ein Jahr, bevor Hitlers Machtergreifung eine Publikation in Deutschland unmöglich machte, und daß er es daher als eine »Kuriosität« aufbewahren wolle.

Die zweite und dritte Fassung weichen nur geringfügig voneinander ab. Wir werden im Nachfolgenden von der dritten Fassung ausgehen, um daran die besonders auffallenden Unterschiede zur letzten, der publizierten Fassung aufzuzeigen.[6]

Das *Glasperlenspiel* in seiner endgültigen Form enthält keinerlei Spuren jener detaillierten Geschichte von der Erfindung des Spieles mehr, das zurückgeht auf einen reichen »Oberrechnungsrat« im Ruhestand namens Reinhold Klaiber, wohnhaft in Frankfurt. Wie uns die dritte Fassung berichtet, erfand er das Spiel im Jahre 1940. Der Name »Klaiber« erscheint auf den zweiundzwanzig Seiten einunddreißigmal, davon allein vierundzwanzigmal auf den ersten acht Seiten, und zwar in unterschiedlichen Zusammensetzungen: »Klaibers Zeit, Klaibersches Originalspiel, Klaibers Kartenspiel, Klaibersche Epoche, Klaibergeneration«, etc.

Den entscheidenden Anreiz zu dieser Erfindung gab Reinhold Klaibers Mißfallen an der Besessenheit, mit welcher seine Frau, von einem russischen Grafen darin unterwiesen, Bridge spielte. Er war verärgert, daß Leute ihre Zeit mit Bridge vergeudeten, anstatt Englisch zu lesen (in der zweiten Fassung »anstatt Griechisch zu treiben«!). Als eine Art Gegenmittel, das die Anziehungskraft verlagern sollte, »erfand« Klaiber ein Kartenspiel »für wahrhaft Gebildete«, ein Spiel, das in seiner einfachsten Form eigentlich gar keine Erfindung darstellte, sondern in

---

* Die dritte Fassung eröffnet u. d. T. »Vom Wesen und von der Herkunft des Glasperlenspiels« den ersten Band dieser Materialien-Edition.
** Die erste handschriftliche Fassung der Einleitung wurde inzwischen im Nachlaß von H. C. Bodmer aufgefunden. Vgl. Bd. 1 dieser Edition S. 305 ff.

Deutschland als »Dichter-Quartett« wohlbekannt ist. Klaiber allerdings brachte die Namen und Werke der Dichter in Verbindung mit den Namen und Werken von Malern, Musikern, Baumeistern; und so konnte anstelle eines »Quartetts« bei Goethe oder J. S. Bach etwa ein »Sextett« entstehen, bei Lessing oder Gluck nur ein »Terzett«. Der Vorzug dieses Spieles war, daß man es selbst zusammenstellte. Jede interessierte Familie entwickelte ihr eigenes »Bildungsquartett«, das ein ganz spezielles oder breiteres Gebiet umfassen oder universal sein konnte.

Hand in Hand mit der Geschichte von Klaiber und seiner Erfindung läuft die »Kulturkritik« an der »Klaiberzeit« (der Begriff des »feuilletonistischen Zeitalters« erscheint nur ein halbes dutzendmal im letzten Teil des Manuskripts). Besonders betont wird darin die unterschwellige »Angst« um die Existenz, wie wir sie auch aus der letzten Fassung kennen: »unter ihren Füßen klaffte der Boden und das Nichts drohte.« Aber die frühere Beschreibung ist »zeitnäher«: sie konnten sich nicht dazu entschließen, die politischen Zügel aus den Händen einiger weniger »Streber« zu nehmen und »konnten zu Zeiten kaum über die Straße gehen, ohne von Bewaffneten angebrüllt, in den Bauch getreten und häufig auch getötet zu werden«. Deutlich heraufbeschworen werden die Straßenkampfszenen zwischen bewaffneten Nazis und Kommunisten aus den Jahren 1931-32: »während aus den nichtigsten Anlässen jeden Augenblick Straßenkrawalle und Totschlägereien ausbrachen.« »Diese merkwürdigen Menschen« der »Klaiberepoche«, die das »Lenken von Automobilen und das Spielen schwieriger Kartenspiele erlernten und äußerst kluge und raffinierte Methoden der Steuerhinterziehung beherrschten und neu erfanden, gönnten sich die Mühe und Zeit nicht, sich gegen die Furcht stark zu machen, die Angst vor dem Tod in sich zu bekämpfen«.

»Das Hübsche an Klaibers Kartenspiel« war seine Unbegrenztheit und Beweglichkeit«. Aber die sich »ins Uferlose verlierenden Massenspiele« waren nicht von langer Dauer. In einem musikalischen Kreis in Frankfurt begann man mit den »Spezialspielen«: anstelle der Namen von Komponisten und ihrer Werke wurden nun musikalische Themen verwandt, die man summte, pfiff oder sang, und es geschah häufig, daß alle Mitspieler, vom vorgetragenen Thema gepackt, den Satz »mehrstimmig« mitsummten: »die Einführung der Notenschrift und der musikalischen Spezialspiele war der Beginn zur Entwicklung des Spiels aus einer Spielerei zum Kult und zum Ausdruck einer Gesinnung.« Auch in dieser frühen Fassung wird also die Bedeutung der Musik erwähnt, wenngleich noch nicht so sorgfältig ausgearbeitet wie in der endgültigen Fassung, in der »Musikwissenschaftler« die Notenschriften von Bach und die unverfälschte Reinheit der Musik aus dem siebzehnten Jahrhundert wiederentdecken. Auch fehlte noch die Betrachtung des Lü Bu We über die Bedeutung der Musik und ihrer repräsentativen sowie symbolischen Rolle innerhalb eines Staates.

Mit dem Ende der Klaibergeneration erreichte der »feuilletonistische Geistesbetrieb« seinen Tiefstand: »was in Vorträgen, Zeitschriften und Büchern um 1950 geleistet und von der Menge bewundert wurde, unterbietet das gewiß bescheidene Niveau von 1930 noch um ein Erhebliches.« Als Beispiele führt der Autor zwei im Jahre 1950 publizierte Bücher deutscher Professoren an. Das erste ist »Professor Lankhaars zweibändiges, über 1500 Quartseiten umfassendes Werk *Die Kriegsschuldlüge*«. Sarkastisch weist Hesse darauf hin, daß nun, fünfunddreißig Jahre zu spät, in einer Zeit, als niemand mehr über die »Schimpfreden« von 1914 nachdachte, Lankhaar der Welt den Beweis erbringt, daß das deutsche Volk, der Kaiser, die Generalität und Diplomatie an allem unschuldig gewesen seien. Anhand zahlreicher »Belege« zeigt der Professor die wirklich Schuldigen: den König von Frankreich, Ludwig den Elften, der schon seit vielen Jahrhunderten tot war, und einen völlig in Vergessenheit geratenen französischen Beamte, Théophile Delcassé[8]. Die Anspielungen auf Hitler und *Mein Kampf* sind nur allzu offensichtlich, aber von Hesses Seite mag eine Art Wunschdenken mitgespielt haben, denn er schildert Lankhaar zur Zeit der Buchpublikation bereits im fortgeschrittenen Alter von zweiundachtzig Jahren und läßt ihn gleich darauf sterben. Wir erfahren, daß man sich voller »Rührung« erzählte, allein Lankhaars Bewußtsein seiner bedeutenden Aufgabe habe ihn so lange am Leben erhalten. Dieses »wunderliche und wirre Werk« fand außerhalb Deutschlands kaum einen einzigen Leser und wurde von der europäischen Presse »mit einem gewissen achtungsvollen Mitleid« ignoriert, erreichte jedoch in Deutschland, obwohl auch dort niemand es gelesen hatte, einen zwei Jahrzehnte anhaltenden Ruhm, denn die »politischen Condottieri« konnten es als eine »Fundgrube« benutzen.

Weit unheilvoller war das andere Buch, Werk eines Hochschulprofessors Schwentchen, mit dem Titel *Das grüne Blut.*[9] Es lebte damals, so erfahren wir, ein Jugendführer, Intrigant und Abenteurer mit Namen Litzke, den man seit zehn Jahren als den »heimlichen Kaiser« Deutschlands ansah, ein Beiname, den er besonders gerne hörte. Dieser Litzke war es, der »die neue von ihm erfundene Legende vom ›grünen Blut‹ einer durch Rassenlegenden alles Denkens entwöhnten Jugend« vorlegte. Das grüne Blut galt, wie ein heiliges Stigma, als die mystische Auszeichnung weniger Auserwählter, der »echten Führernaturen«, der Nachkommenschaft von mindestens dreißig Generationen reinrassigen deutschen Blutes:
»Viele der alten deutschen Kaiser hätten es gehabt, und da und dort an ruhmreichen Stellen der deutschen Geschichte wurde es nachgewiesen, auch Bismarck sollte es besessen haben, und natürlich besaß es auch Litzke, der heimliche Kaiser.«
Niemand wagte, diese Legende öffentlich zu kritisieren. Man war an Furcht und Angst gewöhnt und wußte genau, daß man sein Leben aufs Spiel setzte, sobald man den Zorn der jungen Fanatiker auf sich lenkte. Die Gelehrten hatten sich schon seit langem in die Passivität zurückgezogen. Da kam Schwentchen mit der Publikation seines Buches über *Das grüne Blut,* zitierte darin Zoroaster und Manu und entlehnte Begriffe aus dem Sanskrit, dem Sumerischen und Griechischen, Wörter, die er selbst gar nicht verstand, denn sein Fachgebiet war nicht die Philologie, es war vielmehr »die Wissenschaft des Tennisspiels, für welche es damals Professuren gab«. Immerhin wurde Schwentchen, nachdem er dem grünen Blut seinen professoralen Segen verliehen hatte, rasch zu hohen Ehrenstellen befördert. Eine Zeitlang hörte man ihn jede Woche im Rundfunk, er wurde verwöhnt durch Titel, Fackelzüge, Berühmtheit und Wohlleben, so daß er schließlich »das Tennisspiel« verlernte und man für ihn eine neue Professur schaffen mußte.
Die Weiterentwicklung des »Perlenspiels« aus Klaibers »Kartenspiel« weicht stark von der Version des endgültigen Textes ab (WA, 9, S. 29/30), in welcher die Perlen anfangs »an Stelle von Buchstaben, Zahlen, Musiknoten oder anderer graphischer Zeichen« eingeführt werden. In der dritten Fassung heißt es, Klaibers Kreis habe die Glasperlen zum Zählen der jeweiligen Gewinnpunkte benützt, Blau für die Dichter, Rot für die Musiker

etc. und die unterschiedlichen Größen und Formen für die Punktzahlen hundert, tausend etc. Die Gewinner bewahrten ihre Perlen entweder auf oder tauschten sie gegen andere ein, um auf diese Weise ganze Perlenschnüre zu sammeln. In vielen Städten galt es für eine Ehre, die meisten Perlen zu besitzen.

Die frühe Version läuft insofern parallel zum endgültigen Text, als auch sie die Ausbreitung des Spieles von der Musik zur Mathematik und schließlich in alle Künste und Geisteswissenschaften schildert. Aber auch die einander ähnelnden Passagen weisen Unterschiede auf, anhand derer man erkennen kann, wie weit Hesse Entwurf und Formulierung später präzisierte. In der dritten Fassung hatte sich das Glasperlenspiel auf seiner höchsten Stufe »zum Inbegriff des Geistigen, zum sublimen Kult und Dienst, zur Verwirklichung der universitas litterarum« entwickelt. In der endgültigen Fassung wird es »zum Inbegriff des Geistigen und Musischen, zum sublimen Kult, zur Unio Mystica aller getrennten Glieder der Universitas Litterarum«. Die stärkere Aussage der letzten Formulierung liegt auf der Hand. Durch die Erweiterung des Gedankens, die höhere Einheit, in welcher alle getrennten Bestandteile zusammenlaufen, rückt Hesse zudem die Idee der Polarität stärker in den Vordergrund.

Unter dem noch erhaltenen Material zum *Glasperlenspiel* befindet sich auch ein Zeitungsausschnitt aus dem Stuttgarter *Neuen Tagblatt* (Nov. 14, 1931) mit einem Feuilleton-Artikel von Otto Engel zum Gedächtnis Hegels. Darin stehen u. a. die folgenden Passagen:

»Hegel ist von Einem Ziele besessen: er will zur Einheit des Ganzen, er will die Totalität alles Seins, das unendliche Leben in seiner Entwicklung, erkennend erfassen... ›Das Wahre ist das Ganze‹: sein Auge ist auf die allumfassende Einheit gerichtet, auf den Urgrund des Lebens, auf das Absolute. Hegel will dasselbe wie Religion: er will Gottes innewerden; und er besitzt denselben Glauben wie die Religion: auch sein Evangelium lautet: ›Gott ist *Geist.*‹...

Nach seinem Auge bewegt sich das Leben in lauter Gegensätzen und Widersprüchen und schließt sich über all diese Gegensätzlichkeiten hinüber immer wieder zur Einheit zusammen... *in* aller Vielfalt lebt ein einheitlicher Geist, der im Kampf der realen Gegensätze nur immer mehr ›zu sich selber kommt,‹...

Der absolute Geist spricht sich durch das Denken des Einzelnen aus.«
Es ist erstaunlich, in welchem Ausmaß diese Zeilen auf die dialektische Ausbreitung des Glasperlenspiels zutreffen, auf die höhere Einheit über dem Ganzen, sowie auf die Rolle des Begriffes *Geist* und der besonderen Antriebskraft des Geistigen, die Hesses Roman beständig durchzieht.
Die gleiche Quelle gab mir nebenbei eine Erklärung für etwas, was mir bis dahin völlig verborgen geblieben war: die Anerkennung Hegels in mehreren Passagen[10], bei gleichzeitiger Mißbilligung der Geschichtsphilosophie. Fest steht, daß Hesse mit Schopenhauer und Nietzsche vertraut war, jedoch ist es mir nicht gelungen, irgendeinen Anhaltspunkt dafür zu finden, ob er Hegel gelesen oder sich mit ihm beschäftigt hat. In der *Arbeitsbibliothek* aus dem Nachlaß steht kein Band der Hegelschen Werke, noch ist es wahrscheinlich, daß Hegel, außer von akademisch ausgebildeten Philosophen, wirklich gelesen wird; darüber hinaus war Hegel ein Greuel für Jacob Burckhardt. Ganz interessant ist der Gedanke, Hesse habe es möglicherweise nicht als unter seiner Würde betrachtet, einen *Feuilleton-Aufsatz* wie den von Engel zu benutzen!
In diesem Zusammenhang ist der Absatz auf Seite 10 (WA, 9) aufschlußreich, der endet mit: »... so ehrwürdig ist uns das Andenken der Opfer, der wahrhaft Tragischen.« In der früheren Version heißt es: »... der Opfer, der Tragischen, in welchen der Kampf zwischen Natur und Geist immer wieder auflebt.« Der Konflikt zwischen Natur und Geist geht natürlich durch alle Werke Hesses, aber im Kontext des *Glasperlenspiels* scheint daraus eine eigentümliche Mischung aus Hegel und Burckhardt entstanden zu sein, in der der Einzelne, getrieben von dem hegelianischen Streben nach einer höheren Einheit, die Rolle des sich Opfernden annimmt, wie sie von Burckhardt verstanden wird: »Diese großen Individuen sind die Koincidenz des Allgemeinen und des Besonderen, des Verharrenden und der Bewegung in Einer Persönlichkeit. Sie resümieren Staaten, Religionen, Kulturen und Krisen.«[11]
Hinzu kommt noch, daß von Anfang an eine hegelianische Anziehungs- bzw. abstoßende Kraft zwischen der Kurie und Kastalien, zwischen dem Benediktiner und dem kastalischen Orden zu bestehen scheint.

Die Mathematik spielt in der früheren Fassung sicherlich eine wichtigere Rolle: diese »Königin der Wissenschaften« wurde in »mathematischen Seminaren« Deutschlands gepflegt, wo etwa um das Jahr 1960, wie es heißt, eine Abkehr vom »Feuilleton (und auch von der Kunst)« begonnen hatte.

Die Bedeutung der Musik, die in der früheren Fassung den ersten Anstoß zur Weiterentwicklung des Klaiberschen Kartenspiels gibt, ist im endgültigen Text erhöht. Es kann wohl kaum bezweifelt werde, daß dies zum Teil aus Hesses intensiver Beschäftigung mit der Musik des sechzehnten und siebzehnten Jahrhunderts resultiert, die er in den Jahren von 1932-34 unter der Führung seines Neffen Karl Isenberg (Carlo Ferromonte) studiert hatte. Das wird ganz deutlich im vierten *Lebenslauf* des Musiker-Theologen aus dem frühen achtzehnten Jahrhundert. Aber die Auswirkungen dieser musikalischen Studien erstrecken sich über das ganze Werk.[12] Die frühe Version des Anfangskapitels endet noch nicht mit der wunderbaren Lobrede Josef Knechts auf die klassische Musik als *Gleichnis* nicht allein für das Glasperlenspiel sondern auch für das Gute und die Moral.

Der entscheidende Schritt zur Erfindung einer »Zeichensprache«, mit der man musikalische und mathematische Begriffe gleichzeitig ausdrücken konnte, wird dem Lusor oder Joculator Basiliensis zugeschrieben; in der früheren Fassung heißt er einfach Ignotus Basiliensis. Diese Gestalt ist wahrscheinlich inspiriert durch einen Privatgelehrten namens Hans Kayser, der, obwohl er ein Dutzend Bücher geschrieben hatte, praktisch *unbekannt* geblieben war. Kayser, von Geburt Schwabe, wohnte fast sein ganzes Leben lang in der Schweiz, nahe bei Bern. Aber er hielt Vorlesungen in Basel, wo auch einige seiner Bücher erschienen sind, so daß der Name *Unbekannter Basler* recht gut auf ihn zutreffen könnte. Er gründete seine Theorie auf einer Verbindung der Mathematik mit der Musik und entwickelte daraus ein System, das den ganzen Kosmos miteinbezog und alles in die Begriffe mathematisch-musikalischer, harmonischer Zusammenhänge fassen konnte durch den Übergang von Qualitativem zu Quantitativem und umgekehrt.[13]

Wie wir bereits gesehen haben, zielt die Zeitkritik der frühen Version viel direkter auf einen bestimmten Schauplatz und einen bestimmten Zeitpunkt hin: auf das Deutschland der frühen dreißiger Jahre. Es ist daher merkwürdig, einen entgegengesetzten

Aspekt in Hesses Bindung an Deutschland zu beobachten. Denn trotz aller scharfen Kritik ist es doch Deutschland, das der Welt das Glasperlenspiel schenkt: »zuerst in Deutschland und bald in fast allen Ländern«, während wir in der endgültigen Fassung lesen: »es entstand gleichzeitig in Deutschland und in England und zwar in beiden Ländern als Spielübung in jenen kleinen Kreisen von Musikgelehrten und Musikern.« Die endgültige Fassung erwähnt auch bei der Übertragung der Musik auf die Mathematik (WA, 9, S. 32) Frankreich und England vor Deutschland, während die frühe Fassung nur von den mathematischen Seminaren in Deutschland spricht. Es wird deutlich, daß trotz der anwachsenden politischen Krise im Jahre 1931 Hesses Erwartungen noch auf Deutschland als den Mittelpunkt gerichtet waren, denn in der frühen Fassung heißt es außerdem noch, daß die erste öffentliche Organisation des Spieles, bei der der offizielle *magister ludi* ernannt wurde, in Deutschland stattgefunden habe. Überdies gilt galt deutsche Magister bei den »seltenen Streitfällen als Autorität« vor den anderen Ländern. In der endgültigen Fassung wird das zurückgenommen: »seine öffentliche Organisation erfuhr das Spiel zuerst in Frankreich und England« (WA, 9, S. 42). Zweifellos hatte die darauffolgende Machtergreifung Hitlers die Hoffnung auf eine kulturelle Führerschaft der Deutschen zerstört und zur stärkeren Distanzierung in der revidierten Fassung geführt. Vielleicht auch hat Hesse in der Präzedenz Englands und Frankreichs bei der Errichtung von Nationalstaaten eine historische Parallele zur nationalen Organisation des Spieles gesehen. In der Überarbeitung werden keinerlei Streitfälle mehr erwähnt, und tatsächlich wären diese auch nicht mit dem kastalischen Geist in Einklang zu bringen. Anstelle eines deutschen *arbiter mundi* gibt es nun eine *Weltkommission,* deren Funktion lediglich darin besteht, über Annahme oder Ablehnung neuer Formeln zu entscheiden.

Trotz der interessanten Geschichte von Reinhold Klaiber und der scharfen Kritik, besonders an den deutschen Zuständen, ist die frühere Fassung dem endgültigen Text deutlich unterlegen, denn der letztere zeigt Hesses Weiterentwicklung aus der Abhängigkeit gegenüber Deutschland hin zu einer objektiven, umfassenden Sicht, man könnte sagen, aus dem *Heimatdichter* zum *Weltbürger*. Wollte man es ironisch fassen, so könnte man behaupten, daß die letzte Stufe der Entfaltung Hesses und die Vervollkommnung des *Glasperlenspiels* Hitler einiges zu verdanken hat, oder genauer gesagt, Hesses gesunder Reaktion auf Hitler.

In der frühen Fassung steht der Chronist außerhalb der kastalischen Hierarchie: »wir sind Laien«, und gleich im ersten Satz heißt es »Um der Geschichte Knecht's willen machen wir den Versuch einer kurzen, volkstümlichen Darstellung vom Wesen und der Herkunft des Glasperlenspiels.« Als Laie weiß der Chronist nicht, ob die Legende etwas Wahres enthalten wird, die von einer bereits existierenden Geschichte des Glasperlenspiels berichtet, einer Geschichte, nicht aus Worten, sondern aus Formeln des Spieles selbst: »Man hört gelegentlich von einem solchen Codex sprechen, welcher von Generation zu Generation ... weiter geführt werde.« Dies läßt darauf schließen, daß Hesse in diesem frühen Stadium das Spiel als ein Symbol für die Weltkultur ansah, die sich ihre eigene Geschichte mit den großen, die Zeitalter überdauernden Werken selbst schreibt.

Nicht nur steht der frühe Chronist außerhalb Kastaliens, sondern auch der Leser des Manuskripts wird über die weitere Existenz dieses Chronisten im unklaren gelassen. Einige Unterlagen im Nachlaß aus diesem frühen Stadium deuten auf eine Unsicherheit bezüglich dieses Punktes hin. Auf der Rückseite eines Briefes von der *Neuen Rundschau* vom 22. Juni 1931 hat Hesse unter der Überschrift *Schluß* notiert:

»Das große Gespräch über Geist und Politik zwischen Knecht und [d]em Führer der Diktatur, der ihn dafür gewinnen will, das Gl.Spiel in den Dienst des neuen Staates zu stellen, andernfalls muß seine Partei gegen die Glspieler ... rigoros vorgehen ... die Bünde auflösen, das Spiel verbieten und zerstören, seine paar Führer und Wissenden töten ... Knecht macht keinerlei Versuch sich zu retten. Er weigert sich, auf den Vorschlag einzugehen ... Er sagt: es wäre auch ganz wertlos, wenn er aus irgend w. Gründen sich bereit erklären würde Ja zu sagen: denn wer sich gewissenhaft und nach allen Regeln jahrelang dem Erlernen des Spiels widme, und dabei etwas erreiche, der sei für immer verdorben und verloren für jedes Ausüben von Macht, für jedes materielle Streben.

Also: er sagt Nein, und willigt in den Untergang. Doch erbittet er Erlaubnis und Frist zu einem letzten Spiel ... Thema dieses letzten Spieles ist: Kampf der unreinen, streberischen Mächte gegen den reinen Geist, scheinbare Fortschritte der Macht, Politik etc., die sich aber langsam als lauter Auflösungen erweisen, und zuletzt, wo das ursprüngliche Geist-Thema sich zum Machtthema umgekehrt hat, erweist sich Alles als vom Geist verwand[el]t und durchsetzt.«

Hier sehen wir Knecht, Kastalien und das Glasperlenspiel vor der Zerstörung, aber das letzte *Spiel* Knechts spiegelt den optimistischen Glauben an die Fortdauer des Geistes wider. Stark hervorgehoben wird der Aspekt des Sich-Opferns an Knechts Tod.

Eine ähnliche Ambivalenz zeigt die frühere Fassung des Anfangskapitels, wo der Chronist, obschon Laie, das Bewußtsein der Überlegenheit mit einem leichten Skeptizismus gegenüber seiner eigenen fortgeschrittenen Zeit verbindet: »Weiß Gott, ob nicht unsre heutige Zeit, die wir als so überlegen und klug empfinden, von späteren Jahrhunderten ebenso belächelt werden wird wie die Klaiberzeit von uns.«

In der endgültigen Version besteht darüber kein Zweifel: Von der ersten Zeile an wissen wir genau, daß das Archiv, das Spiel und die Hierarchie existent sind, und daß der Chronist zu den Erwählten gehört. Diese Gewißheit bringt eine neue Basis für scherzhafte Anspielungen und Ironie mit hinein, wie in dem Titel Josephus III und in der Aufzählung der Vorväter des Spieles, die unter anderen Albertus Secundus erwähnt, welcher natürlich Hesse selbst ist, der Verfasser des Mottos. Hesse erscheint auch als Chattus Calvensis und später als »der chinesische Bruder«. Indem er den Chronisten zu Kastalien gehören läßt, konnte Hesse außerdem noch seine Parodie des Kanzleistils entfalten, dessen schwerfällige Ausführlichkeit und Eigenart sich für die Parodie geradezu anbieten.[14] Auf einer Notiz aus dem Nachlaß ist vermerkt, daß die Geschichte Josef Knechts und des *Glasperlenspiels* hauptsächlich aus zwei Teilen bestehen wird: einerseits die »möglichst nüchtern gehaltene Biographie Knechts« und andererseits die Schriften dieses Knecht »vor allem die Gedichte und die drei Lebensläufe«. Bis jetzt haben die Kritiker größtenteils diesen scharfen Kontrast zwischen den beiden Hälften des Werkes noch gar nicht zur Kenntnis genommen. In der Tat kann man in dieser stilistischen Dialektik das Thema der Polarität widergespiegelt sehen.[15]

Eine weitere handschriftliche Notiz (auf der Rückseite einer Mitteilung des »Deutschen Vortrupp. Gefolgschaft Deutscher Juden«) ist überschrieben mit »Ende des Ludi Magister«. Diese

Notiz unterscheidet sich ebenso sehr von dem veröffentlichten Text wie von der vorhergegangenen Notiz über die Konfrontation Knechts mit dem Diktator. Ganz deutlich scheint auch sie auf ein sehr frühes Stadium datiert werden zu können. Daher ist der Plan, Knecht aus Kastalien heraus in die Welt gehen zu lassen, um so aufschlußreicher:

»Knecht bereitet das große Jahresspiel vor und führt es auf der Höhe seiner Besonnenheit... Nach Vollendung des Spiels legt er sein Amt als Magister nieder... Er will in die ›Welt‹, er will nicht weiter in dieser Vollkommenheit und Ordnung leben, er will nicht hier weiter dienen, wo alles so vollkommen ist, sondern draußen unter den Fremden. Er will unter sie gehen, dienend, vielleicht als kleiner Musikant, er will versuchen, dort etwas von dem auszustrahlen, was er von hier mitbringt: die Bereitschaft zum Dienen, zum Gutmachen seiner Sache. Hier, bei den Geistigen, ist das leicht. Dort, in der Welt, auf dem Markt der Leidenschaften, ist es schwerer.

Gespräche mit den Obern, die ihn endlich entlassen müssen.

Er geht namenlos, man hört nie mehr von ihm.«

Geradeso wie im abgeschlossenen Werk die Gestalt des Alt-Musikmeisters ihre Bedeutung als Vorbild hat und ein Licht auf den Sinn von Knechts Leben und auf das Werk als Ganzes wirft, so besteht auch eine enge Beziehung zwischen der nachfolgenden Notiz über das Ende des *magister musicae* und der oben angeführten Notiz über das Ende Knechts:

»Als er sich seinem Amt nicht mehr gewachsen fühlt, mit 72 Jahren, nimmt er Abschied... nimmt Josef auf eine Reise in die ›Welt‹ mit, macht ihn mit zwei oder drei Leuten bekannt, die später für Knecht wichtig werden.

Dann erbittet sich der Ex-meister eine kleine Organistenstelle an einer Schule, dort arbeitet er noch einige Jahre. Indessen ist Knecht Spielmeister geworden. Als er sein erstes großes Spiel celebriert, ist der Alte auch gekommen, ist aber schon in den ersten Tagen erkrankt, und stirbt. Knecht sitzt während des ›großen Spiels‹ immer wieder 1 Stunde bei ihm, sieht ihn sterben, denkt beim Spiel an ihn, widmet es ihm.«

Obwohl diese frühe Skizze auf die Bedeutung des Musikmeisters für Knecht hinweist, wird man sich der unendlich viel stärkeren Wirkung bewußt, die von der vollendeten Todesszene ausgeht, in der Knecht miterlebt, wie sich die Gestalt dieses Heiligen sichtbar vergeistigt und Heiterkeit ausstrahlt. Recht merkwürdig ist, daß es im Nachlaß ein Schriftstück gibt, das den Musikmeister mit Carlo Ferromonte identifiziert. Die Beziehung Hesses zu seinem Neffen Karl Isenberg ist wesentlich besser getroffen in der späteren Trennung seiner fiktiven Person von der des *magister musicae,* dessen Rolle in Knechts Leben der eines Schutzengels gleichkommt, eines geistigen Mentors, eines idealen Vorbildes und »Demian«.[16]

Die Zeitkritik im Anfangskapitel steht in einem Zusammenhang mit Knechts *Rundschreiben,* in dem er seinen Entschluß, Kastalien zu verlassen, rechtfertigt. Auch hier erhellen die Streichungen und Abänderungen des ursprünglichen Manuskripts den Prozeß der Distanzierung. Die Art der Auslassungen läßt sich an den nachfolgenden Beispielen ersehen: auf Seite 386, nach »der ehrgeizigen Minister«, wurde die Wendung »der brüllenden Diktatoren« weggelassen. Auf der nächsten Seite, nach »Korruption sehen«, stand ursprünglich:

»wir erzählen dann einige Anekdoten von totgeschlagenen und eingekerkerten Gelehrten, verbotenen und verbrannten Büchern, von der Hinrichtung eines satirischen Dichters, als Strafe dafür, daß er die auf Befehl eines Generals durch Bomben getöteten Kinder in einer klösterlichen Schule besungen hatte.«

Auf Seite 389, nach »erließen Proteste«, kam der gestrichene Satzteil »gegen grausame Gesetze, gegen Hinrichtungen, gegen die Vernichtung des Völkerrechts, gegen Beschießung friedlicher Städte«. Auf derselben Seite, nach »in die Schulen hinein«, wurde die nachfolgende Passage ausgelassen:

»Im Interesse der ›Kulturpropaganda‹ hingegen tat man gelegentlich so, als habe man die gelehrtesten und harmlosesten Interessen ... z. B. wurden, angeblich aus Sparsamkeit, die Lehrpläne aller Schulen stark gekürzt, und unter andrem der griechische Unterricht abgeschafft ...«

Alle diese nicht verwandten Passagen zielen auf Hitler-Deutschland. Die letzte nimmt Bezug auf die bekannt-berüchtigte Verkürzung der Vorbereitung zum Abitur, durch welche man die Aufnahme in den Arbeitsdienst und in die Wehrmacht beschleunigte. Auch ließ das Nazi-Regime die Anzahl der humanistischen Gymnasien drastisch zurückgehen. Die längste der gestrichenen Passagen lautet zu einem Teil wie folgt (Seite 394, nach »In früheren Epoche ... politisieren«):

»Zu den berauschenden Schlagworten jener Zeit gehörte, nachdem man vor kurzem noch vom ›Gesamtkunstwerk‹ geträumt hatte, das Schlagwort ›Totalität‹. Unser Historiker Ziegenhalß schüttelt den Kopf dazu . . . : ›Die Generäle sprachen vom totalen Krieg, die Techniker von der totalen Motorisierung, die Finanzkünstler von der totalen Wirtschaft. Kurz, jedes Teilgebiet des Lebens konnte sich unter Umständen diesen wunderlichen Anspruch aneignen, das Ganze zu sein. Wir verstehen wohl, daß einseitig gebildete Militärs und politische Emporkömmlinge ahnungslos solche Sprachroheiten und Denkfehler produzierten: was wir nicht verstehen, ist, daß solche Worte tatsächlich, und auch bei Völkern mit guter Tradition und differenzierter Sprache, in allem Ernst sich durchsetzen und eine Weile herrschen konnten. Nun ist ja allerdings die Entartung der Sprache, das Erkranken der Syntax, die Verarmung der grammatischen Formen und die Überschwemmung der Sprache mit neuen, unorganischen, zu Propagandazwecken erfundenen Wörtern ein Charakteristikum solcher Zeitläufte.‹ So Ziegenhalß. Zu jener Totalitätsforderung gehört nun auch die nach der Politisierung oder Militärisierung des Geistes.«

So interessant solche Passagen zur Erhellung von Hesses politischem Standpunkt sein mögen, es kann keinen Zweifel daran geben, daß er, als er sie strich, ästhetische Urteile walten ließ, denn sie tendieren zur Unterjochung des dichterischen Pegasus für politische Zwecke. Ein unveröffentlichtes Tagebuch vom Juli 1933 verweist auf das Einleitungskapitel, das dreimal »umgearbeitet« worden war, damit eine »Distanz« zwischen der »Knecht-Zeit« und dem Heute geschaffen wurde, aber noch immer sieht Hesse es als »viel zu sehr zeitbestimmt und zeitbeeinflußt«. Gegen Ende des Tagebuches bekennt Hesse: »Ich empfinde eine Art von Verpflichtung zur Opposition, kann diese aber nicht anders realisieren als indem ich mich und meine Arbeit noch intensiver neutralisiere.«

Diesen Prozeß einer Neutralisation und Distanzierung gibt die nachfolgende Notiz aus dem Nachlaß über das Spielen wieder, das nicht nur auf den Roman übertragen wird, sondern auch die Bedeutung des freien Spiels der künstlerisch kreativen Einbildungskraft hat:

»Knecht erklärt u. a.: ›Spielen‹ hat manche Bedeutungen, in allen aber bedeutet es etwas, was der damit Beschäftigte ganz besonders wichtig und ernst nimmt. Das Spiel des Kindes wird mit größtem Ernst gespielt. Das Spiel der Musiker wird wie Gottesdienst celebriert. Jedes Karten- oder Gesellschaftsspiel noch zeichnet sich dadurch aus, daß man es zwar als minder ernsthaft vom ›Leben‹ unterscheidet, daß es aber ganz feste Regeln hat, und daß jeder Spieler diese Regeln viel genauer einhält und sich ihrem Sinn viel mehr unterwirft als die meisten Menschen im ›wirklichen‹ Leben es mit den Regeln der Vernunft, der Hygiene, der Sozialität etc. tun. Darum ist jedes Spiel eine gute Schule des Gehorsams, des Dienens, des Ernstnehmens, und das wird nicht entwertet sondern erhöht, daß die wachsten und klügsten Spieler genau darum wissen, ihr Spiel sei bloß Bild, Gleichnis, eben Spiel. Gerade die, die das Spiel ohne Ehrgeiz, ohne Gewinnenwollen spielen, halten die Regeln am besten. Und gerade die, die auch im Leben handeln als sei es Spiel, dienen dem Leben am besten...«

Hesse gibt also seiner Überzeugung Ausdruck, daß er durch das ernste Spiel des Romans, an welchem er gerade schrieb, dem Leben am besten diene, sogar dem politischen Leben. Diese Überlegungen über die Beziehung zwischen *Spiel* und *Ernst* sind möglicherweise beeinflußt worden von Huizingas *Homo Ludens. Vom Ursprung der Kultur im Spiel,* das Hesse sofort, nachdem die deutsche Übersetzung im Jahre 1938 erschienen war, gelesen hat, jedoch scheint Hesses Gedanke sogar noch unmittelbarer verwandt zu sein mit Schiller, der im fünfzehnten seiner *Aesthetischen Briefe* schrieb: »der Mensch spielt nur, wo er in voller Bedeutung des Worts Mensch ist, und er ist nur da ganz Mensch, wo er spielt«, und im zweiundzwanzigsten Brief:

»Der frivolste Gegenstand muß so behandelt werden, daß wir aufgelegt bleiben, unmittelbar von demselben zu dem strengsten Ernste überzugehen. Der ernsteste Stoff muß so behandelt werden, daß wir die Fähigkeit behalten, ihn unmittelbar mit dem leichtesten Spiel zu vertauschen.«

Das Glasperlenspiel ist »leichtestes Spiel mit dem ernstesten Stoff«. (1968)
(Aus dem Englischen von Ursula Michels-Wenz)

Anmerkungen

1 *Briefe* (Frankfurt a. M., 1959), pp. 461-465
2 *Prosa aus dem Nachlaß* (Frankfurt a. M., 1965). Sofern nicht anders vermerkt, sind die Zitate Hesses entnommen aus *Hermann Hesse, Werkausgabe* (Frankfurt a. Main 1970), abgekürzt WA.
3 Diese Notiz wurde geschrieben auf die Rückseite eines Briefes von der Gebr. Fretz AG, Zürich, datiert 30. April, 1931. Obwohl man daraus noch nicht den Beweis ersehen kann, daß die Notiz zur selben Zeit geschrieben wurde, kann doch aus der Sicht des Zusammenhangs die Annahme eines frühen Datums bestärkt werden.
4 Theodore Ziolkowski, *The Novels of Hermann Hesse* (Princeton 1965) – meine Meinungsverschiedenheit über diesen einen Punkt bedeutet keine Nichtachtung seines ausgezeichneten und wichtigen Buches. Meine Ansicht über das behandelte Thema wird auch (unabhängig) von Mark Boulby vertreten in seiner neueren Studie mit dem Titel *Hermann Hesse: His Mind and Art* (Cornell Univ. Press 1967), die erschien, nachdem dieser Artikel geschrieben und zur Veröffentlichung angenommen wurde.
5 *Hermann Hesse in Selbstzeugnissen und Bilddokumenten* (Reinbek bei Hamburg, 1963), p. 148
6 Erstmals in *Die Neue Rundschau*, Dez. 1934; unverändert in der vollendeten Buchausgabe (Zürich 1943).
7 Ludwig der Elfte (1461-83), der verschlagene, listige Gegenspieler Karls des Kühnen.
8 Théophile Delcassé (1852-1923), von 1892 bis 1915 Minister des Auswärtigen in vielen französischen Kabinetten. »Seine Politik ging von dem deutschfeindlichen Revanchegedanken aus« (Brockhaus, 1929).
9 Möglicherweise eine Anspielung auf H. F. Günther, Professor in Freiburg, und seine *Rassenkunde des nordischen Volkes* (1922).
10 WA, 9, S. 13, 93, 103, 386; s. auch die erste Seite des Romans, die stillschweigend auf die Hegelsche Dialektik Bezug zu nehmen scheint: »je schärfer und unerbittlicher wir eine These formulieren, desto unwiderstehlicher ruft sie nach der Antithese«. Vgl. auch 167, wo die Begriffe *Dialektik, Gegensätze, Synthese* erscheinen, und 475, *Weltvernunft*.
11 *Weltgeschichtliche Betrachtungen* (Berlin, 1905), p. 231 (im Kapitel »Das Individuum und das Allgemeine: die historische Größe«).
12 Als ein Beispiel für die Art der Notizen über Musik, die Hesse aufgrund seiner Korrespondenz und den Gesprächen mit Karl Isenberg gemacht hat, vgl. die folgende über das Thema der Fuge mit der Beschreibung der Fuge, die der *Musikmeister* gibt (WA, 9, S. 53/54): Das Thema wird vom Lehrer gegeben. Häufig ist das Thema ein Stück

auf oder ab steigender, umschriebener Tonleiter. Vorgeschrieben sind die Intervalle der ersten Einsätze (im ersten Teil, der Exposition), z. B. wenn Thema in C Dur mit C beginnt, setzt die Antwort auf G ein.
I Alteinsatz c' II Sopran g' III Bass c IV Tenor g.«
13 Vgl. *Orpheus. Morphologische Fragmente einer allgemeinen Harmonik* (Berlin, 1924); *Der hörende Mensch* (Berlin, 1932); *Akroasis. Die Lehre von der Harmonie der Welt* (Basel, 1946; Stuttgart, 1947). Das letzte Werk erwähnt Burckhardt, Schopenhauer, C. G. Jung, Cassirer, R. Wilhelm. Wenn Kayser schreibt, »Die Verbindung von Architektur und Musik ist uralt« (p. 58), wird man erinnert an Knechts Glasperlenspiel über das Thema des chinesischen Hauses.
14 Vgl. *Äpfel des Pegasus* (*Bank der Spötter*, Bd. III), *Neue Parodien von Wolfgang Buhl* (Berlin, 1953), pp. 59-60.
15 Die Unterschiedlichkeit der Stille geht nicht konstant durch das ganze Werk. Nicht nur die Gespräche in der »Lebensbeschreibung«, sondern auch viele der erzählenden Passagen scheinen eine direkte Wärme von der Person Knechts (d. h. Hesses) auszustrahlen. Es ist außerdem nicht immer einleuchtend, wie der Chronist wörtliche Dialoge wiederzugeben fähig ist.
16 Vgl. WA, 9, S. 45: »Wie jeder bedeutende Mensch hat er (Knecht) sein Daimonion«; 99: »Er wandte sich nun an seinen Gönner und guten Geist, den Musikmeister«; 237: »Sein Patron und Vorbild.«

Adrian Hsia
Das esoterische Glasperlenspiel

Eine der Schwierigkeiten, die den Zugang zum Verständnis von Hermann Hesses letztem Werk erschweren, ist das scheinbar esoterische Glasperlenspiel selbst. Für Otto Engel, der ›Das Glasperlenspiel‹ 1947, vier Jahre nach dessen Erscheinen, interpretierte, ist das Spiel nur ein unrealisierbares Gleichnis und bloß eine Erinnerung an die ursprüngliche Einheit des Seins.[1] Max Schmid, der im gleichen Jahr eine Studie über Hesses wichtigere Werke veröffentlichte, betrachtet das Glasperlenspiel, wie Hesse es selbst im Roman erwähnt, als eine Sprache des geistigen Universums, die jedoch das »Selbstbewußtsein des Geistes« stärken soll.[2] Rudolf Pannwitz, der speziell Hesses »West-östliche Dichtung« 1957 behandelte, aber anscheinend die östliche Geisteswelt nur oberflächlich kannte, sieht das Spiel als eine Art »Elektronenhirn« an.³ Und Theodore Ziolkowski versuchte 1966 in seiner Broschüre über Hesse noch nicht einmal, das Glasperlenspiel zu erklären.⁴ Doch was soll das Glasperlenspiel sein? Gewiß ist es die Sprache des geistigen Universums – immerhin hat Hesse dies selbst deutlich gesagt. Besteht seine Funktion aber nur darin, das Selbstbewußtsein des Geistes zu stärken? Oder ist es etwa bloß ein Gleichnis oder gar ein Elektronengehirn? Für Hesse selbst scheint das Glasperlenspiel durchaus etwas Reelles zu sein, aber keineswegs ein ›Elektronengehirn‹. Das Spiel, wonach sich alle geistigen Menschen sehnen, scheint eine potentielle Realität darzustellen, die unbedingt als etwas Seiendes zu behandeln ist, damit sie »dem Sein und der Möglichkeit des Geborenwerdens um einen Schritt näher geführt« wird. Darüber hinaus wissen wir aber auch, daß Hesse sowohl der indischen als auch der chinesischen Kultur tief verpflichtet war: sein Großvater war ein anerkannter Indologe, seine Eltern hatten enge Beziehung zu Indien⁵, und er selbst hat einen indischen Roman, ›Siddhartha‹ (1922), geschrieben; Hesses Vorliebe für China zeigt sich u. a. darin, daß er bei Goethe »ein chinesisches Gesicht« sehen wollte.⁶ Daher scheint es sinnvoll zu sein, daß man nicht mehr bloß über das Glasperlenspiel spekuliert, sondern es von einigen deutlich greifbaren Beziehungen zu chinesisch-indischem Gedankengut aus erneut betrachtet. Diese Arbeit will zeigen, daß das Glasperlenspiel eine potentiell wirkliche Sprache der Universitas Litterarum ist, die eine beträchtliche Ähnlichkeit mit dem Chinesischen aufweist. Von da her soll der Aufbau und die Bedeutung des Glasperlenspiels weiter erschlossen werden.

Das Glasperlenspiel hatte nur in seinem Anfang mit Glasperlen zu tun. Wie wir es in dem Roman kennen, ist es längst eine Sprache geworden. Es ist eine Sprache ohne nationale und völkische Grenzen, sie ist jedem Gelehrten und Eingeweihten verständlich, ähnlich wie das Latein im Mittelalter. Sie hat wie jede Sprache ihre Regeln und Grammatik, sogar ihre eigene Kurzschrift. Dazu hat das Glasperlenspiel wie jede Wissenschaft seine Formeln, Abbreviaturen und Kombinationsmöglichkeiten. Doch soll es nicht die Fachsprache einer Disziplin sein, vielmehr soll es die Fähigkeit haben, alle Wissensgebiete, einschließlich der Künste, auszudrücken. Dabei hat die Sprache des Glasperlenspiels nicht etwa eine Gruppe von Termini für jedes einzelne Gebiet der Wissenschaft oder Kunst; sie scheint vielmehr ein geschlossenes System von Ausdrücken oder Symbolen für alle Gebiete der Kultur zu besitzen. Denn schon in den Anfängen soll das Spiel in der Lage sein, astronomische und musikalische Formeln zu verbinden und Mathematik und Musik auf einen Denominator zu bringen. Es gilt nicht, den Inhalt verschiedener Disziplinen nur neben- oder gegen-, sondern ineinander zu stellen. In der Hochblüte des Glasperlenspiels ist die Spielsprache sogar fähig, sämtliche geistige Weltinhalte zueinander in Beziehung zu bringen.

Es versteht sich von selbst, daß eine solche Universalsprache elastisch, assoziationsreich und symbolhaft sein muß. Wie Ezra Pound, der für die Lyrik eine Ideographie nach chinesischem Muster fordert, weil sie besondere Elastizität und Suggestivkraft besitze, stützten sich auch die Erfinder der Spielsprache auf die chinesischen Ideogramme, um eine neue künstliche Zeichensprache zu entwickeln, die allen Anforderungen des Glasperlenspiels gerecht wird. Wie das Chinesische müßte diese innovierte Ideographie aus konkreten Symbolen bestehen, um suggestiv genug zu sein, damit Begriffe wie Bilder bei den Eingeweihten hervorgerufen werden könnten und aus einer gezielten Gruppierung von Ideogrammen ein Bilderstrom entstehen könnte. Aus demselben Grunde scheint auch die Kalligraphie eine wichtige Rolle in der Sprache des Glasperlenspiels zu spielen.

Die Spielsprache müßte außerdem – wie Chinesisch – eine analytische Sprache sein, was an sich schon durch die Ideogramme bedingt ist. Denn ein Zeichen ist frei von Endungen und kann demzufolge beliebig als Substantiv, Adjektiv, Adverb oder auch Verb verwendet werden, was die formale Logik sprengt und der Sprache deshalb eine höchstmögliche Elastizität verleiht. Diese ›offene Struktur‹ ermöglicht auch eine bestimmte Reihe von Assoziationen. Das chinesische Zeichen Yin der bekannten Kombination Yin und Yang, zum Beispiel, bezeichnet nicht nur eins der Urelemente des Tao, sondern es ist auch das Weibliche, das Weib, das Schattige, das Kühle, das Feuchte, das Verborgene, das Versteckte, das Zusammenziehende, das Empfangende, der Unterwelt Zugehörige, etc. Außerdem bedeutet es auch kühl, feucht, schattig, weiblich, weibisch, leise, verborgen, intrigenhaft, gefährlich, unterweltlich, und dergleichen mehr. Dazu kommen noch die verbalen Entsprechungen. Schließlich aber besitzt dasselbe Zeichen noch eine nahezu unübersehbare Möglichkeit, sich mit einem oder mehreren Zeichen zu einem neuen Begriff, einem Kompositum, zu verbinden und bringt dabei mehrere seiner Eigenschaften mit. Als Beispiel sei hier nur der ›Yin-Wind‹ angeführt, ein Ausdruck, der nicht übersetzbar ist, denn er impliziert einen Wind, der unangenehm kühl und feucht ist, der Dunkelheit hervorruft oder nur in der Dunkelheit vorkommt, der Furcht erregt und geisterhaft wirkt. Es ist etwas, was man sich bildlich vorstellen kann, besonders wenn man sich noch die Zeichen dazu vergegenwärtigt. Durch seine Vielseitigkeit und Elastizität bedingt, kann das Symbol Yin nahezu in allen Gebieten der Wissenschaft und Künste benutzt werden, sei es in der Biologie, Chemie, Physik, Philosophie, Dichtung, den bildenden Künsten, der Astronomie, u. a. Und durch eine geschickt manipulierte Anwendung ist es durchaus im Rahmen der Möglichkeit, die Grenze der verschiedenen Disziplinen aufzuheben, diese Disziplinen zu verbinden und auf einen Nenner zu bringen. Eine solche Sprache hat noch den Vorteil, daß jeder, der ihre Gesetze beherrscht, nach Bedarf neue Symbole zu schaffen vermag. Die chinesische Schriftsprache kennt sechs bzw. vier solcher Regeln, um neue Zeichen zu bilden und vorhandene zu analysieren bzw. zu erfassen. Ein schriftgebildeter Chinese kann mit ihrer Hilfe ein Zeichen verstehen oder zumindest dessen Bedeutung ahnen, auch wenn er es nicht kennt. Ein jeder kann also neue Ideogramme schaffen, die auch von anderen verstanden werden, solange sich der Schöpfer an die Regeln der Zeichenbildung hält. So ist auch die Gefahr des Nichtverstandenwerdens für die Sprache des Glasperlenspiels begrenzt, sogar dann, wenn die Zahl der Symbole ins Unendliche wachsen sollte. Ein solches Wachstum verhindert jedoch die Weltkommission der Magister der pädagogischen Provinzen, die über die Aufnahme neuer Zeichen entscheidet. Solche Aufnahmen werden nur noch selten genehmigt. Gottfried Koller[7] meint, allein die Erlernung der Charaktere würde den ganzen Lebensinhalt eines Gelehrten ausmachen und nur Genies könnten es bis zum Beginn der Arterienverkalkung schaffen und mit eigener Schöpfung beginnen, was offensichtlich eine Übertreibung ist – das Trauma eines Studenten der Sinologie. Es ist wohl bekannt, daß der Wortschatz eines Menschen niemals den ganzen Sprachschatz irgendeiner Sprache ausmachen kann, sei er Dichter, Philosoph oder Philologe. Trotzdem ist er in der Lage, zu dichten, zu philosophieren oder philologisch zu arbeiten. Außerdem scheint man auch nicht in Kastalien zu verlangen, daß einer die gesamten Ideogramme beherrscht. Es gibt dort Anfänger, Fortgeschrittene, die Elite und den Magister Ludi. Und es ist nirgendwo erwähnt, daß diese letzten zwei Kategorien sämtliche Zeichen kennen müssen. Außerdem ist es auch nicht der Zweck und das Ziel des Glasperlenspiels, immer neue Charaktere zu produzieren, sondern mit den vorhandenen die verschiedenen Disziplinen zur Harmonie, zur Einheit zu führen. Auch eine andere Behauptung Kollers ist verfehlt. Er meint, die chinesische Dichtung gehe nicht von der Musik der Sprache aus und müsse deshalb gelesen und nicht gehört werden. Das stimmt aber nur, wenn man die Sprache mangelhaft beherrscht. Zudem ist sich die Forschung darüber einig, daß die chinesische Dichtung aus der Lieddichtung entspringt. In der Tat ist die älteste überlieferte Dichtung in China eine Liedersammlung, das ›Buch der Lieder‹! Somit ist auch seine andere Behauptung unhaltbar, daß das Chinesische nur deswegen bei der Konzeption der Spielsprache des Glasperlenspiels Pate gestanden habe, weil es vor allem eine Schriftsprache sei. Denn auch das Glasperlenspiel ist eine gesprochene Sprache. Bei den feierlichen Jahresspielen werden die Ideogramme des Magister Ludi für diejenigen, die wegen Überfüllung nicht in der Halle sein können, von Sprechern laut ausgerufen und sogar vom Rundfunk übertragen. Vermutlich hat man sich den Vorgang des Erfassens beim Hören einer Übertragung eines Glasperlenspiels ähnlich vorzustellen wie den Vortrag eines chinesischen Gedichts. Man erfreut sich an der Melodik der Sprache und stellt sich instinktiv, wenn auch vielleicht etwas vage, die Symbole vor, so daß die damit assoziierten Bilder unwillkürlich bei dem Hörer entstehen. Eben wegen der angeführten Eigenschaften einer Ideographie ist es möglich, daß ein Glasperlenspiel seiner eigenen Gesetzmäßigkeit nach formal konstruiert wird – denn ohne gewisse Regeln und Logik wird es chaotisch und unverständlich –, ohne daß die persönliche Phantasie des Spielers verlorengeht. Denn dieser muß die Auswahl bestimmter Charaktere treffen, um gezielte Bilder und Assoziationen, die auch durch seine Handschrift beeinflußt werden, bei den Teilnehmern suggestiv hervorzurufen. Aus diesen Gründen scheint der Autor des Romans behaupten zu können: »Die abstrakte und scheinbar zeitlose Welt des Spiels war elastisch genug, in hundert Nuancen auf Geist, Stimme, Temperament und Handschrift einer Persönlichkeit zu reagieren, die Persönlichkeit groß und kultiviert genug, ihre Einfälle nicht für wichtiger zu halten als die unantastbare Eigengesetzlichkeit des Spieles... [und die Teilnehmer schritten] durch die unendlichen, vieldimensionalen Vorstellungsräume des Spieles!«

Die Ideographie ist aber lediglich ein Mittel, um ein Spiel ausführen zu können. Mit ihr allein wäre das Glasperlenspiel nur eine Sprache, auch wenn sie eine Universalsprache mit unübersehbarer Ausdrucks- und Assoziationsmöglichkeit und ein hochintellektuelles Spiel darstellte. Doch soll das Glasperlenspiel für die selbständigen Spieler »in erster Linie ein Musizieren« sein. Gemeint sind das Sinnliche und der Geist sowohl der abendländischen als auch der chinesischen Musik. Wie bei der Musik soll man beim Glasperlenspiel tastend von dem Sinnlichen ausgehen, um zu dem Geist zu gelangen – oder wie Josef Knecht sagt: »man muß diese äußerlichen und sinnlichen Kennzeichen sinnlich und intensiv erfaßt und geschmeckt haben«.

Das Sinnliche des Glasperlenspiels ist nun die Ideographie, wie wir oben gesehen haben. Aber was ist der Geist der abendländischen und chinesischen Musik, der eins der wichtigsten Bestandteile des Glasperlenspiels ausmacht? Die klassische Musik gibt dem Glasperlenspiel die tragische, aber zugleich tapfere und heitere Würde: Die Tragik des Menschengeschicks muß mit einem Trotzdem, mit dem Todesmut und mit einem Klang von übermenschlichem Lachen bejaht werden. Die chinesische Musik dagegen verbindet das Glasperlenspiel mit dem Ursprung des Seins. Im alten China soll die Musik in Tao wurzeln, das Yin und Yang enthält, die alles erzeugt haben. Zugleich sei die Musik auch die Seele des Volkes. Wenn die Musik den oberen Gesetzen des Tao folge, so sei sie vollkommen, und demzufolge herrsche auch Harmonie in der Welt, im Kosmos und unter den Menschen; auch die Leidenschaft befinde sich auf der Bahn zur Selbstvervollkommnung und zu Tao, das Rechte dominiere. Denn nach Konfuzius stellt die Musik die höchste Stufe der Sittlichkeit dar. Wer das rechte Wesen der Musik erfaßt, der erkennt auch den Weg zu Tao, dem Weltsinn; wo das rechte Wesen der Musik herrscht, ist alles im Einklang mit der Harmonie zwischen Yin und Yang. Somit wird das Glasperlenspiel mit dem Einen in Beziehung gebracht. Während sich die Chinesen bemühten, die alte, rechte Tonkunst zu bewahren und reinzuhalten, sucht die klassische

Hermann Hesse

Sein Werk
im Suhrkamp Verlag

Hermann Hesse in aller Welt
»*Hesse ist immer ein Aufklärer*«
(Hans Mayer)

Die Bücher Hermann Hesses sind in alle Kultursprachen der Erde übersetzt. Rechnet man die verschiedenen Sprachen und Dialekte Indiens hinzu, so liegen seine Schriften in mehr als vierzig Sprachen vor. Die Weltauflage beläuft sich inzwischen auf mindestens 70 Millionen Hesse-Bücher. In Japan und in den USA ist nahezu das gesamte bisher edierte Werk greifbar und wird ständig durch neue Übertragungen auf dem aktuellen Stand der Edition gehalten. Hier wie dort sind jeweils mehr als 15 Millionen Bände verbreitet, somit ist Hesse in diesen Ländern der meistgelesene deutschsprachige Autor des 20. Jahrhunderts. Auch in der UdSSR, in Korea, in den skandinavischen und lateinamerikanischen Ländern und seit neuestem auch in der VR China ist ein ständig wachsendes Interesse an seinen Büchern zu beobachten.
Seit 1970 hat auch im deutschen Sprachraum eine neue Rezeption der Werke dieses Autors begonnen. Die größte Resonanz findet er nach wie vor in der jungen Generation, die begonnen hat, sich mit den Vorurteilen der Väter kritisch auseinanderzusetzen. Hesses Bücher werden gelesen als Ansporn zur Selbstbestimmung, als Stärkung des Individuellen gegen die Anpassungszwänge des marktwirtschaftlichen Konformismus. Allein in den letzten zehn Jahren wurden in der Bundesrepublik, in Österreich und in der Schweiz zwölf Millionen Hesse-Bände ausgeliefert, bald das Dreifache aller zu Hesses Lebzeiten seit der Jahrhundertwende erschienenen Bücher dieses Autors. Dabei hat die Edition des umfangreichen, zeit- und kulturkritischen Nachlasses von Hermann Hesse erst begonnen.
»Ein über die Tagespolitik hinausdenkender Visionär künftiger Politik. Selten ist die Rolle des denkenden, an einer radikalen Veränderung der Strukturen und der Lebensweise interessierten Individuums, das sich dennoch weigert, ja weigern muß, revolutionären Programmen der Funktionäre zu folgen, so intensiv durchdacht worden.« *Robert Jungk*

Briefwechsel

*Hermann Hesse –
Rudolf Jakob Humm.
Briefwechsel.
Herausgegeben von Ursula und
Volker Michels.
332 Seiten. Leinen. DM 42,-*

*Hermann Hesse – Thomas Mann.
Briefwechsel.
Herausgegeben von
Anni Carlsson.
284 Seiten. Leinen. DM 38,-
– Bibliothek Suhrkamp 441.
DM 16,80*

*Hermann Hesse –
Peter Suhrkamp.
Briefwechsel 1945-1959.
Herausgegeben von
Siegfried Unseld.
509 Seiten. Leinen. DM 36,-*

*Briefe an Freunde.
Rundbriefe 1946-1962.
Zusammengestellt von
Volker Michels.
268 Seiten. st 380. DM 12,-*

*Ausgewählte Briefe.
Zusammengestellt von Hermann
Hesse und Ninon Hesse.
300 Seiten. st 211. DM 16,-*

*Kindheit und Jugend vor Neunzehnhundert. Hermann Hesse in
Briefen und Lebenszeugnissen
1877-1900.
– Erster Band 1877-1895. Herausgegeben von Ninon Hesse.
600 Seiten. Leinen. DM 52,-
Auch als suhrkamp taschenbuch
1002. DM 18,-
– Zweiter Band. 1895-1900.
Herausgegeben von Gerhard
Kirchhoff.
688 Seiten. Leinen. DM 56,-
Auch als suhrkamp taschenbuch
1150. DM 18,-
Beide Bände in Kassette. Leinen.
DM 98,-
suhrkamp taschenbuch 1002/1150
in Kassette. DM 36,-*

Hermann He[sse]

In den zwei Jahrzehnten seit Hesses Tod erleben wir ein Phänomen literarischer Rezeption, das seinesgleichen sucht in der Literaturgeschichte. Gegen den Widerstand des professionellen Kulturbetriebs, der Literaturwissenschaft wie der Literaturkritik, entdeckten immer wieder neue Generationen von Lesern das Werk dieses Schriftstellers. Wo immer in der jungen Generation alternative Bewegungen entstehen, wird Hermann Hesse gelesen: beim gewaltfreien Widerstand der amerikanischen Vietnamkriegsgegner der sechziger Jahre, als Identifikationsfigur der Hippiebewegung, zur Zeit der Studentenbewegungen und Erziehungsreformen nicht weniger als heute, wo er als einer der geistigen Väter der Reform- und Ökologiebewegungen verstanden wird.

»Hesse spricht die Sprache der Jugend. Bei ihm fühlt sie sich nicht mehr an Ketten gelegt. Indem sie der Vergangenheit einen Tritt versetzen und elterliche Autorität zu Grabe tragen, zerbrechen Hesses Helden ihre Begrenzungen und werden mündig. Letztlich liest die Jugend in Hesses Prosa eine Dichtung der Mündigkeit.«
LIFE-Book Review

Spätestens seit der Edition seiner zeitkritischen Schriften ›Politik des Gewissens‹ ist es offensichtlich: Hesse bot immer das Alternative: Eigen-Sinn gegen Anpassung und Unterordnung. »Heute liegt die politische Vernunft nicht mehr dort, wo die politische Macht liegt«, schrieb Hesse in einem Brief, »es muß ein Zustrom von Intelligenz und Intuition aus nichtoffiziel-

Über die Liebe
224 Seiten. Gebunden. DM 12,80

Krisis und Wandlung
208 Seiten. Gebunden. DM 12,80

Religionen und Mythen
208 Seiten. Gebunden. DM 12,80

len Kreise stattfinden, wenn Katastrophen verhütet oder gemildert werden sollen.«

Hermann Hesses Romane, Erzählungen, Betrachtungen und Gedichte ebenso wie seine Briefe enthalten eine Fülle von Impulsen und Anregungen zu neuen und zukunftsorientierten Formen der Bewältigung unserer aktuellen Zeit- und Lebensprobleme.

Eine Auswahl solcher Gedanken hat Volker Michels 1971, nach Themen geordnet, in dem Sammelband ›Lektüre für Minuten‹ zusammengefaßt, ein Buch, das inzwischen Millionen Leser fand. Was dort nur in aphoristischer Kürze geboten werden konnte, hat er nun in sieben, die wichtigsten Leitmotive Hesses aufgreifenden Lesebüchern ausführlicher dokumentiert. Aus oft entlegenen Teilen des Werkes vereinigt, findet man hier in einem abwechslungsreichen Mosaik aus erzählenden, betrachtenden und lyrischen Texten erstmals alles beisammen, was dieser Autor auf die großen Lebensfragen geantwortet hat, auf die scheinbar ›nur subjektiven‹ privaten, ebenso auf deren Verkettung mit den ›objektiven‹, den sozialen und gesellschaftlichen.

Individuation und Anpassung
208 Seiten. Gebunden. DM 12,80

Herkunft und Heimat
Natur und Kunst
208 Seiten. Gebunden. DM 12,80

Lebensstufen
208 Seiten. Gebunden. DM 12,80

*iterarisches Dokument,
der Epoche.« Karl Krolow*

*mit Heiner Hesse herausgegeben von Ursula und Volker Michels.
er Band DM 64,-*

Dritter Band. 1936-1948
»Gerade die Briefe Hermann Hesses aus den Jahren 1936 bis 1948 sind Zeugnisse eines in allen seinen Teilen engagierten dichterischen Seins, dem die katastrophale Weltsituation gegenübersteht, die ihn zu höchster Anstrengung und Verantwortung der Menscheit gegenüber veranlaßt hat. Diese Briefe spiegeln den ganzen Hermann Hesse, den Dichter, den Denker, den Psychologen und Philosophen, den suchenden und findenden Menschen, dessen Urfrömmigkeit dogmenfrei immer wieder ergreifenden Ausdruck erlangt.«
*»Aargauer Tagblatt«
vom 12. 11. 1982*

Vierter Band. 1949-1962
»Eremit und Weltkind hat man ihn genannt, Rebell und Spätromantiker, einen Heiligen der Hippies, Autor der Krisis, Guru und Wunderheiler, einen Antibürger und Pietisten, einen vielgeliebten Menschenfeind, einen Modeliteraten. Wer Hesses Briefe liest, der merkt, wie schief und ungerecht das alles ist. Diese Briefe korrigieren alle Klischees, die über Hermann Hesse in Umlauf gesetzt worden sind.«
*Hans Daiber in »Rheinischer Merkur«/»Christ und Welt«
vom 21. 11. 1986*

»*Ein großartiges menschl*
ein Beitrag zum Menschenl

Hermann Hesse. Gesammelte Briefe in vier Bänden. In Zusammen
Insgesamt 2356 Seit

Erster Band. 1895-1921
»Diese *Briefe* geben ein Bild des Weges Hermann Hesses, besser als es jede Biographie vermöchte. Den Herausgebern ist es meisterhaft gelungen, aus fünffacher Materialfülle die wesentlichen, gehaltvollen Briefe so aneinanderzureihen, daß nicht nur die innere und äußere Biographie Hesses, sondern zugleich auch ein Stück Zeitgeschichte bei der Lektüre wie ein Film nahtlos ablaufen. Das große Lesevergnügen macht diesen Band zu einem einzigartigen Buch.«
Gerhart Mahr in »Die Weltwoche«
vom 1. August 1973

Zweiter Band. 1922-1935
»Der angebliche Romantiker Hesse hat sich immer wieder in die Zeitereignisse eingemischt, er hat seine Meinung sehr bestimmt vertreten, er war durchaus engagiert, und man kann sagen, daß sein Engagement recht behalten hat über die Jahrzehnte, was man bestimmt nicht allen engagierten Autoren nachsagen kann. Sein Sozialismus hat sich standhafter erwiesen als der so manches Propagandisten. Zu Hesses Biographie, zum Bild der Zeit und zu den Zeitgenossen ist hier ein unschätzbares Material ausgebreitet.«
»Arbeiter-Zeitung«, Wien,
vom 15.12.1980

Hermann Hesse in der Bibliothek Suhrkamp

*Demian. Die Geschichte von
Emil Sinclairs Jugend.*
BS 95. 214 S. DM 16,80

*Glück. Späte Prosa.
Betrachtungen.*
BS 344. 143 S. DM 16,80

Iris. Ausgewählte Märchen.
BS 369. 169 S. DM 16,80

Josef Knechts Lebensläufe.
BS 541. 271 S. DM 14,80

*Klingsors letzter Sommer.
Erzählung mit farbigen Bildern
vom Verfasser.*
BS 608. 143 S. DM 16,80

*Knulp. Drei Geschichten aus dem
Leben Knulps. Mit sechzehn Stein-
zeichnungen von Karl Walser.*
BS 75. 154 S. DM 16,80

Krisis. Ein Stück Tagebuch.
BS 747. 79 S. DM 16,80

*Legenden. Zusammengestellt von
Volker Michels.*
BS 472. 300 S. DM 16,80

Magie des Buches. Betrachtungen.
BS 542. 132 S. DM 14,80

*Mein Glaube.
Eine Dokumentation.
Auswahl und Nachwort von
Siegfried Unseld.*
BS 300. 152 S. DM 16,80

*Die Morgenlandfahrt.
Eine Erzählung.*
BS 1. 122 S. DM 16,80

*Musik. Betrachtungen, Gedichte,
Rezensionen und Briefe.
Mit einem Essay von Hermann
Kasack. Eine Dokumentation.
Ausgewählt und zusammengestellt
von Volker Michels.*
BS 483. 273 S. DM 18,80

*Narziß und Goldmund.
Erzählung.*
BS 65. 320 S. DM 18,80

*Politische Betrachtungen.
Ausgewählt von Siegfried Unseld.*
BS 244. 168 S. DM 12,80

*Siddhartha.
Eine indische Dichtung.*
BS 227. 136 S. DM 14,80

*Sinclairs Notizbuch.
Mit fünf aquarellierten Zeichnun-
gen des Verfassers.*
BS 839. 156 S. DM 16,80

*Der Steppenwolf.
Mit Aquarellen von Gunter
Böhmer.*
BS 869. 286 S. DM 19,80

*Stufen.
Ausgewählte Gedichte.*
BS 342. 246 S. DM 16,80

*Unterm Rad.
Roman in der Urfassung.
Mit einem Nachwort von
Volker Michels.*
BS 776. 224 S. DM 18,80

*Der vierte Lebenslauf Josef
Knechts. Zwei Fassungen.
Mit einem Nachwort von Theodor
Ziolkowski. Herausgegeben von
Ninon Hesse.*
BS 181. 162 S. DM 12,80

*Wanderung. Aufzeichnungen mit
farbigen Bildern vom Verfasser.*
BS 444. 133 S. DM 16,80

*Hermann Hesse/Thomas Mann.
Briefwechsel. Vollständige Ausga-
be. Herausgegeben von Anni
Carlsson und Volker Michels. Mit
einem Vorwort von Theodor
Ziolkowski.*
BS 441. 315 S. DM 16,80

In Vorbereitung. Herbst '87

»Wie gut, ihn erlebt zu haben!«
Hermann Hesse in Augenzeugenberichten.
Herausgegeben von Volker Michels.
Etwa 500 Seiten. Leinen.
ca. DM 48,– (Sept./Okt. '87)
Wenige Autoren haben sich für die Wirkungen ihrer Publikationen so verantwortlich gefühlt wie Hermann Hesse, der im Laufe seines Lebens nicht nur Zehntausende von Leserzuschriften beantwortet, sondern gewiß auch ebensoviele Besucher empfangen und sich ihrer Probleme angenommen hat. Einige von ihnen haben ihre Eindrücke schriftlich überliefert, Prominente wie Unbekannte. Sie tragen dazu bei, 25 Jahre nach Hesses Tode die Erinnerung an diesen Dichter lebendig zu halten für jene Generationen, die auch diese letzten Augenzeugen nicht mehr befragen können.

Hermann Hesse
Die Welt im Buch
Rezensionen aus den Jahren 1900-1910.
Herausgegeben von Volker Michels in Zusammenarbeit mit Heiner Hesse.
Etwa 600 Seiten. Leinen.
ca. DM 78,– (Sept./Okt. '87)
Zum zeit- und kulturgeschichtlich interessantesten Teil des umfangreichen Nachlasses von Hermann Hesse gehören seine etwa dreitausend Buchbesprechungen, mit denen er das kulturelle Leben seit der Jahrhundertwende begleitet und kommentiert hat. Nun veröffentlichen wir diese Rezensionen erstmals komplett und in der Reihenfolge ihres Erscheinens. Der erste Band versammelt Hesses kritische Schriften von der Jahrhundertwende bis zum Jahre 1910, weitere Bände folgen.

Die Werkausgabe im suhrkamp taschenbuch

*12 Bde. in Kassette. 6.120 Seiten.
Bis Ende 1987 DM 98,–
später DM 128,–*
1970 erschienen Hesses Gesammelte Werke in einer Werkausgabe der edition suhrkamp in 12 Bänden. Die Ausgabe, seitdem in 63 Tausend Exemplaren verbreitet, ist vergriffen. An ihre Stelle tritt eine Werkausgabe in den suhrkamp taschenbüchern, text- und seitenidentisch, neu ausgestattet mit einem hochwertigen dünnen Druckpapier.

Geschenkausgaben

*Die Romane und die Großen Erzählungen. Jubiläumsausgabe in 8 Bänden. Mit farbigem Dekorüberzug in Schmuckkassette.
2.300 Seiten. DM 48,-*

*Gesammelte Erzählungen.
Geschenkausgabe.
Sechs Bände in farbigem Dekorüberzug in Schmuckkassette.
1.640 Seiten. DM 39,80*

*Lektüre für Minuten.
Auswahl von Volker Michels.
Dekoreinband. DM 12,-*

Diese hier vorgestellten Bücher finden Sie in allen Buchhandlungen. Über das gesamte lieferbare Werk von Hermann Hesse informiert Sie der große neue ›Hermann Hesse Prospekt‹. Wenden Sie sich an Ihren Buchhändler oder an den Suhrkamp Verlag, Suhrkamp Haus, 6 Frankfurt 1.

Neu im insel taschenbuch

Hermann Hesse. Sein Leben in Bildern und Texten.
Herausgegeben von Volker Michels.
Gestaltet von Willy Fleckhaus.
Vorwort von Hans Mayer.
it 1111. DM 24,-

Siegfried Unseld: Hermann Hesse. Werk und Wirkungsgeschichte.
it 1112. DM 18,-

Beide Bände, it 1111 und it 1112 zusammen in Kassette. DM 36,-

Diese beiden Bände, jetzt im Rahmen des »schönen insel taschenbuchs« neu vorgelegt, gehören zusammen. Bei wenigen Autoren ist es so ergiebig, die Wechselbeziehung zwischen Leben und Werk und zwischen Werk und Wirkung zu studieren, wie bei Hermann Hesse, dessen alle Moden überdauernde weltweite Wirkung zu den interessantesten Phänomenen in der Gegenwartsliteratur zählt. In beiden Büchern läßt sich dies belegen, beide bilden zusammen ein Kompendium eigener Art. Auf dem neuesten Stand der Forschung dokumentieren sie die von Edition zu Edition facettenreichere Vielfalt von Hesses Werk, zugleich aber auch die Relation zwischen den Zielen des Autors (in Selbstzeugnissen) und der Rezeption der Öffentlichkeit (in Pressestimmen) über den Zeitraum von mehr als sechs Jahrzehnten hinweg.

Schriftsteller über Hermann Hesse

Liest man heute die Werke dieses großen Dichters, den ein oberflächliches Urteil gelegentlich und höchst voreilig als »unzeitgemäß« oder »überholt« zu bezeichnen sucht, so überrascht immer wieder die Klarheit und Kompromißlosigkeit der Kulturkritik ... Er gehört zu jenen Künstlern, die uns in der Jugend sehr stark zu prägen wissen, dann oft im Leben des Einzelnen zurücktreten, um mit den Jahren in neuer Gestalt und Dimension abermals zum Erlebnis zu werden. Gibt es schönere Anzeichen der Dauer?
Hans Mayer

Unter der literarischen Generation, die mit mir angetreten, habe ich ihn früh als den mir Nächsten und Liebsten erwählt und sein Wachstum mit einer Sympathie begleitet, die aus Verschiedenheit so gut ihre Nahrung zog wie aus Ähnlichkeiten ... Deutscheres gibt es nicht als diesen Dichter, nichts, das deutscher wäre im alten frohen, freien und geistigen Sinn, dem der deutsche Name seinen besten Ruhm, dem er die Sympathie der Menschheit verdankt.
Thomas Mann

Er moralisierte nicht, sondern er räumte auf, nicht bei Nachbarn und Feinden, sondern bei sich selbst – und eben dadurch in der Nachbarschaft und Fremde.
Oskar Loerke

Hesse besitzt alle Eigenschaften, die ich in der Kunst stets aufs höchste schätze; jene seltene und kostbare Verbindung von Eleganz und Tiefe, von künstlerischer Diziplin und schöpferischer Kraft. Er besitzt außerdem einen ausgesprochenen Sinn für Humor, was für einen deutschen Schriftsteller eine Ausnahme darstellt. Er ist fähig, über sich selbst zu lachen, doch ohne Bitterkeit oder Zynismus, sondern mit heiter-ironischer Distanz.
André Gide

Ihre Buchhandlung:

© Suhrkamp Verlag 1987. Alle Rechte vorbehalten.
Insel Verlag/Suhrkamp Verlag.
Suhrkamp Haus, 6 Frankfurt 1
Redaktionsschluß: Juli 1987.
Preisänderungen vorbehalten.
(99128) 7/87

Musik mit »unsterblicher Heiterkeit« das Zufällige des Menschengeschicks zu überwinden. Die chinesische Musik gibt dem Glasperlenspiel das Wissen um das Eine, und die klassische Musik das unbeirrbare Suchen, um zu ihm zu gelangen. Beide drücken Begeisterung, Sicheinordnen, Ehrfurcht hinsichtlich des Einen und Dienst am Kultus aus, und beide sollen das Wesen des Glasperlenspiels durchdringen. Ausgehend von verschiedenen und feindlichen Themen und unversöhnbaren Gegensätzen, sucht ein jedes Spiel die Harmonie, das Tao, worin Yin und Yang konfliktfrei eins sind, den Weltsinn zu erreichen und ihn im Spiel zu verwirklichen.

Mit der Musik verläßt nun das Glasperlenspiel den Bereich des Wirklichen und tritt in den Raum des Metaphysischen und Mystischen über. Nicht ohne Grund war das Glasperlenspiel in seinem früheren Stadium auch als das »magische Theater« bekannt, das die gegebene Wirklichkeit sprengt und das ›über-Wirkliche‹ möglich macht. Die Brücke zwischen den beiden Welten stellt die Meditation dar. Mit ihr ist das Glasperlenspiel nicht nur zum »magischen Theater« geworden, sie bewahrt auch die Ideogramme vor der Entartung zu bloßen Zeichen einer Sprache der Intellektuellen, die nur ein geistreiches Spielchen treiben. Denn es ist ein Gebot, daß Spieler sowie Zuschauer und -hörer sich einer Meditation über ein jedes Zeichen, seinen Gehalt, seine Herkunft und seinen Sinn hingeben. Dadurch wird nicht nur die Lebendigkeit der Aussagekraft der Ideographie gesichert, verstärkt und jedesmal bei dem Ausübenden erneuert und erweitert, sondern die Versenkung stärkt auch das Individuelle inmitten der Gesetzlichkeit des Spiels und macht die Zuschauer und Zuhörer zu Mitspielern, da die Meditation immer vom Einzelnen, von dessen Konzentrationsvermögen, Anlage und Intensität der Hingabe abhängt. So wird ein Spiel zu tausendfach verschiedenen Spielen und bleibt doch dasselbe Spiel, vergleichbar mit Tao – der Einheit –, das durch Yin und Yang den Kosmos mit allen seinen Einzelheiten hervorbringt, die aber in ihm wurzeln und letzten Endes doch mit ihm eins sind.

Die Meditation ist zwar der letzte Bestandteil, der in das Glasperlenspiel aufgenommen wurde, doch ist sie zusammen mit der Musik die Hauptsache des Ganzen geworden. Sie verleiht dem Glasperlenspiel die Wendung zum Religiösen und gibt ihm eine ›Seele‹. Mit der Versenkung berühren wir bei Hesse die indische

Welt, der wir bei der Betrachtung der ersten beiden Bestandteile nicht begegnet sind. Obwohl Meditation auch eine taoistische Praktik ist, schien Hesse durchaus an die Yogaübung zu denken, wenngleich man statt im Lotossitz im Roman nur still auf einem Stuhl sitzt, was chinesisch ist: Josef Knecht bekommt für den Anfang einen Yogameister als Helfer für seine Meditationsübungen, nachdem er Magister Ludi geworden ist. So haben wir die drei geistigen Welten – die europäische, indische und chinesische –, denen wir sonst auch in Hesses späteren Werken begegnen. Die Meditation ist nach wie vor eine Atemübung, verbunden mit der Konzentration auf eine bestimmte Vorstellung. Die Versenkung ist für das Glasperlenspiel notwendig, weil sie nicht nur die Ideogramme vor Entartung bewahrt, sondern auch der Weg aus der Vielfalt zur Einheit, zu Tao, der Urquelle alles Seins und Werdens ist. Der Weg zu Tao setzt aber voraus, daß man die Gegensätze als Pole einer Einheit erkennt, daß die Antithesen nur als subjektive Eindrücke und nur die Pole objektiv vorhanden sind. Nur so ist es möglich, daß ein Spieler jedes Symbol und jede Verbindung von Ideogrammen auf Tao hinführt, wo, in Josef Knechts Worten, »zwischen Yin und Yang sich ewig das Heilige vollzieht«. Nur mittels der Meditation bleiben das Ziel und das Wesen des Glasperlenspiels, der Weg zur Einheit, kein Hirngespinst, sondern sie werden ›erlebte Wirklichkeit‹.

Es ist nun klar, daß das Glasperlenspiel den Mikrokosmos darstellt, der den Makrokosmos enthält; in den Worten des Wahlchinesen, des »älteren Bruders« in ›Das Glasperlenspiel‹: man baut die Welt in sein Bambusgehölz ein. Da der Makrokosmos – und infolgedessen das Tao – unendlich ist, befindet sich das Glasperlenspiel stets im Stadium des Werdens. Man vergleiche das Tao, das Josef Knecht nach seiner Meditation aufgezeichnet hat – einen Kreis, der ›unzählige‹ Strahlen aussendet – mit dem Bild des Tai-ki – einem Kreis, in dem die eine Hälfte schwarz, d. h. Yin, und die andere Hälfte weiß, d. h. Yang, aufweist, wobei im Schwarzen ein weißer, im Weißen ein schwarzer Punkt vorhanden ist: Tao enthält also Yin und Yang, Yin enthält wiederum Yang und umgekehrt, und dabei befinden sich die beiden stets in Wandlung, abwechselnd in Dehnung und Zusammenziehung; man denke hier daran, daß Tao durch Yin und Yang alles erzeugt hat und weiterhin erzeugt und jedes Element entweder Yin oder Yang darstellt. So ist Tao zwar stets das Eine, aber niemals statisch. Das bedeutet: die Spieler müssen zeitlebens an der Weiterentwicklung und Vertiefung ihrer selbst und des Spiels arbeiten, um dem Einen gerecht sein zu können, was auch etwa den Lebensweg Josef Knechts kennzeichnet.

Das Wesen des Glasperlenspiels, wie es sein soll, wird in dem ersten Jahresspiel von Josef Knecht nach seiner Inauguration als Magister Ludi versinnbildlicht. Knechts Spiel liegt der rituelle chinesische Hausbau zugrunde. Die Chinesen bauten ihre Häuser nicht bloß nach ästhetisch-architektonischen Gesichtspunkten. Sie orientierten sich nach der Ordnung der Gestirne, nach den Himmelsrichtungen und den Wandlungen des Mondes als des Gestirns, das den chinesischen Kalender bestimmt; sie berücksichtigten sogar die Welt der Seelen und ordneten das Familienleben in dieses Gesamtschema ein. So wurde ein geschlossenes System aufgestellt, und nichts blieb dem Zufall überlassen. Deshalb wurde die Anlage nach der damaligen Vorstellung des Kosmos von einer viereckigen Mauer umstellt, die das Äußere des geschlossenen Systems darstellte und die Bewohner vor allen feindseligen Einwirkungen von außen schützte. Aus demselben Grunde bekamen auch die Dächer der Häuser ihre eigenartig geschwungene Form mit ihren Spitzen, die alles Feindselige von oben abwehren sollten. Auch wurde das Haus der gemeinten Ordnung des Kosmos entsprechend aufgestellt und die Räume nach der Ordnung der Gestirne verteilt. Die Schlafstätte des Familienoberhauptes wurde von den Zimmern der übrigen Familienmitglieder flankiert. In der Mitte war die Halle, wo sich alle treffen konnten. So sollen die Menschen in die Ordnung des Kosmos eingegliedert werden und in Harmonie mit ihr leben. Dieses Glasperlenspiel, das einzige, das im Roman beschrieben wird, wird erst durch Knechts intensives Studium der chinesischen Klassiker, besonders des Buches ›I-Ging‹, ermöglicht. Jedes Spiel soll nach der harmonischen makrokosmischen Ordnung aufgebaut werden – mit welchen Themen oder Disziplinen es auch immer operiert. Das Glasperlenspiel muß überhaupt der Inbegriff des Makrokosmos sein.

Die Analogie zwischen dem Glasperlenspiel und dem System des ›I-Ging‹, aus dem auch das Schema des Hausbaus abgeleitet wurde, ist offensichtlich. Beide bedienen sich einer Ideographie, und beide wurzeln in der Idee der Einheit und Harmonie. In der Tat scheint das Glasperlenspiel eine modifizierte Version des

I-Ging-Systems zu sein. Obwohl beide an sich wegen der Einheit heilig sind, nimmt das Glasperlenspiel jedoch mehr die Form einer Religion an. Der Magister Ludi erscheint den Gläubigen, den Spielern als ein »Hohepriester, beinahe eine Gottheit«, und das Glasperlenspiel wird sodann ein heiliger Dienst, eine Anbetung und eine Andacht der Einheit. Auch die Zeremonien des Jahresspieles entsprechen denen eines Gottesdienstes. An den Tagen vor dem Spiel müssen alle Teilnehmer fasten und sich Meditationsübungen hingeben, und während der ganzen Spieldauer haben sie sich genau an die Vorschriften zu halten. Sie müssen »ein enthaltsames und selbstloses Leben der absoluten Versenkung führen«; sogar die Schlafdauer wird geregelt. Am Abend vor Spielbeginn wird die Feier durch Glockenzeichen und die Meditationsstunde inauguriert. Am nächsten Morgen wird mit den musikalischen Aufführungen der erste Spielsatz verkündet, und anschließend wird über die Gegensätze und Polarität des Satzes meditiert. Jeder der Mitglieder und Helfer, auch wenn er nur die Funktion hat, den Vorhang um den Meister zu bedienen, hat die innigste Teilnahme und meint, das Spiel durch seine Aufgabe und Inspiration zu beleben. Sogar die Halbeingeweihten und die Nichtspieler haben durch den »Grundakkord und tief bebenden Glockenbaß« der Feier ein ergreifendes, seelisches Erlebnis und empfinden Ehrfurcht vor dem Spiel. Aber was ist nun diese Gottheit, die man anbetet? Eben hierin besteht der weitere und grundlegendere Unterschied zwischen dem Glasperlenspiel und dem System des I-Ging. Während das Tao der Chinesen Geist und Materie, den ganzen Kosmos mit allen Lebewesen umfaßt, stellt die zu erstrebende Einheit des Glasperlenspiels nur den geistigen Kosmos dar. Die im Glasperlenspiel gesuchte Einheit ist an und für sich nur eine These, die ihre Antithese hervorrufen muß, nämlich die ›Welt‹, als Gegensatz zum reinen Geist. Statt Harmonie und Einheit haben wir Feindseligkeit! Nun werden die Kritiken an dem Glasperlenspiel verständlich, daß es nämlich nur eine geistvolle Art von Stenographie und ein intellektueller Sport sei. Auch Josef Knecht erkennt die innewohnende Gefahr des Glasperlenspiels, daß »es zur leeren Virtuosität«, »zum Selbstgenuß künstlerischer Eitelkeit« führen kann und zum Selbstbildnis des Autors wird. Ein solches Spiel, in dem das Ego des Autors dominiert, verfehlt ganz und gar Wesen und Zweck des Glasperlenspiels, die darin bestehen, daß sich der einzelne ohne Verlust der Personalität in den Makrokosmos einordnet, um an Tao, an der Harmonie des Ganzen, teilzuhaben. Es ist gerade die Meditation, welche die Vereinigung mit der angeblichen Einheit ermöglicht, welche die Gegensätze verursacht. Denn sie sucht die ›Welt‹ zu bannen und nur die Universitas Litterarum zu erhalten. Das Sinnbild dieses Ergebnisses ist die künstlerische, geistige und natürliche Unfruchtbarkeit der pädagogischen Provinz. Doch – wie es Josef Knecht ausdrückt – kann »nicht jeder sein Leben lang ausschließlich Abstraktionen [des Glasperlenspiels] atmen, essen und trinken«, man muß »auch Luft atmen und Brot essen«. Es kommt dazu, daß sich die Provinz des Glasperlenspiels völlig von dem Land isoliert, von dem ihre Existenz abhängig ist, das sogar zu ihrer Antithese werden kann, wenn die beiden nicht polarisiert werden. Die einzige Rettung vor dem Untergang des Glasperlenspiels und der Provinz wäre, die Gegensätze zu Polen werden zu lassen und diese zu der echten Einheit zu führen, wie Knecht es in seinem ersten Jahresspiel getan hat und wie die letzte Stufe seiner Bemühung um Selbstvervollkommnung – aus der Provinz in die Welt zu gehen – es ermöglichen würde.

(1969)

Anmerkungen

1 Otto Engel: Hermann Hesse. Dichtung und Gedanke. 1947. S. 35.
2 Max Schmid: Hermann Hesse. Weg und Dichtung. 1947. S. 161 f.
3 Rudolf Pannwitz: Hermann Hesses West-östliche Dichtung. 1957. S. 49.
4 Theodore Ziolkowski: Hermann Hesse. 1966.
5 Über seine Beziehung zu Indien siehe Hugo Ball: Hermann Hesse. Sein Leben und sein Werk. 1956. S. 7 ff.
6 Vgl. Hermann Hesse: Dank an Goethe. 1946. S. 18.
7 Gottfried Koller: Kastalien und China. In: Annales Universitatis Saraviensis. I. 1952. S. 5-18.

Theodore Ziolkowski
Zur Aktualität des Glasperlenspiels

Das Glasperlenspiel, Hesses letztes größeres Werk, erschien im Jahre 1943 in der Schweiz. Als Thomas Mann, damals in Kalifornien lebend, die beiden Bände der Erstausgabe erhielt, war er bestürzt über die auffallenden Parallelen zwischen Hesses »Versuch einer Lebensbeschreibung des Magister Ludi Josef Knecht« und dem Roman, an welchem er selbst gerade schrieb, dem *Doktor Faustus* (1947). Trotz aller Unterschiedlichkeiten in Atmosphäre, Stil und Thematik, behandeln beide Werke eine ähnliche Fiktion: ein wohlwollender, wenn auch etwas wichtigtuerischer Erzähler schreibt, mit einem Einfühlungsvermögen, das nur noch dem Maß seiner Pedanterie vergleichbar ist, das Leben eines Mannes auf, den er liebt und bewundert. Da in beiden Fällen der Erzählende nicht die Fähigkeit besitzt, die geniale innere Problematik seines biographischen Gegenstandes ganz zu verstehen, ergibt sich eine ironische Spannung zwischen der begrenzten Perspektive des Erzählenden und dem tieferen Einblick, den er, ohne sich dessen bewußt zu werden, dem Leser vermittelt. Beide Autoren quälte darüber hinaus der selbstzerstörerische Kurs der modernen Zivilisation, und beide Romane sind von dieser Sorge durchdrungen. Die Sicht Thomas Manns allerdings ist unmittelbarer. Sein Erzähler, Serenus Zeitblom, kann, während er schreibt, die Bomben des Zweiten Weltkrieges explodieren sehen und hören, und die spektakuläre Laufbahn des Komponisten Adrian Leverkühn läuft mit unheilvoller Genauigkeit parallel zur deutschen Geschichte, beginnend mit dem Niedergang des Kaiserreiches über den kurzlebigen Glanz der Weimarer Republik bis hin zur wütenden Raserei und dem Wahnsinn des Nationalsozialismus. Im Gegensatz dazu wird die gleiche Zeit in Hesses Roman von einem Erzähler beschrieben, der, von ihr losgelöst, auf das »feuilletonistische Zeitalter« zurückblickt vom überlegenen Standpunkt einer fernen Zukunft aus. Ungleich Manns Leverkühn, gelingt es Hesses Josef Knecht, die Gefahren des ausschweifenden Ästhetizismus zu analysieren und seine Aufgabe in der Abwendung der Katastrophe der intellektuellen Verantwortungslosigkeit zu sehen. Schließlich aber verflechten die Autoren in beiden Romanen ihre Erfahrung an unserer Kultur geschickt zu einer genauen Nachahmung mit versteckten Zitaten und verschlüsselten Charakteren.

Thomas Mann, der sofort erspürte, daß Hesses »gedankenschwere« Thematik eingeschlossen lag in einem »Kunst-Spaß voller Verschmitztheit«, erkannte als Quelle dieser Komik die »Parodie des Biographischen und der gravititätischen Forscher-Attitüde«. »Aber die Leute werden nicht wagen zu lachen«, schrieb er an Hesse. »Und Sie werden sich heimlich ärgern über ihren stockernsten Respekt.« Es gefiel Hesse, daß der Freund aus seinem Roman den Aspekt der Komik herausgegriffen hatte, aber Manns Voraussage behielt recht. In dem Vierteljahrhundert seit seiner Publikation konnte sich *Das Glasperlenspiel* all jener Schmeicheleien erfreuen, die literarischen »Klassikern« üblicherweise verliehen werden. Ja, größtenteils für dieses Buch erhielt Hesse im Jahre 1946 den Nobel-Preis, für welchen Thomas Mann, neben anderen, ihn wiederholt vorgeschlagen hatte. Hesses *opus magnum* war eines der vortrefflichsten Werke, die nach dem Krieg von wichtigeren Autoren der Emigration veröffentlicht wurden, und es ist dort seit 1947 regelmäßig nachgedruckt worden. Das Buch wurde pflichtgetreu übersetzt ins Englische, Schwedische, Französische, Spanische, Italienische und in andere Sprachen. Aber der Roman, dessen Titel uns eines jener bildhaft suggestiven Stichworte gegeben hat, wie »Waste Land« oder »Der Zauberberg«, erlitt das Schicksal vieler Klassiker – er wurde weniger häufig gelesen als zitiert und öfter zum Studienobjekt gemacht als wirklich anerkannt. In Deutschland gab es viele Leser, die sich leichtfertig über die in den Roman gelegte Kritik hinwegsetzten und dazu neigten, in Hesses Kultur-Provinz nichts als eine willkommene utopische Ausflucht vor der rauhen Nachkriegswirklichkeit zu sehen. Die etwas scharfsichtigeren der europäischen Kritiker waren gewöhnlich so ausschließlich mit den zeitbedingt ernst-gewichtigen Folgerungen beschäftigt, daß sie weder über den Humor des Buches gelacht, noch über seine Ironie auch nur gelächelt haben.

Zum Teil sind diese einseitigen Lesarten verständlich, denn der Humor ist oft in ganz eigenen Späßen versteckt, für welche Hesse in seinen späteren Jahren eine immer stärkere Vorliebe entwickelte. Das Spielen damit beginnt gleich auf der Titelseite, denn das Motto, dem »Albertus Secundus« zugeschrieben, ist in Wirklichkeit fiktiv. Hesse schrieb das Motto selbst und ließ es sich ins

Lateinische übersetzen von zwei ehemaligen Schulfreunden, die als Herausgeber in lateinischer Abkürzung genannt werden: Franz Schall (*Clangor*) und Feinhals (*Collo fino*). Das Buch steckt voll von solchem »Versteckspielen«, das Thomas Mann, auch ein Meister dieser Kunst, so gut gefiel. So ist Carlo Ferromonte der ins Italienische geänderte Name von Karl Isenberg, dem Neffen Hesses, der ihm bei der Musikgeschichte, die mit der Geschichte des Glasperlenspiels engstens verbunden ist, Hilfe und Auskunft gab. Der »Erfinder« des Spiels, Bastian Perrot von Calw, bekam seinen Namen von Heinrich Perrot, dem Besitzer einer Turmuhrenfabrik, in welcher Hesse, nachdem er aus der Schule entlassen worden war, ein Jahr lang gearbeitet hatte. Die Gestalt des Thomas von der Trave ist ein genaues und leicht erkennbares Porträt Thomas Manns, der in Lübeck an der Trave geboren wurde. In der Person des Fritz Tegularius hat Hesse uns seine Interpretation des glänzenden aber unausgeglichenen Charakters Friedrich Nietzsches gegeben. Und Tegularius' geistiger Gegenspieler im Roman, Pater Jakobus, entlehnt einige seiner Worte und nahezu alle seine Ideen von Nietzsches Antagonisten, dem Historiker Jacob Burckhardt. Einem Leser, der versäumt, diese manchmal verborgenen Bezogenheiten zu erfassen, entgeht nicht nur ein groß Teil des Spaßes in diesem Buch, sondern ihm werden auch die Zusammenhänge im Bereich der Kulturgeschichte und der Kritik nicht bewußt.

Die Rezeption des *Glasperlenspiels* war hierzulande [USA] auch noch von anderen Faktoren beeinflußt. Das Buch ist seit dem Jahre 1949 unter dem irreführenden Titel *Magister Ludi* erhältlich gewesen. Aber wenn es keine starke Wirkung hervorrief, so beruht das zu gleichen Teilen auf der Übersetzung, in welcher die Ironie nicht hervorgehoben wurde, wie auf der schwankenden Anerkennung Hesses in den Vereinigten Staaten. Obwohl die Gestalt Hesses, schon etwa dreißig Jahre, bevor er den Nobel-Preis erhielt, in Europa anerkennend beachtet worden war (voll des Lobes waren seine Bewunderer wie Thomas Mann, André Gide und T. S. Eliot), schrieb das *Time* Magazin im Jahre 1949, seine Bücher seien hier so gut wie unbekannt geblieben. Sein achtzigster Geburtstag, im Ausland weit und breit gefeiert, ging 1957 in den Vereinigten Staaten unbemerkt vorüber. Und als Hesse 1962 starb, erwähnte ein Nachruf der New York *Times*, daß er für amerikanische Leser nur »sehr schwer zugänglich«

wäre. Dieses Nichtbeachten habe seine Ursachen zum Teil in der beschaulich lyrischen Qualität seiner Romane, die sich ganz und gar unterscheiden von der mehr realistischen Tradition, die in den amerikanischen Romandichtungen zwischen den beiden Weltkriegen vorherrschte. Aber ein anderer Umstand trug wahrscheinlich noch entscheidender bei zu dem Mangel an Interesse für seine Bücher, der über gut fünfzehn Jahre nach der Verleihung des Nobel-Preises anhielt. Hesses Romane sind dichterische Einkleidungen der Warnungen eines Außenseiters, der uns drängt, die übernommenen Werte in Frage zu stellen, gegen das System zu rebellieren und die konventionelle »Realität« angesichts höherer Ideale herauszufordern. Für unsere Gesellschaft war fast zwei Jahrzehnte lang nach dem Zweiten Weltkrieg jene »Kragenknopf-Mentalität« charakteristisch, deren Ziel es war, ein Teil des Establishments zu werden und daraus so rasch wie möglich eigene Vorteile zu ernten. Solche Zeiten können mit den Kritikern des Systems und den Propheten eines Idealzustandes nicht viel anfangen.

Aber die Zeiten haben sich geändert, und Hesse ist ganz plötzlich – um ein gängiges Schlagwort zu gebrauchen – relevant geworden. Allerdings geschieht diese Relevanz im Verstand des Erkennenden, und die Generation der noch nicht Dreißigjährigen, die Hesse in den sechziger Jahren begeistert als einen Underground-Klassiker aufgenommen hat, ist eher bekannt für ihr Rebellieren als für ihren Sinn für Ironie. Folglich drehte sich der Hesse-Kult in den Vereinigten Staaten hauptsächlich um solche schmerzhaft humorlosen Werke wie *Demian* und *Siddhartha,* in denen die Leser eine Vorwegnahme ihrer Vernarrtheit in den östlichen Mystizismus, den Pazifismus, die Suche nach eigenen Werten und die Revolte gegen das Establishment entdeckten. Diejenigen, die bis zum *Steppenwolf* kamen, haben ihn begrüßt als eine psychedelische Orgie aus Sex, Drogen und Jazz, haben aber bequem über die ironische Grundhaltung hinweggesehen, durch die diese oberflächlichen Effekte vom Autor in eine Perspektive zurückverschoben werden. Zum Teil als Reaktion auf solche selbstgenügsamen Interpretationen, die Hesse bereits vor vierzig Jahren erfahren mußte, hat er *Das Glasperlenspiel* in Angriff genommen.

Was ist das Glasperlenspiel? In der Idylle *Stunden im Garten* (1936), die er während der Niederschrift des Romanes schrieb, spricht Hesse von einem »Gedankenspiel, dessen ich mich schon seit Jahren befleiße, Glasperlenspiel genannt«, das er beim Verbrennen des Laubes in seinem Garten ausübte. Während die Asche durch das Sieb rinnt, sagt er, »hör ich Musik und sehe vergangne und künftige Menschen, sehe Weise und Dichter und Forscher und Künstler einmütig bauen am hunderttorigen Dom des Geistes.« Diese Zeilen schildern in einem persönlichen Erlebnis die intellektuelle Beschäftigung, die Hesse in seinem Roman später als »die *Unio Mystica* aller getrennten Glieder der *Universitas Litterarum*« bezeichnet, und die er symbolisch verkörperte in der Form eines sorgfältig ausgedachten Spieles, welches nach strengsten Regeln und mit vollendeter Virtuosität von den Oberen seiner geistigen Provinz vorgeführt werden sollte. Das ist eigentlich alles, was wir wissen müssen. Das Glasperlenspiel ist der Vollzug einer gedanklichen Synthese, durch welche die Gesamtheit der geistigen Werte aller Zeitalter als gegenwärtig und lebendig wirksam erkannt werden. Es geschah in vollem künstlerischen Bewußtsein, daß Hesse das Spiel auf eine Art beschrieb, die es innerhalb des Romans greifbar real erscheinen läßt, die aber keinerlei genaue Angaben zu einer Nachahmung in der Realität enthält. Jene humorlosen Leser, die sich bei Hesse beschwerten, daß sie das Spiel schon erfunden hatten, ehe er es in seinen Roman übernahm – Hesse erhielt tatsächlich Briefe solchen Inhalts –, haben überhaupt nicht verstanden, um was es geht. Denn das Spiel steht natürlich rein als Symbol für die menschliche Einbildungskraft und ganz entschieden nicht für ein patentierbares geistiges »Monopoly«.

Andererseits ist das Spiel Brennpunkt und *raison d'être* einer ganzen Provinz des Geistes, die Kastalien heißt (nach der den Musen geheiligten Quelle auf dem Parnaß) und in eine unbestimmte Zukunft versetzt wird. (Hesse deutet an, daß er sich die Niederschrift seines Erzählers etwa am Anfang des fünfundzwanzigsten Jahrhunderts vorstellte.) Aber auch hier macht Hesse klar, daß er nicht eine bestimmte Utopie voraussagen will, sondern vielmehr den Versuch unternimmt, ein reales Modell zu zeigen, wie solche tatsächlich zeitweise existiert haben, etwa unter den Regeln der Platonischen Akademien oder der Yoga-Schulen. Es handelt sich um »eine geistige Kultur, in der zu leben und deren Diener zu sein, sich lohnt«, schreibt er an einen Briefpartner. Kastalien ist, mit anderen Worten, stellvertretend für jede menschliche Institution, die sich ganz und ausschließlich dem Gebiet des Geistigen und der schöpferischen Phantasie widmet. Als solche richtet die geistige Provinz des Romans ihr Programm auf die Suche nach einem Ziel aus, das Hesse schon viele Jahre vorher verfolgte. Aber dieser letzte Roman ist gleichzeitig Dokument einer starken persönlichen Krise, denn er schildert nicht nur das Erreichen eines lange gesuchten Ideals, sondern zu guter Letzt auch dessen Ablehnung.

Hesses literarische Laufbahn läuft parallel zur Entwicklung der modernen Literatur, vom Ästhetizismus des *fin de siècle* über den Expressionismus bis hin zum zeitgenössischen Bewußtsein der menschlichen Verpflichtung. In seiner Jugend spürt man bei Hesse, 1877 in der Schwarzwald-Stadt Calw geboren, die Auswirkungen des Neoromantizismus, der damals bei vielen jungen Schriftstellern seiner Generation in England, Frankreich und Deutschland vorherrschte. Die verschwommenen Sehnsüchte seiner ersten Erzählungen und Gedichte lassen ganz offen die Fluchthaltung eines jungen Mannes erkennen, der sich keineswegs zuhause fühlt in der bürgerlichen Realität des wilhelminischen Deutschland, und der seine Träume in ein romantisches Königreich projiziert, das, wie der Titel eines seiner Bücher sagt, »Eine Stunde hinter Mitternacht« liegt. Doch versöhnt der Erfolg seines ersten größeren Romans, des *Peter Camenzind* (1904), den jungen Autor, zumindest vorübergehend, mit einer Welt, die sich anschickte, ihn mit allen materiellen Belohnungen des literarischen Ruhmes zu überschütten. Vom Ästhetizismus aus ging er über in einen melancholischen Realismus, der seine nächsten Gedichte, Erzählungen und auch die Romane »Unterm Rad« (1906), »Gertrud« (1910) und »Roßhalde« (1914) kennzeichnet. Er legte seine romantische Sehnsucht ab und nahm die Rolle eines verläßlichen Familienvaters an, aus dessen Dichtungen eine bittersüße Lehre der Entsagung und Kompromißlösungen sprach.

Aber der Krieg brachte eine radikale Veränderung. Hesse, der seit 1912 in der Schweiz gelebt hatte, mußte zusehen, wie sein offen erklärter Pazifismus ihm viele der früheren Freunde und Leser entfremdete, da auch sie von der Welle der Kriegsbegeisterung, die Europa im August 1914 überschwemmte, angesteckt worden waren. Unterdessen hatten auch die Schwierigkeiten in Familie und Ehe die Illusion vom glücklichen Leben zerbrochen, die er gut zehn Jahre versucht hatte, aufrecht zu erhalten. Eine langwierige psychoanalytische Behandlung bei einem Schüler Jungs in den Jahren 1916 und 1917 bewirkte die völlige Desillusionierung über seine Lage und löste den Prozeß einer psychischen Umwertung aus. Hesse kam zu dem Schluß, daß er ein verlogenes Leben geführt und die wirklichen Antriebskräfte in sich selbst geleugnet hatte. Im Jahre 1919 zog er nach Montagnola, einem Dorf in der Südschweiz bei Lugano, wo er in relativer Abgeschiedenheit bis zu seinem Tod im Jahre 1962 lebte. Hier schrieb er die meisten seiner größeren Werke, die ihn später berühmt machten und in welchen er die Entdeckung eines reiferen geistigen Ideals suchte als einen Ersatz für die »Wirklichkeit«, die ihn so ernüchtert hatte.

In mehreren Essays, die er um 1920 herum schrieb – ganz besonders in Texten über Nietzsche und Dostojewski – spricht Hesse von der Notwendigkeit eines neuen moralischen Bewußtseins, durch das die konventionelle Spaltung zwischen Gut und Böse überbrückt und alle Extreme des Lebendigen in einer Gesamtschau vereinigt werden sollen. Ein später Essay, »Ein Stückchen Theologie« (1932), umreißt die drei Stufen auf dem Weg zu diesem Ziel. Das Kind, so sagt er, wird in einen Zustand der Einheit mit allem Leben geboren. Erst sobald das Kind über die Begriffe Gut und Böse unterrichtet wird, rückt es auf die zweite Stufe, die der Individuation, deren Merkmale Verzweiflung und Vereinsamung sind; denn es ist sich jetzt der Gesetze und moralischen Richtlinien bewußt, ohne sich jedoch in der Lage zu fühlen, die willkürlichen Regeln zu befolgen, die durch konventionell religiöse oder moralische Systeme errichtet wurden, denn diese schließen so vieles, was vollkommen natürlich erscheint, aus. Einigen wenigen Menschen – wie dem Helden in *Siddhartha* oder denen, die Hesse »die Unsterblichen« im *Steppenwolf* nennt – gelingt es, eine dritte Bewußtseinsstufe zu erlangen, die sie wieder befähigt, alles Lebendige anzuerkennen. Aber die meisten Menschen sind dazu verurteilt, auf der zweiten Stufe zu leben und diese Art Leben nur durchzuhalten mithilfe des Humors, der die erdrückende Wirklichkeit neutralisieren kann, und mithilfe der Einbildungskraft, die sie von Zeit zu Zeit am Reich der Unsterblichen, dem Reich des Geistes, teilhaben läßt.

Hesses Romane verfolgen diese Bemühungen im Leben einzelner Helden verschiedener Zeitalter und Kulturen. In allen Fällen ist der Dreierryhthmus der Entwicklung der gleiche; nur die historischen Umstände sind anders. In *Demian* (1919) ist es das Milieu der Schülergeneration in den stürmischen Jahren kurz vor dem Ersten Weltkrieg. Der Held in *Siddhartha* (1922) durchläuft die drei Stadien im klassischen Indien Buddhas. Der *Steppenwolf* (1927) gibt eine ironische Schilderung vom Dilemma eines europäischen Intelektuellen in der Gegenüberstellung mit der Pop- und Flitterwelt der zwanziger Jahre, und das Protagonisten-Doppel in *Narziß und Goldmund* (1930) erreicht seine Individuation im ausgehenden Mittelalter. In der leicht verschleierten Autobiographie *Die Morgenlandfahrt* (1932) endlich schließt sich der Held einem Bund von Morgenlandfahrern an in einer zeitlosen Gegenwart, irgendwann nach dem »Großen Krieg«. Jeder Roman setzt die Möglichkeit eines geistigen Reiches voraus, in das der Held zu gelangen sucht, ob er es nun erreicht oder nicht.

Kastalien ist ganz eindeutig ein neuer, diesmal in die Zukunft projizierter Versuch, dasselbe Ideal darzustellen: es ist ein symbolischer Bereich, in welchem alle geistigen Werte lebendig gehalten werden und gegenwärtig sind, besonders in der Ausübung des Glasperlenspiels. In dieser Hinsicht also legte der Roman ursprünglich noch eine weitere Variation der beständigen Suche Hesses nach einer geistigen Dimension des Lebens vor, denn er beschreibt eine zukünftige Gesellschaftsform, wo der Bereich der Kultur abgetrennt ist, so daß man ihren eigentlichen Zielen in herrlicher Isolierung nachgehen kann und dabei nicht von der »Wirklichkeit« beschmutzt wird, gegen die Hesse ein immer stärkeres Mißtrauen entwickelt hatte.

Auch in anderer Hinsicht war *Das Glasperlenspiel* eine Fortsetzung und Intensivierung. Hesse war sich durchaus bewußt, daß in seinen früheren Romanen immer die gleiche Grundhandlung einer individuellen Entwicklung vor sich geht, nur mit verschiedenen historischen Hintergründen. Er beschloß nun, diese strukturelle Tendenz in einem einzigen, neuen Roman zusammenfassend zu verkörpern. Die Vorstellung, die ihm kam, war, wie er an einen Freund im Jahre 1955 schrieb, »die Reinkarnation als Ausdrucksform für das Stabile im Fließenden«. Lange, bevor er mit der Niederschrift begann, dachte er, so heißt es, an einen »individuellen, aber überzeitlichen Lebenslauf ... einen Menschen, der in mehreren Wiedergeburten die großen Epochen der Menschheitsgeschichte miterlebt«. Der Roman sollte, mit anderen Worten, aus einer Folge von parallelen Lebensläufen bestehen, die alle Zeiten, vermutlich von der praehistorischen Vergangenheit an bis in die ferne Zukunft, durchlaufen. Aber die Betonung lag gleichmäßig auf allen Teilen. »Das Buch soll mehrere Lebensläufe des selben Mannes enthalten, der zu verschiedenen Zeiten auf Erden lebte oder doch solche Existenzen gehabt zu haben glaubt«, schrieb er 1934 an seine Schwester. Um diese Zeit herum verfaßte Hesse drei solcher Biographien und veröffentlichte sie getrennt: eine über einen praehistorischen Regenmacher; eine, die im Goldenen Zeitalter Indiens spielt; und eine dritte, die eine patristische Episode aus der Zeit der frühchristlichen Kirche schildert. (Ein vierter Lebenslauf unter den schwäbischen Pietisten des achtzehnten Jahrhunderts beschäftigte Hesse fast ein Jahr, wurde aber zu seinen Lebzeiten nie veröffentlicht.)

Da wir heute den Roman in seiner endgültigen Form lesen, ist die Anordnung der einzelnen Teile natürlich eine andere. Die Lebensbeschreibung des Josef Knecht, die nur als die letzte einer langen Serie von parallel laufenden Lebensbeschreibungen gedacht war, ist auf ein Ausmaß von zwölf Kapiteln, den zentralen Kapiteln des Buches, angewachsen. Die Geschichte des Glasperlenspiels und die Organisation der kulturellen Provinz werden in einer langen Einleitung behandelt, und die drei parallelen Lebensläufe, sowie einige Gedichte, sind in den Anhang aufgenommen als Schularbeiten des jungen Knecht. Warum eine solche Abänderung des Plans, wahrscheinlich in der Mitte der dreißiger Jahre, als bereits Teile des Buches geschrieben und veröffentlicht waren? Erstens wohl aus reiner Zweckmäßigkeit. Hesse spürte, daß er »die innere Wirklichkeit Kastaliens« am besten durch die Gestalt eines dominierenden, zentralen Helden sichtbar machen konnte. »Und so trat Knecht in den Mittelpunkt der Erzählung.« Tatsächlich vermitteln uns die ersten drei Kapitel seiner Biographie ein weitaus besseres Bild des kastalischen Ideals in seiner reinsten Form als die mehr abstrakte Einleitung des Erzählers.

Aber am Ende fällt Josef Knecht ab von Kastalien, ein Schluß, der Hesses Gedanken noch fern gelegen haben mußte, als er zum erstenmal von seiner neuen Version des geistigen Reiches träumte und den ersten der Lebensläufe schrieb. Mindestens zwei Faktoren haben dazu beigetragen, daß Hesse seine Einstellung

einer Idee gegenüber änderte, die er in so vielen Büchern fast zwanzig Jahre lang verfochten und dargestellt hatte. Erstens, die bloße Wirklichkeit der aktuellen Ereignisse – die Auflösung der Weimarer Republik, der Aufstieg Hitlers, die Schrecken der Nazizeit –, an denen Hesse das Scheitern der Intellektuellen erkannte, und die ihn von der Nutzlosigkeit irgendeiner geistigen Provinz, welche von der sozialen Wirklichkeit der jeweiligen Zeit völlig losgelöst wäre, überzeugten. Seine Idee mußte, wie er schrieb, der »täglichen praktischen Inanspruchnahme durch das graue Elend des Aktuellen« weichen und ihr Platz machen. Das geht auch eindeutig aus den Gesprächen des jungen Knecht mit dem Gesandten der Außenwelt, Plinio Designori, hervor, der die Ansicht vertritt, daß ein ausschließlich dem Geistigen gewidmetes Leben nicht nur unfruchtbar, sondern auch gefährlich ist. Fritz Tegularius, der glänzende Gelehrte, der völlig unfähig ist für eine verantwortliche Stelle innerhalb des Ordens, steht als lebendiges Beispiel für die Pflege eines übertriebenen, von der Wirklichkeit isolierten Ästhetizismus. Zweitens war Hesses wachsendes Unbehagen gegenüber dem absoluten Reich des Geistes untermauert worden durch sein Studium der Schriften Burckhardts. Burckhardt ist es, der in der Gestalt des Pater Jakobus Knecht-Hesse davon überzeugt, daß auch noch die vollkommenste geistige Institution in den Augen der Geschichte nur ein relativer Organismus bleibt. Um überdauern zu können, muß sie sich nach den gesellschaftlichen Erfordernissen der jeweiligen Zeit richten. Die zentralen Kapitel der Biographie sind daher in dichterischer Form eine Wiederholung von Hesses eigener veränderter Einstellung, beginnend mit seinem anfänglichen Glauben an das stolze, nietzscheanische Elitetum bis hin zu dem anteilnehmenden gesellschaftlichen Bewußtsein nach Art des Burckhardtschen Geschichtsverständnisses. Die ideologischen Spannungen zwischen Knecht, Plinio und Pater Jakobus spiegeln auf einer personifizierten Ebene die Bereiche von Kultur, Staat und Kirche wider, deren komplexe Beziehungen untereinander Burckhardt in seinen *Weltgeschichtlichen Betrachtungen* untersucht hat (einer Reihe von Vorlesungen aus den Jahren 1870-1871, postum veröffentlicht im Jahre 1905).
In diesem Licht und übertragen auf die zeitgenössischen Idiome, steht Knechts Leben typologisch für die Grundhaltung des Intellektuellen, der aus der *vita contemplativa* nicht in das entgegen-

gesetzte Extrem der *vita activa* überwechselt, sondern eine Zwischenposition einnimmt, von der aus er verantwortlich handeln und unbeeinflußt von Leidenschaften nachdenken kann. Wesentlich zum Verständnis ist es, zu erkennen, daß Knechts Abfall von Kastalien alles andere als eine Zurückweisung des geistigen Ideals bedeutet, sondern daß dieser Entschluß nur das Signal setzt für ein neues Bewußtsein, für die gesellschaftliche Verantwortung des Intellektuellen. Knecht bleibt seinem Namen, der ihn als einen Dienenden kennzeichnet, treu. Sein Dienst erhält jetzt noch eine weitere Bedeutung. Indem er Kastalien verläßt, erfüllt Knecht zwei Funktionen. Er dient Kastalien, da er es durch sein eigenes Beispiel davor warnt, noch weiter in einer Stellung überheblicher und selbstgenügsamer Autonomie zu verharren, denn diese kann letztlich nur zu ihrer eigenen Zerstörung führen. Und er verpflichtet sich, Geist und Intellekt in den Dienst der Außenwelt zu stellen, in die Erziehung seines Schülers, des jungen Tito. Knechts Tod ist unterschiedlich interpretiert worden, und es ist ganz sicher, daß diese Schlußszene symbolische Untertöne hat, die ihre Dimensionen weit ausdehnen. Aber Hesse hat ihre grundsätzliche Bedeutung in einem Brief von 1947 aufs klarste formuliert. »Er hinterläßt einen Tito, dem dieser Opfertod eines ihm weit überlegenen Mannes zeitlebens Mahnung und Führung bedeuten wird.« Das einmal erreichte geistige Ideal wird nun zurückgestellt in den Dienst am Leben.

Das Glasperlenspiel ist daher zum restlosen Verständnis der Gedanken Hesses unentbehrlich. Man kann *Siddhartha* als ein egozentrisches Streben zum Nirwana lesen, aber Josef Knecht gibt sein Leben hin, weil er sich einem Mitmenschen verpflichtet fühlt. Man kann im *Steppenwolf* eine berauschende Verherrlichung der Melancholie oder der Hippie-Kultur sehen, aber Josef Knecht zeigt, daß die einzig wahre Kultur diejenige ist, die auf die gesellschaftlichen Erfordernisse der Zeit eingeht. Und schließlich macht das *Glasperlenspiel* deutlich, daß Hesse die rücksichtsvolle Verpflichtung gegen andere über den selbstgenügsamen Solipsismus stellt, das verantwortliche Handeln über die unbekümmerte Revolte. Denn Josef Knecht ist kein drauflosstürmender Radikaler, der seiner Institution undurchführbare Forderungen aufdrängt und von den Folgen seiner Aktionen dann noch befreit zu werden fordert. Er gelangt durch seine disziplinierte Leistung in den höchsten Rang des Ordens und entscheidet sich zu seiner

Handlungsweise erst nach reiflicher Überlegung der Auswirkungen auf Kastalien und der Folgen für ihn selbst. Vor allem – denn der Roman ist keine philosophische Abhandlung oder politische Flugschrift, sondern ein Kunstwerk – will Hesse darauf hinweisen, daß eine Revolte nicht irrational und gewalttätig sein muß, ja, daß sie sogar wirksamer ist, wenn sie rational und ironisch bleibt. Hierin liegt der Wert der zeitlichen Distanz, den die doppelte Sicht der Dichtung gewährleistet. In der Einleitung erkennen wir, von einem freieren zukünftigen Zeitpunkt aus rückblickend auf unsere eigene Zivilisation, all ihre grellen Widersprüchlichkeiten. Gleichzeitig sehen wir nach vorn in das Kastalien der Zukunft, wo die Probleme unserer Zeit in einer realistischen Abstraktion vor uns ausgebreitet werden, so daß wir sie rational und ohne Leidenschaft überdenken können. Kastalien hat mehr als nur ein paar Gemeinsamkeiten mit den intellektuellen und kulturellen Institutionen der sechziger Jahre. Das zeigt das Ausmaß, in welchem diese zu autonomen Herrschaftsbereichen geworden sind und abgeschnitten von den sozialen Bedürfnissen der Menschheit ihr eigenes Glasperlenspiel in herrlicher Isolierung pflegen. Und Knechts Überzeugung, daß ein Staat ohne den mildernden Einfluß der Kultur zu Dummheit und Roheit verurteilt ist, trifft genau auf eine heute weit verbreitete Besorgnis: unsere von Computern gesteuerte Gesellschaft ist derart bürokratisch und unpersönlich geworden, daß sie nicht mehr ausreichend von Kräften gelenkt werden kann, die im wahrsten Sinn menschlich sind. Je länger wir Hesses Roman überdenken, desto klarer erkennen wir, daß er kein auf die imaginäre Zukunft gerichtetes Teleskop ist, sondern ein Spiegel, der mit beunruhigender Schärfe ein Musterbeispiel unserer heutigen Wirklichkeit zurückwirft. (1969)
(Aus dem Amerikanischen von Ursula Michels-Wenz)

Joachim Kaiser
Science-fiction der Innerlichkeit

Es hat wohl etwas Besonderes zu bedeuten, wenn der Titel eines Buches oder Dramas ins allgemeine Bewußtsein eingeht. Vom »Glanz und Elend der ... (Kurtisanen)« reden und schreiben auch Leute, die nie Balzac gelesen haben. Der Titel »Warten auf ... (Godot)« ist zum Symbol geworden für alles, was verzwei-

felt erhofft wird. Und »den Aufstand proben...« mittlerweile nicht nur die Plebejer.
In diese Titel-Reihe gehört auch der von Hermann Hesse ins öffentliche Bewußtsein gehobene Begriff des »Glasperlenspiels« beziehungsweise des *Glasperlen-Spielers*. Das ist jemand, der seiner Gegenwart keine Produktivkraft mehr zutraut oder zubilligt, sondern der mit den Werken, Werten, Methoden und Einsichten einer riesigen Vergangenheit – nachdem alles das erst einmal kunstvoll gleichnamig gemacht worden ist – spielt wie mit Glasperlen.
Hermann Hesse hat diesen wohl umfangreichsten und ehrgeizigsten seiner Romane in den zwölf Jahren zwischen 1931 und 1943 geschrieben. In Deutschland kam der »Versuch einer Lebensbeschreibung des Magister Ludi Josef Knecht samt Knechts hinterlassenen Schriften« 1946 auf den Markt. 1949 war bereits die 35. Auflage gedruckt, und zwar, wie es damals noch hieß, im »Suhrkamp Verlag Berlin vorm. S. Fischer«.

Als »wir« – und dieses »wir« umfaßte damals nicht nur eine knappe, altersmäßig begrenzte Generation, sondern die 17jährigen ebenso wie die 35jährigen: denn sie alle hatten nach 1945 erstmals wieder Zugang zur weiten Weltliteratur, gingen alle in eine neue Schule des Nachholens und des Sich-neu-Orientierens – dem »Glasperlenspiel« begegneten, da mischte sich mit hohem Respekt für die intellektuelle Konstruktion des Buches eine zarte Langeweile. Man bewunderte gewiß die Brillanz des »Feuilletonismus«-Kapitels, man respektierte den durchgehaltenen Bildungsroman-Charakter des zweibändigen Werkes. Lyrische Schönheiten blieben ebenso haften wie pseudo-mystische Einzelheiten. (Etwa das pädagogische Sich-Opfern Knechts, seine Wunderkind-Karriere in Kastalien, der Schrecken des Ordensmeisters bei Knechts wilder Flucht aus dem Orden, die Begegnung der beiden hilfesuchenden Weisen im Lebenslauf vom »Beichtvater«.)
Aber alles in allem schien uns dieses empfindsame Buch doch auch seinerseits in den großen Bereich fast müßiger Glasperlenspielereien zu gehören. Von der Warte einer elitär-asketischen Zivilisationsverachtung griff es, halb mystisch, halb spöttisch, eben jene demokratisch-tatenfrohe Öffentlichkeit an, die sich uns Deutschen 1945 gerade wieder erschlossen hatte. Wäre nicht

der Nobelpreis gewesen, den Hesse 1946 erhielt, wäre nicht die lebhafte Fürsprache des damals weitaus gegenwärtiger, aktueller, konkreter, politischer und bedeutender scheinenden Thomas Mann gewesen, das Buch wäre mit einem »Gewiß sehr schön, aber leider doch etwas spätromantisch nebulos« sogleich vergessen worden. Und ich zweifle daran, ob es damals so oft zu Ende gelesen worden ist, wie es gekauft wurde.

Um ganz ehrlich zu sein: hätte nicht diese Vergleichs-Reihe* mich wieder zur Lektüre des »Glasperlenspiels« genötigt, ich hätte es wahrscheinlich nie wieder vom Regal geholt. Mag sein, daß diejenigen, die das Buch damals nicht gelesen haben, von der mittlerweile erfolgten Hesse-Renaissance sogar leichter dazu gebracht worden sind, es auch mit dem »Glasperlenspiel« zu versuchen ... Ich hatte es ja schon gelesen, mir stand es in seiner tranigen Verträumtheit ziemlich deutlich vor Augen. Offenbar hegt man manchmal gerade dann ein Vorurteil (beziehungsweise ein vorurteilsartiges Nachurteil), wenn man ein Buch gelesen hat, und man wäre sozusagen freier, offener, wenn man nur *darüber* gelesen hätte.

Bei der neuerlichen Lektüre fiel mir auf: Die Kritik, die Hermann Hesse am unverbindlichen Kulturbetrieb übt, am »Personenkult« (das Wort steht ganz am Anfang des »Glasperlenspiels«, damals hatte es noch längst nicht seinen heutigen Sinn), an den unfruchtbaren Zerstreuungen des Drüber-hin-Schwätzens und des gebildeten Tändelns, an der Eitelkeit der Ordinarien, am Ehrgeiz der Fachleute, der universellen konjunkturdemokratischen Halbbildung: diese Kritik trifft weitaus härter, richtiger und unerbittlicher zu, als ich es damals – geblendet von der frischen Bildungsfülle, von neu hereinbrechender westlicher, östlicher, amerikanischer Literatur – auch nur ahnte.

Weiter: die Glasperlenspiel-Technik selber hat, als universale Methode, zwar einerseits gewiß zu tun mit der anfechtbaren romantischen Theorie von der Ursprungs-Ähnlichkeit aller Künste, aller wissenschaftlichen Aktivitäten. Doch andererseits steckt in ihr auch ein phantastisches, ja utopisches Element. Wenn man weiß, daß es analoge Science-fiction-Systeme gerade in der Sub-

---

* Eine im Frühjahr 1971 in der »Süddeutschen Zeitung«, München, publizierte Artikelserie, die sich mit Büchern befaßte, »die vor einem Vierteljahrhundert Aufsehen erregten«.

kultur des vergangenen Jahrzehnts gab, daß Informations-Theorien ode Synthesizer oder mit notwendig einander vergleichbaren Daten gefütterte Elektronenhirne existieren –, dann liegt es nahe, auch in der Glasperlen-Kultur eine Science-fiction des Immateriellen, des »Geistigen«, des Innenlebens zu erkennen.
So blaß die Figuren auch bleiben: der Roman zehrt offenkundig sowohl vom Superioritätsgefühl, wie auch vom Inferioritätsgefühl des Geistes gegenüber der Materie, des Theoretikers gegenüber dem Praktiker – was sich im Konflikt zwischen Knecht und Plinio deutlich darstellt. Nichts kann weniger zufällig sein als das Opfer, das Knecht dem Sohn des zugleich bewunderten und belächelten Skeptikers Plinio bringt.
Verblüfft mußte ich mich jüngst (hier ist das »ich« am Platze, denn der Kritiker ist ja keine Maschine zur Urteilsfindung, sondern jemand, der sich verändert und in einer sich gleichfalls verändernden Welt mit einem nur scheinbar unveränderten Buch zusammentrifft) darum fragen, warum ich das alles nicht gesehen hatte und was ich eigentlich damals im »Glasperlenspiel« sah.

Wer, wie ich, wichtige und prägende Leseerlebnisse noch in der Zeit des Dritten Reiches haben mußte, der las etwa 1944 Hermann Hesse als faszinierenden, nicht-völkischen, nicht-optimistischen, nicht-strammen Autor eines großen, melancholischen Protestes. Die gelbe S.-Fischer-Ausgabe des »Knulp«, des »Demian«, des »Steppenwolf«, mehr noch »Klingsors letzter Sommer« und »Siddhartha«: an dergleichen konnte sich ein gewiß unpolitisches, aber doch heftiges Aufbegehren gegen die stramme »Kraft durch Freude«-Mentalität berauschen.
Als es dann aber die kleinen und großen Freiheiten wieder gab für die Nachkriegs-Generation, rückte Hesses indische Weltflucht fern. Thomas Mann, Sartre, die großen Amerikaner, Eliot, Anna Seghers, Brecht, Adorno, Musil und viele, viele andere wurden uns wichtiger.
Heute verdrängt man, wie sehr man Hermann Hesse zwischen 1950 und 1960 verdrängt hat. Verdrängt man, daß beispielsweise der Suhrkamp-Chef und Hesse-Dissertant Siegfried Unseld nur mit niedergeschlagenen Augen zugab, sich für diesen 1965 nahezu unverkäuflichen Autor einst ein wenig interessiert zu haben. Als mir im Gespräch 1960 der damals für unanständig geltende Henry Miller sagte, er schätze Hesse, hielt ich das für ein Zeichen

offenbarer Senilität, erzählte es schadenfroh in Hamburg weiter, und alle, alle grinsten über den alten Miller. Schließlich hatte ja Benn 1950 über Hesse geschrieben: »Den empfand ich immer als einen durchschnittlichen Entwicklungs-, Ehe- und Innerlichkeitsromancier – eine typisch deutsche Sache.« Schließlich hatte in der weiten Welt kein Mensch begriffen, warum man diesem typisch deutschen Gegenstand den Nobelpreis verlieh, schließlich hatte ja Karlheinz Deschner nachgewiesen, daß der Hesse überhaupt nicht schreiben kann, und der Unseld verständnisvoll zugegeben, daß kein Mensch mehr Hesse kauft.

Aber dann kam die Wendung und das Rätsel. Nicht nur Henry Miller schwärmte offenbar für Hesse, sondern der amerikanische LSD-Professor Timothy Leary schrieb lang und breit über Hesses Bücher und fragte 1965 in einer Kapitel-Überrschrift seiner »Politics of Ecstasy« in aller Unschuld: »Did Hesse Use Mind-Changing Drugs?« (Nahm Hesse bewußtseinsverändernde Drogen?). Und: »Wir lesen das hier, ich kann's auswendig. Jedes verdammte Wort davon«, sagte alsbald ein Mädchen in der Jugendkolonie im Haight-Ashbury-Distrikt von San Francisco zu George Steiner und zeigte auf ein zerlesenes Exemplar des »Glasperlenspiels«.

Trotz der mittlerweile sichtbar gewordenen utopischen, intellektuellen und poetischen Qualitäten des »Glasperlenspiels« scheint es mir nach wie vor fraglich, ob dieses Buch sich so halten wird wie die großen Romane der Weltliteratur. Die Gründe für diese Skepsis werden auch erst bei zweiter Lektüre deutlich. Obwohl Hesse von unverbindlich feuilletonistischer Kulturkritik abrückt und die »eigentlichen« Werte museal glasperlenspielhaft vorführt, bleibt er das Entscheidende schuldig: die Konkretion. Das »Glasperlenspiel« ist weite Strecken lang ein Roman über Musik. Doch während Thomas Mann genau weiß und plausibel macht, wovon er spricht, redet Hesse nebulos, ja fast dilettantisch über Kompositionen des 17., 18. und ganz selten des 19. Jahrhunderts. Im Namen von Gediegenheit und »Unbedingtheit« bleibt es bei vagem Musik-Gerede! Als oberstes Leitendes wird der geistige Bestand gefeiert. Kontrast dazu ist aber weniger die »Realität« als vielmehr eine träumerische Schwärmerei für Blut, Gefahr und Untergang – ähnlich, wie in der Vision des Schnee-Kapitels von Thomas Manns »Zauberberg« auch die Grausamkeit ihren Platz findet. Josef Knecht verläßt Kastalien weniger, weil er die nicht-

elitäre *Wirklichkeit* sucht, als weil er so »eigentlich« (man erinnere sich an Adornos »Jargon der Eigentlichkeit«) ist, daß es ihn nach direktem Existenz-Risiko gelüstet.
Pietistische Schwerfälligkeit kränkt den Stil. »Edles, vielleicht tragisches Leid«, feinsinniges »um« (»Es ist ja auch immer aufs neue etwas Wunderbares und rührend Schönes um die schweifende Entdeckungs- und Eroberungslust eines Jünglings...«) – daran leidet das Buch. Seltsam eklektisch wirken die Verse. Wer »Zu einer Toccata von Bach« dichtet: »Urschweigen starrt... Es waltet Finsternis... / Da bricht ein Strahl aus zackigem Wolkenriß«, der ist fast in Kitschnähe. Und wer gar reimt: »Denn sind die Unentwegten wirklich ehrlich, / Und ist das Tiefensehen so gefährlich, / Dann ist die dritte Dimension entbehrlich«, der muß sich den Vergleich mit Kästners humoristischen Versen (»Die Sache zerschlug sich. Und zwar weswegen? / Das Huhn ist auf Eier eingerichtet / So wurde schon manche Idee vernichtet«) gefallen lassen.
Trotz alledem: das »Glasperlenspiel« berührt im Augenblick zahlreiche Schriftsteller »irgendwie« verwandt. Es wird respektiert. Russische Künstler schreiben, es ließen sich lange Beispiele zitieren, umfangreiche Privatbriefe darüber, froh über die soeben in der UdSSR erschienene »Glasperlenspiel«-Übersetzung. Hermann Hesse hat, so scheint es, zu wirken noch lange nicht aufgehört.

(1971)

Reso Karalaschwili
Josef Knechts Tod

Als *Das Glasperlenspiel* in russischer Übersetzung erschien (*Igra w bisser,* Moskwa, 1969, 75. Tsd.), löste es bei der sowjetischen Literaturkritik ein lebhaftes Echo aus.[1] Einzelne Aspekte des Romans allerdings sind der Kritik, trotz der verhältnismäßig zahlreichen und originellen Publikationen, verschlossen geblieben. Die Ursache dürfte in der einseitig rationalistischen Betrachtungsweise liegen, die übrigens auch für einen Teil der deutschsprachigen Hesse-Rezeption gilt, und die sich der dialektischen Denk- und Schreibweise Hermann Hesses als nicht gewachsen erweist. Der zweite Grund ist in der isolierten Beurteilung des *Glasperlenspiels* zu suchen, das sehr oft nicht im Kontext des Gesamtwerks gesehen wird, so daß die Deutung einiger Aspekte dadurch erschwert ist. Eine solche Behandlung hat zur Folge, daß nur das äußere Sujet ins Blickfeld der Kritiker rückt und die eigentliche Aussage eine geradezu entgegengesetzte Sinngebung erhält. Als auffälligstes Beispiel solch eindimensionaler Interpretationen sei hier die Auslegung der Todesszene unter die Lupe genommen.

Unter den Kritikern überwiegt eine eher skeptische Einstellung zum Schluß des *Glasperlenspiels*. Der Tod des Romanhelden, so sagen die einen, sei logisch schwach und anfechtbar, er sei zufällig, sinnlos und ergäbe sich nicht organisch aus der Entwicklung Josef Knechts. Die anderen behaupten, der Autor sei anscheinend mit seinen Helden nicht mehr zu Rand gekommen und habe ihn deshalb sterben lassen. Aber allen gemeinsam ist die Ansicht, daß diese Schlußszene nur negativ und pessimitisch interpretiert werden könne, denn Knechts Tod sei nur als eine Niederlage zu verstehen. Auch in formaler Hinsicht sei der Roman nicht vollendet, er breche vielmehr »unerwartet« und »zufällig« ab.

Hier einige der typischen Äußerungen. Edith Braemer beurteilt das Ende des Glasperlenspielmeisters wie folgt: »Der Tod Knechts bei seinem ersten Versuch in der Welt erscheint uns als berechtigt: Ein Kastalier kann in der Gesellschaft nicht leben. Aber wie sinnlos erscheint der Anlaß dieses Todes! Auf wie schwankenden Füßen steht eine geistige Überlegenheit, die sich im sportlichen Wettbewerb beweisen muß.«[2]

Die Ansicht dieser deutschen Kritikerin wird im wesentlichen von der bekannten sowjetischen Literatin Tamara Motyljowa geteilt. In ihrem Buch, das eine der ersten sowjetischen Analysen des Romans enthält, gibt sie eine analoge Auslegung der Schlußszene: »Dieser zufällige und eigentlich sinnlose Tod bedeutet ein Versagen Josefs schon bei seiner ersten Begegnung mit der Welt der Handlung, der Praxis.«[3]

Auch E. Markowitsch schließt sich dem an. Im Vorwort zur russischen Ausgabe des *Glasperlenspiels* sagt sie: »Es ist jedoch kennzeichnend, daß der Geschichtsschreiber Kastaliens solch ein Ende nicht akzeptiert. Für ihn ist es bloß »Legende«. Hesse findet für Knecht kein anderes Betätigungsfeld als die Erziehung eines Einzelnen. Im reellen Leben zeigt er uns Knecht überhaupt

nicht. Das musikalische Thema – Knechts Leben – bricht mit einer schrillen Dissonanz ab. Sinnlos kommt der Romanheld in einem Hochgebirgssee ums Leben. Wir wissen eigentlich nicht einmal, ob er in seinem Wirkungsbereich Erfolg hatte.«[4]
Und schließlich ist auch W. Sedelnik, Autor der ersten Hesse-Dissertation in der Sowjetunion, der Meinung, Knechts Tod sei »sinnlos« und »vernunftwidrig«.[5]
Gleich zu Anfang sei darauf hingewiesen, daß dieser Tod keineswegs ein Unglücksfall ist, auch nicht die Folge eines übereilten Entschlusses. Weder der Biograph des ehrwürdigen Magisters, noch der Autor des Romans definieren ihn so. Dieser Tod wird Schritt für Schritt im Lauf der Romanhandlung vorbereitet und bringt die Entwicklung des Helden zu einem organischen Abschluß.
Schon auf den ersten Seiten spricht der Historiker vom tragischen Ende des Helden. Zwar bezeuge kein authentisches Schriftstück den Tod Knechts, doch sei die überlieferte Legende dem Leben des Glasperlenspielmeisters so angemessen, daß er, der Biograph, sich ihr willig »ohne allzuviel daran deuten zu wollen«, anschließe. »Wir haben«, schreibt er, »nicht die mindeste Berechtigung zu der Annahme, dieses Ende könnte ein zufälliges gewesen sein. Wir sehen sein Leben, soweit es bekannt ist, in klarer Stufenfolge aufgebaut, und wenn wir in unsern Vermutungen über sein Ende uns willig der Legende anschließen und sie gläubig übernehmen, so tun wir es, weil uns das, was die Legende berichtet, als letzte Stufe dieses Lebens völlig den vorhergegangenen zu entsprechen scheint. Wir gestehen sogar, daß das Entschweben dieses Lebens in die Legende uns organisch und richtig scheint...«[6]
Auch später betont der Historiker wiederholt diesen Gedanken: »... dies Ende war nicht etwa Zufall oder Unglücksfall, sondern ergab sich völlig folgerichtig, und es gehört mit zu unserer Aufgabe, zu zeigen, daß es mit den glänzenden und rühmenswerten Leistungen und Erfolgen des Ehrwürdigen keineswegs im Widerspruch steht...«[7]
Hesse selbst kommentiert die Schlußepisode folgendermaßen: »Knechts Tod kann natürlich viele Deutungen haben. Für mich ist die zentrale die des Opfers, das er tapfer und freudig erfüllt. So wie ich es meine, hat er damit auch sein Erzieherwerk an dem Jüngling nicht abgebrochen, sondern erfüllt.«[8]

Schon aufgrund dieser wenigen Aussagen wäre es töricht zu behaupten, Knechts Tod sei zufällig, oder er bedeute eine Niederlage, auch wenn die subjektive Absicht und der subjektive Wille des Autors nicht verwechselt werden sollen mit dem daraus resultierenden, zuweilen völlig entgegengesetzten objektiven Inhalt. Hugo von Hofmannsthal sagte einmal, der Dichter sei »nicht der berufenste, sondern der behindertste« Interpret seiner Werke. Und dagegen läßt sich nichts einwenden. Jedoch soll hier versucht werden, allein den objektiven Sinn der Schlußszene zu erhellen.

Dazu muß man *Das Glasperlenspiel* als ein doppelschichtiges Werk begreifen (neben der faktischen Ebene, die in der empirischen Wirklichkeit spielt, läuft eine innere, symbolische Ebene, die für ein restloses Verständnis des Werkes ausschlaggebend ist) – ein Umstand, der die Deutung sehr erschwert, denn er verlangt eine genaue Kenntnis der Bilder, Symbole, Motive und ihrer Bezogenheiten untereinander. Überdies können die Ideogramme eines Dichters erst ganz begriffen werden, wenn man sie durch alle Werke verfolgt, denn das einzelne Wort verliert zuweilen seine alltägliche Bedeutung und erhält völlig neue, ja magische Eigenschaften. Das Studium dieser »Sprache« führt in unserem Fall zu einem ganz anderen Erfassen des Todes von Josef Knecht und in neue Zusammenhänge.

Man weiß allgemein, daß die Gedankenwelt des alten China zu den wichtigsten Bildungskräften im Leben und Werk Hermann Hesses zählt, und daß sie auch die Form des *Glasperlenspiels* stark beeinflußt hat. Wollte man aus der Vielzahl der östlichen Einflüsse den entscheidendsten nennen, so müßte man den Gedanken der Bipolarität anführen, der Gegensätzlichkeit und Aufeinander-Bezogenheit der beiden Urkräfte – Yin und Yang. Er ist unter anderem auch kennzeichnend und ausschlaggebend für die Schlußszene des Romans.

Unsere Analyse geht aus von einer Kernszene des *Glasperlenspiels,* in der der Schluß bereits sinnbildlich vorweggenommen wird: die Begegnung Josef Knechts mit dem Älteren Bruder. Die Konfrontation der beiden Grundelemente zeigt das Bildsystem und den Aufbau des Endes geradezu parallel an. Es heißt dort u. a.: »Am Morgen dann setzte sich Knecht ans Wasser zu den Goldfischen, blickte in die kleine kühle Welt von Dunkel und Licht und zauberisch spielenden Farben hinab, wo in dem dunkel

Grünblauen und tintig Finstren sich die Leiber der Goldenen wiegten und dann und wann, eben wenn die ganze Welt verzaubert und für immer entschlafen und in Traumbann verfallen schien, mit einer sanft elastischen und doch erschreckenden Bewegung Blitze von Kristall und Gold durch das Schlafdunkel schickten.«[9]

In Hesses »symbolischer« Terminologie steht der *Morgen* für die »Zeit der Frische, des Neubeginns, des jungen freudigen Antriebs«. Er weist in nahezu allen Fällen auf den psychologischen Zutand hin, den Hesse »Erwachen« nennt. Die oben erwähnte Episode ist zugleich eine neue Stufe in der Entwicklung des jungen Knecht, wie auch eine Andeutung auf das Charakteristische aller weiteren Entwicklungsstufen, einschließlich der letzten (Knecht stirbt an einem Morgen). Das Wort »Morgen« wird in der Vorbereitung der Todesszene auffallend oft wiederholt: Knecht stand am *Morgen* auf; der Fels schnitt in den kühlen *Morgen*himmel; hinter dem finsteren Felsgrat wogte der Himmel im *Morgen*licht; den festlichen *Morgen*- und Sonnenbegrüßungstanz Titos nennt der Erzähler an anderer Stelle *Ritus der Sonnen- und Morgenfeier;* usw. Die während der ganzen Szene hartnäckig wiederholten Wendungen lassen auch einen mit Hesse wenig vertrauten Leser die Suggestion eines Anfangs, nicht eines Endes, empfinden.

Den Teich im Garten des Älteren Bruders nennt der Erzähler *kleine kühle Welt* – eine Definition, die deutlich auf den zeitlosen und ewigen Charakter hinweist. *Kühl* und *kalt* sind Attribute, von denen man weiß, daß Hesse sie in Zusammenhang mit den Begriffen »Ewigkeit«, »Unsterblichkeit«, »Geist« und »Geistigkeit« gebraucht. Das kommt auch in dem nachfolgenden Satz derselben Szene zum Ausdruck: »Sie saßen und hörten durch die Morgenstille den kleinen Wasserstrahl des Brunnens klingen, Melodie der Ewigkeit.«[10]

Man wird sich bei der Symbolik des *Kalte*n (der *Kühle,* des *Eisigen*) sicher auch an jene Passage aus dem *Steppenwolf* erinnern, wo Harry Haller, an den Zopf Mozarts geklammert, durch die eisigen Sphären der Ewigkeit gewirbelt wird, die dort herrschende Kälte nicht erträgt und besinnungslos zur Erde fällt: »Teufel, war es kalt in dieser Welt! Diese Unsterblichen vertrugen eine scheußlich dünne Eisluft.«[11] In *Narziß und Goldmund* ist Narziß (die Personifizierung und Inkarnation des geistigen

Prinzips) von einer Atmosphäre kalter Vornehmheit umgeben: »... nur umgab seine Vornehmheit ihn wie eine erkältende Luft.«[12] In der *Morgenlandfahrt* strahlt der Ring des ewigen Bundes Kühle aus. »Kaum hatte ich den Ring erblickt, kaum seine metallne Kühle an meinem Finger verspürt...«[13] Es gäbe noch weitere Dutzende analoger Beispiele, die hier angeführt werden könnten, besonders aus dem *Glasperlenspiel,* wo die Wörter *kühl* und *kalt* ausschließlich im Kontext und in Verbindung mit den Begriffen der Ewigkeit und des Geistes vorkommen.

Dieser Exkurs war notwendig, um eine Besonderheit der Schlußszene klarzustellen, nämlich die, daß im Leser die Empfindung morgendlicher Frische und Kälte erweckt werden soll. Diese Atmosphäre beginnt bereits mit den ersten Zeilen und dominiert während der ganzen Episode: Der *Morgen*himmel ist *kühl;* vor Knecht liegt ein steiler Felsabhang *schroff* und *kalt im Schatten;* Knecht spürt *die Kühle und würdevolle Fremdheit der Hochgebirgswelt;* die ganze Gegend atmet *stille und kalte Größe;* usw. Josef Knecht kommt an einem *kalten Morgen* im *eisigen Wasser* des Hochgebirgssees um: *Der See... empfing ihn mit einer Eiseskälte,... die grimmige Kälte* umfaßte ihn, und schließlich wird er von dem *eisigen* Element bezwungen.

Neben dem *frühen* Morgen und dem *Eisig-Kalten* nimmt das Element *Wasser* eine wichtige Bedeutung an. Wenn die beiden ersten Details noch attributiven Charakter haben und eigentlich nicht das substantiell wichtige Element der Schlußszene sind, so dürfte das dritte ohne Zweifel als der integrierende Bestandteil des Finale betrachtet werden. Josef Knecht kommt im Wasser um, ebenso wie Hans Giebenrath, der Beamte Klein und Goldmund. Das Wasser, als Symbol der ewigen Wandlung, der Unsterblichkeit (in der christlichen Allegorie Spenderin des Lebens und Lebensquelle) läßt nur eine positive Deutung zu. Alle Momente, der *Morgen,* die *Kälte,* das *Wasser,* weisen darauf hin, daß die Metamorphose des Helden in der Schlußszene ihre höchste Stufe erreicht und in transzendente Dimensionen übergeht. »Knecht... der Gereifte«, schrieb Hesse in einem seiner letzten Briefe, »verläßt heiter und tapfer eine Welt, die ihm keine Entwicklungsmöglichkeiten mehr läßt.«[14] In dieser Hinsicht bezeichnend ist auch der Name des Ortes, an welchem die Todesszene sich abspielt: Belpunt.[15] Wir haben es nicht mit einem

gewöhnlichen empirischen Ereignis zu tun, sondern mit einem Mysterium, dessen magischer Inhalt sich nur innerhalb der gesamten Symbolik und der der Ideogramme enthüllt.
Doch zurück zur Begegnung Josef Knechts mit dem Älteren Bruder. Die Welt der Ewigkeit, dargestellt als das Wasser, wird beschrieben als ein Zusammenspiel von *Dunkel* und *Licht.* Auch Yin und Yang haben neben vielen anderen die Bedeutung des Dunklen und des Lichten. Diese entgegengesetzten Pole werden einerseits in der tintigen Finsternis des Teiches, andererseits im Blitzen der Goldfische eingefangen (die Schlußszene zeigt die dunkle, im Schatten der Berge liegende Seeoberfläche und das blendende Gestirn des Tages). Zugleich verschiebt sich das Bild der Goldfische auch auf Knecht selbst. Der Eremit wendet sich an Knecht mit der Frage, ob er bereit sei, sich »still zu halten wie ein Goldfisch«, was Knecht bejaht. Später heißt es, daß er, »sich still haltend wie ein Goldfisch«, dem Zeremoniell der Orakelbefragung zuschaute. Und nicht zufällig schickt Knecht seinem Lehrer eine Karte, auf der ein Goldfisch abgebildet ist. Daß in der Schlußszene der glühende Sonnenball die Funktion der Goldfische annimmt, steht dazu in keinem essentiellen Widerspruch, denn hier könnte man auch von einer Identität Knechts mit der Sonne sprechen.
In einer der Parabeln von Tschuang-Tse heißt es: »Fische gedeihen im Wasser. Der Mensch gedeiht in Tao. Bekommen Fische einen Teich, darin zu leben, finden sie ihre Nahrung. Bekommt ein Mensch Tao, darin zu leben, bedarf er keines Tuns und ist gesichert. Daher der Spruch: ›Alles, dessen ein Fisch bedarf, ist Wasser; alles, dessen ein Mensch bedarf, ist Tao.‹«[16] Wenngleich es sehr gewagt wäre zu behaupten, Hesses Phantasie habe mit dieser Parabel ganz bewußt gearbeitet und sie zur Grundlage genommen, ist es dennoch reizvoll genug zu beobachten, wie die erste Hälfte des Gleichnisses das Bild des Gewässers mit den Goldfischen widerspiegelt, während die zweite Hälfte prägnant den Ideengehalt der Schlußszene reproduziert. Hierin liegt der bereits angedeutete Parallelismus: die erste Szene ist eine getarnte Fassung der letzten. Der letzte Satz der Begegnungsepisode enthält eine magische, ganz genaue Definition des Todes von Josef Knecht: »... eben, wenn die ganze Welt verzaubert und für immer entschlafen und in Traumbann verfallen schien, schickten sie (lies: er – Josef Knecht! R. K.) mit einer sanft elastischen und

doch erschreckenden Bewegung Blitze von Kristall und Gold durch das Schlafdunkel.«

Den Hesse-Interpreten ist bekannt, daß das Wort *Gold (golden)* in der symbolischen Terminologie des Dichters nicht nur das gewöhnliche *aurum vulgi* bezeichnet, sondern einen mit hermaphroditischen Zügen ausgestatteten Begriff einer überpersönlichen und transzendenten Existenz (vgl. »die goldene Spur« im *Steppenwolf*), »eine aqua divina«, ein Analogon des vierarmigen Kreuzes und des Opfertodes. Die Vokabel *Schlaf* verwendet Hesse als Beiwort zu »Nichterwachen«; seinem psychologischen Schema entsprechend, bedeutet dies eine unschuldige und infantil-primäre Existenz (verantwortungsloses Vorstadium) oder, mit anderen Worten, die erste Stufe auf dem dreistufigen Weg der Menschwerdung (s. H. H.: *Ein Stückchen Theologie*).

In der Todesszene Josef Knechts entfaltet sich die bipolare Symbolik des Romans in all ihrer Mannigfaltigkeit. Bereits die Exposition mit dem von der Sonne beleuchteten Abhang und dem im Schatten liegenden See, Yin und Yang, leitet den doppelten Sinn bildhaft ein. Das Bildsystem der Szene besteht aus den vier Grundelementen (oder zwei Polpaaren): Luft (Himmel), Erde (Berg, Felsabhang), Feuer (Sonne, Licht, Wärme) und Wasser (See).[17] »Vor ihm lag der kleine *See* graugrün und unbewegt, jenseits ein steiler hoher *Felsabhang,* mit scharfem, schartigem Grat in den dünnen, grünlichen, kühlen *Morgenhimmel* schneidend, schroff und kalt im Schatten. Doch war hinter diesem Grat spürbar schon die *Sonne* aufgestiegen, ihr *Licht* blinkte da und dort in winzigen Splittern an einer scharfen *Steinkante,* es konnte nur noch Minuten dauern, so würde über dem Zacken des *Berges* die *Sonne* erscheinen und See und Hochtal mit *Licht* überfluten.«[18] In der Folge zieht Hesse den beiden Polpaaren die gegenüberstellung von »Sonne« und »Wasser« vor. Im ersten Teil des Abschnittes, dem ekstatischen Tanz Titos, ist das Motiv der Sonne vorherrschend, im zweiten (dem Wettschwimmen mit der Sonne, Tod des Romanhelden) – das des Wassers.

Ganz besonders fesselnd ist der Moment, wo aus der Gegenüberstellung und Konfrontation der Elemente das Ineinanderfließen und ihre Einheit meisterlich dargestellt werden, sowohl bildlich (die allmähliche Eroberung der Wasseroberfläche durch die Sonne), als auch durch Lexeme. Ohne im mindesten die äußere Struktur zu vernachlässigen, verbindet der Autor »feurige« Substantive mit »fließenden«, »feuchten« Verben und umgekehrt. Auf diese Weise bildet er grammatikalisch und, was noch überraschender ist, lexikologisch vollwertige Wortverbindungen, welche die für seine Aussage notwendigen Elemente enthalten. Es heißt in diesem Zusammenhang, die Sonne werde »See und Hochtal mit *Licht überfluten*.« Die Einheit der Elemente (»ein Stückchen des Steinrückens« blitzt gleich einem »glühenden und eben im Schmelzen begriffenen Metall« auf, »der Grat scheint schmelzend hinabzusinken«) beschwört ein Bild herauf, das durch alle vier Grundelemente getragen wird: »Seine Schritte flogen der siegreichen *Sonne* freudig huldigend entgegen, wichen ehrfürchtig vor ihr zurück, die ausgebreiteten Arme zogen *Berg, See* und *Himmel* an sein Herz, niederkniend schien er der *Erdmutter,* händebreitend den *Wassern des Sees* zu huldigen und sich, seine Jugend, seine Freiheit, sein innig aufflammendes Lebensgefühl wie eine festliche Opfergabe den Mächten anzubieten.«[19] Nach Titos Opfertanz wird die Einheit von Yin und Yang (in der Knecht und Tito *von der Lichtfülle* aus Osten *gebadet* erscheinen) eingeleitet: das aus einer Lücke des Felsgrats glühend aufgehende Tagesgestirn vertreibt immer mehr und mehr den auf der Wasseroberfläche ruhenden dunklen Schatten des Berghangs und erobert den See. Und der Tod Josef Knechts betont mit zäher Beharrlichkeit noch einmal die Einheit der Elemente: durch das Bild vom Todeskampf des »sonnigen« Magisters[20] mit den dunklen Wassern des eisigen Sees und durch entsprechende Sprachverbindungen. Das eiskalte Wasser, heißt es, umfaßte Knecht *mit lodernden Flammen,* so daß seine erste Empfindung die eines *aufwallenden Brennens* war.

Josef Knecht schwimmt vom sonnenbeleuchteten zum gegenüberliegenden, im Schatten versunkenen Ufer. Wie Hölderlins Empedokles sucht er die Auflösung in der Natur, die Erkenntnis der dunklen Kräfte. Der interne Sinn seines Todes ist die Rückkehr ins Weltganze und der Übergang in transzendente Existenzen. Schon rein empirisch kann dieser Tod nicht nur als biologisches Sterben und als das Ende einer geistigen Tradition gesehen werden, vielmehr existiert Knecht in Tito weiter. Hier liegt der Hauptunterschied zum Empedokles. Hölderlin beendet die Entwicklung seines Helden durch Selbstmord, während Knechts Tod im Zeichen der Weiterentwicklung und ständigen Wandlung steht.

Durch seinen Opfertod wird Knecht zu einem Teil des Ewigen, der Ganzheit, wie sie bei Hesse am stärksten im *Steppenwolf* und in einigen Betrachtungen über Goethe dargelegt wird, auch dort in hermaphroditischen Bildern. Im *Glasperlenspiel* ist Tito eine Personifikation des in die Ganzheit führenden Mittels. Bei ihm hat bis jetzt noch nicht der Prozeß der Individuation, der Differenzierung und Entwicklung zur Einheit stattgefunden. Nur auf diese Weise wird der zart homoerotische Anklang verständlich, auf den seinerzeit Thomas Mann hinwies.[21] Hesse schreibt über Tito: »Sein eben noch alterslos maskenstrenges Gesicht nahm einen kindlichen und etwas törichten Ausdruck an.« Bereits das Wort *alterslos* weist darauf hin, daß die ursprüngliche, hermaphroditischen Harmonie des Jünglings noch nicht gestört worden war. Diese Zerstörung und gleichzeitige Entwicklung zur Individuation tritt durch den Tod des Meisters ein; Titos Integrität ist in dem Moment zerstört, wo er der Welt und dem Sein gegenübersteht. Der junge Designori trägt natürlich keine juristische Verantwortung für Knechts Tod. Es ist ihm auch kein sittliches Vergehen vorzuwerfen. Aber dennoch ist er schuld, schuld im religiös-ontologischen Sinn. Das miterlebte Unglück reißt ihn aus dem paradiesischen Zustand der Unschuld heraus und zwingt ihn, seine Existenz, sein In-der-Welt-Sein zu erkennen. Tito empfindet die ganze Last des Sündenfalls und die Verantwortlichkeit des Menschen, die von nun an seinen Weg in das Erwachsenwerden bestimmt. Mit einigen wenigen Strichen zeichnet Hesse diese Umgestaltung. Am Anfang spricht er von Titos »innigem Einverständnis« mit dem erwachenden Tag (mit den »wogenden und strahlenden Elementen«), wodurch das Vorgefühl eines neuen »Anfangs« geweckt wird. Ferner heißt es, daß Titos Tanz und seine »magische Besessenheit« einer bevorstehenden »Wandlung und Stufe seines jungen Lebens« entspringe. Nach dem Tanz ist Tito schon »enthüllt« und »verwandelt«, er *erwachte*. Dieses Detail wird gleich darauf wiederholt: »Sein Gesicht nahm einen kindlichen und etwas törichten Ausdruck an, wie das eines allzu plötzlich aus tiefem Schlaf *Geweckten*...« Knechts Tod war also die notwendige Bedingung für dieses Erwachen. Sein Opfer aber war nicht vergeblich, die gewünschte Kontinuität der geistigen Überlieferung bleibt erhalten.
Empirisch betrachtet, ist dieser Tod eine Tragödie. Der Versuch Josef Knechts, seinen Zögling nicht zu enttäuschen und sich mit

ihm in ein Wettschwimmen einzulassen, entsprach nicht seiner körperlichen Verfassung und konnte von Anfang an nicht gelingen. In übertragener Bedeutung aber war Knechts Tod ein Akt zur Erreichung androgener Vollkommenheit, zur Auflösung der Persönlichkeit, zum Übergang in die Anonymität und Aufnahme in den Bund der Unsterblichen. Durch das Opfer, das Knecht bringt, durch diesen höchsten Ausdruck der Idee des Dienens, überschreitet der Held die Grenzen der empirischen Welt und nimmt eine legendäre Existenz an, welche ein Kastalier »nur ehrerbietig zu ahnen« vermag. Knechts Tod ist ein Wunder, Knecht selbst ein Heiliger und *imitabile,* der zur Nachfolge auffordert.
Noch eine interessante Eigenart des *Glasperlenspiel-*Finale sei erwähnt. Am Anfang der geistigen Entwicklung Josef Knechts steht – verdeutlicht in der Szene der Orakelbefragung – das Zeichen »Mong« (Jugendtorheit). Es handelt sich hierbei um das vierte Hexagramm aus dem »Buch der Wandlungen«, welches aus zwei Trigrammen besteht, den Zeichen »Gen« (Berg) und »Kan« (Wasser). Alle Elemente der Orakelweissagung bleiben auch in der Schlußszene aktuell, vor allem das Zeichen »Mong«, das jedoch unter den neuen Umständen nicht auf Knecht, sondern auf Tito hinweist, und die Komponenten »Gen« und »Kan« (Berg und Wasser). Besonders aufschlußreich ist die Tatsache, daß die unter dem Zeichen »Mong« begonnene Entwicklung Knechts mit dem Zeichen »Wei-tse« anschließt, dem letzten, dem 64. Hexagramm aus dem »Buch der Wandlungen«. Dieses Hexagramm wiederum besteht aus den beiden Trigrammen Feuer »Li« und Wasser »Kan«. Es wird im Romangewebe durch das Bild der Sonne und des Wassers transponiert.
Hierdurch gewinnt unsere Analyse noch einen zusätzlichen Halt. Denn, wenn wir – was offensichtlich ist – davon ausgehen können, daß der Schlußszene das letzte Hexagramm des »I Ging« zugrundeliegt, so dürfen wir auch die Symbolik und den Sinn dieses Hexagramms nicht unberücksichtigt lassen. Im »Buch der Wandlungen« ist ihm die folgende Zauberformel beigefügt: »Vollziehung! Der junge Fuchs hat die Furt beinahe durchschritten, aber seinen Schwanz naßgemacht – nichts Gutes.« Der führende sowjetische Sinologe J. K. Stschuzki gibt dazu den folgenden Kommentar: »Die Situation entfaltet sich so, daß schließlich ein Chaos eintritt; das Chaos wird aber nicht als Zerfall des Geschaffenen betrachtet, sondern als Ewigkeit, als Möglichkeit immer neuer

und neuer endloser Schöpfung.«[22] Genau das gilt für das Finale des *Glasperlenspiels*.
Bereits eine so oberflächliche und verhältnismäßig einseitige Untersuchung der Ideogramme genügt, um die letzte Metamorphose Josef Knechts in ein völlig neues Licht zu rücken. Sein Tod soll hier jedoch nicht mit Hilfe einiger Konstruktionen aus der chinesischen Gedankenwelt erklärt werden. Denn alle diese Symbole, Ideogramme und Zeichen gewinnen innerhalb des Buches ganz neue Eigenschaften und Qualitäten. So sind auch die untersuchten Zeichen und Konstruktionen einerseits und die Bilder und Gestalten andererseits zwei selbständige Werte, die zueinander im Verhältnis der Parataxe, nicht der Hypotaxe, stehen. Sie können einander erläutern, aber nicht erklären; denn eine Erklärung schließt andere Deutungen aus, die Erläuterung aber kommentiert und erhellt, sie macht die Bestimmung sichtbar, die die Bilder in sich tragen. Unsere Auslegungen wollen andere Deutungen nicht ausschließen, im Gegenteil, sie gehen von der Voraussetzung verschiedener, aber nicht sich ausschließender Interpretationsmöglichkeiten der Schlußszene aus.
Abschließend noch eine Bemerkung zu dem Finale als dem wichtigsten Strukturelement des modernen Romans. Man hat Hesse wiederholt vorgeworfen, das Ende von Knechts Biographie schließe den Roman nicht regelrecht ab, sondern lasse ihn »offen«, jäh die Handlung abbrechend, so daß er eigentlich unvollendet geblieben sei. Dazu sei vor allem gesagt, daß bereits der Stoff des *Glasperlenspiels* den Charakter des Romanschlusses bestimmt und ein »offenes« Finale erfordert. Hesse spricht von seinem Versuch, durch das *Glasperlenspiel* die Idee der Kontinuität geistiger Tradition zum Ausdruck zu bringen, eine »Ausdrucksform für das Stabile im Fließenden, für die Kontinuität der Überlieferung und des Geistes überhaupt«[23] zu suchen. Um diese Absicht zu gestalten, verwendet er verschiedene Motive:
1. *Das Stufenmotiv* oder das Motiv des Transzendierens. Dadurch gelingt es Hesse, die Kontinuität der geistigen Entwicklung im Rahmen eines individuellen Lebens gestalten.
2. *Das Meister-und-Schüler-Motiv,* durch das die Bindung und Kontinuität zwischen zwei Generationen widergespiegelt wird. (Altmusikmeister – Knecht; Knecht – Tito Designori). Gleichzeitig sprengt diese Komponente den Rahmen des Individuellen und weist auf einen einheitlichen Prozeß hin.

3. *Das Motiv des überzeitlichen Lebenslaufes* oder der stereotypen Lebensbeschreibung, der die altindische Idee der Reinkarnation zugrundeliegt. Mithilfe dieses Motivs verbindet Hesse Epochen, die weiter auseinanderliegen als zwei Generationen, und zeigt die Stabilität und Kontinuität der Geistestradition im Verlauf der ganzen Menschheitsgeschichte.

Knechts Leben ist daher nicht nur eine Geschichte für sich, sondern eines der paradigmatischen Glieder in der Kette vieler Existenzen, aus denen sich der kontinuierliche Prozeß der geistigen Entwicklung der Menschheit zusammensetzt. Und deshalb mußte Knechts Lebensbeschreibung auch nach beiden Seiten »offen« bleiben, denn sie darf nur im Kontext vieler anderer geistiger Existenzen erfaßt werden.

Abgesehen von dieser aussagebedingten Ursache jedoch, ist der »offene« Schluß bei weitem kein Hessescher Einfall, sondern eines der Merkmale des modernen Romans. Dieser unterscheidet sich stark vom antiken Roman, dem Ritterroman, dem pastoralen und bukolischen Roman, für die das abschließende Ende ein nahezu unabdingbares Merkmal war. Die besondere Eigenart des »offenen« Endes beim modernen Roman erwähnt bereits Maupassant, inzwischen auch die Romantheoretiker unserer Zeit. 1938 hat M. Bachtin in seiner aufschlußreichen Arbeit über die Entstehung des Romans darauf hingewiesen, daß der Roman die unvollendete Gegenwart zum Stoff hat und im Unterschied zum Epos, das stets vergangen und abgeschlossen ist, offen bleibt.[24]

Der sowjetische Literaturforscher W. Koshinow schreibt in seinem Buch über die Entstehung und Geschichte des Romans: »Ein Roman hat überhaupt kein Ende, keine Vollendung – und darin äußert sich deutlich das grundlegende Gepräge dieses Genres.« Und weiter: »Man kann sagen, daß der Roman in gewisser Hinsicht ein stets unabgeschlossenes, offengelassenes, nicht abgerundetes Genre bleibt. Und dies ist nicht nur eine Eigenschaft des Inhalts, sondern auch der Form, die den Inhalt aufsaugt und realisiert.«[25]

Das »offene« Finale unterscheidet den Roman sowohl von frühen epischen Formen als auch von Novelle und Erzählung. Alexander von Gleichen-Rußwurm betont dieses strukturelle Detail ganz besonders: »Ein Roman ist nicht eine lange Novelle und die Novelle kein kurzer Roman... Wenn die Novelle ihren Namen verdient, ist sie strenger Form untertan. Sie hat nicht nur notwen-

dig ein künstlerisches Ende, zum Unterschied vom Roman, der eigentlich nur zufällig aufhört, ihr Ende ist die Hauptsache, Zweck und Ziel der Erzählung, auf die sie zugespitzt ist.«[26]
Hesse hat, wie wir sehen, des »offenen« Finales und »zufälligen« Endes wegen keinen Vorwurf verdient. Die letzte Szene des modernen Romans soll die Handlung nicht abschließen, im Gegenteil, sie soll diese über den Rahmen des Werkes hinaus fortlaufen lassen, um auf solche Weise den Eindruck ewiger und ununterbrochener Dynamik zu wecken. Wenn Rudolf Pannwitz nicht mit Georg Simmel einverstanden ist, der behauptet, Goethe habe die Mitglieder des »Bundes« nur deswegen nach Amerika geschickt, weil er nicht wußte, wie er sie loswerden sollte, so hat er vollkommen recht. Denn genau solch ein Finale läßt der Handlung über den Rahmen des Romans hinaus freien Lauf und entspricht somit völlig den Anforderungen dieses Genres.
Goethe war diese Besonderheit des Romans gut bekannt. In seinem Aufsatz »Über epische und dramatische Dichtung« hebt er die »vorgreifenden« Motive hervor, die die Geschehnisse nach dem Schluß der Dichtung antizipieren. Solche, die Zukunft vorwegnehmenden Gestalten sind Natalie und Felix im Finale von »Wilhelm Meisters Lehrjahren«, Hans Castorp auf den letzten Seiten des »Zauberbergs«, und eine solche Gestalt ist auch Tito Designori im Finale des »Glasperlenspiels«.

(1971)

Anmerkungen

1 Allein in den Jahren 1969-1971 sind in der Sowjetunion zwei Dissertationen über Hesse verfaßt worden; über ein Dutzend wissenschaftlicher Abhandlungen sind im Druck erschienen, elf davon über das »Glasperlenspiel«.
2 E. Braemer, Kastalien als pädagogische Provinz. In: »Die neue Schule«. 1948, N 3, S. 252
3 T. Motyljowa, Zarubeshnyi roman segodnja. Moskwa 1966, S. 172
4 E. Markowitsch, German Gesse i ego roman ›igra w bisser‹. In: German Gesse igra w bisser, Moskwa 1969, S. 25
5 W. Sedelnik, Igra w bisser. In: »Nowy mir«, 1970, N 2, 255
6 H. Hesse, Das Glasperlenspiel. Werkausgabe, Frankfurt 1970, IX, S. 47
7 A.a.o., S. 288

8 H. Hesse, Briefe. Erweiterte Ausgabe. Suhrkamp, Frankfurt 1964, S. 208
9 H. Hesse, Das Glasperlenspiel. Werkausgabe IX, S. 136
10 A.a.O., S. 136
11 H. Hesse, Der Steppenwolf. Werkausgabe VII, S. 402
12 H. Hesse, Narziß und Goldmund. Werkausgabe VIII, S. 10
13 H. Hesse, Die Morgenlandfahrt. Werkausgabe VIII, S. 383
14 Materialien zu Hermann Hesses »Der Steppenwolf«. Hrsg. Volker Michels. Suhrkamp, Frankfurt 1972, S. 156
15 Der Begriff »Brücke«, der anscheinend einerseits durch das Studium der Nietzsche- und Kierkegaardphilosophie inspiriert war, andererseits durch die altinidischen Upanishaden, gehört zu den wichtigsten Kategorien des Hesseschen Denkens und bezeichnet eine Grenze und den Übergang vom Empirischen zum Transzendenten.
16 Tschuang-Tse, Reden und Gleichnisse. Manesse, 1952, S. 71
17 Die Bedeutungen, die diese Elemente im Symbolsystem des »I Ging« haben, sind in der aufschlußreichen Arbeit von J. C. Middleton untersucht worden. Siehe: J. C. Middleton, An enigma transfigured in Hermann Hesse's Glasperlenspiel. In: German Life and Letters, N. S. Vol. X, Jul. 1957, No. 4.
18 H. Hesse, Das Glasperlenspiel. Werkausgabe IX, S. 465. Zur Illustration der Transformation einzelner Symbole des »I Ging«-Systems in das Wörtergewebe der Erzählung sei hier darauf hingewiesen, daß das für die Schlußszene so wichtige Ideogramm der Sonne – »Li« – in wörtlicher Übersetzung »fließendes Feuer« bedeutet.
19 A.a.O., S. 467
20 Die Identifizierung Josef Knechts mit der Sonne wird nicht nur durch das Obengesagte, sondern auch durch die Bemerkung des Erzählers bezeugt. Titos Sonnenbegrüßungstanz ist als festliche Opfergabe anzusehen, die der Jüngling »der Sonne« und »nicht minder dem Bewunderten und auch Gefürchteten ... dem Meister des magischen Spiels« darbrachte.
21 Thomas Mann, Gesammelte Werke. Aufbau, Berlin und Weimar, 1965, Bd. XII, S. 227
22 J. S. Stschuzki, Kita-skaja Klassitscheskaja Kniga peremen. Moskwa 1960, S. 381
23 H. Hesse, Briefe, S. 346
24 Siehe: M. Bachtin, Epos i roman. In: Woprosy literatury, 1970, N 1
25 W. Koshinow, Proischoshdenije romana, Moskwa 1963, S. 333
26 A. v. Gleichen-Rußwurm, Was ist ein Roman? In: Die Literatur. Jg. 30, 1927, Hf. 2, S. 65

Heinz Ludwig Arnold
Kadettenanstalt für eine
Ordinarien-Universität?

Daß Hermann Hesses »Glasperlenspiel« nur ein antiquarischer und darum ein ganz und gar antiquierter Roman sei – was man auf Anhieb wohl sagen möchte –, kann man nach der neuerlichen Lektüre (die erste liegt 12 Jahre zurück und wurde in der Prima absolviert) so entschieden nur noch mit halbem Herzen behaupten; denn die Vokabel »altmeisterlich« signalisiert besser den Charakter dieses Buchs, das die Empfindungen bei seiner Lektüre heute so zwiespältig macht. Als Schüler hatte man sich durch die 766 Seiten wahrlich quälen müssen; nun liest man sie mit Leichtigkeit in anderthalb Tagen, zwar mit größeren Vorbehalten und kritischeren Einwänden als damals, aber auf merkwürdige Weise auch gefesselt und angerührt von einer so beharrlichen erzählerischen – oder muß man in diesem Falle sagen: dichterischen? – Konsequenz.

Dabei begegnen einem fast auf jeder Seite Sätze, Formulierungen, Schlußfolgerungen, die bezeugen, daß die Zeit für dieses Buch längst vorbei ist und wohl auch 1943 schon vorbei war – selbst die glänzenden Passagen der Einleitung über ›unser‹ feuilletonistisches Zeitalter wollen, obgleich man ihnen zustimmen mag, in der Relation zu diesem Buch, in seinem Kontext nicht so recht passend erscheinen, markieren sie doch für Hesse eine Position »dicht vor jener grauenhaften Entwertung des Wortes, welche vorerst ganz im geheimen und in kleinsten Kreisen jene heroisch-asketische Gegenbewegung hervorrief, welche bald darauf sichtbar und mächtig und der Ausgang einer neuen Selbstzucht und Würde des Geistes wurde«. Doch was Hesse dann entwickelt, die pädagogische Provinz Kastalien, in der musterbildend für die in diesem Buch nie näher bestimmte Gesellschaft »Selbstzucht und Würde des Geistes« ausgebildet und gepflegt werden – sie ist nur im Buch der Erfolg der »sittigenden« Gegenbewegung gegen unsere Zeit; faktisch, und das heißt geschichtlich-kulturgeschichtlich, ist Kastalien eine Provinz des frühen 19. Jahrhunderts; philosophisch entspricht ihrer Gesinnung die Bildungs- und Entwicklungsphilosophie der Romantik, literarisch und ästhetisch – was sich so offen auch im Thematischen beweist – knüpft das »Glasperlenspiel« beim alternden

Goethe an, beim zweiten Buch von »Wilhelm Meisters Wanderjahren«.
Hesses Utopie von der pädagogischen Provinz Kastalien, die projektierte Geschichte vom Werden und Vergehen des Glasperlenspielmeisters Josef Knecht, plädiert für eine sinnvolle Hierarchie, wie sie sich in der Struktur des kastalischen Ordens zeigt, und akzeptiert, was sie so spiegelbildlich reproduziert: eine geistige Ordnung im Sinne eines gegebenen oder aber doch zumindest erstellbaren Weltzusammenhanges.
Dieser Zusammenhang, den das Buch ästhetisch realisiert, ist vermutlich auch der Grund für das zwiespältige Faszinosum, das sich bei der jüngsten Lektüre ergab. Aber es war ein Blick in eine vergangene Welt: wohlgeordnet und übersichtlich, von einsehbarer Schlüssigkeit wie die Entwicklung des Eliteschülers Josef Knecht zum Magister Ludi. Deren Widersprüchlichkeit aber – und sie bestimmt das ganze Buch – offenbart sich in einem beiläufigen Satz wie: »Er war einen anderen Weg gegangen, vielmehr geführt worden...«; an anderer Stelle nimmt Knecht eine *Frage* als *Befehl* auf oder er findet, wo ihm doch die Freiheit der Entscheidung überlassen sein soll, bereits über sich verfügt. Diese Widersprüchlichkeit aber deutet auf eine Pädagogik – und pädagogisch-moralisch ist das »Glasperlenspiel« vorzüglich gemeint –, die mit der Freiheit des Lernenden operiert, ohne sie je recht ernst zu nehmen. Aber das ist ja auch verständlich angesichts einer Determination, die so aussieht: »Unser Kastalien soll nicht bloß eine Auslese sein, es soll vor allem eine Hierarchie sein, ein Bau, in dem jeder Stein seinen Sinn nur vom Ganzen bekommt.« Und nach Kastalien berufen zu werden, ja erst einmal in die Eliteschulen aufgenommen zu werden, dazu bedarf es vor allem der Gnade: »Das ist Gnade, oder wenn man es banal ausdrücken will: Es ist ein Glücksfall. Wem er begegnet, dessen Leben hat ein Plus, so wie der ein Plus besitzt, dem ein Glücksfall besonders glückliche Gaben an Leib und Seele mitgegeben hat.« Das ist eine ganz spezifische Mischung aus absolutistischer Ideologie, die sich auch von so etwas wie »dem Ganzen« her motiviert glaubt, und Geistesaristokratie, um nicht zu sagen: Geistesheroismus; und wenn man sich ziemlich bösartig gebärden will, könnte man von Hesses pädagogischer Provinz als von einer Kadettenanstalt für eine intakte Ordinarienuniversität sprechen; in jedem Falle hat man es mit einem bildungsbürgerlichen Um-

schlagplatz zu tun, an dem nur für *eine* Gesellschaftsklasse produziert wird – daß Knecht schließlich sein Amt niederlegt und den Orden verläßt, hängt mit seiner Erkenntnis von dieser gesellschaftsfremden bzw. gesellschaftsfeindlichen Funktion Kastaliens zusammen, schließt aber darüber hinaus auch noch das Motiv des Individualismus mit ein, den Kastalien bewußt abbaut und den Knecht erst als Magister Ludi wieder entdeckt und für sich, was er keinem seiner Schüler zugebilligt hätte, in Anspruch nimmt. Immerhin, Knecht, der den kastalischen Weg demütig gegangen ist, hat durchaus liberale Züge: Er akzeptiert den Außenseiter Tegularius mit seinem Hang zum Individualismus und disputiert verständnisvoll mit dem »weltlichen« Plinio Designori. Überhaupt: Josef Knecht ist auf faszinierende Weise der Inbegriff sowohl von Kastalien wie schließlich auch von dessen Widerspruch – idealisierte pädagogisch-moralische Paradefigur für Hesse, dem das Werden als eine wesentliche Kategorie des Weltverständnisses gilt. In ihm treffen sich Peter Camenzind, Sinclair, Siddhartha, Giebenrath und Goldmund gleichzeitig, als Summe oder eher noch als Bilanz.

Für Hermann Hesse ist das »Glasperlenspiel«, an dem er mehr als 11 Jahre gearbeitet hat, die »Klausur und Zelle, der magische Raum gewesen, in den ich eintreten konnte und der mir stets sofort die nötige Distanz zum Hier und Heute gab«. Für uns, heute, ist der Roman, ist seine Lektüre ebenfalls ein Gang auf Distanz zur Gegenwart; doch ich glaube, das war er auch schon 1943 und einige Jahre später, als er zuerst in der Schweiz und dann in Deutschland erschien. Darüber hinaus hat er allerdings Elemente, denen stets das Epitheton »typisch deutsch« anhängt: den Zug zu einer formvollendeten gesellschaftlichen Revolutionierung von oben, die mit Wohlverhalten und Demut realisiert wird; und in der Figur Knechts einen moderierten und wohltemperierten Faustustyp, dessen Motto »Transzendieren« (das einst so überschriebene Gedicht Knechts erhält später den Titel »Stufen«) heißt und den Hesseschen Enwicklungsbegriff meint.

Doch da, wie es symptomatisch für den Roman im Lebenslauf des »Regenmachers« ausgedrückt wird, »die unfehlbare Arznei ... Maß und Ordnung (ist)«, wird auch dies »Faustische« aufs Normalmaß zurückgeschnitten: Beide Elemente des »typisch Deutschen« wirken aufeinander und neutralisieren sich. Wo die Größe Geist so klassizistisch aufs ideale Normalmaß gebracht wird, behält der erfahrene Benediktinerpater Jakobus nicht nur gegenüber Knecht und Kastalien, sondern auch gegenüber dem Autor Hesse recht, er vom »völligen Mangel an geschichtlichem Sinn« spricht und: »Ihr Mathematiker und Glasperlenspieler ... habet euch eine Weltgeschichte zurechtdestilliert, die bloß noch aus Geistes- und Kunstgeschichte besteht, eure Geschichte ist ohne Blut und Wirklichkeit ...«

In der Tat hat auch der Roman etwas Starres, ganz und gar Stilisiertes – stilisiert ist auch die darin beschriebene Landschaft, die, bukolisch bis arkadisch, an Goethes »Novelle« erinnert (ganz anders dagegen der erste von Knechts drei Lebensläufen, die im Anhang mitgeteilt werden, »Der Regenmacher«). Es ist die Starrheit des hoffnungsfrohen und mit einem optimistischen Verhältnis zur Kategorie Literatur versehenen Erzählers, dem Sprache noch als ganzheitliche Erscheinung zu Gebote steht, der »Sinn« zu entwickeln vermag, wo wir heute kaum mehr einen zu sehen imstande sind, der selbst noch einer jener »an Begabung *und* Charakter hervorragendsten Schüler« war, denen die Eliteschulen Kastaliens offenstanden.

»... man sang stimmungsvolle Feuilletons über das nahe Ende der Kunst, der Wissenschaft, der Sprache, man stellte mit einer gewissen Selbstmörderwollust in der Feuilleton-Welt, die man selber aus Papier gebaut hatte, eine vollständige Demoralisierung des Geistes, eine Inflation der Begriffe fest und tat, als sähe man mit zynischer Gelassenheit oder bacchantischer Hingerissenheit zu, wie nicht bloß Kunst, Geist, Sitte, Redlichkeit, sondern sogar Europa und ›die Welt‹ unterging.« Das, vor etwa 30 Jahren geschrieben, verblüfft immerhin. Doch Hesse irrte, als er glaubte, Kastalien führe aus diesem Desaster heraus; im Gegenteil, Kastalien war die Vorgabe dessen, was er so beschrieb. Hesse und sein »Glasperlenspiel« erinnern an diese vor-feuilletonistische Zeit. Und wir heute nehmen beide nicht gerade sehnsüchtig, aber doch noch einigermaßen fasziniert wahr. (1971)

W. Sedelnik
Spiel und Leben
Eine Betrachtung über Josef Knechts Leben und Tod

Hermann Hesses »Glasperlenspiel« ist kein Roman im gewöhnlichen Sinn des Wortes. Hier gibt es keine zugespitzte Fabel, keine spannenden Abenteuer, keine Frauengestalten und somit keine Liebesgeschichen. Es ist eine philosophische Utopie, in welche Elemente des Gleichnisses, der Allegorie einbezogen werden, ein »intellektueller« Roman, in dem die Schicksale der gegenwärtigen Kultur in die ferne Zukunft transponiert und eingehend erforscht werden. Das Buch ist prädestiniert für den ernsten, gedankenvollen, durch die Produkte der Massenkultur nicht verdorbenen Leser, der noch versteht, das Heimliche zu entziffern, verborgene Ironie zu schätzen, sich der Kompliziertheit philosophischer Symbolik klarzuwerden, den Reichtum der poetischen Aussage und die strenge Durchdachtheit der Komposition zu würdigen. Solche Leser fand »Das Glasperlenspiel« in den schwierigen 40er Jahren, wo es als eigenwilliger Protest gegen die Neobarbarei des Faschismus verstanden wurde; und es findet sie auch heutzutage in allen Weltteilen: – freilich nimmt man es jetzt in einem viel breiteren kulturellen Kontext wahr. Tatsache ist, daß »Das Glasperlenspiel« nichts von seiner Aktualität, Wichtigkeit und Notwendigkeit der Problemstellung eingebüßt hat.

Die Grundidee des »Glasperlenspiels« entstand aus der Erkenntnis der grandiosen Tragödie der bürgerlichen Kultur im »Feuilletonistischen Zeitalter«, d. h. im XX. Jahrhundert[1], das »mit seinem Geist wenig anzufangen gewußt« hat, »oder vielmehr, es hat dem Geist innerhalb der Ökonomie des Lebens und Staates nicht die ihm gemäße Stellung und Funktion anzuweisen gewußt«.[2] Ist Geistigkeit, Kunst, Wissenschaft ein Ritual für Auserwählte, eine Zeremonie der geistigen Elite, ein hohes, aber leeres Spiel nach willkürlich bestimmten Regeln? Oder etwas viel Bedeutenderes, etwas, was mit dem Leben aufs engste verbunden ist, aus den Lebensbedürfnissen herauswächst und auf sie wieder zurückwirkt? Darf das freie Spiel des »freien« Geistes als entscheidendes Moment im kulturellen Leben betrachtet werden? Um diese Fragen zu beantworten, sonderte Hesse die Kultur von der Gesellschaft ab, verlieh ihr autonome Formen und verlegte sie in die Provinz Kastalien.[3]

Kastalien entstand, als sich nach den verheerenden Kriegen und gesellschaftlichen Erschütterungen, die das XX. Jahrhundert an den Rand des Untergangs gebracht hatten, eine Gruppe Mutiger entschloß, »dem Geist treu zu bleiben und mit allen Kräften einen Kern von guter Tradition, von Zucht, Methode und intellektuellem Gewissen über diese Zeit hinwegzuretten«, und sich notgedrungen von der Gesellschaft absonderte, um durch meditative Zucht des Geistes allmählich die Überwindung des »feuilletonistischen Kulturjahrmarkts« zu lernen, symbolisch verkörpert im Glasperlenspiel.

Die Entwicklung dieses Glasperlenspiels und der Provinz wird gezeigt am Beispiel der Lebensgeschichte eines der hervorragendsten Kastalier, der das hohe Spiel vollkommen beherrschte – Josef Knecht. Größe und Tragik Knechts bestehen darin, daß er den Weg des Zweifels geht, ohne etwas auf Treu und Glauben anzunehmen, dem Rat seines Lehrers, des Magister Musicae, folgend: »Die Wahrheit wird gelebt, nicht doziert.« Sein ganzes Leben ist der Idee des Opfers am Geist untergeordnet. Er erreicht immer höhere Stufen der kastalischen Hierarchie, wird Meister des Glasperlenspiels, Magister Ludi. Aber je tiefer er in das Wesen des Spieles, der gesamten Kultur eindringt, desto mehr nimmt seine Verantwortung zu. In seiner Seele vollzieht sich, bald abklingend, bald wieder aufflackernd, der ewige Wettstreit zwischen Ästhetik und Ethik, zwischen Dienst am reinen Geist oder Dienst am Menschen. Die Begierde nach einem anderen, nichtkastalischen Leben war immer in ihm, sie veranlaßte ihn zu »transzendieren«, sich zu vollenden, und bewog ihn, mit dem, was Kastalien ihm anbot, nie völlig zufrieden zu sein. Knecht empfindet diese Begierde als Mahnung, als Stimme des Lebens, der er nicht widerstehen kann, dem Goetheschen »Stirb und werde« verwandt:

> Des Lebens Ruf an uns wird niemals enden...
> Wohlan denn, Herz, nimm Abschied und gesunde!

Nachdem Knecht zu der Überzeugung gelangt ist, daß der kastalische Versuch, den Geist zu retten in der Absonderung von der äußeren Welt, unfruchtbar und unzulänglich ist, verläßt er die Provinz. Der Hauptgedanke seines Abschiedsschreibens an den Orden ist sein Unwille, einer Sache zu dienen, die – genauso wie ihr extremer Gegenpol – dem Untergang geweiht ist. In rein geistige Spekulationen vertieft, vergaß Kastalien das Allerwichtigste – seine Verantwortung für die Weltgeschichte, seine konkrete, historisch bedingte Mission, und sein hochintellektuelles Glasperlenspiel, ohne Sinn für Leben und Wirklichkeit, mußte zum Zeitvertreib degenerieren, zum »ästhetischen Dandytum« und unfruchtbaren Selbstgenuß des Geistes.

Es ist nicht verwunderlich, daß im Milieu der kastalischen Adepten mit ihrer »reinen« Kunst Symptome der Entartung, des inneren Verfalls entdeckt werden. Zwar sind Individualismus, Todeskult und Krankhaftigkeit Kastalien fremd, aber dennoch entstanden sie in seiner Atmosphäre, wie wir am Beispiel des Tegularius sehen, eines sehr begabten, aber dekadenten Gelehrten, der viel Gemeinsames mit dem Adrian Leverkühn aus Thomas Manns »Doktor Faustus« hat.

Knecht nun bricht mit der Tradition der kastalischen Geschichtsschreibung, ohne jedoch auf den idealistisch-geistigen Ausgangspunkt Kastaliens zu verzichten. Er erkennt die Abhängigkeit der Kultur von ihrer materiellen Basis, aber die materielle Determiniertheit der gesellschaftlichen Vorgänge wird ihm – wie dem Autor selbst – nicht vertraut. Es ist kein Zufall, daß Hesse die Entstehung Kastaliens mit rein geistigen Gründen motiviert – mit dem unauslöschlichen Drang der »Morgenlandfahrer« zur Vollkommenheit, zur »Rettung« der Kultur.

Der Abgang Knechts ist keine Flucht, kein Verzicht, keine Desertion. »Ich begehre im Gegenteil Wagnis, Erschwerung und Gefahr«, erklärt er dem Vorstand des Ordens, »ich bin hungrig nach Wirklichkeit, nach Aufgaben und Taten, auch nach Entbehrungen und Leiden«. Er beabsichtigt nicht, um materieller Vorteile willen seine in Kastalien geschulten Prinzipien preiszugeben. Auch in der »Welt« will er den »Sinn für die Wahrheit, die intellektuelle Redlichkeit, die Treue gegen die Gesetze und Methoden des Geistes« bewahren. Kastalien ist ihm teuer als Hüterin der humanistischen Tradition, als Reservat des freien Intellekts, wenn er auch von dem Untergang dieser Provinz überzeugt ist und nicht wider besseres Wissen in einer Illusion leben will.

So beschließt Knecht, seine Geistigkeit in den Dienst des Lebens zu stellen. Er wird Erzieher des einzigen Sohnes seines »weltlichen« Freundes Plinio Designori. Der erbitterte Kampf zwischen Spiel und Leben endet zugunsten des Lebens. Aber es ist ein Pyrrhussieg.

Gleich zu Beginn seiner neuen Tätigkeit ertrinkt der Magister – scheinbar sinnlos – im eiskalten Wasser eines Bergsees. Dieser Tod ist eine der rätselhaftesten und fraglichsten Stellen des Romans. Er scheint zufällig, unbegründet, ja absurd zu sein, er stellt keine organische Vollendung von Knechts Leben dar. Wie soll der Tod des Magister Ludi gedeutet werden? Als Strafe für den Verrat am Glasperlenspiel, für die »Fahnenflucht«? Oder im Gegenteil als Abrechnung für das zu späte »Erwachen«? Oder vielleicht hat er einen tieferen, symbolischen Sinn als Widerspiegelung, vielmehr Andeutung, von Hesses Verhältnis zur komplizierten Dialektik der Entwicklung von Kultur und Gesellschaft? Offensichtlich sind diese Fragen nicht eindeutig zu beantworten: vor uns liegt ja ein philosophisch angelegtes, vielschichtiges Werk, ein Meisterwerk des erfahrenen Glasperlenspielers Hesse. Auf jeden Fall läßt sich Knechts Tod kaum interpretieren ohne Rückblick auf das an inneren Widersprüchen reiche Leben Hesses selbst.

Knechts Tod verleiht dem Roman einen tragischen Sinn. Weder eine Kultur außerhalb der Gesellschaft, noch eine Gesellschaft ohne wahre Kultur sind vorstellbar, aber eine Synthese der gesellschaftlichen und geistigen Tätigkeit ist für den Verfasser wie für seinen Helden unmöglich, weil sie auf eine »Politisierung des Geistes« hinausliefe, die Hesse immer abschreckte.[4] Als Gegengewicht hat er Kastalien erfunden. Der Kreis scheint geschlossen. Dennoch ist das Finale des Buches nicht pessimistisch. Der Tod des Lehrers führt zum »Erwachen« des Schülers Tito Designori. Er hat jetzt die Voraussetzung, ein vollkommener Mensch zu werden, für die Tätigkeit in der Welt besser geeignet als sein Lehrer Josef Knecht.

Diese Deutung ist augenscheinlich richtig, aber doch nicht ganz überzeugend, da wir nicht wissen, auf welche Weise sich die sittliche und geistige Entwicklung Titos vollzieht, und ob es zu einer Lösung der im Roman aufgeworfenen Problematik führen wird. Knecht geht in die Welt als Individualist, als Erzieher eines einzigen Menschen. »Er tut das, was ich auch zu tun versucht habe, solang ich noch meinen Beruf ausüben durfte«, schrieb Hesse an einen »einfachen Mann aus dem arbeitenden Volk«, seine Verwandtschaft mit Knecht hervorhebend, – »er stellt seine Gaben, seine Persönlichkeit, seine Energie in den Dienst am einzelnen Menschen – umgekehrt wie sein Freund Designori, der als Politiker sich an Programme und an die Beeinflussung von Massen hingegeben und dabei seines einzigen Sohnes Vertrauen verloren hat.«[5]

Darauf könnte man entgegnen: nicht nur Designori, sondern auch Knecht hat eine Niederlage erlitten; auch ihm könnte man das anrechnen, was Hesse einmal von sich selbst gesagt hatte: »...Bei mir handelt es sich... zeitlebens um die Sehnsucht nach dem Leben, nach einem wirklichen, persönlichen, intensiven, nicht normierten und mechanisierten Leben... Ich bin ein Dichter geworden, aber ein Mensch bin ich nicht geworden. Ich habe ein Teilziel erreicht, ein Hauptziel nicht. Ich bin gescheitert...«[6]

Beide – Knecht und Designori – sind gescheitert, weil sie die beiden Pole des Lebens, das Soziale und das Geistige, nicht zu vereinen wußten. In den Gestalten dieser Widersacher brachte Hesse seinen Traum von der Verschmelzung der beiden Prinzipien zum Ausdruck, einer Gesellschaftsform, in der hohe Geistigkeit im Einklang mit sozialer Praxis steht. Aber die Wirklichkeit, die dem Dichter vertraut war, ließ keine Möglichkeit für die Realisierung dieses Traumes. Daher die Utopie und ihre Negierung. Nicht Aufhebung, sondern dialektische Negation, die zu einem Neubeginn führen kann.

Es wäre kaum richtig, den Dichter Hesse mit seinem Helden völlig gleichzusetzen. Für Hesse, der sich als einen Idealisten bezeichnete, konnte der heimatlose Knecht, der aus der Unbekanntheit kam und wieder ins Unbekannte verschwand, nur eine Phase, ein Glied symbolisieren in der endlosen Kette der Entwicklung, die – laut der Hegelschen »Phänomenologie des Geistes« – aus wechselseitigen Übergängen in die Gegensätze besteht. Durch seinen Tod überreicht Knecht (Sklave, Diener des Geistes) die Staffette dem jungen Designori (italienisch »von den Herren«), der den nämlichen Weg in entgegengesetzter Richtung, d. h. aus der Gesellschaft in die kastalische Geistigkeit, zurücklegen kann. Darauf weist der Gedanke des Mottos hin, der von der Bedeutung Kastaliens als einem Hort spricht, an welchem man sich der kompromißlosen Suche nach dem Sinn des Lebens widmen kann. Man darf auch nicht vergessen, daß Knechts Tod nicht das Ende des Buches darstellt, vielmehr folgen noch drei Variationen zum gleichen Thema, die drei Lebensläufe, und der dritte, der indische Lebenslauf, endet damit, daß der Fürstensohn Dasa die »Welt« für immer verläßt, um bei einem Jogi, dem großen Meister »geistiger« Überwindung der Lebensmißstände, in die Schule zu gehen. So gesehen ist Knechts Tod ohne besonderen Belang: der Magister erfüllte seine Mission, indem er Kastalien und das Glasperlenspiel in Frage stellte. Alles Weitere ist nicht mehr seine Aufgabe.

Aber nicht in solchen Interpretationen liegt der Reiz des Romans, sondern vor allem in seiner poetischen Aussage, im humanistischen Gehalt und in der tiefen Besorgnis des Autors um die Zukunft des kulturellen Erbes der frühbürgerlichen Epoche. Die Kultur vor dem Verfall zu retten, sie von der Geistlosigkeit des »feuilletonistischen Zeitalters« zu befreien, ihr das Verantwortungsgefühl zu wecken nicht nur für sich selbst, sondern für alles, was in der Welt geschieht – von diesem Gedanken, dieser Intention ist das »Glasperlenspiel« wie das gesamte Werk Hermann Hesses durchtränkt. Hierin liegt die hohe humanistische Bedeutung des Romans, seine zeitlose Zeitgemäßheit und Anziehungskraft.

(1972)

Anmerkungen

1 Siehe dazu z. B. die großangelegte Arbeit des bekannten Schweizer Literaturhistorikers W. Muschg, »Tragische Literaturgeschichte«, Bern 1953.
2 Hermann Hesse. Gesammelte Werke in zwölf Bänden, Werkausgabe Edition Suhrkamp, Frankfurt am Main 1970, Bd. 9, S. 15 f.
3 Möglicherweise wollte Hesse durch diese Isolierung der Kultur die Konzeption des berühmten Basler Historikers J. Burckhardt auf die Probe stellen; Burckhardts Auffassung der Geschichte war auf rein »geistige Überwindung« der Wirklichkeit gerichtet, deren sozialer, klassenmäßiger Charakter ihm, dem Idealisten und Individualisten, fremd und unverständlich war.
4 Thomas Mann kritisierte Hesses Abscheu vor der Politik, indem er schrieb, daß nichts Lebendes heute ums Politische herum komme; Hesse entgegnete darauf, daß er nur die reaktionäre, militaristische Politik ablehne, und daß die beiden Dichter darüber »vermutlich nicht sehr verschieden« dächten. (H. Hesse – Th. Mann, Briefwechsel. Suhrkamp Verlag 1968, S. 105-107).
5 H. Hesse. Briefe. Erweiterte Ausgabe, Suhrkamp Verlag 1964, S. 320.
6 H. Hesse. Gesammelte Schriften, Bd. 7, S. 487.

Gunter Böhmer
Nachträgliche und vorläufige Aufzeichnungen

Herbst 1939, Kriegsausbruch. Ich gehe durch die erstarrte Stille unseres Dorfes, durch die plötzlich blind gewordene Tessiner Farbenlandschaft zu Hesse und finde ihn in einer Ecke seiner weiträumigen Bibliothek, versteckt, eingeklemmt, wie gefangen zwischen Möbeln und Bücherwand stehend. Über dem flächigen Schwarz seines scheinbar nicht an ihm, sondern wie ausgehöhlt vor ihm hängenden Kittels schwebt befremdend losgelöst, abgetrennt sein Gesicht, klein, aschig und doch von stößiger, spitziger Präsenz unter dem müden Grauschimmer seines Haares. Hinter ihm, im niedersinkenden Dämmerlicht, zieht die Silhouette des Monte Generoso und des San Salvatore einen riesigen, kantigen Bogen durch das enge Sprossengitter der Fenster. Seine Grußworte zerbröckeln mit erloschener, trockener Stimme mühsam eine Mauer des Schweigens, es raunt, als kämen die Laute nicht von ihm, der spricht, nicht zu mir, der aufhorcht. Und jetzt erst gewahre ich, erschreckend, in einer sonderbar nahen, schmerzend-nervigen, geschwollen-steifen, fast porösen, uralten Hand, seiner Hand, eine abstruse Bürste, mit der er nun gequält und quälend langsam Buch um Buch weiter abzustauben fortfährt.

Oft, doch nie vorher oder nachher, erlebte ich mit einem so unheimlichen Überfallenwerden jene perspektivischen, räumlich-zeitlichen, geistig-materiellen Vertauschungen, Verunsicherungen, Verwirrungen einer, meiner, unserer Situation und deren gleichzeitig zu unerwarteten Ordnungen sich verdichtendes Bild, dessen oszillierender und unerklärlich wachrufender Bann unser Beieinander zusammenfaßte. Was ich damals, unreflektiert, vielleicht aber mit mehrschichtiger Optik sah, das war nicht – oder nicht mehr – »Herr Hesse«, nicht der Autor Hermann Hesse, auch nicht der mit unbeirrbarer Geduld, mit nagenden Bedrängungen, mit trotzigem Mut am »Glasperlenspiel« Bauende. Mag es damals so gewesen sein: heute weiß ich, diese Erscheinung, diese wirklich gesehene Verwandlung des Individuierten ins Entpersönlichte ließ eine Ahnung aufglimmen von etwas Stellvertretendem, war verborgener Hinweis, war angedeutete Möglichkeit eines vorausgenommenen Haltes und Widerstandes oder war Keim einer werdenden, beunruhigenden Neuorientierung – inmitten einer auseinanderberstenden Welt.

Mein Geschreibe überlesend, erkenne ich, daß ich unmöglich so weitermachen kann. Die Bilderflut, die losbricht, läßt sich so nicht bändigen, schreibend überhaupt nicht fassen; ich kann nur tausend weitere Zeichnungen machen, deren Aussagemöglichkeit dort beginnt – beginnen sollte –, wo das Wort (zumal für mich) aufhört. Und umgekehrt. Dennoch beschleicht mich der Selbstvorwurf der Drückebergerei vor einem Versuch, zu dem der Verlag und der unermüdliche Volker Michels mit hundert verpflichtenden Begründungen mich drängen, und in dem ich doch vor allem Hesse gegenüber eine Art Dankesmöglichkeit wahrnehme, ungeachtet einer gleichzeitig spürbaren, vielleicht unerlaubt eigensinnigen Abwehr gegen eine vielfach in seiner Gegenwart an mir und anderen erlebten Magie: Hesses Wesen und Strahlung aktivierte stets das Gewissen nicht nur in einem einseitig moralischen, sondern auch in einem befreiend kreativen Sinn, gleich welcher Art, gleich welcher nicht begriffenen oder noch nicht begreiflichen Aufgabe gegenüber, und er führte dahin, verführte dazu nicht mit heimlichen pädagogischen Prinzipien oder Absichten, es gelang ihm mit der Gebärde des Spiels, des dialektischen Ballwerfens: schalkhaft, listig einkreisend, als homo ludens kritisch sondierend, als magister ludi mozartisch heiter. Ich versuche ein weiteres Bild.

Eine Kriegsweihnacht. Hesse empfängt mich wunderlich-höflich, gläsern-verletzlich, der Raum um seinen Sessel, in den er unfreiwillig eingespannt zu sein scheint, wirkt in den Proportionen verschoben, schwankend, abgrundhaft, mehr durch die nervös abwehrende Art seines Dasitzens als dadurch, daß neben ihm auf einem nackten Tischchen ein zwergenhafter, stachlig kahler, dürftig mit bleistiftdünnen, schiefstehenden Kerzen besteckter Christbaum wie versehentlich abgestellt ist, um sich unter jedem Seitenblick verkümmernd aufzulösen. Auf den »Gabentisch« achtlos gestapelte Bücher, Blumenzweige in unpassenden Vasen fröstelnd, Zufallssendungen zusammenhanglos, wie mit widersprüchlicher Langsamkeit hingeworfen. Unvermutet springt Hesse auf, rutscht grimmig und humorig forcierend auf dem eisbahnglatt gebohnerten Parkett zwischen Tisch und Lichterbaum hindurch zu den Basisschränkchen der Bücherwände, kniet davor hin, öffnet, fischt nach einem Kunstblatt, dem Weihnachtspräsent eines Lesers, das er mir zeigen will, und murmelt mit zusammengebissenen Zähnen, gepeinigt retardierend vor sich hin: »Picasso hat auch diesmal wieder nichts geschickt.« Das war umwerfend komisch, uns schüttelte das Lachen, auch Hesse schien wie erlöst, um plötzlich streng, angestrengt, fast drohend festzustellen: »Picasso müßte und könnte mit seiner Potenz heute andere Aufgaben lösen!« Das traf. Was war gemeint? Für Hesse selbst schien es eine Antwort zu sein oder eine akzeptierte Frage ohne Antwort – es gab da nichts zu erörtern, zu erwägen oder gar zu verneinen. Um so intensiver wirkte und arbeitete es in uns weiter – auch das war eine Spielregel.

Jahre später sahen wir gemeinsam in Lugano den Picasso-Film, den er mit unbeschwerter Heiterkeit zu goutieren schien, höchst animiert imitierte er während der Auto-Rückfahrt die graphischen und akustischen Castagnettenakzente mit picassesken Armbewegungen und spezifisch hesseschem Zungenschnalzen.

An jenem Weihnachtstag gingen wir später hinüber ins Eßzimmer, der Mittagsmahl-Ritus wurde strikt eingehalten, wobei sich Hesse um eine zögernd aufsteigende Entspannung zu bemühen schien. Er sitzt mir gegenüber, wie zu tief am Tisch, Kriegsnachrichten hängen stumm zwischen uns, Flugzeuge werden knatternd hörbar. Er nickt mir scharfblickend zu und bestätigt damit deutlich meinen Trieb: das Essen verweigern, aufschreien, weglaufen. Die Zügel reißen, Unruhe und Unwille brechen offen aus, ein Streitgespräch flammt auf, äußerlich, zufällig ausgelöst durch die meinerseits zu scharf kritisierte Pflichtverletzung eines Literaturjournalisten – und gipfelt in zornig und verzweifelt hin- und hergeworfenen Fragen: warum noch malen? warum noch schreiben? Gerade schreiben! Gerade malen!

Kleiner Rückblick: Als ich mich in der Casa Camuzzi einzunisten begann – zwischen Traum und Erwachen das »lebenslänglich« noch nicht ahnend – lieh mir Hesse allerlei Hausrat, seine grünglasige Schreibtischlampe aus der Berner Zeit, auch Eß- und Kochgerät für meine »Verpflegung«, deren Zeitrhythmen ich meist vernachlässigte; um die Stunde dafür zu erkunden, (die mir noch nicht schlug), mußte ich erst nach St. Abbondio pilgern, dessen Campanile sie je nach Laune anzeigte. Die Frage des Essens und Trinkens wurde hin und wieder erörtert. Hesses erfahrenes Wissen um alle Geheimnisse des Weines waren die eines Hofalchimisten, auch seine Angaben, z. B. des Reiskochens mit der unerläßlichen Beigabe eines Maggi-Würfels, waren präzis. Dabei beschloß er mein begonnenes Italienischlernen seinerseits zu beflügeln und erprobte mit mir sogleich die unfehlbare Papageienmethode: »dadi-maggi-dahdimadschi... großartig! meraviglioso – merawiljohso«... Dennoch blieb meine Aufmerksamkeit für die Küchenkünste gering. Bis man einmal im »Gesprächs-Spiel« über Formen und Kulte des Fastens an das von Hesse viel zitierte und bewunderte »I Ging« geriet. Er holte geheimnisvoll das Buch herbei und zelebrierte, ohne jede Kostümierung in einen leibhaftigen Zauberer verwandelt, mit Hilfe eines kleinen »Ebenholzstäbchens« im Buch »die Häuser bemessend« schließlich mit vollendet chinesischem Lächeln mein Orakel: »Dem Edlen gebührt Speise!« Wir lachten sehr und noch oft darüber.

Der Zweifel bohrt weiter, ob ich mit dieser Art oder Unart anekdotischen Beschreibens eine Spur von Hesses Atmosphäre anzudeuten vermag oder doch nur nolens volens die Begrenzungen meines Erlebens dokumentiere und somit unbemerkt veränderte, verzerrte, ungenaue, also wertlose Erinnerungen wiedergebe. Wesen und Wirkung Hesses sind seinem Werk immanent, so sehr, daß selbst die versierten Interpreten vor seiner Verbindlichkeit zurückschrecken. Über ihn ist von berufener Seite alles und nichts gesagt, womit – eine »Lehre« des »Glasperlenspiels« – jedes weitere halbprivate Geplauder ins ebenso lächerliche wie halsbrecherische Revier des sekundären, tertiären, ganz und gar fragwürdigen Feuilletonismus gewiesen wird. Und doch hörte ich Hesse jede, auch die ungeschickteste Weise liebevollen Erinnerns und Aufbewahrens stets intensiv verteidigen gegenüber jeder scheinbar nüchtern exakten »Objektivität«. Er setzte dabei nur voraus, so verstand ich es, die Bewegung vom Subjektiven zum Überpersönlichen offen und nachvollziehbar zu erhalten. Soll ich »Mitspieler« andeuten?
Thomas Mann hatte seinen Besuch angesagt. Wir werkelten irgend etwas in Hesses Atelier. Noch ehe ich auf dem bekiesten, schattenlos besonnten Platz vor dem Hause, wohin eines der »Atelierfenster« führte und der den Blick über das tiefergelegene Dorf und die dahinter sich staffelnden nördlichen Bergrücken

freigab, ein Geräusch wahrgenommen hatte, war Hesse, dem »Vogel« mit dem Späherblick und der wachsamsten Witterung, kein Anzeichen entgangen. Man traf sich in der Bibliothek, Thomas Manns ironische Herzlichkeit und enervierende Bonhomie brachte sogleich das Gespräch – währenddessen er eine Konfektschale grandseigneural und wachträumend als Aschenbecher benützte – auf ein literarisches Thema, ich glaube einen historischen Stoff, und bemerkte dazu mit gespielt larmoyanter, kollegialer Hilfsbereitschaft: »das wäre ein Sujet für Stefan Zweig«. Alle lachten – auch ich, obwohl mich dabei meine Unziemlichkeit ärgerlich verwirrte. Aber was ich sah, irritierte mich viel mehr: Lübeck und Calw, Küsnacht und Montagnola waren für eine Sekunde ganz fern, verschwunden, transformiert. Wo, wohin, wozu? Im nächsten Moment war wieder alles ganz nah: Hesse legte – zu meinem Schrecken – eine Mappe meiner Zeichnungen und Radierungen auf den Tisch und betrachtete sie, Blatt um Blatt unmittelbar mit seiner spontanen Augensinnlichkeit erfassend, der sein hoher Gast mit analoger Interpretationsakrobatik antwortete. Ein knisterndes Gegenspiel flatterte auf, im sachlichen Schlußwort trafen sich beide. – Mein dreistes Lachen war mir längst vor Freude und Scham vergangen.
Es ist wie beim Zeichnen: ich suche die übermächtige, optische, seelische, geistige Nähe meines »Modells« durch die möglichst genaue Form, vom Großen ins Kleine gehend, zu ermitteln und durch das Einbeziehen in Raumzusammenhänge gleichzeitig zu distanzieren und scheitere immer wieder daran, daß dabei die Einzelform Teilrichtigkeiten zurückbehält und die Gesamtform nicht das Ganze umfängt, sondern chaotisch bleibt. Ist der wirklichen Wahrheit, der wahren Wirklichkeit nur im Verdeutlichen dieses Prozesses, im Aufzeigen dieses Scheiterns ein winziger Schritt näher zu kommen, auf den Grund zu dringen, wobei Tempo und Taktmaß dem Pulsschlag entsprechen müßten – auch beim Schreiben?
Solche Zweifel und Verzweiflungen auch vor Hesse auszusprechen, dazu bedurfte es keiner Umschweife. Er bot mit einer weniger sichtbaren als fühlbaren Geste, durch eine schweigsame, zustimmende Haltung, die ich nicht zu charakterisieren vermag, eine Verständigungsebene dar, auf der allzu subjektive Emotionen zu sachlichen Fundamenten hinfinden konnten, wobei er Gestaltungsprobleme und Erfahrungen seines früheren und ge-

genwärtigen Schaffens kaum vernehmbar durchhören ließ. »Das Schwierige für uns ist, daß die Kunst auch schön sein soll« – dies ließ er zu meiner Betroffenheit in ein solches Gespräch während der Glasperlenspielzeit einfließen. Möglich, daß die Zuverlässigkeit meines damaligen Aufnehmens und meines Gedächtnisses Bedenken hervorrufen; sicher bin ich, daß er mit »Schönheit« keinesfalls Beschönigung, sondern Formgesetzlichkeit meinte, die jeder finden und erfüllen muß. Schönheit als Spiegelung einer Einheit, einer Potenzierung, nicht nur einer Summierung von Gegensätzen.
In diesem Zusammenhang ein anderer Ausspruch Hesses in diesen Jahren: »wenn ich nochmals beginnen könnte, würde ich zunächst Geschichte studieren.« Ein Hinweis, eine Erkenntnis zweifellos aus tiefer Sorge um die immer skrupelloser vernachlässigte und anmaßender diskriminierte Kontinuität im Verhältnis zur Vergangenheit und damit zum verantworteten Heute und Morgen. Dabei meinte Hesse Verantwortung stets als höchst individuelle und nicht nur kollektive Aufgabe, es gab für ihn keinerlei generalisierende Tabus der Nationalität, Konfession, Rasse, – auch am eigenen Tisch, es gab keine mildernde Nähe oder Ferne, er war schonungslos nicht nur sich selbst gegenüber, und »Vergangenheitsbewältigung« war ein selbstverständlicher Teilaspekt, alles war Gegenwart als Schnittpunkt des Gewesenen, Werdenden, Kommenden.

Ich überlege eine andere Einkreisung meiner Mitteilungen. Also: Sofortreaktionen bei der Aufforderung zu Hesse-Notizen:
1. Bildvorstellungen: Hesses Gesicht in tausend Mienenspielen, seine Gestalt in Räumen, Landschaften, unter Menschen, in gespannten Relationen zu mir. Ich müßte also tausend Zeichnungen machen, außerdem die in all den gemeinsamen Jahren entstandenen Blätter zusammensuchen: unmöglich.
2. Wiederlesen des »Glasperlenspiels« mit zahllosen Assoziationen. Ich müßte unter Bergen von Büchern, Mappen, Zeichnungen alle Tagebücher, geschriebene und gezeichnete, ausgraben, in denen Aussprüche, Gesprächsfragmente, direkte Aufzeichnungen zu finden sind; müßte alles äußerst gewissenhaft aneinanderreihen und zu rekonstruieren suchen: unmöglich.
3. Imaginäre Zwiesprache mit Hesse über Sinn, Unsinn, Wert, Wertlosigkeit meines Versuches. Ich müßte die in Jahrzehnten

geschärfte Skepsis, die verwandelten Zeit- und Lebensräume, die verschobenen Perspektiven erfassen und Hesses Bild aus meinen Subjektivismen herauszuschälen beginnen: unmöglich.
Ist diese Disposition etwa eine Suggestion Hesses, und warum bäume ich mich dagegen auf? Hier werde ich an etwas gestoßen, was vielleicht nicht ausschließlich Hesse betrifft, was aber in der damaligen Weltnacht gerade auch seine Aussagen und die Gespräche mit ihm immer wieder wetterleuchtend durchzuckte: Vorausschau, Warnung, Kritik. Unsere heutigen Fragestellungen, Unsicherheiten, Beunruhigungen, unsere Ängste und Hilferufe, unsere oft falschen, verlogenen, irregeführten »Informationsgelüste«, »Konsumationssüchte«, »Analysierungsperversitäten« treffen auf ein Werk, das aus sich heraus lebt, seine Komplexität behauptet, seine Resistenz in der Fluchtbewegung der Epoche beweist; ein Werk, dessen Entstehungsprozeß und Resultat nicht nur chronologische Tatsachen und Qualitäten, sondern Substanzschichten einer Einheit realisieren. Und was geschieht? Man reißt in der Aufregung, im Zynismus des »après nous le déluge« Teile aus dem Zusammenhang, aus dem Organismus dieser Einheit, liest falsche Bestätigungen heraus und hinein, wirft alles durcheinander, setzt scharfsinnige Organisationsmaschinerien ein und glaubt, mit ausufernden Reflexionskollagen das Werk neu zugänglich und benutzbar zu machen. Und doch bietet auch und gerade Hesses Werk die notwendigen Antworten nur dem, der die selbstüberwindende Anschauung vor die selbstische Erkenntnistyrannei setzt. Wenn schon im Werk, im Kunstwerk nicht allein das absolut Andere, sondern der »verwendbare« Sinn gesucht und gefunden werden soll, so ist er deutlich benannt: der »Weg nach Innen« mit allen anfänglichen und allen nachfolgenden, bedingungslosen Konsequenzen. Oft hörte ich Hesse sagen: »wir müssen hindurch«, und das hieß »nicht Veränderung des Außen, sondern Wandlung, Entfaltung des Kerns«.

Wo bin ich hingeraten? Ich verstehe es nicht, kann es nicht begründen, kann nur feststellen, daß keine Willkür mich treibt. Vielleicht kann ich so und nur so das Bewegtsein, Bewegtwerden andeuten, das die »Glasperlenspielzeit« mit ihren Zerrissenheiten und Ballungen, mit ihren gefahrvollen und bekämpften Diskrepanzen und auch den genius loci in seinen gewittrigen Licht-

wechseln kennzeichnete. So nebensächlich all diese Worte sind: ich war Augenzeuge einer Evolution, ich sah, daß hier (wie auch andernorts) ein Werk nicht gemacht wurde, sondern aus allen existenziellen Entsprechungen, Verwandlungen, Überhöhungen resultierte, daß Dasein und Werk in einer niemals simpel vordergründigen Weise vollkommene Äquivalente bildeten. Hier erfuhr ich ein rückhaltlos gelebtes »Gegenwartsengagement« ohne Programm, ohne Anmaßung, hier war nicht Zeitlosigkeit, sondern Zeitbeständigkeit das Ziel alles konzipierenden Einsatzes, hier vibrierte eine gelebte und gestaltete Spannung zwischen Zeitlichkeit und Überzeitlichkeit, die sich bedingen, nicht ausschließen.
Derartige Bemerkungen können ihre Berechtigung nur darin finden, daß auch sie zum Werk hinführen und sich um Formfragen nicht kümmern. Ist auch das Unstilisierte keineswegs schon Stil, so kann es Haltung sein und dadurch Ausgangspunkt, Stoff für andere werden: kleine Spielübung im Vorfeld des Werkes, wobei meine immer wieder anklingende Bezeichnung »Spiel« von bildhaften Vorstellungen ausgeht und niemals das »Glasperlenspiel« als solches assoziiert, ebensowenig allerdings »Spielerei« meint. Für Hesse war jedes Spiel, das geistigste wie das eher sportliche – etwa das geliebte Bocciaspiel – die ritterlich-heitere, sorgfältige Erfüllung genauer Spielregeln und Gesetze.
In den Entstehungsjahren des Glasperlenspiels klagte er oft über Störungen, Ablenkungen, Widrigkeiten, verhaltener oder heftiger im Tonfall, selten so schroff wie in manchem Brief. Ein Besucher sagte ihm, er sei ja – nicht nur im Hinblick auf Rilkes stilisierte Epistolographie – kein eigentlicher »Briefschreiber«. Er schwieg dazu, sein pfeilschneller Blick aber sagte im gleichen Atemzug: »wartet nur«. Freilich könnte hier angefügt werden, daß jeder, der täglich auf ebensoviel törichte wie tiefgründige Fragen über »Kunst und Leben« unmittelbar antworten muß – beispielsweise in einer Akademie – sich stattdessen oft genug dieses distanzierte und distanzierende Briefgespräch wünscht, das Frage und Antwort tiefer zu ergründen ermöglicht. Hat man aber ebenfalls erfahren, welche Imaginationsfähigkeit der einsam Schreibende, Antwortende aufbringen muß, dann wird bei so einfältigen Wertungen und falschen Vergleichen Ablehnung und Verwunderung wach werden darüber, wie wenig noch, neben der moralischen und ethischen, gerade diese künstlerisch-lebendige

Qualität von Hesses Briefwerk in seiner Spontaneität, Disziplinierung und Vergegenwärtigungskraft erkannt worden ist.
Über das entstehende Werk, die Arbeit selbst, fiel kaum je ein Wort. Er las hin und wieder Passagen des Glasperlenspiels selbst vor, oder ließ seine Frau oder mich Manuskriptseiten vorlesen, zur Prüfung und Weiterarbeit offenbar, ich verstand nichts, ahnte höchstens Zusammenhänge, wagte keine Fragen, konnte auch keine Aufforderung dazu heraushören (und hatte freilich auch übergenug eigene Komplikationen zu bestehen). Das Wenige, was er andeutete, verschleierte das Ganze für mich noch mehr oder machte ein paar Bilder überdeutlich, so daß ich sie falsch sah.
Eine kleine, unbeachtete Bezogenheit hat mich jedoch immer wieder beschäftigt: an einem Vorfrühlingsabend kam Hesse zu mir, wir saßen vor meinen entstehenden Bildern, er nickte still und ließ durchblicken, er wolle mir als Antwort etwas zeigen, was er gerade erhalten habe: es war die von Oskar Schlemmer eingeleitete Mappe mit Zeichnungen und Bildern von Otto Meyer-Amden. Wir betrachteten sie mit tiefer Betroffenheit. Doch Hesse schien sich – wie manchmal in solchen Situationen – hinter zwar freudigen und bewundernden, doch eher leichten und spielerischen Worten zu verstecken. Otto Meyer-Amdens »kastalische« Bilderwelt berührte und bestätigte ihn unverkennbar, ob sie seinem werdenden Werk vielleicht sogar Anregungen zuführte, dem müßte mit behutsamer Eindringlichkeit nachgegangen werden, es wäre eine echte »Spiel-Aufgabe«. Dabei wären noch andere Bezüge zu finden; zu dem kleinen, geheimnisvoll kostbaren, an Seurat anklingenden Figurenbild Johann von Tscharners, das in seinem Atelier hing, zu Othmar Schoecks überraschenden Landschaftsmalereien in seinem »Studio«, zu Auberjonois, dem seine hohe (meine höchste) Bewunderung galt, zu Louis Soutter, dessen Monographie ich ihm später brachte, was er umgehend mit einem Gedicht erwiderte. Louis Soutter, eine noch immer unerkannte Schlüsselfigur heutiger zeichnerischer Möglichkeiten und Fragestellungen, diese bestürzende krisis-zeitliche Steppenwolf-Inkarnation mußte auf Hesses Bruderschaft treffen, dessen warnendes Knurren und angriffiges Auffahren in seinem letzten Jahrzehnt wohl verwandelt, aber nie endgültig verstummt und eingeschlafen waren, dessen imaginären Wolfsbiß ich im Gegenteil besonders bei manchen verspäte-

ten Preisverleihungen erlebte, und dessen gelegentliches Fauchen ich in späteren Notizen viel vernehmlicher hören lassen muß.
Die Maler! Schon bei meinem allerersten Besuch (vor vierzig Jahren und doch wie gestern!) zielten Hesses Fragen sogleich dorthin, wo ich herkam: aus dem Berlin von Hofer, Orlik, Meid; aus dem Dresden von Kokoschka und Dix. Hofers Arbeit, besonders seine Tessiner Bilderfolgen begleitete er mit nachbarlicher, nicht unkritischer Teilnahme, einen Band Orlikzeichnungen, in denen er wohl Reflexe eigener asiatischer Reiseerlebnisse wiedererkannte, fand ich später in seiner Bibliothek: Hans Meid, der Schwabe, gehörte mit E. R. Weiß und Karl Walser zur »Buchdeckler«-Truppe des S. Fischer Verlages, in die ich damals »eingereiht« wurde. Karl Walser, der bezaubernde Illustrator, Maler, Bühnenbildner und Wandbildgestalter, Roberts erfolgreicherer Bruder (beide liebte ich damals schon genau so sehr wie heute), hatte mit seinen fülligen, überraschend malerischen Lithos zum »Knulp« unverständlicherweise bei Hesse, der ihn ansonsten schätzte, keine Gegenliebe gefunden – ich konnte es nie ergründen. (Leichter bejahen konnte ich übrigens, daß Hesse Menzels Kleistillustrationen »zu ausführlich« fand.) Natürlich war Kubin sofort gegenwärtig, dessen abenteuerlich krause Briefschrift wir später oft in gemeinsamer Anstrengung zu enträtseln suchten und die uns in Katarakte hintergründiger, aufregender oder entwaffnend treuherziger Phantasiespiele lockte.
Kokoschkas barocke Üppigkeit schien ihm nicht geheuer, zumal dessen Publizitätsfreudigkeit seinen milden Spott kitzelte, während er die erzieherische Kraft von Otto Dixens Zeichenintensität mit betonter Zustimmung registrierte, wie er ja überhaupt bildnerische Entstehungs- und Entwicklungsvorgänge mit einer stets wachen Neugier und Freude nachvollzog. Er konnte jugendlich strahlen und in der Luft mitzeichnen, wenn ich ihm etwa beschrieb, wie Gromaire aus einem Strichchaos eine einfache große Form resultieren ließ, wie Dunoyer de Segonzac mit »Fehlstrichen« Bewegung suggerierte, wie Alberto Giacometti zeichnend aus einem tastenden Bezugssystem zu höchster Intensität vorstieß ... Dagegen konnte er über Arp, dem er zusammen mit Emmy und Hugo Ball einmal nähergekommen war, sagen: »er hat sich überhaupt nicht entwickelt«. Basta. Sofort faszinierte ihn jedoch der hohe Rang des fragmentischen Werkes von Hel-

Gunter Böhmer, Bildnis Hermann Hesse

mut Kolle, über den in diesen Jahren dessen Freund Wilhelm Uhde, der »Entdecker« Henri Rousseaus und Autor des Buches »Von Bismarck bis Picasso«, eine Monographie herausgab, die ich sofort erstand und begeistert Hesse zeigte – worauf er mir nicht ohne Stolz zwei frühe, ihm dedizierte dichterische Arbeiten Uhdes entgegenstreckte. Ich spürte, da war ein »Spiel« im Gange: nach Uhde fielen die Namen Hausenstein (mit maliziösem Lächeln) – nebenbei: Hausensteins späte, versteckte Notizen über das Glasperlenspiel sind bedenkenswert* –, dann Scheffler (mit pädagogisch erhobenem Zeigefinger), Meier-Graefe (mit Jubel meinerseits über dessen Van Gogh). Daß Daumier und Spitzweg das gleiche Geburtsjahr hatten, entzückte ihn, und schließlich entschlüpfte mir, auf Van Gogh zurückkommend, die Bemerkung: »wenn dieser schreckliche Gauguin Deutscher gewesen wäre!«, nicht ahnend, daß Hesse mit spontanem Interesse diese Frage zum Ausgangspunkt eines äußerst heftigen und im Alleingang geführten »Gedankenspiels« aufnahm, dabei aktuelle Analogien aufs schärfste demaskierend. Zum Abschluß betrachteten wir Meier-Graefes herrlichen Corot-Band, dort war doch wohl Hesses Liebe zur Malerei am innigsten beheimatet.

Oft im Gespräch oder direkt zugegen waren natürlich unsere gemeinsamen Malerfreunde: Morgenthaler vor allem und Moilliet, »Louis der Grausame«, der in natura die Charmanterie und Schalkhaftigkeit selbst war und der, wie durch magischen Zauber hergeweht, mich genau in dem Augenblick das erstemal in meinem Atelier besuchte, als ich ihn soeben als »Klingsorfigur« zu Papier gebracht hatte. Auch Hubacher, der so still, überlegen, wissend Lächelnde, gehörte dazu, der legitime »Klassiker« innerhalb der modernen Schweizer Plastik, dessen Hessebildnis das in vieler Hinsicht gültige Porträt geblieben ist –, und selbst Frans Masereel, der mir groteskerweise gerade in einem fürstlichen Pariser, der Notre Dame benachbarten Hause (wo er sich im rauschenden, mich beängstigenden Spuk einer Hautevolée-reveillon elegant befrackt, keineswegs holzschnittig bewegte) Grüße an Hesse auftrug – jeder von ihnen mit anderen Zielsetzungen, alle aber Harmonien und Spannungen, Heiterkeit und Ärgernisse, Kritik und Spott bewirkend und erfahrend, wobei Hesse als

---

* Wilhelm Hausenstein, »Licht unter dem Horizont«, Tagebücher von 1942 bis 1946, vgl. S. 307f.

Dichter und Auch-Maler eine ebenso dominante wie isolierte Rolle im Spiel übernahm, meist gelöster als sonst, belustigt den Maler-Reaktionen einer primären sinnlichen Anschauung hingegeben, leise entspannt von ethisch-abstrakten Kriterien. Ein Detail erschien mir immer bedeutsam: an verborgener Stelle in seiner Bibliothek wußte ich ein Kistchen stehen, das Hunderte von Postkarten enthielt, offenbar der Gratis-Restposten einer komischen Ansichtskarte, auf deren Rückseite Hesse zweifellos seine ersten Bildversuche unternommen hatte – Federzeichnungen von Landschaften; Figürliches blieb ihm völlig verwehrt –, deren Resultat zwar dilettantisch war, deren Konzeption und schwellende Strichführung aber eine eigentümliche, fast verbohrte Eindringlichkeit zeigte.
Hier fällt mir eine merkwürdig rasche und sichere Erwiderung Hesses ein, als ein Gast ihm gestand, er würde bei Gedichten oft Goethes und Hesses Autorschaft verwechseln. »Das liegt nahe und ist nicht verwunderlich«, war die Antwort, deren offengelassene positive und negative Deutungsmöglichkeiten nicht zu überhören waren. Und das läßt mich das Risiko einer mißverständlichen Maßstablosigkeit wagen, eine immer wieder erfahrene bildliche und gedankliche Assoziation anzumerken. Kommen mir gewisse frühe Van Gogh-Zeichnungen vor Augen, etwa die mit zarter Manie spitzfedrig gestrichelte, wunderbar dichte Sumpflandschaft von 1881 – so muß ich an Hesse denken, an bestimmte Worte, bestimmte Zeichnungen von ihm. Nicht nur, daß er Van Goghs Anfänge, von der Verehrung seiner späteren Genialität her beleuchtet, zum Teil (und mit Recht) als »nahezu talentlos« bezeichnete, durch ihre rumorende charaktervolle Intensität aber um so tiefer getroffen wurde, – auch Hesses frühe Zeichen- und Malversuche dokumentierten diese teilweise »charaktervolle Talentlosigkeit«, die später von einer Welle glücklichen Gelingens zu überraschenden Lösungen hochgetragen wurde, um dann in ein liebenswürdig gemildertes Spiel und gelegentlich allzu freundliche Harmlosigkeiten einzumünden. Es braucht nicht betont zu werden, daß Hesse als Maler in gar keiner Weise mit Van Gogh in Beziehung gebracht werden kann und soll – doch die leidenschaftlichen Tiefen, der (oft einseitig überschätzte) ethische Impetus – bei aller grundlegenden Verschiedenheit der bildnerischen Gestaltungskräfte der beiden Persönlichkeiten – weisen durchaus Analogien auf.

Fällt der Name Van Gogh, sofort ist sein Gegenpol Cézanne wirksam, dessen elementares Erleben, dessen umwandelnde, einleitende bildnerische Tat mit ihren vielschichtigen, weitverzweigten Stoßwirkungen immer wieder durch unsere Gespräche geisterte und Hesse stets als höchst aktiven Partner zeigten. Das treibt mich unabweisbar erneut zu einem verwegenen Abstecher und Bericht.
Als ich 1933 das erste Mal nach Montagnola, richtiger: zu Hesse fuhr und auf Zwischenstationen in Bamberg, Würzburg, Calw, Hirsau, Maulbronn, Zürich – ohne andere Hinweise lediglich meinen imaginären Bildern folgend – alle Hesse-Stätten aufspürte und natürlich zeichnete (und nicht ahnend, damit die Dokumentation zu späteren Hesse-Illustrationen vorzubereiten). Da stand ich schließlich im Basel Burckhardts, via Holbein einen verblüffenden Parallelismus zwischen der überparteilichen Menschlichkeit des Erasmus und Hesses witternd, unversehens inmitten eines Wetterleuchtens: das Kunstmuseum zeigte das Gesamtwerk von Georges Braque! Diese erste Retrospektivausstellung war für mich ein Urereignis außerhalb von Raum und Zeit. Und wenn ich auch wie in einem Wachtraum diese Wirklichkeit neben der Wirklichkeit mehr erahnend als reflektierend erlebte, so erfüllte sie mich jedenfalls mit einem betroffenen Staunen, aus dem sich erst viel später Sturmwinde erhoben, – denn noch lag ein eigentümlich aufhaltender und zugleich schützender Sonnenstaub über meiner morgendlichen Landschaft. Ohne nun dem opportunistischen Wahn zu verfallen, alles und jedes auf Hesse und nochmals Hesse zu beziehen, dessen Intention und Ziel ja gerade darin besteht, jeden auf sich selbst zurückzuwerfen: ist diese für mich »inkarnierte« Verbindung von Braque-Welt und Hesse-Welt heute nur ein spintisiertes, groteskes, humoriges Bilder- und Gedankenspiel? Damals erzählte ich Hesse ausführlich von dieser geheimnisvoll bewegenden Ausstellung, damals stellte er nachdenkliche und erweckende Fragen und später kamen wir wieder darauf zurück. Heute sehe ich das alles wie durch ein umgekehrtes Fernrohr, wobei eine Schwingung blitzartig ganz deutlich und scharf wird und wie ein lebensträchtiges Ornament aufglänzt, wofür ich keine bezeichnenden Worte finde und deshalb wahrscheinlich und unbewußt Feststellungen benütze, die andere längst eindringlicher und logischer verknüpft haben. Vage improvisiert etwa: könnte das »Glasper-

lenspiel« als »historische Aufgabe«, als Nötigung, als Erscheinung einer geistigen Zeitstruktur im Echoraum universeller Zusammenhänge und Disziplinen an eine gänzlich andere Art von »Ordensentwurf« anklingen: jene kühne, zwangsläufige Konzeption, die die Kubisten, auf Cézannes Fundament weiterbauend, unter der Führung von Braque, le patron (neben Picasso) in einer philosophierenden Malerei, im Ergründen und Meditieren der Existenz, des unteilbaren Seins zu realisieren versuchten? Wobei wiederum ein Bezug zu Meyer-Amdens ahnungsvollen Darstellungen menschlicher Kommunion ins Spiel käme ... Unverkennbare Verbindung: sie alle mit neuen Nerven, neuen Sinnen auf Fährtespuren unterwegs zu uralten, nie ganz verschollenen Planungen und Gesetzmäßigkeiten, nicht durch Zersplittern, sondern Einordnen, nicht durch utopisches Erweitern, sondern immer neues Vertiefen der Lebensgegebenheiten. Novalis: »Zur Welt suchen wir den Entwurf, und dieser Entwurf sind wir selbst.« Verwirrende Assoziationen, verworrenes Dunkel – durch Erkennende aufzuhellen! Und ganz nebenbei: waren Hesses teilweise »impressionistische« Werkformen auch und zunächst eine mehr oder weniger bewußte Abwehr gegen die expressionistische Zeitgeste, bis diese, in seiner Reifezeit, von einer rein expressiven Substanz durchstoßen wurde? Heute gefällt sich ja ein Vulgärjournalismus und Antigeist darin, in merkwürdiger Parallelität Braque als Bourgeois, Hesse als »esoterischen Schöngeist«, morgen ebenso selbst Konfuzius und Dante zu »überwinden« und dabei in eintrübender Detailbefangenheit und Unterscheidungsohnmacht Worte, Begriffe, Ideen (Evolution, Revolution; Kosmopolit, Bourgeois, Citoyen, beispielsweise) heillos durcheinander zu wirbeln, zu mißbrauchen und zu entwerten. Das provoziert konträre, verstellende Supersimplifikationen wie: »Hesses Dichtung führt stets ins Leben hinein« eine Tatsache bleibt: ein – stets kleiner Kreis von Menschen, der Dichtung, Malerei, Musik »braucht«, sieht gerade in der vom Kunstwerk gebotenen Distanz Möglichkeiten zu eigener Freiheitsentfaltung, besteht auf der Mündigkeit seiner Erlebniskraft und weist alle vorlauten, manipulierenden Interpretationen und Direktiven zurück.
Zurück zum Montagnola-Ensemble! Hier war von einzelgängerischem Zuschnitt ein Künstlermensch, im Freundeskreis »Longus« genannt, auf dessen ärztliche Praxis ein Namensschild an ei-

nem luganeser Haus nahe der zentralen Piazza hinwies, und der mir im Straßenbild längst aufgefallen war, bevor mich Emmy Ball mit ihm bekannt machte: Dr. J. B. Lang, ein Schüler C. G. Jungs und in gewisser Hinsicht Hesses »Berater«. Er schritt, das südliche Marktgewimmel überragend, mit seinem üppigen, silbergrauen Haarschopf und seinem bleichen, fremdenden Hornbrillengesicht, dessen Eigenart meist von einem heftig roten Halstuch assistiert wurde, gelassen von Geschäft zu Geschäft, sein Tragnetz mit bestaunenswerten Quantitäten von Back- und Metzgereiwaren füllend. Man konnte ihn im Gassenspektakel für einen ebenso degoutierten wie rebellischen Mimen halten – und tatsächlich verfolgten und bedrückten ihn jahrelang die sekkierend-realen Folgen eines höchst irrealen, auflüpferischen literarischen Wagnisses –, im Gespräch jedoch trat sein jugendliches, eher mildes, ja scheues Wesen hervor. Während der Kriegsjahre, etwa 1939/40, tauchte er regelmäßig bei Hesse auf, um dessen Träume zu analysieren –, so verstand ich zumindest beider Andeutungen und hörte auch beide mit einer leise komischen Verzweiflung darüber klagen, daß »Patient H. H.« ausgerechnet damals, von allzuwenig oder gar keinen Träumen heimgesucht wurde (wobei mich Hesse einmal zu meiner Verblüffung und ohne direkten Anlaß eindringlichst beschwor, niemals in eine Psychoanalyse einzuwilligen, und zudem Kubin zitierte, der auch die quälenden Träume und die Angst als ein Kapital des Künstlers betrachtete).

Dr. Langs »Sprechzimmer« war voll von seltsamen, und wie mir schien kultischen Gegenständen oder Geräten unbekannter Rituale. Auf einer Schiefertafelwand sah man mit weißer Kreide Zauberformeln, möglicherweise Gleichungen einer mir unverständlichen Horoskopmathematik hingekritzelt, und einmal zeigte er mir eine Nacht lang mit hintergründigem Lächeln und schockierendem Sarkasmus viele Dutzende von Deckfarbenmalereien, die er periodisch unter dem Zwang schwerer Depressionen in Trancezuständen und unter befremdlichen Umständen aufs Papier brachte, und von denen eine dunkle Magie, eine beklemmende dämonische Bannkraft ausging. Er wünschte mein »Malerurteil«, das ich verweigern mußte, denn die Scheinwirkungen einer aparten Farbchromatik und suggestiven Formgebärde erforderten hier zunächst psychologische Kriterien und durften nicht zu ästhetisch-künstlerischen Fehlinterpretationen

verführen. Das Merkwürdige an dieser Begegnung blieb für mich die besondere Art teils unkomplizierter, teils gestörter Pendelbewegungen zwischen den beiden Freunden, ein Schwingungsnetz, das offener oder verhüllter ja zwischen allen freigekämpften Persönlichkeiten ausgespannt ist: man sah Hesse durch Dr. Lang um eine Spur geheimnisvoller, rätselhafter, beunruhigender, man sah Dr. Lang durch Hesse eine Spur gesicherter.
Noch ein Detail:
Mehrmals sagte mir Hesse beim Überreichen eines Buches oder Manuskripts (ungenau formuliert): »Sie reagieren und urteilen als Maler, da fühle ich mich als Künstler verstanden, nicht nur als Moralist.«
Was könnte über Musik und Musiker alles »ins Spiel gebracht« werden! Wer kennt die einzigartig kongeniale Hesse-Liederfolge von Justus Hermann Wetzel, von der ich Hesse aus Berlin leider nur geringe Andeutungen mitbringen und vermitteln konnte, deren wesentliche Bedeutung er dennoch sofort und begeistert erkannte! Für alles war er offen: ich mußte ihm Claire Waldoffs verwegene berlinisch-kesse Chanson-Platten, die sie mir mit naiver Ahnungslosigkeit für ihn mitgeschickt hatte, vorspielen, und so manchesmal suchte er mich unversehens mit dem »Perlenfischer« aufzuheitern, dessen Schmalzstimme er großartig imitierte.
Die Musik, über die wir zuallererst, mit Begeisterung, sprachen, war Strawinskys »Feuervogel«, die letzte eine Schubertsche Klaviersonate, deren Duktus er »graphisch« nannte.
Und die Stunden, in denen er einen Sternenhimmel der Dichter und Dichtungen über uns hinwölbte! Das waren die großen Spiel-Feste der helleren Jahre, in den Kriegsjahren war freilich alles verhaltener und beschatteter und vor allem absorbiert durch das Werk.
Ein Erinnerungsbild: Hesse tritt an einem düsteren Regenabend in meine damalige »Küche«, wo ich an einem riesigen, runden tessiner Tisch sitze, auf dem einer jener horizontal drehbaren, beidseitig von holzgeschnitzten Delphinen gehaltenen Camuzzihaus-Spiegel steht, und vor dem ich mich gerade einseife. Hesse besteht auf der Erledigung meiner Rasur, er sitzt in Hut und Mantel, die Hände auf den Schirmgriff gestützt, wie eine E. Th. A. Hoffmann-Silhouette, vor einem meiner runden Fenster, sieht mir zu, feiert erzählend Wiedersehen mit diesem Spiegel aus

Klingsorzeiten, klassifiziert unvermittelt Augenschmerzen, Zahnweh, Rheuma und Gicht, die ihn plagen, als »Sauerei« und geht plötzlich durch die offene Tür meiner Bilderkammer auf eine Studie zu, die ich in Paris gemalt hatte, das lichterspiegelnde Tunnelgewölbe eines Métrobahnhofs darstellend, berührt mit der Fingerspitze leise die Leinwand und sagt: »Julien Green kratzt so lange an den Wänden, bis sich durch eine Ritze ein Dahinter zeigt.«

Immer wieder fiel mir auf, daß sich Hesse über Stilfragen fast nie äußerte und sich für formal ästhetische Probleme jedenfalls erst in zweiter Linie zu interessieren schien. Ihn fesselte die Reinheit der Konzeption, das war für ihn das wesentliche und entscheidende Kriterium eines Werkes der Literatur, Malerei, Musik und erklärt vielleicht auch seine gelegentlich (mir) schwer verständliche Toleranz, ja scheinbare Indifferenz gegenüber nahezu geschmacklosen, ja kitschigen Formen (gewisse Jugendverbrechen meinerseits eingeschlossen) – wenn er durch sie hindurch das Primäre, Echte, Lebensfähige einer Wesensgrundlage erkennen konnte. Zu den Erzählungen eines jungen Schriftstellers, dessen Kampf um Profilierung der Form ich aus der Nähe miterlebte, sagte er zu meiner Verwunderung: »er hat keine Form« und meinte damit offensichtlich nicht etwas Formales oder gar Formalistisches sondern: seiner stilisierten Thematik fehle zunächst ein eigen-artiger Inhalt, die Grundsubstanz sei noch verhüllt.

Im Ästhetischen sah er nie etwas »Ästhetisierendes« und konnte selbstverständlich auch mit Hochschätzung eine Hingabe konstatieren, die das Erlebnis aus einer Form zu gewinnen suchte. Seine Liebe aber gehörte dem Prinzip für ein Erlebnis die Form zu finden, die notwendige, adäquate Form für das Wesentliche: den Inhalt. Wie vielschichtig und immer gegenwärtig dieser Fragenkomplex war, sah ich aus allernächster Nähe: mit welcher feinfühligen und weiten Differenzierung der nie überforderten Maßstäbe ließ er – an jedem 2. Juli – beglückt Ursulas klar komponierte und gestaltete Schriftblätter auf sich wirken, oder die mit liebevoller Zartheit gemalten Blumen meiner Mutter, die ihn entzückten. In einer ganz anderen Dimension waren diese Unterscheidungsmembranen zu erkennen an einer Bemerkung über ein Buch von Max Picard, das in einem erweiterten Sinne eine Folge von intensiven bildhaften Erlebnissen und Reflexionen beschwor: Hierbei wären »ästhetische und moralische Gesichtspunkte nicht deutlich genug getrennt«.

Je länger ich an diesen Seiten – mühsam genug – schreibe, um so mehr beunruhigt mich neben den möglichen sachlichen Fehlern und Mißverständnissen auch die Gefahr, den eitlen Eindruck zu erwecken, alles und jedes Fortschreiten meiner Entwicklung sei von mir passiv oder widerstandslos auf Hesse bezogen worden, oder Hesse hätte mir gar Einflüsse oktroyieren wollen. O nein! Heftiges Suchen mit Worten, Farben, Linien, Klängen brannte hier wie allenorts – und menschlich-allzumenschliche Stürme wehten von allen Seiten her. Hesse konnte das mit äußerst einfachen und belustigenden Wortspielen enthüllen oder verhüllen. War eine Ruth der Anlaß einer mich umtreibenden Passion, empfahl er ohne jede Sentimentalität die Grabspruchkonsequenz »hier ruht Ruth«, schien ihm mein Hessebild einer Veränderung bedürftig, fragte er mich: »Ist Ihr verehrtes Vorbild vielleicht ein verbohrtes Ehrbild?« Das war Nietzsches Formulierung: »und warum wollt Ihr nicht an meinem Kranze rupfen?« erheiternd ähnlich. – Vorbildlich war gerade diese Selbstkorrektur, die Kraft und Freiheit, höchsten Instinkten gehorchend, distanzieren, abwehren, auch verletzen zu können und Entschuldigung, Rücknahme, Versöhnung sofort in die Tat umzusetzen.

Die Freundschaft, mit der mich Hesse beschenkte, war ohne jeden Vergleich diejenige, der ich die meisten Anstöße, Spieglungen und Bestätigungen verdanke, die mich auf vielen Stufen verstehend, anregend, fördernd begleitete. Hart korrigierend dagegen, mit wachrüttelnden Stößen Kräfte und Gegenkräfte provozierend, wirkte gleichzeitig eine Freundschaft auf mich ein, die ich von einer Persönlichkeit empfangen durfte, deren produktive Beziehungen auch zu Hesse meines Wissens noch niemand genügend beachtet oder befragt hat: Max Picard. In Hesse und Picard, dem Autor der Werke »Das Menschengesicht«, »Der letzte Mensch« und »Die Welt des Schweigens«, Picard, dem Anschauenden, Schauenden, dem Seher, Picard, dem Gefährten Rilkes, Kassners, Hausensteins, begegneten sich halb hingezogen, halb widerstrebend zwei außerordentliche, konträre Potenzen, die ebensoviel literarische und künstlerische, religiöse und philosophische, politische und private Gemeinsamkeiten wie Verschiedenheiten verband. Max Picard, dessen kleine, gedrungene Gestalt ein mächtiges, silberlockig gekröntes Haupt zu tragen hatte, halb michelangelesker Prophet, halb Barockengel, hatte ein scheues und zugleich unheimlich blockhaftes Wesen. Unversehens konnte er mit dröhnender, beschwörender Stimme, rollenden Auges, drohend hochgefackelter, frostbeulengeschwollener Hand etwa die Worte »Martin Buber« gen Himmel schleudern und dabei das Wunder zuwege bringen, eine phonetische Identifikation von Name und Werk als Lautröhre in Lichthöhen zu bohren. Um so deutlicher wurde, daß neben dieser geballten Wucht die scharfe und zarte Intensität Hesses eine gelassen-heitere, überraschend neu profilierte Spiritualität ausstrahlte. Beide sah ich mit der Gegenwart gegen die Zeitepoche kämpfen, von der politischen Forderung des Tages provoziert und überlastet, die Zeit durchleuchtend und sie überwindend im Werk: Hesse im sublimierten »Spiel«, Picard mit alttestamentarischer Unerbittlichkeit, die »Flucht vor Gott« bannend. Jeder sprach zu mir über den anderen mit selbstverständlicher Zustimmung und ungehemmter Kritik, und ich spürte darin ein meine Kräfte steigerndes oder manchmal belastendes Anvertrauen, das zu tragen und produktiv zu machen mir auferlegt war. Dabei aktivierte mich, ebenso klärend wie verunsichernd etwas Bildhaftes: Picard hauste in einem alten Tessiner Anwesen, das auch Emmy und Hugo Ball einmal bewohnt hatten, unmittelbar neben der Kirche von St. Abbondio, die Glockenschläge des Campanile fielen wie Bleiklötze in seine Zimmer, deren nackte Fenster einen Picardschen Tessin zu kahler Größe komprimierten, während auf Hesses Hügel dieselbe Umwelt auch in den tiefen Verdunklungen der Zeit bei aller Weite der Formen eine verschwiegen musizierende, heitere Intimität behielt. Wehte noch ein letzter Schimmer von Manzonis naher Kulisse der »Promessi Sposi« (die ich damals ergebnislos zu illustrieren begann) darüber hin, in der mit Goethes Worten »sittliche und ästhetische Bildung vereint in gleichem Grade gefördert wird«? Geistige Spannung schuf sichtbaren Raum. Um Picards Erscheinung schien die Landschaft aufgestaut zu sein und immer dichter zu werden, um Hesse schien sie transparenter zu pulsen, strömend zu sein. Und heute, in der Erinnerung kann ich es auch umgekehrt sehen. Es betrifft also auch die Zeit, als Heute, als Damals, als Vergehen – es betrifft also auch mich, mithin etwas Subjektives, was ich gerade überwinden möchte. Und wieder fühle ich – mit vielen anderen – den

Zwang, das doch aufzuschreiben, weil darin etwas aufbewahrt bleiben könnte, was so war und nicht verloren gehen darf: die bildgewordene Verwandlungskraft im existentiellen ebenso wie im dichterischen Wirken.

Ein Beispiel ganz konkreter Anlässe, die ebenso wie etwa die Photographien der Motive Cézannes oder Van Goghs ja nur einen unerlaubten, weil —rfälschend dezimierten Einblick in schöpferische Vorgänge vermitteln, finde ich im »Glasperlenspiel« blätternd. Den im »Regenmacher« beschriebenen, gemalten, gedeuteten, ungeheuren Aufruhr des Firmaments habe auch ich erlebt. Ich saß abends am Zeichentisch und fühlte mich plötzlich mit unwiderstehlicher, ja beängstigender Macht an das »Seefenster« meines Ateliers getrieben, im gleichen Augenblick, als jener schauerliche Sternenwirbel begann. Sofort wollte ich zu Hesse jagen, vermochte mich aber aus der Erstarrung nicht loszureißen, eingesogen in den Bann dieses elementaren Geschehens. Das verzückte Grauen war im Alleinsein kaum zu ertragen. Später stellte sich heraus, daß Hesse auf telefonischen Umwegen auch nach mir gefragt hatte, in vielen Gesprächen blieb uns die Himmelskatastrophe vor Augen, »deren das Dorf noch jahrelang gedenken sollte ...« Solche »Nachweise«, die sicherlich nicht nur ich für manche Ereignisse und Figuren, die ja Individuen und Typen gleichzeitig waren, erbringen könnte, erhellen jedoch den Schaffensprozeß oder gar das Werk selbst nicht im mindesten, es wären nur wichtigtuerische Indiskretionen.

In eine gänzlich andere Zone weist eine ebenso minime Petitesse, und es erscheint mir beinahe deplaciert, davon zu sprechen: Hesses Vorliebe für das Wort »hübsch«. Dieses abschmeckende Wörtchen, das koboldhaft und erstaunlich häufig durch Sätze und Seiten – auch besonders des »Glasperlenspiels« – geistert, es hüpfte mit seinem spitzmündigen, weichen Klang und Gestus auch durch nahezu jedes Gespräch. Obwohl ich darin nach und nach eine Skala von verharmlosenden, ironisierenden, distanzierenden, maliziösen, abwertenden, ermüdeten, ja quälerischen Nuancen erkennen lernte – mit Ausnahme derjenigen allerdings, die Thomas Manns »sophistisch« enchantierter Felix Krull seiner gereizten Zouzou vorklamüsert – es befremdete mich durch viele Jahre und verfolgte mich geradezu. Ich mochte etwas für mein Jünglingsgemüt vermeintlich noch so Tiefernstes, Himmelhochjauchzendes, Tragisch-Erschütterndes erzählen, vorschwärmen, vorklagen, vorzeigen: Hesses ziemlich unfehlbarer Befund: »hübsch«. Daß meine Allergie töricht und in vieler Hinsicht durch die Jahre bedingt war, wurde mir erlösend und freilich auch beschämend, im stillen Verzeihung erbittend, in einer sehr deprimierten Stunde deutlich. Hesse hatte eine – wie mir zwar schien nicht unberechtigte, aber bösartige – Kritik vernommen, die auch meine Sachen traf. Zornbebend und mit erschreckend leiser Langsamkeit schnitt er einen Satz in die Luft, der zu meiner Verzweiflung auf das fatale Adjektiv zusteuerte – da zögerte er im allerletzten Augenblick und sagte ein Wort, dessen bewußte Wahl mich tiefer beglückte und tröstete, als die Bedeutsamkeit seines gesteigert anerkennenden Gehaltes. Von da an hörte und las ich Hesses »hübsch« viele hundert Male mit wachsendem Verständnis und Amüsement, und als später Purrmann zu uns kam, der mit seinem pfälzer Dialekt (nicht mit seiner sicheren Qualitätsdifferenzierung) alles Mindere und Unliebsame als »dinn« abservierte, dagegen von der Renoirzeichnung bis zur Beninbronce einfach alles »hibsch« fand, da war des »Gehübsches« und »Gehibsches« der beiden schier kein Ende und riß so manchesmal mich und schließlich – aus ungeahnt verschiedenen Motiven vermutlich – alle drei zu einem überaus hübschen Gelächter hin.

Merkwürdig viel besonnte Bilder – die lastenden verlangten eben längst ihre bannende Form – fallen mir ein, bedeutungslose Alltäglichkeiten, die vor dem bedrückenden Hintergrund mancher Jahre doch irgendwie ihre Bedeutung erweisen; waren es doch winzig kleine Siege, verschwiegen abgetrotzt oder als Geschenk empfangen, erlebt inmitten eines heillosen Meeres auf einer kleinen, oft unerträglich »heilen« Palmeninsel. »Wer schrieb sie auf, wer hielt sie fest?« ... Ein Sommertag, draußen lodernde Hitze, wir befinden uns in Hesses Atelier, beide in gleichen, von derselben montagnolesischen Schneiderin aus einem Stück und unförmig »nach Maß« bewerkstelligten, in gewissen Situationen höchst unerquicklichen, khakifarbenen Gartenanzügen, Hesse braungebrannt, den riesigen Strohhut auf dem Kopfe, bereit, auf meine vorgebrachten Klagen aggressiv zu antworten. Ich schimpfe über die wachsende Flut der Verlegerbriefe, der Terminplagen, der ganzen Illustriererei überhaupt. Plötzlich setzt er sich hurtig an die Schreibmaschine – (an jene legendäre Hack- bzw. Stanzmaschine, auf der er mir später ein souveränes, herrlich gereiztes, dennoch ziemlich wirkungsloses »Empfehlungszeugnis« für die tessiner Fremdenpolizei hinklopfte) –, er heißt mich, ihm zu sagen, was ich auf dem Herzen hätte, ihm den fälligen Brief zu diktieren, er wollte ihn kurz und bündig in meinem Namen hinschreiben. Kein einziges Sterbenswörtchen kann ich hervorstottern, wehre verzweifelt ab, lasse beschämt die Arme fallen. Da richtet er heftig aufgerissene, scharfglitzernde Augen auf mich und definiert ehern: »wenn ein Verleger oder Auftraggeber etwas von Ihnen will, was Ihnen nicht paßt, dann sofort einen (allerbilligsten) Briefumschlag nehmen, hineinspucken, zukleben, abschicken, basta.« (Ich habe es bis heute nicht gelernt – quod erat demonstrandum!) Neben meinen epistolographischen Sorgen interessierten ihn, humorig teilnehmend, auch die Verpackungsprobleme und Zollkomplikationen, in die mich meine Zeichnungen und Illustrationen verstrickten (und die sich im Laufe der Jahrzehnte zu fürchterlichen Exzessen steigerten). Ich hatte ihm einmal eine Reihe von graphischen Blättern für eine Ausstellung gebracht, er wollte sie vor der Absendung sehen. Wir betrachteten die Sachen, diskutierten darüber, sein Sohn Bruno, der Maler, war gerade zu Besuch da, schließlich begann meinerseits das Verpackungsgeseufze. Hesse ging zu seinem »Pack-Tisch«, verriet mir eine zollsichere Zeitungspapier-Einwickel-List, nahm Schnur und Schere, zitierte Bruno zum Verknoten herbei und deklamierte mit feierlichem Tenor: »später wird in Böhmer-Biographien zu lesen sein: in seiner frühen montagnolesischen Epoche beschäftigte der Künstler bereits zwei Packer: Bruno und Hermann Hesse.«

Wieviel verbindende Schwingungen, Glücksfälle, auch Kurzschlüsse durchpulsten die gespannten Tage und Stunden, als Hesse zu meinen Porträts »Modell saß« und den ersten Text über meine Malerei schrieb, durchpulsten das nimmermüde Hin und Her in den Zeiten, als ich mit bangen Hoffnungen die »Lauscher«-Zeichnungen begann, die »Stunden im Garten« und den Badener »Kurgast« miterlebte und in hundert Variationen zu Papier brachte, als ich an meinen Aquarellen zum »Klingsor« fieberte und all die kleineren und größeren graphischen Folgen entstanden bis zu den späteren Blättern zu »Demian« und »Morgenlandfahrt« –, von den allerseits grotesken Verdrießlichkeiten mit den haßgeliebten, vermaledeiten Buchumschlägen höflichst zu schweigen... Kein endliches Finden bei der »Suche nach der verlorenen Zeit«, der Entstehungszeit all der längst verwehten oder in Kästen und Mappen zurückgebliebenen, gestrandeten, ungesehenen, stockfleckig gewordenen Liniengespinste... Welches Kompendium aus Bildern, Zeichnungen, Berichten und Erzählungen, Briefen, Erinnerungszeichen müßte ich zusammentragen, in dem all die Jagenden und damals Vorbeigezogenen, Vorübergeflohenen, die Gezeichneten und Ausgezeichneten, die Beschatteten und Bestrahlten, die Schwerbepackten und Beflügelten zum Verweilen gebeten würden, vereint auf einem riesigen Teppich, dessen bukolische Randszenen Maria Geroe, Annemarie Schütt-Hennings und Ursula wortwörtlich mit Wolle und Leinen zu Hesses Entzücken schon zu knüpfen begannen.

Je gegenwärtiger mir das Erinnerungsbild dieser Jahre und Zonen wieder wird, um so eindringlicher und bewegender tritt der unablässige Kampf um die Entscheidungsfreiheit und Menschenwürde hervor, den alle führten, dort, wo es nur noch innerlich und dort, wo es auch noch äußerlich möglich war: die einen in einer direkt politisierten Form, die anderen – Hesse vor allem – in der hohlspiegelhaft unpolitischen Kunstform.

Ich breche diesen Schreibversuch ab und verschiebe ihn auf Zeiten, in denen – so unvorstellbar mir das heute auch ist – das Zeichnen ins Stocken geraten sollte. Jetzt warten meine Stifte und Pinsel nicht länger, ich gehorche. Sinn und Ziel dieser Aufzeichnungen kann ohnehin nicht in irgendeiner Vollständigkeit bestehen im Hinblick auf Hesses Werk, das geistige und sinnliche Emotionen nicht nur dargestellt hat, sondern immerzu atmend evoziert und so jeden »Mitspieler« in seiner eigenen produktiven Möglichkeit aufruft und bestärkt.

Diese Strahlung – einmal noch durfte ich sie erfahren. Ein Winterabend, Hesse erwartete mich, er saß allein in der wachsenden Dunkelheit, die den Raum schon verschlungen hatte, eine unsagbare, beklemmende Stille war um ihn. Doch mit einer plötzlichen und überraschend aufflackernden Lebhaftigkeit fragte er nach allem: nach Stuttgart, nach der Akademie, nach meiner Arbeit, meinen Plänen. Ich mußte erzählen, fürchtete jedoch, ihn zu ermüden, stand einige Male unsicher auf, aber jedesmal wünschte er, mich erneut und ganz nah zu ihm hinzusetzen, sein Gehör war geschwächt. Er warf mir ein paar kleine, federleichte Gesprächsbälle zu, spielte selbst mit einer Seifenblase, erwähnte lächelnd

> Von Meng Hsiä wird berichtet:
>
> Befragt, welche drei Dinge er auf eine rückkehrlose Reise nach dem Mond mitnehmen würde, gab er zur Antwort:
> „Eine Rolle Papier, einen Pinsel und meine Tuschschale".
>
> H Hesse
>
> seinem lieben Böhmer
> am 1. I. 61

Beitrag Hermann Hesses in der Böhmer-Monographie des Tschudy Verlags.

Gottfried Benn, was ich vorsichtig mit einem sarkastischen Witzwort Max Beckmanns über Chagall erwiderte und glücklich war, damit sein langsames, volles, tiefes Lachen gewonnen zu haben. Dann verebbten die Worte, wir verstummten und schwiegen, die wehe Intensität seiner noch nie so nahen, doch verglimmenden Herzlichkeit bestürzte mich, meine Augen suchten ängstlich, wie in einem fliehenden Traum, seine Erscheinung, ahnten sie aber mehr, als sie in den nächtlich zerrinnenden Schattenschleiern erfassen zu können, ich erkannte noch seine Hände, die schwerelos, größer als sonst, ganz vorn auf seinen übernahen Knien lagen, die Gestalt war schon weggeschwunden, entrückt schimmerte das Gesicht, über dem sein weißes Haar wie ein fremdartiges, zum Abflug bereites Flügelwesen reglos wartete. Da huschte verwischt, mit fragendem Klagelaut, eine Katze vorüber, wir erhoben uns langsam, sonderbar befangen und wie schlafgelähmt, gingen zögernd zur Tür: leise wendet sich Hesse mir zu, berührt flüchtig meinen Arm und winkt, schon aus sternweiter Ferne, noch einmal lautlos. Bild geworden. Für immer.

(1973)

Christian I. Schneider
Josef Knechts Abschied und Neubeginn

Ansätze zu einer literarkritischen Synopse der Schlußkadenz von Hermann Hesses »Glasperlenspiel«

»Gegen den Tod brauche ich keine Waffe, weil es keinen Tod gibt. Es gibt aber eines: Angst vor dem Tode. Die kann man heilen.« In seinem Klingsor trifft Hesse selbst hiermit das Schlüsselwort angesichts der merkwürdigen Tatsache, daß kaum eine andere Kadenz eines deutschen Romans aus dem 20. Jahrhundert zum Anlaß für derartig weitläufige Interpretationskontroversen wurde wie der Tod des Ludi Magister am Ende des *Glasperlenspiels*. Dabei handelt es sich weder um einen künstlich ausgeheckten Trugschluß noch um einen Ausgang wie das Hornberger Schießen – freilich auch nicht eben um ein (selten ganz unkitschiges) Happy End. Jedes Kind, jeder Erwachsene mit dem viel zitierten »gesunden Menschenverstand« (geschweige denn ein ›Intellektueller‹) sollte ein so einfaches, scheinbar gar nicht weiter fingiertes Faktum wie das vorliegende kommentarlos verstehen können: Josef Knecht ertrinkt beim Baden im See. Es ist ein alltägliches, wahrhaft »banales« Unglück, das beinahe jedermann zustoßen kann, jung und alt, Lehrer oder Schüler. Mit gleichem Recht könnte man als »absurd« auch den Autounfall bezeichnen, durch den Albert Camus ums Leben kam. Knechts Todesart mag »sinnlos und zufällig« anmuten – doch entspricht das nicht der (längst zur bloßen Phrase herabgesunkenen) »Sinnlosigkeit der Welt«, dem »schicksalhaften Geschehen«, welchem der berühmte »Geist« von jeher ausgeliefert ist? Zeigt sich Knecht dem Leben gegenüber »nicht mehr gewachsen«? Stirbt er »am Todeskeim der Selbstbezweiflung«? Fehlt die (überhaupt menschenmögliche?) »endgültige Antwort«? Bleibt »der Weg zu neuem Aufbau vermissenswert«, und versagt Hesse etwa als »Gestalter eines neuen Gemeinschaftslebens«, indem sein Held den Tod im Wasser geradezu »sucht«? Oder soll dieser Tod wohl »den ewigen Wandel im Reiche des Geistes und seine Möglichkeit zu immer neuen Lebensformen andeuten«? Anders ausgedrückt: erscheint Knecht am Ende als moderne Faustgestalt ohne ausgesprochene Aussicht auf Erlösung? Oder ist sein Tod im Sinne Rilkes eher ein »großer«, weil »eigener« und »notwendiger«, der Knechts Leben alles andere als »zufällig« beschließt, vielmehr »so folgerichtig zu ihm paßt wie der letzte Akt eines Dramas zu den vorhergehenden«?[1] Aber auch diese Erklärung läßt unbefriedigt, betrifft sie doch vornehmlich den Magister selbst und nicht, was für viele Leser die Hauptsache ist: das Verhältnis zu seinem Schüler Tito, für den er sich angeblich »opfert«. Darüber hinaus werden von der Literaturkritik noch weit kompliziertere Fragen aufgeworfen.[2]

Überblickt man die gewählten Beispiele, so ergibt sich leicht der Eindruck, daß die Urteile über Knechts Tod extrem zwischen Selbstverständlichkeit und Verständnislosigkeit schwanken, je nach Standpunkt, Geschmack, Sympathie und Antipathie, welche dem Glasperlenspielmeister und damit Hesse selbst von jeher entgegengebracht wurden. Unberücksichtigt blieb auch hier zumeist der wesenseigene Auftrag des Dichters: nicht, wie Dogmatiker, Erklärliches und Unerklärliches (letzteres besonders gern) ein für alle Male hinwegerklären zu wollen, sondern ganz im Gegenteil: zu Antithese und Widerspruch mindestens ebenso stark

zu reizen wie zur erprobten Zustimmung, zur möglichst selbständigen Lösung eines Problems, gleichgültig ob unmittelbar aus dem Leben oder in der Dichtung, die, wie alle Kunst, letztlich ja auch »Spiegelung des Lebens« ist, wenn auch – primär artistisch verstanden – »auf einer höheren Ebene« (Edwin Fischer).
Vergegenwärtigt man sich das Wunschdenken derer, die Knecht im Hinblick auf seinen Tod »in großer Verlegenheit« zurückläßt oder welchen er gar »Irrtum«, »Scheitern« und »Versagen« insinuiert, so scheint das Buch auf eine Schlußmoral hinauszulaufen, wonach der junge Tito, statt seine vielversprechende Skepsis (dem ausschließlich ›weltlichen‹ *und* ›kastalischen‹ Geist gegenüber) als unschätzbares Ingredienz weiterführender Individuation beizubehalten, sich im Lauf der Zeit auch nur wieder zu einem autoritätshörigen Faktotum entwickelt, das genau wie der Meister spuckt und sich räuspert, sich räuspert und spuckt...
Darin seinen höchsten pädagogischen Erfolg und Lebenszweck erblickend, stirbt der große Lehrmeister endlich also den wohlverdienten Strohtod. Oder aber – und das wäre ein so recht konjunkturorientierter Glasperlenspielschluß für die siebziger Jahre unseres Feuilletonistischen Zeitalters –: Josef kehrt am Ende friedfertig mit jungdeutsch-revolutionärem »Kapital« im Rucksack wieder nach Kastalien zurück und wird beim Versuch, den daheimgebliebenen Geistesprovinzlern seine realpolitischen Ideale vorzuspielen, mitten im Glasperlenspiel von einem antikapitalistischen Reaktionär umgebracht.
Was Leser und namentlich Kritiker, die sich solcher Fragen und Spekulationen bemüßigen, von Anfang an nicht einhalten, ist (wie sie Hesse selbst anläßlich des vorliegenden Buches zu bedenken gibt) »die erste der Spielregeln beim Lesen« überhaupt, nämlich zunächst »das zu lesen und anzunehmen, was dasteht, und es nicht an dem zu messen, was man selber etwa gedacht und erwartet hat«.[3]
Statt deshalb unbedachtsam tausendundeiner Meinung noch eine tausendundzweite hinzuzufügen und weder in den Tonfall jener »Hymniker« zu verfallen[4], noch mit irgendeiner subjektiv-vorgefaßten positiven oder negativen Theorie schnellfertig herumzuoperieren, versuche ich, der offensichtlich nach wie vor bestehenden Angst vor Knechts plötzlichem Tod durch eine Textbetrachtung vorzubeugen, wobei das Ende des Magisters in möglichst enge Verbindung mit Struktur, Hauptmotiven, Sym-

bolik und Stil des gesamten Romans und darüber hinaus mit Hesses von jeher eigenständigem Denken und Dichten gebracht wird.[5]

I

Wie um eine größtenteils verborgene Achse kreist das ganze Schlußkapitel, *Die Legende*, um das Gedicht *Stufen*. Es stammt, dem fiktiven Bericht nach, aus Knechts Schüler- und Studentenzeit. (Hesse hat es in Wirklichkeit am 4. Mai 1941 geschrieben, fast ein Jahr vor Abschluß des schon 1931 begonnenen Legendenkapitels.[6]) Mehr als es auf den ersten Blick den Anschein hat, gibt es Aufschluß über das Rätsel von Knechts Ende und enthält in lyrischer Form den Keim, aus welchem sich alles Folgende entwickelt. Gleich zu Beginn, am Morgen nämlich, nachdem der Magister den abschlägigen Bescheid der Erziehungsbehörde auf sein Gesuch um Entlassung aus dem Amte gelesen hatte, fallen ihm, als Rechtfertigung jenes »eigenen Gefühls«, das er »Erwachen« nannte, die Verszeilen ein: »Und jedem Anfang wohnt ein Zauber inne,/Der uns beschützt und der uns hilft, zu leben.«[7] Erst gegen Abend ›entdeckt‹ er auch die Endzeilen wieder: »Wohlan denn, Herz, nimm Abschied und gesunde!« Wie er sich im Abschiedsgespräch mit Freund Tegularius erinnert, hatte Knecht sein Gedicht ursprünglich »Transzendieren!« überschrieben, »als einen Zuruf und Befehl, eine Mahnung an sich selbst, (...) sein Leben unter dieses Zeichen zu stellen und zu einem entschlossen-heitern Durchschreiten, Erfüllen und Hintersichlassen jedes Raumes, jeder Wegstrecke zu machen.« Ausgespart, und nur dem Kundigen vernehmbar, bleibt in diesem Kontext die Zeile mit der mystischen Anspielung auf die »Todesstunde«. Dies erweckt den Eindruck, als ob der Dichter hier absichtlich jeglichen Gedanken an eine restlose Lebensauflösung habe einklammern wollen, worin sich zumal heute – nicht selten ängstlich verdrängt – der westlich-entchristianisierte Todesbegriff manifestiert. Das Ende Knechts wurde von Anfang an im Zeichen des Abschieds und Neubeginns konzipiert. Das bestätigt Hesse selber in einem Brief aus dem Jahre 1957. Dort möchte er das Gedicht *Stufen* im Rahmen des *Glasperlenspiels* als Ausdruck der »Religionen und Philosophien Indiens und Chinas« verstanden wissen, in welchen die Vorstellung der »Wiedergeburt aller Wesen« dominiere, aber »nicht im Sinn eines christlichen Jenseits mit Paradies, Fegefeuer und Hölle.«[8]

Die rückläufige Bewegung zum Ursprung und Neuanfang hin zeigt sich in der Sprache des Legendenkapitels darin, daß der distanziert-prosaische Chronistenstil von Knechts fiktivem Biographen (jenem ›schon alten Mann‹⁹) bereits in der Einleitung betont lyrisch aufgelockert wird. Zu den schon zitierten Verszeilen aus *Stufen* treten später noch christlich-pietistische und der *Weisheit des Brahmanen* (Friedrich Rückert) entnommene Strophenmontagen. Sie erinnern einerseits an den Aufbau der romantischen Novelle mit ihren universalpoetischen Ansprüchen, welchen der frühe Hesse sich so eng verbunden fühlte; andererseits können sie aber auch als Symptome des modernen essayistisch durchsetzten (Bildungs-)Romans verstanden werden. Dagegen klingen in dem mehr platonisch-straffen Dialog zwischen dem Vorstand der Ordensbehörde und dem abdankenden Ludi Magister deutlich Töne aus *Narziß und Goldmund* an, während die Akzentverlagerung auf Naturbeschreibungen, wie bei Knechts Fußwanderung in die Hauptstadt und die äußerst farbvolle, zugleich aber stets innenbildnerische Darstellung der Hochgebirgslandschaft, die charakteristisch-lyrische Grundstimmung aus *Knulp*, *Wanderung*, *Peter Camenzind* zurückbeschwört. Man hat sogar aufgrund eines Vergleichs der Morgenstimmung im *Inseltraum* mit jener am Schluß der *Legende* nachgewiesen, wie frappant die Diktion des alten Dichters seinem ›Jugendstil‹ ähnelt.¹⁰ Dementsprechend läuft Knechts Leben keineswegs auf den Endpunkt einer geraden Strecke hinaus, »denn das Geradlinige gehörte offenbar nur der Geometrie, nicht der Natur und dem Leben an«. Sein Weg war vielmehr »im Kreise gegangen, oder in einer Ellipse oder Spirale (...) Der Selbstermahnung und Selbstermutigung seines Gedichtes aber hatte er (...) treulich Folge geleistet.«

Es ist wohl kaum ein »Desertieren«, wenn Knecht seine bisherige Wirkungsstätte verläßt, ohne daß ihm der Vorstand ›offiziell‹ die Erlaubnis zum Austritt aus dem Orden erteilt. Was hinter seinem diesmaligen Erwachen (einem Begriff zutiefst fernöstlich-religiöser Provenienz) steht, hatte Knecht als Schüler oder Student in der Anfangszeile seines Gedichtes *Klage* lyrisch vorgeformt: »Uns ist kein Sein vergönnt. Wir sind nur Strom (...)« Prosaisch ausgedrückt: »Der Held (Knecht) konnte in dieser vollkommen geordneten Welt (Kastalien) nicht zur Ruhe kommen, weil sie für ihn nicht die Möglichkeit weiterer Entwicklungen bot; denn es gehört zum Wesen des tieferen Menschen, daß für ihn jede erreichte Stufe eben nur Stufe bleibt, d. h. daß er darüber hinausdrängt, sobald er sie einmal erreicht hat.«¹¹ Aus Treue und Aufrichtigkeit sich selbst und somit dem Geist gegenüber, Bindungen zu brechen, die nurmehr äußerlich verpflichten, ist kein ›Verbrechen‹ und kann im Falle Knechts um so weniger als solches bezeichnet werden, als es ihm ja gar nicht um willkürliche »Stillung einer Neugierde oder eine Lüsternheit auf Weltleben« geht, sondern um »Unbedingtheit«: seinen entschiedenen Verzicht auf reumütige ›Remigration‹. »Ich wünsche nicht, in die Welt hinauszugehen mit einer Rückversicherung für den Fall einer Enttäuschung in der Tasche, ein vorsichtiger Reisender, der sich ein wenig umsieht. Ich begehre im Gegenteil Wagnis, Erschwerung und Gefahr, ich bin hungrig nach Wirklichkeit, nach Aufgaben und Taten, auch nach Entbehrungen und Leiden.« (»Doch heimlich dürsten wir nach Wirklichkeit,/Nach Zeugung und Geburt, nach Leid und Tod«, hatte es auch schon am Ende eines Gedichtes des ›jungen‹ Knecht geheißen.) Freilich auch dies könnte noch immer – wenigstens vom bürgerlichen Standpunkt aus – als Wunsch eines jugendlich-unbefriedigten Suchers, eines so recht ›romantischen‹ Abenteuersüchtigen ausgelegt werden, wenn Knecht nicht einem ›Lebensruf‹ in einen ganz konkreten Aufgabenbereich weltlicher Wirklichkeit Folge leistete, nachdem er entdeckt hatte, daß »beglückende Tätigkeiten«, neben »Musizieren und Glasperlenspielen«, auch »Lehren und Erziehen« seien. Aber hatte er nicht auch in seiner bisherigen Funktion als Glasperlenspiel-Lehrer Erzieher sein können? Gewiß, aber, genau genommen, nur innerhalb eines ›Systems‹, das, trotz seiner Beschränkung auf eine kleine, auserwählte Geisteselite, letztlich auf Quantität und eine viel zu selbstverständlich ausgeübte und übernommene Traditionsvermittlung zielte, die einem Menschen wie Josef Knecht auf die Dauer als steril, als geistige Inzucht und zutiefst ›dekadent‹ erscheinen mußte. Knecht gibt mit seinem Amt ja keineswegs den kastalischen Geist ganz auf, sondern beabsichtigt eine lebendige Verbindung mit der Außenwelt herzustellen. Er möchte nicht länger die ›intellektuell‹ am weitesten fortgeschrittenen Studenten und Kollegen in ›akademischen‹ Elitekreisen unterrichten, wo Geist im Überfluß vorhanden ist, sondern in *der* Welt, wo er am meisten fehlt und ausdrücklich benötigt wird. Er wird zum Lehrer Titos, eines Schülers, der eines Erziehers seines

Formats tatsächlich bedarf, und mit dieser Erziehungsarbeit im kleinsten Kreis beginnt er nicht mehr der Quantität sondern der – sie paralysierenden – Qualität zu dienen. Es liegt hierin eine sehr konstruktive Kritik unserer verfahrenen Schulsysteme, welche institutionelle statt individuelle Bildung und somit eher Ver-Bildung zeitigen, wenn Schüler *und* Lehrer nicht früher oder später den Mut aufbringen, unassimilierbaren oder gar von ›höherer Warte‹ aufoktroyierten ›Lehrstoff‹ persönlich in Frage zu stellen. Das gilt für extrem östliche sowie westliche Erziehungssysteme in gleicher Weise. Wer darum Knechts Wunsch, künftig als Privatlehrer des jungen Tito zu dienen, des Sohnes seines pädagogisch versagenden ›weltlichen‹ Freundes und vormaligen Antipoden, als ›Idiosynkrasie‹ und ›etwas tatsächlich Romantisches‹ versteht[12], scheint jenes qualitativ-individuelle Erziehungsaxiom der (auf lange Sicht) radikalsten Wirkung außer Acht zu lassen, die ich unter anderem mit dem weltweiten Echo begründen möchte, das Hesses Schriften in unserer von Massenerziehungsideologien irregeleiteten Welt hat; er übersieht ferner Hesses von jeher vertretene Anwaltschaft des nicht austauschbaren Individuums, die er in jedem seiner Werke vertritt und aktuellprägnant formuliert hat: »Zwischen Marx und mir ist (...) der Unterschied der: Marx will die Welt ändern, ich aber den einzelnen Menschen. Er wendet sich an Massen, ich an Individuen.«[13] Doch bedarf es überhaupt solcher nachträglichen Selbst-Zeugnisse und Zurecht-Weisungen angesichts der inhärenten Durchsichtigkeit des Glasperlenspiels? Schon der Name ›Kastalien‹ (bekanntlich auf die Kastalische Quelle in Delphi zurückführend, wo sich die Pilger zu reinigen pflegten, ehe sie das Heiligtum Apollos betraten) legt nahe, daß die Kastalische Provinz für Knecht nur Stufe und Vorraum, niemals endgültiger Lebensraum sein konnte. Es scheint vor allem diese historisch-symbolische Hindeutung auf Wasser, Hochgebirgslandschaft und Apollo als Gott des Lebens *und* des Todes (als welcher er etwa in der *Ilias* dem Hektor vor seinem Entscheidungskampf mit Achill begegnet[14]) Knechts bevorstehenden Eingang ins Mysterium wenigstens teilweise vorwegzunehmen. Jedenfalls ahnt auch Meister Alexander schon mehr als Knecht selbst: einen Abschied für immer.

II

Von nun an verdichtet sich in nuanciert abgestuften Übergängen die ursprüngliche Abschiedsstimmung mehr und mehr zur Endstimmung. Was Knecht zunächst in einen nahezu euphorischen Zustand versetzt: sein Reifsein zum Neubeginn – in Wahrheit ist es ein Reifsein zum Tode, worüber er sich selbst bis zuletzt im unklaren bleibt. »Nur wer bereit zu Aufbruch ist und Reise (...)« –: schon die Fußwanderung zurück in die unbekannte Welt (*unde homo et quomodo?*), aus der er einstmals nach Kastalien kam, macht ihm festliche Freude. Dabei erlebt er eine Art Gesamtschau des Gewesenen. Er erinnert sich an seine Kindheit, an die Studentenjahre, an das Bambusgehölz, d. h. an seine *I Ging*-Studien mit dem Älteren Bruder. Der Bambus im Garten von Montagnola erweckt auch in einem der letzten Hesse-Gedichte den dringlichen Wunsch: »(...) Weg zu fliegen, weg zu fallen,/Ins Unendliche zu reisen«, von Ninon Hesse ahnungsvoll als »Sehnsucht nach dem Tod« aufgefaßt.[15] Im Vergleich mit der vormaligen Wanderung vom Stift Mariafels, wo ihn Pater Jakobus (Burckhardts »Weltgeschichtliche Betrachtungen«) auf sein neues Erwachen vorbereitet, wieder zurück nach Kastalien, geht es diesmal in die umgekehrte Richtung, als ob sich vermutlich bald schon der Kreis seines Lebens schlösse. Die Rückbesinnung kommt ihm nicht mehr so vor wie früher: als eine »Schau des sehr Fernen, Anderen, vom Heute und Alltag Verschiedenen«, sondern »es war die heutige Reise der damaligen, der heutige Josef Knecht dem von damals brüderlich ähnlich, es konnte alles Gewesene wiederkehren und noch viel Neues dazu«. Seine Panoramaschau erinnert an die momentane Vision eines Fallenden, der aber gleichzeitig weiß, daß er nicht eigentlich in den Tod, vielmehr zurück zum Ursprung, zur Mutter und in den Kreislauf der Gestaltungen, vielleicht neuer, noch unbekannter, fällt und aufgehoben wird.[16]

»Er stand ganz dem Gefühl von Entspannung und Freiheit offen, das ihn erfüllte wie einen Bauer nach getanem Tagewerk das Feierabendgefühl.« Unterwegs fällt ihm der Tod der »Exzellenz«, seines Vorgängers Thomas von der Trave, ein[17], und auch Knecht scheint die Heiterkeit der Musik – Musik und Heiterkeit werden im Chinesischen durch dasselbe Ideogramm begriffen –, wie er sie einst am Beispiel des Alt-Musikmeisters kurz vor dessen Tod als Zeichen höchster Vollendung im Geistigen und

Menschlichen verehrt – jetzt erreicht zu haben. (An beide Vorgänger und Vorbilder erinnerte sich auch Meister Alexander, nachdem er Knecht zum letzten Mal gesehen hatte.) »Ganz Bild, ganz Gegenwart, ohne Forderung, ohne Gestern und Morgen dahinwandernd und eines der Marschlieder hinsummend, die sie einst als kleine Schüler drei- und vierstimmig gesungen«, kommen dem »Zufriedenen« aus der »heiteren Morgenfrühe seines Lebens kleine helle Erinnerungen und Klänge herübergezogen wie Vogelgezwitscher« – wobei Vögel in Hesses Dichtung häufig Vorboten des Todes oder der in solcher Gestalt vielleicht weiterlebenden Seele bedeuten, wie in der altägyptischen und griechisch-religiösen Tradition.[18]

Das Gedicht »Stufen«, das nach Meinung des Tegularius auch mit »Wesen der Musik« hätte überschrieben sein können, wird nun durch den flötenspielenden Knecht selbst verkörpert. Damit treten zu den geistig-musischen auch deutlich mythisch-pikareske Züge, die Knecht als einen flötenspielenden, göttlich-heiteren Pan erscheinen lassen, vorübergehend wenigstens, denn eine betont christlich-religiöse Note wird angeschlagen, als er gleich darauf einen »zur Stunde wohl passenden« (Kirchen-)Gesang rezitiert und spielt: Paul Gerhardts »Die güldne Sonne« – ein Morgenlied, das beziehungsvoll auf den Sonnenaufgang bei seinem Tode vorausweist. Könnte er nicht wirklich schon sehr nahe sein? Denn während Knecht so zeitlos und eins mit sich selbst dahinzieht, verkörpert er das Bild eines abgerundeten, harmonisch erfüllten Lebens, das keiner weiteren Fortsetzung mehr bedarf, zumindest nicht in der bisherigen Weise. Jener ›Zauber‹, der jedem Anfang innewohnen soll, ist er nicht das »Transzendente«, das den Beginn jedes neuen Lebensabschnittes begleitet? Das verstärkte Auftreten magisch-symbolischer Elemente, besonders auch im Legendenkapitel, bezeugt es; denn das Magische gehört ohnehin zum Wesen des Legendären[19], wenn man darunter die nur in seltenen Augenblicken erlebte Übereinstimmung von Außen und Innen, von räumlichen und zeitlichen Aspekten versteht.[20]

»Unter einem Kirschbaum mit schon ins Purpurne spielendem Laub machte er halt.« Ein Baum – für Hesse Symbol für die Aufgabe »im ausgeprägt Einmaligen das Ewige zu gestalten« (vgl. »Wanderung«) aber auch Mahnung an den Tod (wie der ›splittrig geknickte Ast‹ im letzten Gedicht); das Purpurne als Mischung aus hellen und dunklen Farben (im Symboldenken der Romantiker, wie Ludwig Tieck, vorwiegend der Abendseite zugeordnet[21]); die Anspielung auf den allmählichen Übergang von der höchsten Reife in die Jahreszeit des Welkens und Sterbens, wiederholt in der Beschreibung von Knechts Fahrt »durch den frischen Septembermorgen (...) aus dem zuendegehenden Sommer mehr und mehr in den Herbst hinein« – das alles sind Andeutungen, die nur demjenigen Leser entgehen können, der keinen Blick hat für die klare, an die Oberfläche gerückte Tiefe, wodurch sich Inhalt und Form gerade dieses Schlußkapitels so besonders auszeichnen. Denn hier ist jedes einzelne Wort untrennbar mit dem Ganzen, der verdichtenden Idee, verflochten: Knechts Abschied und sein Neubeginn.

Vorerst aber hat es den Anschein, als ob alle Sorge nicht dem Ergehen des Magisters, sondern seinem künftigen Schüler zu gelten habe. Dieser ist bei der Ankunft seines Lehrers aus dem Elternhaus verschwunden. Besonders Designori erregt das Mißfallen seines Freundes, weshalb dieser ihn von seiner Ungeduld und der nervösen Aufgeregtheit mit Atemübungen und ironisch-herzlichem Zuspruch zu befreien versucht: »Plinio, (...) du machst ein Gesicht, als hätte man dir deinen Sohn tot ins Haus getragen. Er ist kein kleines Kind mehr und wird weder unter einen Wagen geraten sein noch Tollkirschen gegessen haben. Also fasse dich, Lieber.« Knecht scheint Tito besser zu kennen und vor allem für ›erwachsener‹ zu halten als sein eigener Vater. Zurecht erweist sich noch am selben Tag die Sorge um Tito als unnötig: er ist nur nach Belpunt (Designoris Landsitz am Bergsee) vorausgereist – ein vor-sichtiger Hinweis auf die nun zunehmende Verlagerung der Initiative auf die Seite des Jungen, Lebensvolleren, Weiterführenden.

Was folgt, ist wie das Ritardando vor einer Schlußkadenz. Die Handlung konzentriert sich wiederum mehr auf den Magister, der nach der Ankunft in Belpunt und der Wiederbegegnung mit seinem Zögling »merkwürdig ermüdet und erschöpft« ist. Einem »ungewohnten Bedürfnis nachgebend«, legt er sich vor Tisch noch ein wenig auf das Ruhebett. Aber während er den Abend mit seinem Schüler verplaudert und sich dessen Sammlung von (Berg-)Blumen und Schmetterlingen zeigen läßt (diesen hier so unauffällig genannten Kardinalsymbolen der Vergänglichkeit und Wandlung nicht nur in Hesses Dichtung), nimmt diese Müdigkeit noch zu. Mit äußerster Selbstbeherrschung versucht Knecht, Tito nichts davon merken zu lassen. Wieder allein in seinem Zimmer, möchte er in Ruhe »dieser Leere, diesem Unwohlsein, bangen Schwindelgefühl« und dieser (das Stichwort fällt:) *Todesmüdigkeit* Herr werden, indem er ihre Ursache erkennt. Wie er glaubt, liegt sie nur in den Anstrengungen der Reise und dem schlecht vertragenen Höhenunterschied. So geht er, geistig scheinbar beruhigt, zu Bett, verbringt aber die Nacht, ohne viel Schlaf zu finden, teils (wie kurz zuvor Titos Vater) mit »Versuchen zur Beruhigung des Herzschlags und der erregten Nerven«, vor allem aber, prospektiv verstanden, mit der geistigen Niederschrift seines Testamentes. Dabei gedenkt er »etwas zu heilen und wiedergutzumachen«, eine »Schuld« abzutragen, indem er Tito gründlicher als seinen Vater auf die Konflikte vorbereitet, welche im praktischen Leben aus der unzureichenden Integration der Geist- und Naturwelt resultieren. Knecht ist sich bewußt, daß sein unmittelbarer Einfluß unter Umständen sogar zu einem umgekehrten ›Rückschlag‹ führen könnte, insofern es Tito künftig nicht wie seinen Vater in die ›Welt‹, sondern nach Kastalien zöge, welches er selbst glücklich überwunden zu haben glaubt. Seine pädagogische Chance scheint ihm vielmehr darin zu bestehen, dadurch daß er seinen Schüler möglichst bald wieder verläßt, seine ›reale‹ Wirksamkeit in eine ›ideale‹ umzuwandeln, und sei es notfalls auch durch einen unwiderruflichen Abschied. Ist es nicht diese Ahnung, die dem weiteren Geschehen zugrunde liegt?

III

Früh am Morgen steht Knecht auf und tritt, nur mit einem leichten »Schlafkleid« (!) und dem »Bademantel« bekleidet, an das Ufer des »unbewegten« Bergsees. Spannung erfüllt die äußere Welt ebenso wie Knecht selbst, der »aufmerksam und ernst gestimmt« das Bild betrachtet, dessen »Stille und Schönheit« er als »unvertraut und dennoch ihn angehend« empfindet, als sei er in der ihm wahlverwandten Sils-Maria-Landschaft des Geistes, aber auch an einer Grenze zu Unbekanntem angekommen. Offensichtlich bereit, sie zu überschreiten (wenn auch zögernd wie jeder Mensch, der, ob er es wahrhaben möchte oder nicht, mitten im Leben vom Tode erfaßt wird), scheint er jetzt nur noch auf eine Wiederholung des Rufes zu warten, dem er bis hierher so treulich Folge geleistet. Knechts Verhalten wird immer passiver und empfänglicher für die ihn bannende Macht: den jungen Tito, der eine, der Gestalt des Tadzio in Thomas Manns Erzählung *Der Tod in Venedig* vergleichbare, Bedeutung für ihn annimmt, wenn auch nur von ferne und hier in der Tat nur sehr »zart homoerotisch«.[22] Die Faszination, die von dem »menschlichen Vorgang vor seinen Augen« ausgeht, läßt Tito um eine Stufe höher als die »Reden und Verse des jungen Plinio«, aber auch »fremder, unangreifbarer, dem Anruf unerreichbarer erscheinen«. In Plinio Designoris Sohn steht Knecht nun einer anderen Generation gegenüber, die ihm zunächst, allein aufgrund des Alters- und Erfahrungsunterschiedes, fremd vorkommen *muß*. Trotzdem hat Tito vieles mit Knecht gemeinsam. Wie der Ältere die geistigen, so »umfaßt« der Junge die natürlichen Elemente, erweist ihnen seine Huldigung, indem er wie ein heidnischer Priester sein Sonnenbegrüßungsritual »feiert« und »zelebriert« – beides Ausdrücke, die auch das Glasperlenspiel selbst charakterisieren. Mehr noch: Tito, so heißt es, bringt im Tanz nicht nur »der Sonne und den Göttern« seine »fromme Seele« dar, sondern nicht minder dem »Bewunderten und Gefürchteten, dem Weisen und Musiker, dem aus geheimnisvollen Bezirken kommenden Meister des magischen Spieles, seinem künftigen (!) Erzieher und Freunde«, dessen »Adel, Vornehmheit und Herrentum« ihn vor allem andern anziehen. Es scheint, als werde sich Tito hier des Alters- und besonderen Rangunterschiedes bewußt und bereite sich wieder auf die überlegene Führung des Lehrers vor. Nicht so Knecht, der seinen Schüler mit dem »alterslos maskenstrengen Gesicht« während des Tanzes »vollwertig als seinesgleichen« anerkennt.[23]

Was sich nunmehr erfüllen wird, ist jenes Orakel, wie es vordem der Ältere Bruder durch das »Buch der Wandlungen« verkündete, als von Knechts Zukunft die Rede war.[24] Sie steht im Zeichen Mong. Es trägt den Namen »Jugendtorheit«. Oben der Berg, unten das Wasser. Das Urteil lautet: »Jugendtorheit hat Gelingen.« Mit andern Worten: das Zeichen Mong, vieldeutig an sich, antizipiert hier zunächst ›magisch‹ genau die äußeren, natürlichen Umstände zum Zeitpunkt der beginnenden Schlußkadenz; sodann aber charakterisiert es treffend auch die innere, geistige Situation, die folgende Handlungsweise von Schüler *und* Meister: Knecht, die Warnungen seines Gefühls von »Unsicherheit und Schwäche« in den Wind schlagend, folgt mutwillig der

Aufforderung des Jungen zum Wettschwimmen. Falsch wäre es, verstünde man den Begriff »Jugendtorheit« in bezug auf den Älteren einseitig negativ. Erinnert Knecht hier doch an Parzival, der schließlich auch erst mancher (und nicht nur Jugend-)Torheit zufolge das ihm gemäße Lebensziel erreichte. Und selbst wenn es diesmal wirklich das Endziel wäre –: hat der Dichter nicht auch schon (und gerade) dem *jungen* Knecht die Verse zugeschrieben: »Es wird vielleicht auch noch die Todesstunde / Uns neuen Räumen jung entgegensenden«? Vielleicht... Das ist die metaphysische Frage des sich nun vollziehenden ›existentiellen Aktes‹[25]: Josef Knechts Absprung, kurzes Wiederauftauchen und ›Untergang‹ im See.

Betrachtet man diese Szene losgelöst vom vorangegangenen Geschehen, die sich erst durch bewußte Wahrnehmung der scheinbar vordergründig-einfachen, in Wirklichkeit jedoch gerade gegen Ende zunehmend verdichteten Leitmotivik und Symbolik erschließt, so könnte man allerdings zu dem Schluß gelangen, es handele sich hier um einen ›schwach‹ und ›nicht überzeugend motivierten‹[26] aber offensichtlich unerwarteten Tod – Grund genug, um besonders bei jungen Lesern »tiefes Erschrecken« auszulösen.[27] Sieht man zudem Knechts impulsives Handeln im Zusammenhang mit jener magischen Faszination, die ihn in wachsendem Maße bis zu seinem Sprung ergriff, dann versteht man auch besser, warum der ›hermetische‹ Anruf stärker als die Warnung, der Wille zum Gehorchen stärker als der (hier wohl besonders auf die Rettung des Körpers bedachte) Instinkt war. Befremden sollte die Tatsache, daß Knecht ausgerechnet den Tod in einem Bergsee findet, auch nur jemanden, dem nicht bekannt ist, wie ähnlich zahlreiche Haupt- und Nebengestalten vom Früh- bis ins Spätwerk Hesses enden; man denke nur an Peter Camenzinds Freund Richard, Helene Lampart aus der *Marmorsäge*, Hans Giebenrath, Klein und Wagner. Die symbolische Beziehung zwischen Wasser- und Totenkult läßt sich außerdem bis tief in die altindische, ägyptische, griechische Religion und Mythologie nachweisen. Hesses spezielle Vorliebe für *Sor Acqua*[28] bezeugt neben der vielbesungenen, wenn auch namentlich kaum je erwähnten Nagold (dem Flüßchen, das durch seine Geburtsstadt Calw führt), der langjährige Wohnsitz des Dichters am Bodensee und am Lago di Lugano. Jedoch sollte man im Falle Knechts mit einer *Magna-Mater*-Deutung des Wassers bedachtsam umgehen, zeigt sich doch nirgends im Glasperlenspiel die Suche nach der Mutter als ein Lebensproblem, wie es Goldmund zu lösen aufgegeben war.[29] Knechts Tod wird, liest man den Text exakt, sogar ausdrücklich als ein Untergang sowohl im Wasser als auch im Feuer dargestellt, denn das Gletscherwasser war zwar »eiskalt«, empfing den Meister aber zugleich »mit lodernden Flammen und aufwallendem Brennen«. Seine Rückkehr durch den Tod zu den Elementen oder in die ›reine Form‹ (wie sich Hesse einmal über den Todesvorgang äußerte[30]) ist als Wandlung seiner selbst zu begreifen, über die rational nichts Eindeutiges ausgesagt werden kann. Bezeugt Hesse doch auch im Hinblick auf Knecht: »Ich habe tatsächlich an Fortleben oder Neubeginn nach dem Tode gedacht, wenn ich auch keineswegs kraß und materiell an Reinkarnationen glaube.«[31] Unaufdringlich-symbolisch weist auf diesen Neubeginn auch der Umstand hin, daß Knecht nicht etwa am Abend oder in der Nacht, auch nicht während der Dämmerung im See versinkt, sondern im strahlenden Licht der aufgehenden Morgensonne, also zu Beginn eines neuen, verheißungsvollen, noch alle Möglichkeiten der Entwicklung in sich enthaltenden Tages.

IV

Für Hesse selbst ist die zentrale Deutung von Knechts Tod die des Opfers – eines Opfers, das er sogar »tapfer und freudig« erfülle.[32] So sehr diese Selbstinterpretation respektiert werden sollte, vermögen sich ihr doch einige Kritiker nicht ohne weiteres anzuschließen. Es liegt dies hauptsächlich daran, daß zwar auch in vorangegangenen Dichtungen Hesses das Motiv des Opfertodes vorkommt, der Wert eines solchen jedoch wiederholt in Frage gestellt wird. Und was wäre ein im voraus als wertlos erkanntes Opfer anderes als eine egozentrische Kurzschluß-Handlung? Da ist beispielsweise Hannes, der Prophet und Märtyrer, welcher aus Verzweiflung darüber, seinem Volke in der Not nicht die erwartete Hilfe bringen zu können, sich (Christus ähnlich) als angeblich von Gott selbst ausersehenes Opfer der Welt anbietet und am Ende »lautlos« der Wut der enttäuschten Menge erliegt. Heißt es aber am Schluß nicht zweideutig: »Er (...) endete sein Leben mit einer Lüge, die dennoch Wahrheit war«?[33] Eine klarere, wenngleich skeptischere Antwort (von der aus um so berechtigter Rückschlüsse auf das Verhältnis Knechts zu Tito gezogen werden dürfen, da es sich hier um eine Vater-Sohn-Beziehung handelt) gibt Vasudeva dem Siddhartha in seiner Verzweiflung darüber, daß die Erziehung seines Sohnes fehlgeschlagen sei: »Aber auch wenn du zehnmal für ihn stürbest, würdest du ihm doch nicht den kleinsten Teil seines Schicksals abnehmen können.«[34] Nicht ausdrücklich als Opfertod, aber durchaus so interpretierbar, ist das Schicksal von Meister Niklas, der sich an seiner Tochter zu Tode pflegt. War sie es wirklich wert? Dem Goldmund jedenfalls erscheint sie bei ihrem späteren Wiedersehen weder äußerlich noch innerlich als schönes, begehrenswertes Mädchen mehr, sondern als grätige alte Jungfer, während ihr Vater, der große Künstler, viel zu früh dahingehen mußte. Mußte?[35] Und um noch ein letztes Gegenbeispiel zu nennen: im Gedicht *Der Künstler* spricht es Hesse unverhohlen aus: »Keiner weiß, daß dieser frohe Kranz, / Den die Welt mir lachend drückt ins Haar, / Meines Lebens Kraft verschlang und Glanz, / Ach, und daß das Opfer unnütz war.«[36]

Doch nicht nur in Hesses früheren Dichtungen, sondern im *Glasperlenspiel* selbst ist an mehreren Stellen die Rede von einem Opfertod. Zunächst heißt es von Bertram, dem Stellvertreter oder »Schatten« des Magisters Thomas von der Trave, er habe sich (nach dem Heimgang seines Meisters) »wie zum Mitsterben verurteilt«, dem *Ludus solemnis* als seiner letzten und feierlichsten Amtshandlung »zum Opfer gebracht«. Der Nachdruck liegt hier auf dem Opfer als geistigem Vollzug. Sein ›natürlicher‹ Tod erscheint lediglich als äußere Konsequenz der inneren Prämisse und interessiert nicht weiter: Bertram, so heißt es beiläufig, kehrte von einem Ausflug in die Berge nicht mehr zurück, und nach einer Weile »wurde erzählt«, er sei an einer Steilwand »zu Tode gestürzt (...) Weiter wurde nicht darüber gesprochen.« Diese Episode mutet wie eine Vorwegnahme von Knechts legendärem (›es wurde erzählt‹!) – Tod im Anblick der Berge an; auch Bertrams Schuldgefühl scheint dem von Knecht verwandt zu sein, hier freilich weit mehr einer Sache als einem einzelnen Menschen gegenüber.

Andere Interpreten, darunter Martin Buber, betonen stärker die Behandlung der Opfertodidee in den fingierten Lebensläufen Knechts. Wie bei diesem, so trägt auch am Tod des Regenmachers ein Schüler gewisse Schuld. Sodann scheinen die Gedanken des Regenmachers über Sterben und Wiedergeburt, auf jenes

Gespräch des Ludi Magister Knecht mit Tito voraus- und zurückzuweisen. Ein wichtiger Unterschied besteht allerdings darin, daß sich der Regenmacher mehr (wie der Prophet Hannes) für den (Aber-)Glauben eines ganzen Volkes opfert, während es der Glasperlenspielmeister mehr für das Individuum tut. Der Beichtvater stirbt weder für eine Idee noch für einen Menschen, sondern einfach an Altersschwäche. Doch bittet er seinen Famulus, ihm einen Feigenbaum aufs Grab zu pflanzen – einen Lebensbaum also, der, wie Knechts mit dem Tode bezahlte Hingabe zur Sache, unabsehbares Wachstum und Fruchttragen verheißt. Im *Indischen Lebenslauf* bleibt der Yogameister am Leben. Im Mittelpunkt aber steht die künftige Entwicklung seines Schülers.

Die Legende endet keineswegs mit Knechts Versinken im Bergsee. Es folgt ein Nachspiel, in dem die vielleicht wichtigsten Aufschlüsse gegeben werden über das, was der Tod seines Lehrers für Tito, den Repräsentanten der Nachwelt, bedeutet. Zum besseren Verständnis dieser Coda haben wiederum Studien beigetragen, die sich mit Knechts »hinterlassenen Schriften«, besonders mit dem erst postum veröffentlichten *Vierten Lebenslauf*, befaßten.[37] Dieser handelt von Knechts Inkarnation als unbefriedigter schwäbischer Theologe im 18. Jahrhundert, der noch in vorgerückten Jahren und erst kurz nach dem Tode des Meisters selbst mit den (Orgel-)Werken Johann Sebastian Bachs bekannt wird. Sie scheinen seine Sehnsucht nach Harmonie und dem »Dienst am Vollkommenen« in hohem Maße zu erfüllen. »Er resigniert als stiller Organist.«[38]

Die Lebensläufe spiegeln in betont lyrischer Prosa Hesse-Knechts Gedanken über intellektuelle Verantwortung wider. Der Gedanke des Dienens – Zentralthema aller vier Autobiographien – wird ausgedrückt durch den auf Deutsch, Latein, Sanskrit das Gleiche bedeutenden Namen: *Knecht* (Ludi Magister, Regenmacher, Organist); *Famulus* (›Gehilfe‹ des Beichtvaters) sowie *Dasa* (angehender Yogin), wobei der gemeinsame ›Familienname‹ auch im Sinne von ›Knecht Ruprecht‹ auf ›edle Gefolgschaftstreue‹ anspielt, der Vorname ›Josef‹ auf die biblisch begründete Auserlesenheit seines Trägers. Am Ende jedes Lebenslaufs findet Knecht jeweils einen Nachfolger. Dies gilt besonders für den Schluß der *Legende*, wonach das durch den Tod erst transparent gewordene Wesen des Ludi Magister auf Tito einen so überwältigenden Eindruck macht, daß er in einem Augenblick mehr ›gelernt‹ zu haben scheint als in jahrelanger, zweifelhafter Erziehungsarbeit.[39] Dies bezeugen treffend seine Gedanken über Liebe, Sorge und Mitschuld, vornehmlich auch die »Ahnung«, für sein eigenes Leben künftig mehr verantwortlich zu sein – ein Erwachsenserlebnis zu sich selbst, von dem nach außen hin ›Gestorbenen‹ auf den Neubeginnenden übertragen. Es wird symbolisch dadurch vollendet, daß Tito den am Ufer zurückgelassenen Mantel Josef Knechts aufhebt, sich selbst damit abtrocknet und wärmt.[40]

Nirgends im Text dieser Coda findet sich ein Wort über die Auffindung von Knechts Leiche. Wir sehen zuletzt nur, wie Tito nach dem Versunkenen sucht – jenem ›Versunkenen‹, der so merkwürdig an den weltentrückten »heiligen Mann« erinnert, vor dem der junge Dasa in Ehrfurcht steht. Wie nach dem Sprung des Empedokles in den Ätna sein Lieblingsschüler nurmehr die eisernen Schuhe des Meisters, die der Feuerauswurf aus dem Abgrund zurückgeschleudert hatte, wiedererkennt, so erscheint Knecht am Ende als wahrhaft legendäre, gleichsam restlos wieder in die Natur eingegangene Geist-Gestalt.[41] Nicht mit dem Abschluß – mit dem Neubeginn eines aktiv pädagogischen Prozesses von unabsehbarer Tragweite endet die *Lebensbeschreibung* des Magister Ludi Josef Knecht (samt Knechts hinterlassenen Schriften).

V

Dennoch – und sonst wäre sie nicht Vermächtnis einer rational nie völlig auslotbaren Dichtung – läßt die Schlußkadenz des *Glasperlenspiels*, so ›plausibel‹ sie nach den bisherigen Darlegungen erscheinen mag, nach wie vor zahlreiche Fragen offen. So wurden zwar die Lebensläufe recht eingehend auf ihre Verbindung zum Problem von Knechts Tod hin untersucht, kaum jedoch die unseres Erachtens nicht weniger signifikante Gedankenlyrik. Wie oben bereits erwähnt, nimmt das Gedicht *Stufen* eine Schlüsselstellung innerhalb des Legendenkapitels ein, was indessen keineswegs die funktionelle Bedeutung der weiteren zwölf Gedichte in der sprachkünstlerischen sowie ideellen Einheit dieser Dichtung vermindert. So werden in nurmehr drei Gedichten (*Doch heimlich dürsten wir, Buchstaben, Der letzte Glasperlenspieler*) Vergänglichkeit, Tod, Nichtmehrsein auch höchster Geisteswerte als naturgesetzliche Folge jeglicher Existenz akzeptiert. Ausgesprochen ›agnostisch‹ endet das Gedicht *Ein Traum*, während der Autor – außer in *Stufen* – auch in *Klage, Beim Lesen in einem alten Philosophen, Dienst, Seifenblasen, Nach dem Lesen in der Summa contra Gentiles* (latent sogar in dem offenbar bewußt fragmentarisch konzipierten Gedicht *Entgegenkommen*, das ein vollkommenes Sonett sein könnte, wenn es ihm nicht an einer Zeile, der gestrichenen ›dritten Dimension‹ gebräche) auf den Unsterblichkeitsgedanken anspielt oder ihn sogar ausdrücklich hervorhebt. Rückt man *Zu einer Toccata von Bach* in die Nähe von Goethes (ebenfalls die unablässige Schöpferlust preisendem) *Wiederfinden*[42] und versteht die mandalasymbolische Ordnung des letzten Gedichtes der Reihe: *Das Glasperlenspiel* als Knechts eigentliches Credo – wirkt dann nicht auch sein Ende weniger als endgültiges Untersinken, sondern weit mehr als gezielter Fall »nach der heiligen Mitte hin«?

Auf entsprechend positive und sogar geistesgeschichtlich-politische Implikationen in der ursprünglichen Planung des Romanendes deutet der neuerliche Fund eines Hesse-Manuskriptes aus dem Jahre 1931. Demzufolge dachte der Autor daran, daß Knecht nach einem »großen Gespräch über Geist und Politik mit dem Führer der Diktatur« sich zwar weigerte, das Glasperlenspiel künftig dem Staat zu unterstellen (»damit Politik und Aktion verbunden werde«) – er willigt also in seinen ›Untergang‹ ein; doch bittet er gleichzeitig um Erlaubnis zu einem letzten Spiel, dessen Thema ist: »Kampf der unreinen streberischen Mächte gegen den reinen Geist, scheinbare Fortschritte der Macht, Politik etc., die sich aber langsam als lauter Auflösungen erweisen, und zuletzt, wo das ursprüngliche Geist-Thema sich zum Machtthema umgekehrt hat, erweist sich Alles (sic) als vom Geist verwande(lt) und durchsetzt.«[43]

Eine andere, mehr stilistische Nuance betrifft die Coda des *Glasperlenspiels* als eines ›völlig konsequenten Stücks Ironie‹.[44] Diese Bemerkung mag auf den ersten Blick befremden, erweist sich aber angesichts früherer Dichtungen Hesses als durchaus vertretbar. So könnte etwa jener Specht, der zuletzt über die verschwundene Stadt mit dem Ruf: »Es geht vorwärts!« triumphiert, treffend ironisch als Sinnbild des Mißverhältnisses zwischen der scheinbar so weit fortgeschrittenen ›Kultur‹ und der langsam, aber stetig wieder rückschreitenden ›Natur‹ verstanden werden und umgekehrt.[45] Und warum wohl erkennt Friedrich Klein erst während des Ertrinkens, daß sein Selbstmord eigentlich »nicht nötig« war? Aber auch das »Lachen der Unsterblichen« am Ende des *Steppenwolf* –: klingt hieraus nicht vielmehr Ironie als weltüberwindende Heiterkeit, wenn man dabei nicht nur an Mozart und Goethe denkt, sondern auch an das Wesen und Treiben jener »Acht Unsterblichen« aus der Überlieferung Chinas? Ähnliches gilt für die Coda des *Glasperlenspiels*, vorzüglich für Knecht, in dessen Todesakt sie – entsprechend dem romantisch-ironischen Zwiespalt zwischen der *vis logica* und *vis imaginativa* – im Zwiespalt zwischen der *vita contemplativa* und *vita activa* reflektiert wird. Versteht man unter Ironie freilich eine Attitüde der Überlegenheit und Überheblichkeit – wie Sarkasmus und Zynismus –, so ist sie mit dem Geist von Hesses *Glasperlenspiel* nicht vereinbar. An ihre Stelle sollte dann richtiger der Begriff des Humors treten, dessen Wesen in der Kraft des religiösen Erlebens liegt.[46]

Noch abzuwarten bleiben die Ergebnisse der einstweilen in der westlichen Literaturkritik nur unzureichend bekannten Durchdringung der Werke Hesses, besonders des *Glasperlenspiels*, dieses so ausgesprochen chinesisch beeinflußten Romans, von Seiten fernöstlicher Fachgelehrter.[47] Die Kenntnis der Forschungen Adrian Hsias, der bei Hesse »die bis dahin beispiellose Integration asiatischen Denkens in die abendländisch-rationale Begriffswelt« hervorhebt[48], könnten die gesamte Hessekritik auf neue Wege und vor allem zu einer Korrektur der besonders in journalistischen Kreisen noch immer vorhandenen Vorurteile führen, denen zufolge Hesses Beschäftigung mit dem Fernen Osten zu mystischer Weltflucht oder gar zu aparten Chinoiserien degradiert wird. Welche Parallelen ließen sich etwa bei einem Vergleich von Knechts Ende mit demjenigen altchinesischer Weiser feststellen, beispielsweise bei dem Gelehrten und Staatsmann Chu Yuan, der dem König von Chu in der Zeit der kriegführenden Staaten (403-221 v. Chr.) diente, dann in der Verbannung das Leben eines Eremiten und hervorragenden Dichters durchhielt, bis er sich schließlich, bei einem Anfall von Entmutigung, in den Milo-Fluß der Provinz Hunan warf?[49] Hesses profunde Kenntnis und Wertschätzung des Taoismus legt außerdem eine grundsätzlich veränderte Einstellung zum christlich beeinflußten Todesbegriff nahe, mit dem er aufgewachsen war. Während westliche Denker – zumindest vor Martin Heidegger – die Idee des Nichtseins in der Regel als ›Nihilismus‹ skandalisierten, akzeptiert sie der chinesische Taoist von jeher als ebenso selbstverständliche Ergänzung zum Sein an sich.[50] Denn entfällt das Angstmoment vor dem Nichtsein, gibt es auch keinen Tod im metaphysischen Sinne.

Es spielt keine Rolle, welcher Erklärung über den eigentlichen Text hinaus man nach alledem den Vorzug geben mag –: »Schließlich ist es gar nicht so wichtig, ob Sie (...) mit dem Verstand diesen Tod Knechts begreifen und billigen. Er hat in Ihnen, so wie er es in Tito getan hat, einen Stachel hinterlassen, eine nicht ganz zu vergessende Mahnung, er hat eine geistige Sehnsucht (...) in Ihnen geweckt oder bestärkt, welche weiter wirken wird, auch wenn die Zeit kommt, wo Sie mein Buch (...) vergessen haben werden.«[51]   (1973)

Anmerkungen

1 Vgl. den von HH. ausdrücklich ›autorisierten‹ Aufsatz von Georg Ehrhart: »Der Tod des Glasperlenspielers«, in: *Frankfurter Allgemeine Zeitung*, Nr. 969, v. 25. 7. 1955.
2 Siehe die Zusammenstellung verschiedener literaturkritischer Aussagen innerhalb der deutschen und angelsächsichen Hesseforschung bei Janiece E. Fusaro: *HH.'s Das Glasperlenspiel*. A Study. Dissertation, Universität von Minnesota 1969, S. 257-263.
3 Zitiert aus dem Antwortbrief HH.s auf die Frage: Warum kommen im Glasperlenspiel keine Frauen vor? In: HH.: *Gesammelte Werke in zwölf Bänden* (werkausgabe edition suhrkamp, im Folgenden abgekürzt: WA), Frankfurt/M. 1970, Bd. XI, S. 92.
4 Wie Dietrich Klaus Ansorge in seiner Diss.: *Die Versuche der Zeitüberwindung in der Dichtung HH.s* (Univ. Münster 1959, S. 6) jene Hessekritiker nennt, »die die Bedeutung und Besonderheit ihrer Worte durch eine bedachtsame Umschau nicht verantwortlich zu fassen vermochten«, so daß das Hessebild »in das Zirkusrund fataler Beleuchtungseffekte geriet«.
5 Hierfür beispielhaft der Aufsatz von Kenneth Negus: »On the Death of Josef Knecht in HH.'s ›Glasperlenspiel‹«. In: *Monatshefte für den deutschen Unterricht* (= *MdU*); Madison, Wisconsin 1961, 53, H. 4, S. 181-189.
6 Siehe den Faksimile-Druck in: *HH. Eine Chronik in Bildern*, hgg. v. Bernhard Zeller; Ffm. (Suhrkamp) 1960, S. 171. Joseph Mileck: »Das Glasperlenspiel. Genesis. Manuscripts, and History of Publication«, in: *Hesse Companion*, hgg. v. Anna Otten; Ffm. 1970 (Suhr-

kamp), S. 189-221, bes. S. 205f. – Wie die ›Lebensläufe‹, so dürfte erst recht das Gedicht *Stufen* der Vorwurf treffen: ein junger Schüler Kastaliens ohne ›praktische‹ Lebenserfahrung hätte es nicht schreiben können. Das mag in bezug auf die meisten Schüler und Studenten sehr wohl stimmen. Doch welcher Erwachsene oder gar Literat wäre selbst heutzutage dazu imstande, einen Brief wie den des fünfzehnjährigen Hesse an seine Eltern zu verfassen? Man höre dieses erschütternd ›frühreife‹ Dokument in der kongenialen Rezitation durch Gert Westphal im Rahmen der neuesten HH.-Langspiel-Sprechplatte (Suhrkamp).

7 Die Glasperlenspiel-Zitate beziehen sich auf den Text in WA, IX.
8 WA, XI, 100.
9 Brief aus dem Jahre 1945. WA, XI, 93.
10 Martin Pfeifer: »Inhalt und Stil der Sprache HH.s«, in: *Sprachpflege;* Berlin 1957, 6, S. 82f.
11 Otto Friedrich Bollnow: »Das Glasperlenspiel HH.s«, in: *Die Sammlung;* Göttingen 1946/47, 2, S. 59.
12 So Mark Boulby: *HH. His Mind and Art.* 2. Aufl. Ithaca, New York 1970 (Cornell Univ. Press), S. 320.
13 Zit. nach HH.: *Lektüre für Minuten.* Ausgewählt u. zusammengestellt v. Volker Michels; Ffm. 1971 (Suhrkamp), S. 23.
14 Siehe im einzelnen Walter F. Otto: *Theophania.* Der Geist der altgriechischen Religion; Hamburg 1956 (Rowohlt), S. 51 (»Im bedeutenden menschlichen Tun handelt der Gott«).
15 WA, I, 152. B. Zeller: *HH. in Selbstzeugnissen und Bilddokumenten;* Reinbek 1962 (Rowohlt), S. 157.
16 Vgl. den Schluß des Märchens *Der schwere Weg.* WA, VI, 73.
17 Ob es sich hier nun um ›Zufall‹ handelt oder nicht – merkwürdig bleibt, daß Hesse selbst (wie Knecht) den Tod Thomas Manns (für den ›Thomas von der Trave‹ als Deckfigur oder vielmehr ›Huldigung‹ steht) tatsächlich um etliche Jahre überlebte.
18 Siehe Peter Baer Gontrum: *Natur- und Dingsymbolik als Ausdruck der inneren Welt HH.s.* Diss., Univ. München 1958, S. 33f.
19 Vgl. Hilde Cohn: »The Symbolic End of HH.'s ›Glasperlenspiel‹«, in: *Modern Language Quarterly;* Seattle, Washington 1950, Vol. 11, S. 353.
20 HH.: *Außen und Innen.* WA, IV, 386.
21 WA, I, 155. Siehe hierzu auch die feinsinnigen Bemerkungen zur Farbsymbolik romantischer Dichter bei Ricarda Huch: *Die Romantik.* Ausbreitung, Blütezeit und Verfall; Tübingen 1951 (Rainer Wunderlich), S. 92f.
22 Wie Thomas Mann den ganzen Schluß, Knechts Tod, überhaupt verstanden wissen möchte. Th. Mann: *Die Entstehung des Doktor Faustus;* Ffm. 1949 (Fischer), S. 69. Vgl. auch Th. Mann: »Der Tod in

Venedig«, in: Th. Mann: *Sämtliche Erzählungen*; Ffm. 1963 (Fischer), bes. S. 419 f.

23 Knecht geht darum wohl kaum »im Dienst an einem Jüngling zugrunde«, der »sich noch nicht bewährt hat und dessen tieferes Wesen noch im Schlafe lag«, wie Oskar Seidlin in seinem Aufsatz behauptet: »HH.s ›Glasperlenspiel‹«. *The Germanic Review*; New York 1948, 23, S. 269.

24 Vgl. J. C. Middleton: »An Enigma Transfigured in HH.'s ›Glasperlenspiel‹«, in: *German Life and Letters*; Oxford 1956/57, X, S. 298 bis 302.

25 Als welchen Theodore Ziolkowski Knechts Tod bezeichnet. Vgl. Th. Ziolkowski: *The Novels of HH*. A Study in Theme and Structure; New Jersey 1965 (Princeton Univ. Press), S. 333-338.

26 So J. Mileck: »HH.'s Glasperlenspiel«, in: *University of California Publications in Modern Philology*; Berkeley 1952, 36, S. 258.

27 Siehe »Ein Briefwechsel« (zwischen HH. u. Lore S.), in: *Die Neue Rundschau*; Berlin 1948, 59, S. 244.

28 Vgl. das gleichnamige Prosastück Hesses, postum veröffentlicht in: HH.: *Prosa aus dem Nachlaß*, hgg. v. Ninon Hesse; Ffm. 1965 (Suhrkamp), S. 161-178.

29 Ich kann darum den Ausführungen Eugen Bärhausens (*Der Dualismus von Geist und Sinnlichkeit in HH.s Werk*, Diss., Freie Univ. Berlin 1952, S. 143) ebensowenig beistimmen wie M. Boulby: *HH. His Mind and Art*, a.a.O., S. 321.

30 Nach Miguel Serrano: *C. G. Jung and HH*. A Record of Two Friendships; New York 1966 (Schocken), S. 22.

31 WA, XI, 100.

32 WA, XI, 93. HH.: *Briefe*. Erweiterte Ausgabe; Ffm. 1965 (Suhrkamp), S. 208. Für die Mitteilung der folgenden Belegstellen des Opfertodgedankens bin ich Volker Michels zu Dank verpflichtet: Briefe HH.s v. Jan. 1944 an Bruno Hesse; ca. 1947 an Richard Baumgart; April 1950 an Herbert Schulz; Aug. 1955 an Josef Mühlberger u. Frau Dr. R. Koltz.

33 WA, IV, 253.

34 WA, V, 447.

35 WA, VIII, 236-240.

36 HH.: *Gesammelte Dichtungen in sieben Bänden*; Ffm. 1957 (Suhrkamp), Bd. 5, S. 585.

37 Siehe im einzelnen Inge D. Halpert: »Wilhelm Meister und Josef Knecht«, in: *The German Quarterly* (= *GQ*); Appleton, Wisc. 1961, 34, S. 11-20, bes. S. 11 f. Sidney M. Johnson: »The Autobiographies in HH.'s Glasperlenspiel«, in: *GQ*, 1956, 29, S. 160-171. M. Boulby: »Der vierte Lebenslauf as a Key to Das Glasperlenspiel«, in: *The Modern Language Review*; London/New York 1966, 61, S. 635-646.

38 Zwei (fragmentarische) Fassungen von *Der vierte Lebenslauf* in HH.: *Prosa aus dem Nachlaß*, a.a.O., S. 443-593. Siehe hierzu auch die »Anmerkungen der Herausgeberin«, ebd., S. 603 f.
39 Vgl. Laurentius Freyberger: »HH.s ›Glasperlenspiel‹ – ein Bekenntnis zum Geist«, in: *Hochland*; München 1946/47, 39, S. 367.
40 Siehe Walter Neumann: »The Individual and Society in the Works of HH.«, in: *MdU*, 1949, XLI, S. 34.
41 Siehe A. Leslie Willson: »Hesse's Veil of Isis«, in: *MdU,* 1963, LV, S. 321.
42 Siehe im einzelnen Donald H. Crosby: »Goethe's ›Wiederfinden‹ and Hesse's ›Zu einer Toccata von Bach‹«, in: *GQ*, 1966, XXXIV, S. 340-347.
43 Ausgewertet u. veröffentlicht v. Roger C. Norton: »Variant Endings of HH.'s ›Glasperlenspiel‹«, in: *MdU*, 1968, LX, S. 141-146, Zit. ebd., S. 143. Der spezifisch ›politische‹ Aspekt von Hesses früheren Plänen zum Gps. wird auch hervorgehoben v. George W. Field: »On the Genesis of the ›Glasperlenspiel‹«, in: *GQ*, 1968, 41, S. 673-688.
44 Siehe M. Boulby: *HH. His Mind and Art*, a.a.O., S. 320.
45 Vgl. *Die Stadt*. WA, VI, 412-418, bes. S. 418.
46 Vgl. Philipp Lersch: *Der Aufbau der Person*; München 1956 (J. A. Barth), S. 301.
47 HH. selbst schreibt in einem Brief von Anfang Jan. 1944 an Emil Staiger, es wären »viele Geister« (eigentlich alle, die ihn erzogen) bei der Arbeit am Gps. um ihn gewesen, »und darunter sind so menschlich einfache, so allem Pathos und Humbug ferne wie die der chinesischen Weisen, der historischen wie der legendären.« HH.: *Briefe*. Erw. Ausgabe, a.a.O., S. 205. Siehe hierzu auch die so übersichtlich und konzentriert zusammengerückten Ausführungen Hesses über den Fernen Osten in HH.: *Mein Glaube*. Eine Dokumentation. Auswahl u. Nachwort v. Siegfried Unseld; Ffm. 1972 (Suhrkamp), S. 30-55.
48 Laut Vorbesprechung des demnächst im Suhrkamp Verlag erscheinenden Buches von Adrian Hsia: *HH. und China*.
49 Ich verdanke diesen Hinweis meinem Kollegen, Prof. Ho-Chin Yang.
50 Vgl. William Barrett: *Irrational Man*. A Study in Existential Philosophy: Garden City, New York 1962 (Doubleday), S. 234.
51 WA, XI, 94.

Martin Pfeifer
Der emanzipierte Kastalier

Zur Entstehung und Rezeption des »Glasperlenspiels«

Immerhin, so könnte man sich einen Gärtner vorstellen: mit Strohhut, offenem Hemd, leichter Jacke und einem Gesicht, das Spuren von Sonne und Wetter verrät. Skeptisch blicken, ein abwartend-distanziertes Verhalten ausdrückend, die Augen durch die Nickelbrille; die Züge des Mundes lassen nur einen leichten Anflug wissenden Lächelns ahnen. Das ist ein Photo aus einer Serie gleichzeitiger Aufnahmen, die Hesses jüngster Sohn Martin wohl im Jahre 1935 gemacht hat. Hesse selbst hat dieses Bild »Der Regenmacher« genannt.
Die erste Veröffentlichung dieser Photographie erfolgt 1937 an ganz besonderer Stelle, nämlich in den *Gedenkblättern*, Hesses letztem während der Zeit des Nationalsozialismus in Deutschland veröffentlichten Buch. Daß es sein letztes neues Buch im damaligen Deutschland sein werde, dafür gab es zwar hinreichende Vorzeichen, doch das entstehende *Glasperlenspiel* hoffte Hesse noch publizieren zu können. Die *Gedenkblätter* waren und blieben das einzige von ihm selbst herausgegebene Buch, das ein Photo des Verfassers enthielt. Grund dafür war nicht eine freundliche Geste des Autors, auch nicht als Kuriosität von bibliophilem Reiz war es gedacht. Auf Hesses ausdrücklichen Wunsch war es in das Buch gekommen, nicht aus Narzißmus, sondern als ein Politikum ganz besonderer Art: als wohldosierte Tarnung.
Seit November 1935 war Hesse von Will Vesper wegen seiner Berichte über neue deutsche Bücher, die er in der schwedischen Literaturzeitschrift »Bonniers Litterära Magasin« veröffentlichte, angegriffen und verleumdet worden. Vesper hat es verstanden, für die Verbreitung seiner Bezichtigungen zu sorgen; denn tatsächlich druckten deutsche Zeitungen und Zeitschriften Vespers Behauptungen nach, die in dem Vorwurf gipfelten, Hesse stehe *in jüdischem Sold*. Zunächst glaubte Hesse, diese Kampagne ignorieren zu können, da *Vesper ein trüber Literat sei, den man nicht ernst nehmen sollte*. Das änderte sich erst im Frühjahr 1936, als er immer wieder genötigt wurde, in Briefen dazu

293

Stellung zu nehmen, und schließlich seinem Verlag die erforderlichen Informationen für eine Gegendarstellung gab. Welche Überlegungen ihn bewogen, nicht im Affekt zu reagieren, zeigt ein Brief an Thomas Mann vom 25. 2. 1937: ... *ich bin fest gewillt, meinem Verlagsvertrag und meinen deutschen Lesern treu zu bleiben, solang nicht eine force majeur es verunmöglicht, keinesfalls werde ich einen Bruch provozieren. Ich halte es, wenn nicht politische Änderungen kommen, für wahrscheinlich, daß materiell mein Weiterarbeiten im Reich ziemlich bald ein Ende finden wird... Aber auch noch im Fall, daß ich materiell gezwungen würde, im Ausland zu verlegen usw., würden manche Rücksichten fortbestehen, die ich zu nehmen habe. Ich habe meine beiden Schwestern in Deutschland leben, die eine als Frau eines Pfarrers der Bekenntniskirche, der es ohnehin sehr schwer hat. Und ähnliche Bindungen sind noch viele da. Z. B. sitzt einer meiner ältesten und treusten Freunde seit einigen Wochen in Würzburg in derselben politischen Abteilung des Gefängnisses, in der Ihr Bekannter (Cuno) Fiedler saß, und es ist so gut wie sicher, daß mein Briefwechsel mit ihm seit Jahren in Händen der Gestapo ist. Im Augenblick, wo mein Name drüben Wut erregt, kann es dem Freund Mißhandlung und andere Bußen einbringen. Das ist ein höchst zarter Apparat, dessen Drähte man kaum berühren darf.*

Dieser Brief verdeutlicht mehr als nur ein Stück des zeitgeschichtlichen Kontextes während der Entstehungsjahre des *Glasperlenspiels*, er charakterisiert ein Verhalten, das in den *Gedenkblättern*, im Bild des »Regenmachers«, auch optischen Ausdruck fand: durchschauendes und nicht ohne Ironie exakt abwägendes Parieren auf den Zeitgeist durch einen Autor, der seine Leser in der entscheidenden Situation nicht im Stich zu lassen entschlossen ist, ohne doch die Machthaber des ihm feindlich gesinnten Staates mutwillig zu provozieren.

Man muß genau rekonstruieren: Nicht in den 1936 in Wien erschienenen *Stunden im Garten*, sondern in einem 1937 in Berlin veröffentlichten Band mit Betrachtungen befand sich dieses Photo. Sein Zweck war politische Tarnung. Mit diesem den Blut-und-Boden-Mythos assoziierenden Gärtnerbild konnten Angriffe wie diejenigen Will Vespers im immer »arischer« werdenden Deutschen Reich wenigstens teilweise paralysiert werden.

Verständlich, daß das Bild in den Nachkriegsausgaben der *Ge-*

denkblätter fehlte; es war dort nicht mehr nötig. Unverständlich aber, und nur mit fehlender Sachkenntnis der Initiatoren zu erklären war es, daß 21 Jahre später der »Spiegel« auf seiner Titelseite dasselbe Bild brachte, diesmal jedoch als Auftakt zu einem der deprimierendsten Dokumente deutscher Nachkriegsjournalistik.

In der Gartenlaube stand unter dem Bild, und die Schlagzeile des siebenseitigen Pamphlets wußte es noch besser: *Hermann Hesse. Im Gemüsegarten*. Natürlich ging der Artikel nicht auf die Publikationsgeschichte dieses Photos ein, statt dessen bezog der anonyme Verfasser das Titelbild auf Hesses Hexameterdichtung *Stunden im Garten* und stilisierte diese Idylle zu einer Groteske: *Die Sprache der Rotkehlchen zu verstehen* und *solcherart Kleingärtnerfreuden bilden seit mehr als fünfzig Jahren das entlegene Glück des letzten noch lebenden deutschsprachigen Nobelpreisträgers*. Statt sich politisch zu artikulieren habe er *Zwiesprache mit Mandelbäumchen und Katern* gepflegt und *solcherart spezifisch deutsches Dichten und Denken* habe ihn denn auch *von der Teilnahme am internationalen Konzert der »Weltliteratur«* ausgeschlossen. Doch hätten seine *Gesten und Gebärden der Weltabgeschiedenheit um so sicherer dazu geführt, daß ihm von eben jenem öffentlichen Kulturbetrieb gehuldigt wird; klare und direkte Äußerungen zu aktuellen Problemen der Politik zu geben hat er zeit seines Lebens abgelehnt*.

Irreführend eingebettet waren solche Passagen in sachlich teilweise richtige, zum größeren Teil aber tendenziös verfälschte Daten und Aussagen zur Biographie, gekrönt von einem Zitat Robert Musils, der, obwohl er in einem Dankbrief an Hesse vom 22. 12. 1931 geschrieben hatte: »ich bin ein großer Verehrer Ihrer Kunst« – was im »Spiegel« unerwähnt bleibt – in sein Tagebuch notierte: ... *das einzig Komische ist, daß er die Schwächen eines größeren Mannes hat, als ihm zukäme*. Hesses zahlreiche kritische Stellungnahmen zur Kultur- und Meinungsindustrie des »Feuilletonistischen Zeitalters«, seine Immunität gegenüber Schmeichelei und Polemik, seine Reizbarkeit Journalisten gegenüber, die sich seiner Nobelpreisautorität als Sprachrohr für ihre eigenen tagespolitischen Interessen bedienen wollten, mußten den Groll der Betroffenen provozieren. Der »Spiegel«-Artikel war nur eine der Entladungen solcher Ressentiments. Hinzu kam, daß sich Hesse in seinen Publikationen bewußt unpolitischer gab, als er es tatsächlich war. Denn er haßte die tendenziöse Simplifizierung, welche alles und jedes zum politischen Präzedenzfall toupiert, der den Mangel eigener Substanz kompensieren muß durch Ausweitung ins Allgemeine, womöglich politisch Grundsätzliche und bestenfalls geistreiche Bonmots statt konstruktiver Alternativen zu zeitigen pflegt. Das alles mußte die Kulturbetriebsamen verdrießen, die nicht wahrnahmen, daß Hesse zu diesem Zeitpunkt längst hinter sich und geistig bewältigt hatte, was jene politisch zum ersten Mal erlebten.

Eine Hinwendung zur Politik, wie sie bei Hesse 1906 in Ansätzen begann, sich seit 1914 bis in die zwanziger Jahre auch publizistisch vehement verstärkte und ihm in Briefen und Rezensionen bis in sein hohes Alter hinein erhalten geblieben ist, wird man in dieser Brisanz bei den meisten seiner Kollegen vergeblich suchen. Nicht zuletzt das *Glasperlenspiel* kann zu einem guten Teil als politische Konzeption verstanden werden, als Modell einer Gegenwelt praktizierter Humanität in einer Zeit der Barbarei, des Terrors und des Krieges.

Auch die von Hesse zunächst ungewollt genährte These von der Existenz einer Lesergemeinde wurde mehrfach in dem erwähnten Magazinartikel aufgegriffen. Das *Nachwort an meine Freunde* am Ende des Sonderdruckes *Krisis* scheint die Existenz einer solchen »Gemeinde« zu bestätigen und stillschweigend als etwas Selbstverständliches vorauszusetzen: *Während Ihr mir zum fünfzigsten Geburtstag gratuliert, bereite ich dies Heft Gedichte für Euch zum Druck vor ... Liebe Freunde, es ist mir an Eurem Urteil nichts gelegen. Viel aber liegt mir an Eurer Liebe. Erhaltet sie mir, auch wenn Ihr meine Verse nicht billigt.*

Damit sprach Hesse Freunde an, die ihm schrieben und ihn über seine Bücher befragten. Wenn er auch hoffte, von ihnen verstanden zu werden, eine Gemeinde war das nicht. Es gab unter den Freunden Hesses kaum Querverbindungen. 1957/58 rief ein engagierter Student in Frankfurt einen *Freundesbund für Hermann Hesse* ins Leben. Dieser Bund brachte es in seinen besten Zeiten zu einer Adressenliste mit nicht viel mehr als achtzig Namen, aber zu keiner Korrespondenz der Mitglieder untereinander. Sie waren Abnehmer einer Zeitschrift *gespräche,* die in loser Folge, maschinenschriftlich vervielfältigt, im Februar 1964 mit der Nummer 14 ihr Erscheinen einstellte, womit die Existenz dieses Freundesbundes erledigt war. Hesse stand völlig außerhalb dieses losen Bundes: *Ich wäre Ihnen nun dankbar, wenn Sie Herrn X klarmachen könnten, daß ich ihm zwar sein Spiel mit H.H. und seinen Rundbriefen nicht verderben will, daß ich aber außerhalb dieses Spiels bleiben muß. Es entsteht sonst der Eindruck, als sei ich bei dieser etwas komischen Unternehmung mittätig, als habe ich sie überhaupt veranlaßt. Darum möchte ich, daß Herr X keine Texte mehr von mir bringt.* (Brief an den Verf. vom September 1961.)

Dies also war die Wirklichkeit. Sie zerstört den behaglichen Traum jenes »Spiegel«-Journalisten vom Gemüsebeet, das eine Schar blind verehrender Gemeindemitglieder bevölkert. Welche Frustration der Abschied von diesem Mythos auch heute noch für die betroffenen Feuilletonisten sein muß, zeigt das Beispiel Marcel Reich-Ranicki, der noch vor kurzem in der ZEIT jene »Gemeinde« am liebsten mit Lederhosen ausgestattet hätte. Solche Mythen treten auf und können gezüchtet werden, wo Bilder aus ihrem Zusammenhang gelöst und partielle Äußerungen nicht in ihrem Kontext gesehen werden. Sie treten aber auch dort auf, wo nicht wahrgenommen wird, warum es Hesse gelingt, mit einfachsten Mitteln schwierige Probleme transparent zu machen, logisch und dennoch unkompliziert jene geradezu selbstverständlich erscheinende Klarheit zu erreichen, die »simpel« erscheint.

Wir waren uns doch einig, schrieb Curt Hohoff 1972 in seiner Besprechung der Hessemonographie von Heinz Stolte, *daß Hesse eigentlich ein Irrtum war, daß er zwar viel gelesen und hochverehrt wurde, aber eigentlich war der Nobelpreis, wenn man nicht an die Politik, sondern an die Literatur dachte, eher peinlich für uns. Ein Unterhaltungsschriftsteller, ein Ethiker, ein Moralist: gut! Aber aus der »höheren« Literatur hatte er sich herauskatapultiert, weil er zu simpel war.*

Spätestens seit jener »Spiegel«Geschichte gehörte es in der Bundesrepublik zum guten Ton, das Werk Hermann Hesses und diejenigen, die sich ernsthafter damit befaßten, herablassend mitleidig zu belächeln.

Daß dann unversehens ausgerechnet von diesem bereits abgeschriebenen Autor internationale Wirkungen ausgingen, wie sie beispiellos in der deutschen Literaturgeschichte dastehen, hat die Kulturmacher hierzulande vollends aus dem Konzept gebracht. Doch anstelle sorgfältiger Analyse trat wieder der Affekt. Das Phänomen wurde, wo nicht am besten überhaupt totgeschwiegen,

so doch als etwas eher Peinliches heruntergespielt. Warum und für wen peinlich braucht hier nicht untersucht zu werden.
Die Selbstkritik, dieses Grundmotiv aller Schriften Hesses, stand bei uns nie sonderlich hoch im Kurs und gilt nach wie vor als rührend utopisches Weltverbesserungsgedusel verschrobener Moralisten. Dolchstoßlegenden und Systemkritik haben sich als unverbindlich-praktikabler erwiesen.
Der Reflex Hohoffs gegenüber diesem »Autor des individuellen Katzenjammers« (wie er Hesse nach dessen Tod zu nennen pflegte), als nun aus Ländern, denen eine unvoreingenommenere Rezeption möglich war, entgegengesetzte Stimmen nicht mehr überhört werden konnten, steht hier als ein Beispiel für viele: Abwehr statt kritischer Revision bei den Senioren unserer Meinungsindustrie, die ihr »Gesicht zu wahren« hatten. Doch hat mittlerweile auch hierzulande – unbekümmert um die Tabuisierung des Establishments – bei der jungen Lesergeneration eine ernsthafte Auseinandersetzung mit dem Werk Hermann Hesses eingesetzt. *Ich habe*, schreibt Peter Handke, *die Bücher mit großem Staunen und immer mehr Neugier gelesen. Dieser Hermann Hesse ist nicht nur eine romantische Idee der Amerikaner, sondern ganz gewiß ein vernünftiger, überprüfbarer, großer Schriftsteller.*
Thomas Mann hatte bereits 1947 das *Glasperlenspiel auf echte und treue Art... zukunftssichtig, zukunftsempfindlich* genannt und in dieser kurzen Formel die Erfüllung der Aufgabe bestätigt, die Hesse in einem Brief an Friedrich Michael vom Mai 1934 beschrieben hat: *den Blick ins Chaos zu ertragen, dem Chaos den Geist entgegenzustellen und den Glauben an den Geist, als Creator wie als Logos, den Späteren weiterzugeben.*
Die Entstehung des *Glasperlenspiels* fällt fast genau in die Jahre der nationalsozialistischen Herrschaft. Mehr noch als Hesses andere Werke ist diese Dichtung eine Reaktion auf die Gegenwart, auf das Dritte Reich. Die deutschen Ereignisse kamen ihm nicht überraschend, er hatte sie längst vorausgesehen. *Leid tut es mir ein wenig*, schrieb er Mitte Juli 1933 an Thomas Mann, *daß ich bei Ihrem Hiersein meine Scheu nicht überwand und Sie mit dem Vorwort meines seit zwei Jahren geplanten Buches bekannt machte. Es ist vor mehr als einem Jahr geschrieben und schildert den heutigen geistigen Zustand Deutschlands so genau voraus, daß ich dieser Tage beim Wiederlesen beinah erschrak*, und ein Jahr später, am 4. August 1934, berichtet ihm Hesse *von einem seit*

Jahren bebrüteten Plan, einem utopischen Buch, zu dem ich damals schon dreimal die Vorrede umgearbeitet hatte, sie war noch vor der Hitlerzeit geschrieben, aber voll Anspielungen, zum Teil Vorahnungen. Diese Vorrede ist nun ein viertesmal neu geschrieben, ganz umgearbeitet ... Das war im Mai und Juni 1934 geschehen.

Daß die drei ersten Fassungen damals nicht gedruckt wurden, hatte verschiedene Ursachen. Die ersten beiden Fassungen waren Arbeitsfassungen. Nach der Niederschrift der dritten Fassung im Frühsommer 1932 wurde sich Hesse bewußt, daß sie nun – nach dem Machtantritt Hitlers – in Deutschland nicht gedruckt werden konnte. Er bewahrte diese dritte Fassung auf und versah sie im Juni 1934 mit entsprechenden Notizen. Abschriften dieser Vorrede kursierten in Deutschland.

Überhaupt war Hesse in diesen Jahren sehr darum bemüht, deutschen Lesern seine Arbeiten zugänglich zu machen. Ein Beispiel: Am 20. November 1933 hatte er das Gedicht *Besinnung* geschrieben; er bezeichnete es als einen *Versuch, die paar Fundamente meines Glaubens zu formulieren, deren ich sicher bin.* Schon wenige Tage später, am 26. November, wurde es in der Basler »National-Zeitung« veröffentlicht. Wie er es bereits früher und von nun an immer häufiger praktizierte, versandte er auch von diesem Gedicht eine große Anzahl maschinengeschriebener Kopien. Außerdem gewann er Hans Popp zur Herstellung eines Privatdrucks, der dann noch vor Weihnachten als Erasmusdruck in Berlin in 100 Exemplaren fertiggestellt wurde und von Hesse ebenfalls versandt werden konnte. Aber seine weiteren intensiven Bemühungen, dieses Gedicht in deutschen Zeitungen zu publizieren, scheiterten. Erst hatte er es der »Vossischen Zeitung«, deren Mitarbeiter er einmal gewesen war, dann der Zeitschrift »Corona« gesandt, die sonst immer sehr um seine Mitarbeit warb. Von beiden erhielt er das Gedicht zurück. Endlich nahm es die »Neue Rundschau«, ja, es gelang ihm sogar, das Gedicht als letztes in seiner Gedichtsammlung *Vom Baum des Lebens* unterzubringen, der zweiten von Hesse selbst vorgenommenen Auswahl seiner Gedichte. Das war 1934, fast genau zum selben Zeitpunkt, als er den *Regenmacher* an die »Neue Rundschau« sandte.

Es ging Hesse weder ausschließlich noch vorrangig um tagespolitische Wirkung, wenn er durch den Versand von Privatdrucken

und Kopien für eine zum Teil sogar gezielte Publizität sorgte. Er wollte mit den Lesern im Dialog bleiben, das Gewissen schärfen, den Widerstand stützen und erleichtern. *Für mich ist es ein Glück, daß ich die unheilbare Tragik des Geistes, und speziell des deutschen Geistes, damals in den Kriegsjahren nicht nur entdeckt, sondern gründlich geschmeckt habe, es waren anno 33 bei mir keinerlei angenehme Illusionen mehr zu zerstören, und auch die teuflischsten Verbrechen in Hitlers Reich können mich und meinen Blick nicht mehr verwirren*, schrieb er am 22. März 1933 an Helene Welti, kaum zwei Monate nach Hitlers Machtergreifung.
Zwei Ereignisse waren es, die ihn seinerzeit wachgerüttelt hatten: *die Schmach des Ultimatums an Serbien anno 14, eines der gemeinsten Dokumente der Geschichte*, und der Durchmarsch deutscher Truppen durch das neutrale Belgien. Dieses Erwachen Hesses zur politischen Wirklichkeit lassen seine Kriegsaufsätze und, detaillierter noch, seine Briefe aus dieser Zeit erkennen; der Gedanke an den Krieg hat ihn danach nie mehr verlassen, und es ist unverkennbar, daß alle späteren Bücher Hesses auch Warnungen vor einem neuen Krieg und Mahnungen zur Menschlichkeit enthielten. *Es war dann keine Kunst mehr, von 1919 oder gar von etwa 1923 an vorauszusehen, was kommen werde; Thomas Mann war einst ganz erstaunt, als er mich Ende der zwanziger Jahre bestimmen wollte, in die Berliner Akademie zurückzukehren, und ich ihm sagte, daß ich nicht an eine Republik glaube, die von drei Vierteln des Volkes sabotiert werde, und daß das alles zu Krieg und Jammer führen werde; ich hatte das ja auch schon im Steppenwolf deutlich genug geschrieben*, heißt es in einem Brief Hesses an Alfred Kubin vom 3. März 1946. Und als persönliche Widmung hat er in einen *Steppenwolf*-Band geschrieben: *In diesem Buch habe ich den zweiten Weltkrieg mit lauten Warnungszeichen an die Wand gemalt und bin dafür ausgelacht worden.*
Wieder und wieder erweist sich seine Sicherheit in der Einschätzung der politischen Situation, so auch, wenn er im März 1934 an Thomas Mann schreibt: *Ich weiß nicht recht, was ich wünschen oder anordnen würde, wenn ich für eine Minute Weltgeschichte machen müßte – ich glaube beinahe, ich würde Frankreich über den Rhein marschieren und Deutschland jetzt einen Krieg verlieren lassen, den es in ein paar Jahren vielleicht gewinnt.*
Scheinbar unberührt von diesen politischen Einsichten, so mag es bei der Betrachtung der Entstehung des *Glasperlenspiels* schei-

nen, ließ er ein Stück nach dem andern, wie es gerade fertig geworden war, in der »Neuen Rundschau« und der »Corona« vorabdrucken. Nach dem *Regenmacher* in der »Neuen Rundschau« vom Mai 1934 folgte dort im Dezember 1934 *Das Glasperlenspiel. Versuch einer allgemeinverständlichen Einführung in seine Geschichte.* Wie er in einem Brief vom 19. November 1935 schrieb, meditiere er an einem Plan, der noch weiter als die *Morgenlandfahrt* und das Gedicht *Besinnung* führen sollte, und 1935 spricht er in der Idylle *Stunden im Garten* von seiner Erfindung, dem Glasperlenspiel, und von Josef Knecht, dem *Meister, dem ich das Wissen um diese schöne Imagination verdanke.* Im Juli 1936 veröffentlichte er den *Beichtvater* und genau ein Jahr später den *Indischen Lebenslauf* in der »Neuen Rundschau«, 1938 *Die Berufung* und *Waldzell* in der Zeitschrift »Corona«, wo ein Jahr darauf auch das Kapitel *Zwei Orden* erschien. Die »Neue Rundschau« brachte im Oktober 1939 das Kapitel *Studienjahre* und im Juli und Dezember 1940 die beiden Kapitel *Die Mission* und *Magister Ludi.* Während der ganzen Zeit hatte Hesse auch einzelne Gedichte oder Gedichtzyklen aus *Josef Knechts hinterlassenen Schriften* veröffentlicht. Das Gedicht *Stufen* erschien noch im Juni 1942 in der »Neuen Rundschau«. So hat es auf den ersten Blick den Anschein, als habe Hesse nicht nur kontinuierlich am *Glasperlenspiel* arbeiten können, sondern sich auch von den politischen und kriegerischen Ereignissen in der Welt nicht stören lassen. Wer genauer hinschaut, wird erkennen, daß Ende 1933 die Arbeit ins Stocken geraten war. Damals schrieb Hesse an Thomas Mann: *Ich lese, soweit die Augen es erlauben, pietistische Biographien des achtzehnten Jahrhunderts und weiß gar nicht mehr, was Produktivität eigentlich ist. Dabei wächst die Vorstellung von meinem seit zwei Jahren vorhandenen Plan (dem mathematisch-musikalischen Geist-Spiel) zur Vorstellung eines bändereichen Werkes, ja einer Bibliothek an, desto hübscher und kompletter in der Phantasie, je weiter weg sie von der Möglichkeit einer Realisierung rückt.*

Das mag den Anschein bestätigen, Hesse habe sich vom Weltgeschehen überhaupt nicht berühren lassen, und danach aussehen, als sei ihm seine dichterische Konzeption über den Kopf gewachsen. Und doch war er damals bereits im Begriff, eine Gegen-Welt zur aktuellen politischen Wirklichkeit zu entwickeln, die mit ihren unzeitgemäßen Prämissen politisch brisant war.

Das von Plinius Ziegenhalß feuilletonistisch genannte Zeitalter war, wie es in der Einführung heißt, *nicht einmal arm an Geist gewesen*, aber es hatte *dem Geist innerhalb der Ökonomie des Lebens und des Staates nicht die ihm gemäße Stellung und Funktion anzuweisen gewußt*. Genau hier setzt das *Glasperlenspiel* ein.
Gewiß war für den Autor die Konzeption dieser »Gegen-Welt«, als er daran arbeitete, auch ein Refugium, *ein geistiger Raum, in dem er, aller Vergiftung der Welt zum Trotz, atmen und leben konnte*, doch vor allem war ihm das Glasperlenspiel eine Alternative, er zählte es bereits im Motto zu den Dingen, *deren Existenz weder beweisbar noch wahrscheinlich ist, welche aber eben dadurch, daß fromme und gewissenhafte Menschen sie gewissermaßen als seiende Dinge behandeln, dem Sein und der Möglichkeit des Geborenwerdens um einen Schritt näher geführt werden*. Im Herbst 1934 schrieb er an Emil Molt: *Man steckt seine Arbeit da in eine Welt hinein (ich meine die deutsche Literatur und öffentliche Meinung), in eine Welt, die lauter Fäulnis ist und an der nichts zu bessern ist. Vielleicht glückt mir eines Tages der Rückzug aus dieser Welt und aus der Sorge und Mitverantwortlichkeit um sie. Wenn es dazu käme, dann würde ich mich auf das Werk zurückziehen, das mich seit mehr als drei Jahren beschäftigt, und mich um das Aktuelle und die Außenwelt überhaupt nicht mehr kümmern. Heute ist mir das nicht möglich, ich fühle mich (vielleicht sehr irrtümlich!) dazu verpflichtet, dieses versaute und brutalisierte Deutschland nicht zu verlassen, sondern in meiner Sphäre die Tradition der Anständigkeit und Gerechtigkeit zu wahren.*
Bereits während des Ersten Weltkriegs hat Hesse für diese Tradition gekämpft, journalistisch in über zwanzig politischen Aufsätzen und Mahnrufen, praktisch im Dienst der Kriegsgefangenenfürsorge. Bewährt hatte sich ihm die konkrete Praxis. So konnte in der neuen politischen Hysterie Deutschlands seine Reaktion nicht mehr naiver Protest sein, sondern praktizierte, überparteiliche Menschlichkeit, die gleichermaßen den Emigrierten wie denen zukam, welche Deutschland nicht verlassen konnten. Einige Beispiele für viele:
Am 20. März 1933 traf der sozialistische Schriftsteller Heinrich Wiegand bei Hesse ein. Zwei Tage nach dem Verbot der »Leipziger Volkszeitung«, deren Feuilletonmitarbeiter er seit 1924 war, hatte Wiegand Deutschland verlassen müssen und bis zum 2. April bei Hesse gewohnt. Ein knappes Jahr später starb er in

Lerici (bei Spezia) an einem Darmgeschwür: Thomas Mann nannte in seinem Kondolenzschreiben die Todeskrankheit »Deutschland«. Im März 1933 waren auch Thomas Mann, Bertolt Brecht, Kurt Kläber, Bernhard von Brentano und Samuel Fischer Gäste im Hause Hesse.

Man ist versucht, in diesem Zusammenhang Seite um Seite aus den bislang unveröffentlichten Briefen Hesses zu zitieren, z. B.: *Da sind Dutzende, die vor dem Nichts stehen, und oft in teuflisch verzwickten Lagen. Der arme Luschnat, dem ich so gern helfen möchte und für den ich manches tat! Seine Lage ist jetzt so: erstens ist er bettelarm und aus der Schweiz ausgewiesen, hat nur durch unsre Anstrengungen eine kleine Galgenfrist. Zweitens ist, als er aus Berlin im März 33 floh, seine Frau mit Kind in Berlin geblieben, sie will nicht emigrieren, die Scheidung ist eingeleitet, aber längst noch nicht vollzogen, Du kannst Dir denken, was deutsche Behörden sich für Mühe um einen verdächtigen Emigranten geben. Nun hat er inzwischen wieder eine Frau gefunden, die er sehr liebt, sie ist politischer Flüchtling, ebenfalls arm, ebenfalls ohne die Möglichkeit, in andre Länder zu gehn, ihr Paß gilt bloß in der Schweiz. Und nun wird sie gegen Ende Mai ein Kind bekommen, wird im Tessin von den Zimmervermietern immer wieder rausgeworfen, und grade um die Zeit, wo das Kind kommt, ist der Termin, wo L. die Schweiz zu verlassen hat. Er wird es ohne sie und ohne das Kind nicht tun, aber niemand sieht, wie das werden soll. Das ist einer von den vielen ähnlichen Fällen, bei denen ich auf irgendeine Art mitzusorgen habe, man geht fast kaputt dabei... Alle diese Fälle, oder viele davon, landen auch bei mir und müssen von mir aufgeklärt werden, alles unter der Hand und ohne Öffentlichkeit, weil ich nun einmal jetzt diese Rolle habe, in und für Deutschland zu arbeiten, aber Schweizer und Europäer zu sein. Ich denke dabei an Wirkungen ins Große überhaupt nicht. Ich denke lediglich an die Erhaltung einer winzig kleinen Schicht von Köpfen, denkenden und lesenden, die sich sauber halten und eine Erbschaft von geistiger Redlichkeit über das heutige Chaos hinaus retten sollen.* (Am 19. 1. 1935 an seinen Sohn Heiner.)

Und noch zwei Begebenheiten seien in diesem Zusammenhang erwähnt. 1938 gelang es Hesse – nachdem er sich in dieser Sache auch an Stefan Zweig gewandt hatte –, den Schriftsteller Albert Ehrenstein aus dem von deutschen Truppen besetzten Österreich herauszuholen. Danach hatte er mit den Schweizer Behörden

darum zu kämpfen, daß Ehrenstein nicht aus dem Tessin ausgewiesen wurde. Es gibt denkwürdige Briefe an den damaligen Chef der Schweizer Fremdenpolizei Heinrich Rothmund.
Illegal, weil die Schweiz keine Spanienkämpfer aufnahm, war im Januar 1939 der unter dem Pseudonym Eduard Claudius publizierende Eduard Schmidt in die Schweiz gekommen. In einem Brief an den Verfasser vom 11. 8. 1955 hat er berichtet: *1939, als ich in der Schweiz als Emigrant inhaftiert war, interessierte sich neben anderen Persönlichkeiten der deutsche Schriftsteller Albert Ehrenstein für mich. Er machte Hermann Hesse auf meine Lage aufmerksam und sandte ihm Fragmente des begonnenen Romans »Grüne Oliven und Nackte Berge« zu. Nach kurzer Zeit schrieb Hermann Hesse an die Schweizer Bundesanwaltschaft einen Brief, in dem er meine Freilassung forderte und auch, daß ich nicht den deutschen faschistischen Behörden ausgeliefert werde. Auf Grund dieses Briefes wurde ich nach neun Monaten Haft aus der Strafanstalt Witzwil in ein Internierungslager entlassen.*
Es gibt Hunderte solcher Beispiele. Doch hatte Hesse neben der Emigrantenhilfe noch eine andere, eine öffentliche Aufgabe übernommen: seine Buchberichte für »Bonniers Litterära Magasin« und für die »Neue Rundschau«. Er war der einzige Kritiker, der es wagte, auch Bücher von Juden zu besprechen und solche von Katholiken und Protestanten, deren Gesinnung und Geist dem herrschenden System entgegengesetzt waren, und geriet gerade durch diese Tätigkeit zwischen die Fronten. Während Will Vesper ihm vorwarf, er stehe *in jüdischem Sold*, denunzierten ihn Emigranten als *verkappten Hitlerianer*. Hesse war verzweifelt: *Den halben Tag muß ich mich für arme Emigranten bemühen, um Geld, um Aufenthaltserlaubnis, um Versorgung halbverhungerter Kinder (das Elend ist oft grauenhaft), und die andre Hälfte des Tages kann ich mich dann mit dem beschäftigen, was dieselben Emigranten mir als giftige Antwort zurück schicken.*
Schon Ende März 1933 erkannte er: *Das deutsche Pogrom gegen den Geist ist heftiger, brutaler und säuischer als alles das Schlimme, was im faschistischen Italien geschah. Dazu die Judenverfolgung, das Unwürdigste, was diese blutigen Tiger sich noch extra ausdenken konnten.* (Brief an Hermann Hubacher.) Trotz allem, ja gerade deshalb galt es für ihn, *langsam den Weg zu meiner eigenen Dichtung zurück zu finden, dem Glasperlenspiel, das mich seit fünf Jahren beschäftigt und das seit beinah zwei Jahren vollkommen*

liegen geblieben, beinah von mir vergessen worden ist. (Frühjahr 1936 an Felix Braun).
So also sah der vielgeschmähte Rückzug aus der Wirklichkeit in die »Traumwelt des Glasperlenspiels« aus! Hesse hat sich den Anforderungen des Aktuellen nicht nur gestellt und selber Hand angelegt wie wenige andere, sondern überdies noch ein Antitoxin entwickelt, die Verzweiflung produktiv gemacht. Die ungezählten Briefe, die ihm damals die Vorabdrucke aus dem *Glasperlenspiel* seine zeitkritischen Bücherberichte und die in Form von Privatdrucken verbreiteten Ausschnitte aus dem entstehenden Werk einbrachten, geben unmißverständliche Auskunft, wie diese »Traumwelt« verstanden und welche Art Leser in ihrer Haltung dadurch gestützt wurde. Es war deshalb nur folgerichtig, daß Hesse daran gelegen sein mußte, auch die Buchausgabe in Deutschland publiziert zu wissen. Doch trotz Suhrkamps Bemühungen wurde sein Manuskript in Berlin abgelehnt, und Hesse mußte froh sein, als er es nach vielen Monaten wenigstens wieder in Händen hatte. Dann erst entschloß er sich, dieses Buch, wie im Jahr zuvor die erste Gesamtausgabe seiner Gedichte, im Verlag Fretz & Wasmuth in Zürich erscheinen zu lassen. Der Markt, die Schweiz, war freilich klein. Hesse wußte, daß er zunächst nur wenige der potentiellen Leser erreichen konnte; um so genauer verfolgte er, wie sein Buch aufgenommen wurde. Es waren immerhin über dreißig Besprechungen, die bis Kriegsende in Schweizer Zeitschriften und Zeitungen erschienen sind; dazu kamen die Leserbriefe.
Von einem finanziellen Ertrag konnte allerdings nicht die Rede sein, ein solcher war mit einer Startauflage von 3000 Exemplaren nicht zu erreichen. Dennoch, so schrieb Hesse Ende Januar 1944 an Otto Engel, fände das *Glasperlenspiel wirklich eine kleine Anzahl von Lesern, die es nahezu bis aufs Letzte kapieren und annehmen, und das ist sehr schön.*
Endlich, seit dem Dezember 1946, war das Buch auch in Deutschland erhältlich. Es fand sogleich ein starkes Echo. Diskutiert wurden vor allem drei Aspekte: Hesses Zeitkritik, kurz all das, was der Begriff des kriegerischen und feuilletonistischen Zeitalters impliziert, und das, was den utopischen Charakter des Buches ausmacht; dann der gesamte pädagogische Bereich, die Eigenarten der Biographie Josef Knechts, welche fast nur als Erziehungs- und Bildungsroman aufgefaßt wurde. Die heftigsten

Kontroversen erregte schließlich der Tod des Protagonisten, ein Streit, der bis in unsere Tage vorhält. Bei alledem wurde die Emanzipation, der »zukunftsträchtige« (Thomas Mann) gesellschaftspolitische Ansatz des *Glasperlenspiels*, der im Gedicht *Stufen* so programmatisch zutage tritt, bis heute in seiner Bedeutung kaum erkannt.

Das Bewußtsein der Verantwortung, das der Einzelne für sich und somit für die Gesellschaft hat, ist Voraussetzung zu dieser Emanzipation. So trifft die Charakterisierung Knechts im Glasperlenspiel auch auf seinen Autor selber zu, von dem in geringfügiger Abwandlung des Wortlauts gesagt werden könnte: Auch Hesse war ein vorbildlicher Verwalter und Repräsentant seines Amtes gewesen, ein Künstler ohne Tadel, er fühlte den Glanz der Kunst, der er diente, als eine gefährdete und schwindende Größe, er lebte in ihr nicht ahnungslos und bedenkenlos mit wie die große Mehrzahl seiner Kollegen, sondern wußte um ihre Herkunft und ihre Geschichte, empfand sie als ein geschichtliches Wesen, der Zeit unterworfen und von ihrer mitleidlosen Gewalt umspült und erschüttert. Dieses Erwachtsein zum lebendigen Gefühl geschichtlichen Ablaufes und dies Empfinden der eigenen Person und Tätigkeit als einer im Strom des Werdens und Sichwandelns mittreibenden und mittätigen Zelle war in ihm reif geworden und zum Bewußtsein gelangt durch seine historischen Studien und unter dem Einfluß des großen Jakob Burckhardt, aber die Anlagen und Keime dazu waren längst vorher dagewesen, und wem wirklich die Persönlichkeit Hermann Hesses lebendig geworden, wer wirklich der Eigenart und dem Sinn dieses Lebens auf der Spur ist, wird diese Anlagen und Keime leicht auffinden.

(1973)

Miszellen

Was soll ich mir nun gar über das »Glasperlenspiel« notieren? Ich habe die beiden (etwas zähen) Bände nicht ohne Aufwand gelesen, kann aber nicht eigentlich sagen, daß ich reicher geworden wäre. Die Achtung vor dem Ernst des Werkes ist selbstverständlich; Hermann Hesse ist ein Autor, auf den man sich einläßt. Allein (salvo respectu): was ist herausgekommen? Ich bin einem synkretistischen* Gefüge begegnet, darin das Katholische, das Chinesische, das Buddhistische einander kreuzen, ohne daß (worauf es einzig ankäme) eine Entscheidung gefunden würde, eine Entscheidung in *eine* Mitte hinein anstatt der, ach, doch noch immer liberalisierenden Aufsicht von einem toleranten, humanioren Oben her, das auf eine nicht zugegebene Weise eine *göttliche* Höhe des Standpunkts prätendiert, wie sie dem Menschen nicht zukommt, so bequem er sie seit Lessings »Ringen« finden mag. Nicht davon zu reden, daß das Zentrum des Buches weiß bleibt – weiß, wie in meiner Jugend die unerforschten Gebiete auf den geographischen Karten weiß gewesen sind. Das Werk hat ein entscheidendes Plus: es ist eine konstruktive, pädagogisch-aufbauende Konzeption, die am »Wilhelm Meister«, am »Nachsommer«, vielleicht auch bei Gotthelf anknüpft – also genau da, wo wir Heutigen in der Tat anzuknüpfen haben: bei dem Romantyp, den ich seit zehn Jahren und länger als den des »helfenden Romans« bezeichnet habe. (Leider ist der so lang geplante und schon vorbereitete Aufsatz für die »Frankfurter Zeitung« nicht mehr geschrieben worden; die Ereignisse traten davor; aber die Notizen liegen noch in der Stifter-Ausgabe meiner Bibliothek.) Indessen, wenn man so viel unternimmt, muß man *noch mehr* unternehmen: anstatt das innerste Motiv der ganzen Konzeption, eben »das Glasperlenspiel«, *undefiniert* zu lassen, mußte Hesse den pädagogischen Gedanken *positiv explizieren*. Aber eben dies wollte er nicht, weil er es nicht konnte: er hat keine konkrete, substanzielle, nur eine geahnte, halbwegs parabolische Vorstellung von seinem pädagogischen System. Im »Wilhelm Meister«, im »Nachsommer« *erfährt* man, worauf es ankommt. Nicht so im

* (religionen-)vermischend

»Glasperlenspiel« – und schon die Andeutung des Kernbegriffs vom »ludus«, vom Spiel zeigt an, daß der alternative und ultimative Ernst unserer Epoche trotz Allem *nicht vollends* realisiert wird.
(Aus: Wilhelm Hausenstein, »Licht unter dem Horizont«, Tagebücher von 1942 bis 1946, Bruckmann München, 1967, Eintragung vom 31. 12. 1944)

Es ist nicht viel damit getan, wenn man das Buch, das sich im Untertitel als den »Versuch einer Lebensbeschreibung des Magister Ludi Josef Knecht« einführt, eines der wichtigsten Bücher unsrer Zeit nennt – wenn man auf das eigentümliche Gefälle hinweist, das dem Werk zu eigen ist: wie es sich aus fast wissenschaftlich spröden Anfängen immer mehr entwickelt in Blühendes hinein, um in den »Drei Lebensläufen«, mit denen das Buch abschließt, so etwas wie den Gipfel aller bisherigen Hesse-Prosa zu erreichen. Wie wir es verstehen müssen als eine Art Summa des ganzen Hesseschen Œuvres, wie aus fast allen vorhergehenden Werken Hesses die Wege in diesen kastalischen Ordensbereich, diese »Pädagogische Provinz« hineinführen: vom »Demian«, von den »Märchen«, von »Narziß und Goldmund« aus – das Buch »Morgenlandfahrt« kann schon als eine Art Präambel des »Glasperlenspiels« verstanden werden ...
Was ist das Glasperlenspiel?
Ich kann davon nur sprechen als ein um das Wort Bemühter – ein Maler würde von seinem Standort aus reden und ein Musiker von dem seinen, und der hätte es wahrscheinlich am leichtesten. Jeder erlebt es, jeder Schaffende, daß sich ihm für gewisse höchste Erkenntnisse und Aussagen die verfügbaren Mittel als zu klein erweisen. Er fängt nun, wenn das Wort sein Stoff ist, wohl mit dem Worte an. Plötzlich aber möchte er übergehen in die Musik, möchte das Bild haben, möchte gleichsam aus einer Dimension in die andere gelangen, oder er sehnt sich vom Wort in das Schweigen; von der Leidenschaft in die äußerste, die wahrhaft gläserne Klarheit, wie sie etwa der Mathematik eignet; danach aber strebt er dann von allen komplizierten Formulierungen in das Raunen und Schweben, in die Brunnenstube der wortelosen Meditation; kurz, er ist ein heilig Unzufriedener, dem alle Handwerkszeuge zu gering, alle Messer zu stumpf, alle Waagen zu grob sind.

In Stunden, in denen der schaffende Geist das Strengste als das Lebendigste, das Freieste als das Disziplinierteste erfährt, in solchen Stunden spielt er das Glasperlenspiel...
Alle nachhaltige Erziehung geschieht indirekt. Was im »Glasperlenspiel« waltet, das ist – darin der »Pädagogischen Provinz« Goethes sehr verwandt – eine Luft der Ehrfurcht inmitten aller Offenheit, der Freiheit inmitten aller Bindung, eine Luft der Humanitas, um es mit einem Worte zu sagen. Nun, und darin wird man doch wohl eine pädagogische Kraft verwirklicht sehen. Ob eine pädagogische Absicht, das ist eine andere Frage. Immer wieder macht es ja dieser Hermann Hesse seinen Lesern dadurch schwer, daß er den Satz von jetzt drei oder dreißig Seiten später wieder in Frage stellt, daß sich aus seinen Worten durchaus nicht »trefflich ein System bereiten« läßt. Und das ist vielleicht das Einzige, worin bei ihm System liegt: in dieser heimlichen Weisung, sich nicht zu früh festzulegen, zu verkrusten, auch dem Fremden, dem Leidvollen, ja selbst dem Dunklen offenzustehen, den »schweren Weg« zu gehen, von dem eines der Märchen spricht und nicht zu vergessen, daß Leben nur in der Wandlung lebendig ist.

>   Wir sollen heiter Raum um Raum durchschreiten
>   An keinem, wie an einer Heimat hängen – –

heißt es in dem Gedicht »Stufen«, und:

>   Nur wer bereit zu Aufbruch ist und Reise,
>   Mag lähmender Gewöhnung sich entraffen.

(Aus: Albrecht Goes, »Rede auf Hermann Hesse«, 1946, in DU,
  Schweizerische Monatsschrift, Februar 1953)

Gestern, ein langer Abend mit zwei finnischen Dichterinnen. Wir sprechen über Thomas Mann, dessen Rede wir eben gehört haben, und über Hermann Hesse; sie fragen, ob der letztere eigentlich Deutscher oder Schweizer ist, und ich schlage vor, daß wir ihn Europäer nennen... Wir kommen noch einmal auf Hesse, nämlich auf seinen Pater Jakobus und auf die Begegnung von Hitler mit Burckhardt; eine der ersten Parteigenossinnen, Gattin eines bekannten Verlegers, erzählte einmal, wie sie dem Führer seine erste Wohnung einrichten ließ, nachdem er sich aus dem Geld, das man für ihn gesammelt, Möbel von geschmacklosem Hochglanz erworben hatte, bat sie einen gewissen Architekten,

die Wohnung nach eigenen Entwürfen einzurichten; dem Führer gefiel es in der Tat auch so, und der betreffende Architekt bekam später den Auftrag, auch das übrige Reich einzurichten. Er hieß Trost. Die Gönnerin, um die Bildung ihres Führers besorgt, gab ihm eines Tages auch die Weltgeschichtlichen Betrachtungen; der Führer kam wöchentlich mehrere Male zum Tee, sagte aber nichts von dem Buch. Nach einem halben Jahr, da ihr daran gelegen war, gab sie ihm ihr eigenes Exemplar mit ihren Hinweisen und Unterstreichungen; beim nächsten Tee brachte der Führer es zurück und bemerkte kurz, er könne das nicht lesen.
»Warum nicht?«
»Es stört mich.«
(Aus Max Frisch »Aus einem Tagebuch« Für Hermann Hesse, Basler Nachrichten vom 6. 7. 1947)

Im »Glasperlenspiel« werden im Nachtrag drei Biographien mitgeteilt, der Regenmacher, der Beichtvater und ein indischer Lebenslauf, Schülerarbeiten des Josef Knecht. Und jede dieser Biographien ist eine Selbstbiographie des Schülers in einer anderen Zeit und einer anderen Kultur. Der Gegenstand aller Bemühungen von Hermann Hesse ist eine Anthropologie, ein Bild des Menschen. Das Studienobjekt dazu, das er am besten kennt, ist er selbst, Hermann Hesse. Dieses Objekt beobachtet und prüft er unausgesetzt. Es steht unausgesetzt bei ihm vor Gericht und hat sich zu verantworten. Das Gesetz seines Lebens besteht aber nicht in einem Ethos, in Prinzipien, einer Ideologie, sondern der Gerichtshof, das Prüfungsamt, besteht aus allen möglichen Erscheinungen seiner selbst, und jede dieser Erscheinungen steht im Rahmen einer der vielen Kulturen der Menschheit. So vollzieht sich sein Leben in der beständigen Prüfung vor dem Geist der Menschheit. Es entfaltet sich unter einer ständigen hohen Verantwortung.
(Aus Peter Suhrkamp: »Zum 70. Geburtstag Hermann Hesses«, 1947 in: Peter Suhrkamp, »Der Leser«, Frankfurt a. Main, 1960)

Wahr zu sein, verpflichtet ihn seine unverbrüchliche Geistesverschworenheit, jung zu sein, seine unbestechliche Lebenstreue – Zeitflucht ist nicht seine Sache. War es Zeitflucht, daß er lang vor dem ersten Weltkriege das bramarbasierende Deutschland Wilhelms des Zweiten gegen die Schweiz vertauschte, der erste freiwillige Emigrant der zeitgenössischen Literatur? Es war aktive,

ostentative Abkehr. Zeitflucht, daß er nicht unter seinem, sondern Sinclairs Namen den »Demian« erscheinen ließ? Es war heikler Wahrheitssinn, der dem Buch die echte Wirkung wünschte, jenseits des Für und Wider um die Person des Verfassers. Aber Kastaliens Weltentrücktheit im »Glasperlenspiel«? Nein, auch das ist nicht Zeitflucht: der Magister Ludi Josef Knecht legt nach Jahren rühmlichen Wirkens Amt und Würden nieder und geht in die Welt, um sich der Jugend in der Zeit zu verbinden. Die Zeit, da er nur der Wahrheit in ihr dienen wollte, hat ihn nicht stets geliebt; aber das zertrümmerte Deutschland ehrt ihn mit dem Goethepreis; trotz allem Gräßlichen, das sich seit 1933 mit Deutschlands Namen verknüpft, ehrt ihn, den doch durch und durch deutschen Meister, die Welt des Geistes mit dem Nobelpreis.
Nein, Zeitflucht ist nicht seine Sache, wohl aber Zeitüberwindung. In ihm läutert sich die Zeit.
(Aus Joachim Maass: »Hermann Hesse, Antlitz, Ruhm und Wesen«, Nachrichten am Abend, Wien vom 21./22. 9. 1948)

Von diesem letzten Werk, das noch einmal alle Fäden des Hesseschen Mythengespinstes aufnimmt, um sie zu einem neuen und gültigen Muster zu verweben, würde ich gern ausführlich reden. Aber leider ist meine Sprech- und Ihre Hörzeit heute jener wunderlichen Parodie des Glasperlenspiels verhaftet, die seit langem in allen Funkhäusern unserer Welt Tag für Tag gespielt wird. Gern würde ich Ihnen von der Sprache reden, die nunmehr auf dem Weg über Novalis, Arnim, Mörike und E. Th. A. Hoffmann sich zu der Serenität eines anderen Magister Ludi, Adalbert Stifters erhoben hat. Nicht seine manchmal ermüdende Breite hat sie gewonnen, sie eilt auch in den betrachtenden Teilen mit raschen und kräftigen Schritten ihrem Ziel entgegen. Was sie gewonnen hat, ist die Klarheit, ist der präzise Kontur Mozartscher Melismen und Übergänge.
Dazu die sublimierte Kunst des Erzählens. Das Buch beginnt als ein fingierter Compte rendu, um unvermerkt in den Bericht und aus ihm in die eigentliche Erzählung überzuleiten. Man hat zunächst den Eindruck, als solle es sich wie im Spätwerk anderer großer Deutscher, im Heinrich von Ofterdingen, in den Kronenwächtern, in der pädagogischen Provinz der Wanderjahre und der amerikanischen Fata Morgana ihres Schlusses, um einen uto-

pischen Weltentwurf handeln. Aber dann taucht aus der Vielfalt des kastalischen und akastalischen Geschehens das alte Problem nochmals in erneuter und erhöhter Gestalt auf, und an der Art, wie es nunmehr einem letzten Austrag entgegengeführt wird, erkennen wird, daß es dem Dichter gar nicht um die erkünstelte Wirklichkeit des Traumbildes geht, sondern daß gerade das utopische Wesen der Kastalier und ihrer Provinz im Lebensgang und Ende des Glasperlenspielmeisters Josef Knecht verworfen wird um der Wirklichkeit geschichtlichen Erlebens und Erleidend willen, über der nun freilich doch eine weitere, wesentlich höhere Wirklichkeit steht, wirklich über allem Traum irdischen Glücks, irdischen Bestandes. Wir haben diese Wirklichkeit schon genannt. Es ist die Wirklichkeit der Forderung, des Postulats; und das Postulat gilt auch hier der Einswerdung zweier Welthälften, für die in der Spiel-Atmosphäre Kastaliens die chinesischen Termini des Yin und des Yang herhalten müssen. Dies Postulat würde auch für den Dichter keine Wirklichkeit haben, wenn hinter ihm nicht die Erkenntnis stünde, daß die Welt im letzten Grunde, d. h. in Gott, keinen Widerspruch kenne, daß sie als ein Geschaffenes kein System der Polaritäten oder der kontradiktorischen Gegensätze sei, sondern eines der unmerklichen Übergänge und des unaufhörlichen Ausgleichs. Einklang ist ihr Wesen und ihr Ziel. Und da nicht der Theologe oder der Philosoph, sondern der Dichter zu uns spricht, haben wir es auch in diesem krönenden Werk nicht mit einem Versuch teleologischer oder eschatologischer Lösungen zu tun, sondern der Ausgleich wird gesucht und gefunden in dem Raum und innerhalb der Grenzen, die das Gedicht selbst erstellt und gezogen hat.

In ihnen steht, um es nochmals kurz zu sagen, die Welt des Gedankens gegen die Welt der Tat, die Welt der Ordnenden und Urteilenden gegen die der Schaffenden und Zeugenden. Es gehört zur Symbolik des Romans, daß den Kastaliern nicht nur die Ehe, sondern trotz aller Künste, die sie treiben, die eigene künstlerische Produktion verwehrt bleibt. Die draußen haben beides, aber ihnen fehlt das andere, fehlt der ordnende und urteilende Überblick und damit die Möglichkeit, die beiden Enden der Welt von sich aus zu dauernder, friedlicher Harmonie miteinander zu verknüpfen. Und doch, so streng die beiden Lager geschieden sein mögen, beide gehören zusammen, sind aufeinander angewiesen, ihre unio magica et mystica ist, sozusagen, prästabiliert;

alles hängt davon ab, wie weit sie praktisch zu werden vermöge. Das Ringen um diese Heilsmöglichkeit spiegelt sich nun ein letztes Mal im Verhältnis zweier Gefährten und Gegenspieler, des Kastaliers Josef Knecht und des Weltmannes Plinio Designori. Der Dichter weiß und zeigt auch hier, daß – einerlei wo und für welche Dauer im Lauf irdischen Wandels, Harmonie, Ausgleich, Versöhnung zu irgendwie beschaffener Wirklichkeit gelangen sollen – es unweigerlich des Opfers bedarf. Es wird eine zweifache Opferung. Designori verlassen wir auf den Trümmern seines mit ungenügenden Mitteln unternommenen Versuchs, Kastalien und das Säkulum auf einen Nenner zu bringen. Der Vertreter des Geistes bringt das deutlichere und deutsamere Opfer. Er stirbt für die Möglichkeit, die künftige, die uns nun freilich nur noch aus dem Spiegel einer undeutlichen Ferne entgegenblicken darf. Man hat an dem Tod des Magister Ludi herumgerätselt, nicht nur in Kastalien. Für mich steht über ihm das Wort des Johannes-Evangeliums: »Niemand hat größere Liebe denn die, daß er sein Leben läßt für seine Freunde.«
(Aus: Rudolf Alexander Schröder, »Hermann Hesse zum 75. Geburtstag«, Vortrag, abgedruckt in Neue Literarische Welt vom 10. 6. 1952)

Manches aufgearbeitet, Lektüre nachgeholt, darunter einen Vortrag, den Kennan vor 2 Monaten in Berlin gehalten hat.* Ich bekam ihn kürzlich im Wortlaut, *vor* der zweiten Genfer Konferenz, also auch *vor* dem Brief, von dem die Brüder Alsop neulich handelten. Deshalb nicht »aktuell« – er geht mit Schiffspost. Er ist bedeutend in der knappen sachlichen Übersicht über die letzten 10 Jahre und menschlich so sympathisch, wie ich K. bei den Begegnungen empfand. Ich will sehen, ob ich noch ein paar Stücke kriegen kann – das teile ich Dir dann mit, denn sonst würde ich Rücksendung erbitten. Das Rührende – Kennan schließt mit Versen von Hermann Hesse – das werde ich Frau Ninon [Hesse] dann mitteilen, wenn ich noch Stücke kriegen kann. Es gelang mir überraschend schnell, das Gesamtgedicht in der Großausgabe aufzufinden. Dabei machte ich die Entdeckung, daß in dieser auch das »Glasperlenspiel« ist, sein letztes großes

---

* George F. Kennan, »Weltpolitik im Zeichen der Entspannung«, Vortrag, gehalten am 12. 10. 1955 in der Freien Universität, Berlin.

Werk, um 1945 in der Schweiz erschienen. Ich ahne nicht, ob es je in Deine Hand kam und ob Du etwas damit anfangen kannst. Es sind wunderbare poetische Sachen drin, ein halb klösterlicher frauenloser Erziehungsroman in Utopien – drei Novellen, die ihm beigefügt sind, haben Elly und ich zu den schönsten Dingen der deutschen Prosa gerechnet. Ich besitze, von einem Schweizer dediziert – das Buch war in Zürich erschienen – auch die gesonderte Frühausgabe. [...]
Darf ich es Dir schicken, Du hast ja, das weiß ich, in der bösen und bösesten Zeit die Dinge, die sich in unserem Raum geistig begaben, verfolgt – in manchem wußtet ihr Hinausgeschmissenen besser Bescheid als wir, an manches seid Ihr, von dem neuen Lebensgesetz gepackt, nicht gekommen. Also sag mir ein Wort und ich schicke Dir dies Hessesche seltsame und große Alterswerk.
(Aus: Theodor Heuss, »Tagebuch Briefe« am 4. 12. 1955 an Toni Stolper)

Man darf »Die Morgenlandfahrt« als ein Präludium zu dem letzten und gewichtigsten Werk der Reihe, dem »Glasperlenspiel«, betrachten. In beiden verspüren wir nichts mehr von jenen Stürmen des Geistes, die die früheren durchtobt hatten. Aber in der »Morgendlandfahrt« wird uns noch das Versagen des Menschen in den Proben des Geistes beschrieben; im »Glasperlenspiel« herrscht ein großer Friede zwischen beiden. Was sich hier begibt, begibt sich in den altgewohnten Dimensionen menschlichen Daseins, wenn auch in einer künftigen Entwicklungsphase dieses Daseins; und doch mutet es uns an, als sei der Geist, der beim Menschen eingekehrt ist, bei sich selber zu Gast.
Das Beisichsein, die Selbsteinkehr des Geistes, hat hier die Form des Spiels; und nicht anders als unter dieser Form konnten Taten des Geistes so gelassen erzählt werden. Diesem nicht über sich hinauslangenden Spiel nach eigenem strengem Gesetz, diesem lückenlos geregelten Spiel »mit sämtlichen Inhalten und Werten unserer Kultur«, der Musik und der Mathematik gleich verwandt, Kunst und Wissenschaft zugleich, dieser aus äußerster Hochzucht des Geistes entstandenen Vollendung des homo ludens dient der kastalische Orden der Glasperlenspieler, der Josef Knecht zum Magister Ludi bestellt. Knecht arbeitet für den Geist in dieser seiner Spätform mit einer großen, nie nachlassenden Hingabe und in einer durch nichts zu trübenden Heiterkeit. Es gelingt ihm,

das Erziehungswerk des Ordens zu noch größerer Vollkommenheit zu bringen. Zur gleichen Zeit aber geht es ihm immer deutlicher und unerbittlicher auf, daß mit alledem die Verantwortung des Geistes für die ihm anvertraute Welt der lebenden und leidenden Menschen eher versäumt als geübt wird. Zum Helfer des unendlich preisgegebenen und unendlich von sich selber bedrohten Lebens ist der Geist berufen, und man dient ihm schlecht, wenn man nicht der Hilfe Dienst leistet, die er dem Leben zu gewähren hat. Josef Knecht gibt sein Amt auf und verläßt den Orden, mit der Absicht, als Lehrer an einer gewöhnlichen Schule irgendwo im Lande von neuem zu beginnen. Zunächst will er den Sohn eines Freundes unterrichten. Um das volle Vertrauen des Jungen zu gewinnen, folgt er ihm zu einem bedenklichen Wettschwimmen und ertrinkt. Wenn ich diesen Schluß des großgearteten Werkes lese, streift mich jedesmal seltsamerweise die Vorstellung des Opfertodes, den in der Erzählung Knechts von einem imaginären früheren Lebenslauf der Regenmacher eines matriarchalen Stammes auf sich nimmt, weil er eine kosmische Katastrophe nicht verhütet hat.
(Aus: Martin Buber, »Hermann Hesses Dienst am Geist«, Neue Deutsche Hefte, 4, 1957/58)

Etwas von jenem urdeutschen »Gerichtstag halten über sich selbst« geht durch alle seine Bücher, das auf Entwicklung, Reinigung, Wiedergeburt aus ist, eine Selbstdarstellung, die das Mittel zur Selbstentdeckung und Selbstbefreiung ist. Insofern treten die meisten seiner Bücher, wenn nicht als Fragmente, so doch als Stufen in Erscheinung, Stufen, die den Weg nach oben frei machen und deren letzte die Lebensdarstellung des Magister Ludi Josef Knecht, des »Glasperlenspielers« ist, in der die Erfahrungen eines langen Lebens und Denkens im allegorischen Spiel aufgelöst und zugleich summiert werden.
Soweit reichen freilich die Ziele des gewöhnlichen »Entwicklungsromanes« nicht; und wenn man mit Begriffen operieren wollte, ließe sich vielleicht die These vertreten, Hesses Gesamtwerk stelle den Versuch dar, diese literarische Gattung, sie scheinbar auflösend, weiter zu treiben, »auf die Spitze« zu treiben – bis in jene Höhe, wo das Leben zum Sinnbild, zur Allegorie wird, und das Spiel den Spieler, der es spielte, überlebt. Vielleicht hat Hesse in seinem »Glasperlenspiel« das Schlußkapitel zu die-

ser Art äußersten »Entwicklungsromanes« geschrieben; vielleicht auch, losgelöst von persönlichen Leiderfahrungen, einen ganz auf Erfindung und Erkenntnis aufgebauten allegorischen Entwicklungsroman alten Stiles. Aber – dergleichen Überlegungen und Vermutungen sollen den Literarhistorikern bleiben. Ein Schriftsteller und Dichter gewinnt wohl mit wachsendem Werk Klarheit über die geheime Struktur dieses Werkes und entspricht schließlich auch willentlich der bewußt gewordenen Gesetzlichkeit. Aber ein Lebenswerk wird nicht am Reißbrett geplant, nicht einmal die einzelnen Stücke nehmen sich bei Hesse immer geplant aus in einem objektiven Sinn. Manches ist nur durch den »Zweck« legitimiert, den es für den Autor selbst hatte, dient aber dann doch dem Leser durch dichterische Reize und Substanz. Erziehung und Selbsterziehung – so lautet die Thematik der Hesseschen Bücher bis zum Glasperlenspiel hin. In einem weitgefaßten Sinn spielt alles in der »pädagogischen Provinz«. Vielleicht mag mancher meinen, Hesse sei also ein unablässiger Darsteller seines Traumas gewesen; jenen exkommunistischen Schriftstellern ähnlich, die sich immer wieder in ihrem Schaffen mit dem Phänomen des Kommunismus auseinandersetzen müssen, sei auch Hesse nie von der Krankheit seiner Jugend, seiner falschen Erziehung losgekommen. Kann es einen denkenden Menschen geben, der das Problem von Erziehung und Selbsterziehung aus unserer deutschen Katastrophe ausklammern möchte? Wenn »Erziehung« scheitert, muß Selbsterziehung an ihre Stelle treten. Das hat uns Hesse durch Leben und Werk deutlich gemacht; dazu hat er leise aber eindringlich immer wieder aufgerufen.
(Aus: Rudolf Hagelstange, »Gerichtstag halten über sich selbst«, Münchner Merkur bzw. Stuttgarter Zeitung vom 29. 6. 1957)

Das »Glasperlenspiel« ist ein Spiel – das heißt: der Zauberwunsch der Jugend ist in seinen Jüngern nicht erloschen. Aber indem er den Geist der Ordnung beschwört und das Vielzählige in die Einheit versammelt, ist er von der Eigensucht des Ich erlöst und durchwirkt die Welt mit harmonischen Gesetzen. Josef Knecht gibt sich selber das Versprechen, daß er dem Spiel entsagen will, sobald ihn nicht mehr Lust und Liebe dazu treiben, sobald aus dem Zauber öde Pflicht wird. Gerät die Ordnung in Gefahr zu erstarren, so muß abermals der Schritt in die »jugendlich heilige Wildnis« gewagt werden.

In einer Zeit, der Bewahrung fraglich geworden ist – es sei denn, sie werde zum persönlichen Lebensgesetz –, die auf einen offenen Horizont hinlebt und maßlosen Zauberwünschen frönt, die so jung sind, wie ihre Weisheit alt ist, hat Hermann Hesse sein eigenes Selbst aufs Spiel gesetzt und wagemutig, eigenwillig, kritisch – auch nicht ohne Humor und schelmische Verschlagenheit – den Versuch unternommen, die Zukunft für den Geist zu retten.
(Aus: Karl August Horst, »Der junge und der alte Zauberer«, Süddeutsche Zeitung vom 29. 6. 1957)

Sein Werk, von dem zu handeln und das liebend zu preisen uns hier nicht zusteht, ist es nicht kühner geworden von Band zu Band? Wann denn hätte er je so wagemutig experimentiert wie im »Glasperlenspiel«, darin die Weisheit und Meisterschaft, die ihm zugewachsen, sich aufs harmonischste vertragen mit der hohen Verspieltheit, von der einer, der »alt« wäre – nach leidigem »Altern« –, sich nichts träumen ließe?
Er und mein Vater sind Freunde gewesen, Brüder im Geiste und (bei vielen Verschiedenheiten) auch darin einander ähnlich, daß sie alt zu werden und sich gleichwohl zu hüten wußten vor dem trüben Einfluß nahenden Greisentums. Selbst im Umgang: wie jung und elastisch, wie empfänglich und aufgeschlossen war unser »Zauberer« bis zum Ende – nicht anders als der Weggenosse, der, mancher Beschwerde zum Trotz, heller dreinschaut, herzlicher lacht, schärfer beobachtet, wärmer empfindet und mitempfindet, als die meisten von uns.
(Aus: Erika Mann, »Huldigung«, Stuttgarter Zeitung vom 29. 6. 1957)

In England las ich die »Morgendlandfahrt« und das »Glasperlenspiel«, in denen Hesses Dichtung ihr Höchstes erreicht hat. Hier ist der Übergang in die vierte Dimension durch eine nicht mehr romantisch zaubernde Poesie so geglückt, daß sie zu den schönsten Erträumungen unseres Jahrhunderts werden konnte, die nicht schwinden, sondern noch im spätesten Leser nachleben werden.
(Aus: Felix Braun, »Zeitgefährten«, Nymphenburger Verlagsanstalt, München, 1963)

Im Gegensatz zum Weltverneiner Arthur Schopenhauer, der Indien verherrlichte und aus Menschenverachtung seinen Hund

»Weltseele« nannte, hat Hermann Hesse bis ins hohe Alter die irdische Buntheit geliebt, den gültig traurigen Zauber der Vergänglichkeit gepriesen.

Das »Glasperlenspiel«, an dem er zehn Jahre gearbeitet hat und das er im Alter von sechsundsechzig Jahren publizierte, greift Siddhartha-Motive auf. Trotz abstrakter Versponnenheit ist es als Synthese östlicher Weltverneinung und griechisch-christlicher Ehrfurcht vor dem Einzelmenschen lebendigstes Zeugnis seiner Innenwelt. Dieses einzigartige Werk mit weitverzweigten Saugwurzeln, halb Roman, halb bekenntnishafter Essay, ist der Ausdruck seines lebenslangen Versuchs, einen unmittelbaren Weg ins Innere des Weltgeheimnisses zu finden. In diesem vielschichtigen Opus spielt die Ratio, das Erbe des alten Griechenland, eine nicht mindere Rolle als christliche, indische und chinesische Motive. In der frei erfundenen pädagogischen Provinz Kastalien, im weltlichen Kloster der Glasperlenspieler, werden alle Wertstufen auf das Heilige hingeordnet und junge Männer zum Dienst am Unpersönlichen erzogen, ohne den Wert des Individuums aufzuheben. Für Hermann Hesse als westlichen Menschen war die Individualität etwas Unantastbares. Im Essay »Krieg und Frieden«, der drei Jahre nach dem »Glasperlenspiel« erschien, bekennt er: »Ich bin Individualist und halte die christliche Ehrfurcht vor jeder Menschenseele für das Beste und Heiligste im Christentum.« Auch im »Glasperlenspiel« wird in mannigfaltigen Symbolen und Bildern der gleiche Gedanke zum Ausdruck gebracht: »Wir sollen nicht aus der vita activa in die vita contemplativa fliehen, noch umgekehrt, sondern in beiden zu Hause sein, an beiden teilhaben.« Schon der Name der Hauptgestalt weist auf ihren Kern hin: Sein Leben ist Dienst und Opfer und beides ohne hochfahrende Pathetik. Die Selbstverwirklichung ist das Entscheidende. Josef Knecht ist nicht ein lebendiger Mensch; träfe man ihn auf der Straße, würde man ihn nicht erkennen, aber seine Weltschau ist eindeutig klar.

Als Josef Knecht sich dem Orden der Glasperlenspieler entwachsen fühlt, verläßt er ihn und sieht in der Erziehung des Knaben Tito seine entscheidende Aufgabe. Indem jeder Einzelne sich einem oder einigen Einzelnen zuwendet, erreicht er die höchstmögliche Stufe der Reife.

Daß Hermann Hesse ein leidenschaftlicher Dostojewskij-Verehrer war, davon hat er mehrfach Zeugnis abgelegt. Was Wun-

der, daß Josef Knecht uns wie ein Erbe Aljoscha Karamasows anmutet.
Diese Lieblingsgestalt Dostojewskijs verläßt nämlich aus ähnlichen Gründen das Kloster, um dem ins widerspruchsvolle Leben hinausgeschleuderten Knaben Wahlvater zu sein. Nahe berührt sich die Auffassung des deutschen Dichters von der Verpflichtung dem Mitmenschen gegenüber mit der des russischen. Aljoschas Meister, der Staretz Sossima, segnet seinen Lieblingsschüler und sagt ihm, daß er sich in der Welt viel nützlicher machen könne als im Kloster. Am Grabe eines seiner kleinen Freunde, den er vor der Grausamkeit der Umwelt nicht hat retten können, verspricht Aljoscha den Knaben, die zur Beerdigung gekommen sind, daß er sich an jedes einzelne Gesicht, das ihn jetzt anschaut, sein Leben lang erinnern werde. Der jüngste der drei Brüder Karamasow sah es als seine unabweisbare Aufgabe an, für denjenigen Menschen, der ihn am meisten braucht, da zu sein. (Eine Auffassung, die uns heute, da alles wichtiger als der Mitmensch ist, wie aus einem anderen Jahrtausend anmutet.) Josef Knecht will ähnliches wie Aljoscha. In gewinnender Bescheidenheit gesteht er, daß das, was er am meisten benötige, »eine einfache natürliche Aufgabe, ein Mensch, der mich braucht«, sei. Um dieser inneren Notwendigkeit willen verläßt er das Kloster und ertrinkt an einem strahlenden Sommermorgen im eiskalten Gebirgssee, wohin ihn der körperlich durchtrainierte Tito gerufen hatte.
Im »Glasperlenspiel« rundet sich Hermann Hesses Auffassung von der Menschwerdung: »Jeder von uns ist nur ein Mensch, nur ein Versuch, nur ein Unterwegs, aber er soll dorthin unterwegs sein, wo das Vollkommne ist, er soll ins Zentrum streben, nicht in die Peripherie.« Josef Knechts Tod hat nichts Großartiges oder Heldenhaftes an sich, und doch steht diese Gestalt in einem verklärten Licht vor uns. Einige Jahre vor seinem Tode schreibt Hermann Hesse in den »Notizblättern um Ostern«, in Knecht sähe er einen Bruder der Heiligen, »sie sind die ›Elite‹ der Kulturen und Weltgeschichte, und sie unterscheiden sich von ›gewöhnlichen‹ Menschen dadurch, daß sie die Einordnung und Hingabe an Unpersönliches nicht aufgrund eines Mangels an Persönlichkeit und Eigenart leisten, sondern durch ein Plus an Individualität.«
(Zenta Maurina in »Welteinheit und die Aufgabe des Einzelnen«, 1963)

Das ist der Sinn des geheimnisvollen Glasperlenspiels: Begehung der Einheit des Geistes in immer neuer Wandlung und Verknüpfung des einzelnen.

Der kastalische Orden gibt sich als Utopie, ins künftige Jahrhundert hineinprojiziert. Aber Utopie ist niemals willkürliches Phantasma, sondern Geheimlehre: Mahnung für die Wissenden und Ahnenden der eigenen Zeit.

Was unsre Zukunft daraus entnehmen wird, wissen wir nicht. Vielleicht tröstet sich ihre Trägheit damit, daß auch der Dichter-Denker solche Verwirklichungen des Geistes für endlich erkennt: den Mächten der Geschichte irgendwann verfallen; wie der Benediktinerpater Jakobus, diese wundersame Reinkarnation Jacob Burckhardts, aus tausendjähriger Erfahrung es den Josef Knecht gelehrt hat. Gleichsam dem zuvorzukommen, treibt es diesen, sein Amt niederzulegen, den Orden zu verlassen, um sich in der bisher ausgeschlossenen fremden Welt draußen zu bewähren. Mit dem Opfer seines Lebens besiegelt er sein pädagogisches Ethos an einem noch unreifen, schwer zu gewinnenden Zögling, dessen Erschütterung in eine weitere, Geschichts- und Geistwelt vielleicht versöhnende Zukunft weist.

(Aus: Richard Benz: »Widerklang. Vom Geiste großer Dichtung und Musik«, Eugen Diederichs, Köln 1964)

Gleich zu Anfang seines Buches sagt der Verfasser des *Glasperlenspiels*: »Es gehört nun einmal zu den Merkmalen des Geisteslebens unsrer Provinz, daß seine hierarchische Organisation das Ideal der Anonymität hat und der Verwirklichung dieses Ideals sehr nahe kommt« ... »Ist doch gerade das Auslöschen des Individuellen, das möglichst vollkommene Einordnen der Einzelperson in die Hierarchie der Erziehungsbehörde und der Wissenschaften eines der obersten Prinzipien unsres geistigen Lebens.«

Wir wissen aus der Erfahrung nur zu gut, daß in der Tagespolitik und dem gesellschaftlichen Leben ein einzelner, wenn er keiner größeren Gruppe oder Gemeinschaft angehört und sich mit keiner Partei restlos solidarisieren kann, kaum irgendwelche direkte Einflüsse und Wirkungen hervorrufen wird. Dazu schrieb Hermann Hesse im Jahre 1951 an André Gide: »Die Leute unseres Schlages sind jetzt, so scheint es, selten geworden und beginnen sich vereinsamt zu fühlen, darum ist es ein Glück und Trost, in

Ihnen noch einen Liebhaber und Verteidiger der Freiheit, der Persönlichkeit, des Eigensinns, der individuellen Verantwortung zu wissen. Die Mehrzahl unserer jüngeren Kollegen, und leider auch so manche unsrer eigenen Generation, strebt nach ganz anderem, nämlich nach Gleichschaltung, sei es nun die römische, die lutherische, die kommunistische oder sonst eine Gleichschaltung, Unzählige haben diese Gleichschaltung bis zur Selbstvernichtung schon vollzogen. Bei jedem Abschwenken eines früheren Kameraden nach den Kirchen und Kollektiven hin, bei jedem Abfall eines Kollegen, der zu müde oder verzweifelt geworden ist, um ein für sich selbst verantwortlicher Einzelgänger bleiben zu können, wird für unsereinen die Welt ärmer und das Weiterleben mühsamer. Ich denke, es werde Ihnen ähnlich gehen.«
Im *Glasperlenspiel* wollte Hesse das Schicksal eines solchen stark gebliebenen einzelnen im Kollektiv darstellen, und es heißt dazu u. a.: »Uns ist nur jener ein Held und eines besonderen Interesses würdig, der von Natur und durch Erziehung in den Stand gesetzt wurde, seine Person nahezu vollkommen in ihrer hierarchischen Funktion aufgehen zu lassen, ohne daß ihr doch der starke, frische, bewundernswerte Antrieb verlorengegangen wäre, welcher den Duft und Wert des Individuums ausmacht.«
Dennoch ist in dieser Idee die Forderung der Zeit eine Synthese eingegangen mit dem Ideal Hermann Hesses. Nur bleibt die Frage, wie weit sich Individuelles und Institutionelles vereinbaren lassen: »Wenn zwischen Person und Hierarchie Konflikte entstehen, so sehen wir gerade diese Konflikte als Prüfstein für die Größe einer Persönlichkeit an. So wenig wir den Rebellen billigen, den die Begierden und Leidenschaften zum Bruch mit der Ordnung treiben, so ehrwürdig ist uns das Andenken der Opfer, der wahrhaft Tragischen.«
Beim Glasperlenspielmeister Knecht sind es keine eigenen Begierden und Leidenschaften, die ihn zu einem Bruch mit Kastalien nötigen. Sowohl bei seinem Eintritt in Kastalien, wie auch während seiner Amtszeit als Glasperlenspielmeister und noch bei seiner Emanzipation, seiner Absage an den hierarchischen Orden, gehorcht er allein seinem im Grund nicht veränderten Gewissen. Er muß seine kastalische Idee verwirklichen, damit diese nicht in der verfallenden Hierarchie verlorengeht. Ein alter japanischer Germanist sagte einmal, er könne es nicht verstehen, daß Knecht Kastalien verlasse, denn Knechts Tat scheint dem japani-

schen Begriff von der Treue zur Tradition entgegengesetzt zu sein.
Knechts Kritik an der verfallenden Hierarchie wurzelt jedoch zum Teil in einer eigenen Tradition, besonders in der Zeitkritik der deutschen Romantik, in der Revolte des einzelnen gegen den perfektionierten Verwaltungsapparat. Erst mit diesem Hintergrund wird ganz deutlich, daß Hesses Betonung auf dem Eigensinn gar nichts Egoistisches meinen kann, sondern ein natürliches Korrektiv fördern will, durch welches in das Anonyme die Humanität hineingetragen wird.
Robert Curtius äußerte einmal die Ansicht, Knechts Abreise von Kastalien sei eine nordeuropäische, heldenhafte, während ihm die asiatische Versunkenheit nicht genügt habe. Gewiß, Knecht nahm Abschied von einer Hierarchie, in welcher die asiatische Versunkenheit vorherrschte, denn Hesse selbst konnte nicht auf einer Stufe stehenbleiben, er wollte und mußte sich immer zu neuen Stufen weiterentwickeln. Die Haltung seines *Siddhartha* gegenüber dieser asiatischen Versunkenheit war: daß alle Überzeugung zu Taten führen müsse; und so muß sich folgerichtig auch Knecht zur Tat entschließen.
Aber obwohl Hesse Knecht als einen Handelnden darstellt, bewahrt er daneben die meditierende Haltung des chinesischen Einsiedlers. Das *Glasperlenspiel* muß daher als eine Brücke zwischen vita activa und vita contemplativa, zwischen Europäischem und Asiatischem verstanden werden.
(Aus einem Essay des japanischen Germanisten Prof. Ayao Ide, 1973)

Nachlese zum ersten Band

Nach Erscheinen des ersten Bandes der »Materialien zu Hermann Hesse, ›Das Glasperlenspiel«« (im Juli 1973), der anhand der Selbstzeugnisse des Autors die Entstehungs- und Wirkungsgeschichte des Buches rekapitulierte, erreichten uns noch die nachstehenden, in chronologischer Reihenfolge abgedruckten Dokumente.

In den letzten 14 Tagen habe ich mich mit der Konzeption einer Dichtung gequält, noch nicht mit der Arbeit selbst, nur mit den Präluminarien, dem Einfädeln, und es ist mir nicht gelungen, es ist mißglückt. Ich war unterwegs nach Morgenland und bin fehlgereist.
(Brief, 7. 4. 1932 an Ninon Hesse)

Kommt dies neue Buch einmal wirklich zustande, was ich noch nicht weiß, aber sehr wünsche, so wird es etwas wie eine Rechtfertigung der Illusion sein. Und da muß ich gestehen: ich habe ein kleines Buch ähnlicher Art, einen Vorläufer des Geplanten, schon geschrieben und drucken lassen. [»Die Morgenlandfahrt«]
(Brief, Sommer 1932 an Christoph Schrempf)

Wenn man eine Nacht gut geschlafen und gerade wenig Schmerzen hat, kann man auch Gedanken spinnen und an Märchen und Dichtungen denken, von denen dann ein Hundertstel später sich vielleicht aufschreiben läßt. Ich tue das meistens beim Unkrautjäten, so neben der mechanischen Arbeit her führe ich Dialoge mit meinem Helden, stelle ihn auch vor die Fragen des Tages, auch die politischen und entschwinde dann wieder mit ihm in die Gegenden, wo es nichts Aktuelles noch Materielles gibt. Für Augenblicke bloß, aber es ist doch das Beste was man hat.
(Brief, 23. 7. 1932 an Helene Welti)

Was meinen Plan zu einem neuen Buch betrifft, in dem ich womöglich mein ganzes bisheriges Werk zusammenfassen und abschließen möchte, so fürchte ich für dessen Ausführung weniger die drohende Geldklemme als die beständigen Störungen und Hemmungen durch Krankheit. Aufgezeichnet ist bisher nur ein skizzierter Plan und einige Seiten des Anfangs.

(Brief, 15. 8. 1932 an Fritz Leuthold)

Im letzten (wundervollen) Buch von Martin Buber (es heißt »Kampf um Israel«) wurde ich dieser Tage an eine Geschichte aus dem Alten Testament erinnert, an die ich seit Jahren nicht mehr gedacht hatte, und die eine wunderbare Illustration zu dem Gedanken ist, daß es einzig auf Qualität und Intensität, gar nicht auf Zahl und Quantität ankommt. Es ist die Geschichte vom Feldherrn Gideon, der gegen die Feinde über ein Heer von zehntausend Mann verfügte, und der im Gegensatz zu allen andern Generälen sein Heer nicht zu vergrößern suchte, sondern es einmal ums andremal verkleinerte, bis bloß noch 300 übrig waren, mit denen hat er dann gekämpft und gesiegt.
So denke ich mir: wenn ein Autor wie ich zehn, oder fünf, oder zwei Menschen findet, die infolge seiner Schriften ihr Leben ändern, ihren Willen zum Guten stärken und aus ihrem Herzen heraus der zerfallenden Welt einen neuen Halt zu geben suchen, so wiegt das 100 000 Leser auf, denen die Lektüre bloß eine Angelegenheit des Genusses und der Bildung ist. Der Knabe in meinem Gedicht zur Morgenlandfahrt, der sich von Don Quichote zum Kreuzritter schlagen läßt, ist in diesem Sinn gemeint.

(Brief, 20. 2. 1933 an Helene Welti)

Am Montag Abend erlebten wir dennoch etwas Wunderbares, ebenso Entzückendes wie Unheimliches: einen etwa anderthalb Stunden dauernden Regen von Sternschnuppen, viele viele Tausende, beinahe genau so wie es im Lauscher beschrieben steht. So habe ich das, was mich damals als etwa Sechsjährigen aufregte, noch einmal erlebt.*

(Brief, ca. 1933 an Helene Welti)

---

* Vgl. »Der Regenmacher« im »Glasperlenspiel«.

Aus diesem ersten Teil, dem »Regenmacher«, kann man Umfang und Absicht der Dichtung, die ich seit Jahren plane, nicht erkennen, wohl aber die geistige Haltung und Tendenz. Ich fürchte sehr, daß dieser große und komplizierte Plan niemals wird ganz ausgeführt werden können, ich fürchte, die kommenden neuen Kriege werden dem zuvorkommen. Wenn er dennoch glückt, so wird er aus unsrer Zeit an die Gutgesinnten der nächsten Ära ein Vermächtnis sein, ein Bekenntnis zum Glauben an den Geist mitten in der Zeit der Gewalt.

(Brief, Mai 1934 an Arthur Stoll)

Die Anspielungen auf Jakob Burckhardt und auf Freund Thomas Mann bedürfen keiner Erläuterungen, sie sind evident. Dagegen haben weder die Personen noch die Namen Designori und Tegularius Entsprechungen im Biographischen. Der Name Ferromonte ist der meines Neffen und Freundes [Carlo] Isenberg. Er ist einer der besten Musikversteher und Musiker, die ich kenne, Organist, Cembalist und Chorleiter.

(Brief, o. D. an einen unbekannten Leser)

Mit meinem geplanten Buch, an dem ich seit gut drei Jahren plane und probiere, steht es noch leider längst nicht so, es ruht wieder. Nur die Einleitung habe ich zum vierten Mal neu redigiert, die früheren Fassungen wären ohnehin in Deutschland sofort verboten worden.

(Brief, 10. 7. 1934 an Helene Welti)

Der eine von unsern jetzigen Gästen bringt mir auch viel Gutes und nützt auch meiner Arbeit. Es ist mein Neffe, Organist, ich habe für ihn für 14 Tage ein Klavier gemietet, er spielt uns abends alte Musik und nimmt öfter auch mit mir irgend etwas Theoretisches, meist Kontrapunktisches durch, da ich das für meine spätere Arbeit brauche.

(Brief, 24. 8. 1934 an Helene Welti)

Ich lasse jetzt, damit meine Freunde etwas Einblick bekommen, das Vorwort zum Glasperlenspiel in der Rundschau drucken.

(Brief, Herbst 1934 an Carlo Isenberg)

Ich habe eine Bitte an Dich, die Du nach Belieben erfüllen oder unerfüllt lassen magst.

In meinem nächsten Buch, falls ich es noch erlebe, sollen einige fiktive Zitate vorkommen, d. h. also von mir ad hoc erfundene Zitate aus einer imaginären Literatur. Einige davon und gerade die verzwickteren, sollen lateinisch sein. Ich lege Dir eins davon, das mir wichtigste, hier bei, mit der Bitte, das Deutsch ins Latein zu übersetzen. Wenn Du nicht kannst und magst, werde ich nicht böse sein. Tue es nur, wenn Du's gern tust.
Dies ist das Motto, um dessen Übersetzung ins Latein ich bitte. Es kann ciceronianisch klingen oder auch scholastisch, letzteres würde fast noch besser passen, kommt aber nicht so genau drauf an:
Mögen auch in gewisser Hinsicht und für leichtsinnige Menschen die nicht existenten Dinge leichter und verantwortungsloser durch Worte darzustellen sein als die seienden, so ist es doch für den frommen und gewissenhaften Geschichtschreiber gerade umgekehrt, nichts nämlich entzieht sich der Darstellung durch Worte so sehr und nichts ist dennoch notwendiger den Menschen vor Augen zu stellen als gewisse Dinge, deren Existenz weder beweisbar noch auch nur wahrscheinlich ist, welche aber eben dadurch, daß fromme und gewissenhafte Menschen sie gewissermaßen wie seiende Dinge behandeln, dem Sein und der Möglichkeit des Geborenwerdens einen Schritt näher geführt werden.

(Brief, ca. Okt./Nov. 1934 an Franz Schall)

Im Dezemberheft der Neuen Rundschau erschien mein »Glasperlenspiel« und so hat die Idee, mit der ich seit drei Jahren lebe, ihre erste Begegnung mit der »Wirklichkeit« und Öffentlichkeit gehabt. Ich war natürlich darauf gefaßt, daß sich nur sehr wenige Verstehende finden würden, es fehlen heut die Voraussetzungen für eine breite Wirkung bei solchen Dingen, die besser in den Kreis des jungen Fr. Schlegel und des Novalis gepaßt hätten. Indessen kam es mir gerade auf die paar Wenigen an, denn mein Ziel ist ja nicht eine allgemeine Weltverbesserung oder Hebung der Geistigkeit, sondern die Zucht und Verantwortung der wenigen wirklich Geistigen im Weitergeben der Traditionen. Und auch da war ich gar nicht sicher, ob ich verstanden werden würde. Aber nun sind also die ersten Stimmen gekommen, und zu meiner Freude sehe ich, daß die kleine Zahl ganz ernsthafter Leser genau so reagiert, wie ich es gewünscht hatte. Briefe einiger Freunde, dann einer Berliner Studentin, eines Juristen in Berlin, Voßlers

in München, eines Nationalökonomen in Heidelberg etc. gehen auf das Wesentliche meiner Dichtung positiv ein.
(Brief, 28. 12. 1934 an Arthur Stoll)

Meine Forderung an die Zukunft ist nicht Gleichschaltung der Geistigen mit den erfolgreichen Verdienern: der Geistige soll keineswegs an den Tischen der Reichen sitzen und am Luxus teilhaben, er soll mehr oder weniger Asket sein – aber er soll dafür nicht auch noch verlacht, sondern geachtet sein, und das Minimum an Materiellem soll ihm von selber zustehen, so etwa wie in den Zeiten klösterlicher Kultur der Ordensbruder, ohne persönliche Habe besitzen zu dürfen, doch leben konnte und im Maß seiner Leistung Anteil hatte am Ruhm und der Autorität seines Ordens. Eine eigentliche Aristokratie darf nicht die Ordnung des geistigen Lebens sein; Aristokratie beruht auf Erblichkeit, und der Geist ist nicht physisch vererbbar. Statt dessen stellt jede gute Ordnung des geistigen Lebens eine Oligarchie der Geistigsten dar, mit Offenhaltung aller Bildungsmittel für jeden Begabten.
(Brief, 12. 1. 1935 an Arthur Stoll)

Collofino schreibt: »Amicum tuum, cuius emendationem peccati illius, quod et ipse et mihi in verbi ›appropinquare‹ coniugatione evenit, libenter, probo, malae, latinitatis auctorem appellare non audeo, verum tamen nonnumquam errare videtur – denn ich finde keinen Grund dafür, daß er am Schluß nun ›provehantur‹ sagt. Warum der Konjunktiv? Es kann nur provehuntur heißen. Aber warum soll man nicht appopinquare beibehalten und einfach »paululum appropinquant« sagen, das trifft den Sinn genau und scheint mir wohllautender als »provehuntur«.
Ferner, »Das ›enti et nascendi facultati‹ halte ich stilistisch für weit schöner als das neue »ad entis naturam nascendique statum«. Natura und nasci bedeutet eine Häufung der Begriffe und sollte vermieden werden.«
Schließlich legt Collofino mir zwei Vorschläge vor, die ich Dir hier beilege.
Ich überlasse es Dir, ob Du nochmals drauf eingehen willst. Was mich betrifft, so bin ich am Ende meiner Kraft. Diese zwei Sätze Latein haben mich jetzt etwa zehn umfangreiche Briefe gekostet – für jemand, der überarbeitet und augenleidend ist, bedeutet das etwas, doch daran hat nie einer meiner Korrespondenten gedacht. Francisce, ich bin seit Jahren nicht so todmüde und ver-

braucht gewesen und mir teils so unnütz, teils so vollkommen mißverstanden und mißbraucht vorgekommen wie grade jetzt, die Kräfte sind am Ende, ich gäbe viel für einen Tag ohne Schmerzen und für die kleinste Hoffnung auf so viel Muße und Freude als es brauchte, damit ich einmal wenigstens für Tage zu meiner Dichtung zurückkehren könnte. Statt dessen Briefe, Briefe, Briefe, Manuskripte, Anbetteleien, Bitten um Urteile und Empfehlungen, Anpöbelungen von rechts und links, aus dem Reich wie aus der Emigration, kurz Tag für Tag macht die Welt aus meiner Klause ein Büro, wie das eines Fabrikanten oder Ministers, ich wundre mich oft, daß ich es bisher aushielt.

Also, dies war das letztemal, daß ich mit geschwollenen und tränenden Augen über dem Abschreiben lateinischer Konzeptionen saß. Ich lasse, falls jetzt nicht die endgültige Fassung sich ergibt, einfach das Latein weg, schließlich hängt für meine Dichtung nichts davon ab, es war ein Spaß.

(Brief, ca. Februar 1935 an Franz Schall)

... non entia licet enim certo modo levibusque hominibus facilius atque incuriosius verbis reddere quam entia, verumtamen pio diligentique rerum scriptori plane aliter res se habet: nihil tantum repugnat quo minus verbis illustretur, at nihil tam necessarium est ante hominum oculos proponi, quam quaedam res, quas esse neque demonstrari neque probari potest, quae contra eo ipso, quod pii diligentesque viri illas quodammodo sicut entia tractant, enti et nascendi facultati paululum appropinquant. (Vorschlag A vom 8. Februar 1935)

... non non entia licet enim certo modo levibusque hominibus facilius atque incuriosius verbis reddere quam entia, verumtamen pio diligentique rerum scriptori plane aliter res se habet: nihil tantum repugnat quo minus verbis illustretur, at nihil tam necessarium est ante hominum oculos proponi, quam quaedam res, quas esse neque demonstrari neque probari potest, quae contra eo ipso, quod pii diligentesque viri illas quodammodo sicut entia tractant, enti et nascendi facultati paululum provehuntur. (Vorschlag B vom 8. Februar 1935)

Einige Latein-Fragen, wenn Du erlaubst, möchte ich wieder vor Dein Angesicht bringen, z. B.: Wie würdest Du Glasperlenspieler übersetzen? Margaritarum lusor vitrearum?

Und den Satz: In Waldzell aber wird das kunstreiche Völkchen der Glasperlenspieler erzeugt? Ich denke mir's etwa so: Cellasilvana autem gens gignitur artificiosa lusorum marg. vitr.
(Brief, vor Ostern 1935 an Franz Schall)

Es ist noch ein Gedicht zu den opuscula Magistri Josephi Knecht hinzugekommen, es geht da alles so ganz langsam, eilt ja auch nicht. Man erzählt mir in Briefen jeden Tag, daß im Deutschen Reich niemand mehr von mir wisse unter den jungen Leuten, und natürlich meine Zeit vorüber sei, aber eben dadurch gewinne ich Zeit und Zeitgefühl für diese Spiele.
(Brief, ca. Juni 1935 an Carlo Isenberg)

Es freut mich, daß du das Gedicht vom Aquinaten dem Bachgedicht vorziehst. Es sind ja beide nicht von mir, sondern von Knecht, sie kommen aus einer zum Teil fiktiven Sphäre, das schwächt den lyrischen Impetus, erlaubt aber dafür eben solche Äußerungen wie die im letzten Gedicht, die man als Person nicht so tun könnte. Im Bachgedicht stört, daß das Gedicht ja nicht eigentlich von der Musik handelt, sondern von dem Bild, das jene Musik mir suggeriert: der Schöpfung des Lichts. Ich sehe über dem Chaos Strahlen hinzucken und Gesicht und Gestalt in die Welt bringen. Hell und Dunkel, Körper, Vorn und Hinten, das ist ein dynamischer Vorgang, während Bachs Musik selber ja schon ganz und vollkommen Kosmos und Gestalt ist. Na, es liegt nicht so viel dran. Auch mir ist das Gedicht von den Summen des Thomas viel lieber. Was mich aber am Bachgedicht freut, das ist, daß es tatsächlich nicht so recht von mir ist, sondern eben vom jungen Knecht: das ist ein Vergnügen das natürlich nur der Autor selber schmeckt. Mich als Knecht zu kostümieren wäre nicht schwer, aber hie und da eine Stunde so sehr der junge Knecht zu sein, daß ich in seiner Haut stecke und für ihn ein Gedicht mache, das hat irgendeine Realität: vielmehr: ist irgendeine Art von Verwirklichung für mich.
(Brief, Ende Juni 1935 an Carlo Isenberg)

In Deinem Brief schreibst Du von dem Gefühl, daß man doch nie das erreicht, was man sich dachte und vornahm, und gerade davon handelt ein neues Gedicht, das ich Dir beilege. Die paar gelehrten Worte brauchen Dich nicht zu stören (das Gedicht gehört eben mit zum Glasperlenspiel-Cyklus), der »Aquinate« ist Thomas von Aquino, und »Summen« heißen zwei seiner Hauptwerke. Im übrigen handelt das Gedicht von dem Glauben, daß auch ein beschwertes und an sich selber nicht recht glaubendes Leben gute Früchte tragen und den Außenstehenden oder Nachkommen als schön und vollkommen erscheinen kann.

(Brief, Anfang Juli 1935 an seinen Sohn Bruno)

Und dann sende ich Ihnen ein paar lateinische Worte über die Kunst. Die stammen aus einem langen lateinischen Brief eines Schulkameraden von mir, der mir öfters schreibt, bald deutsch, bald Latein. Er ist ein pensionierter Lehrer, ein vereinsamter, wunderlich gewordener, in großer Armut und oft Hunger lebender Mann, denn seine winzig kleine Pension ist von seiner geschiedenen Frau für sie und zwei Söhne beschlagnahmt. Dieser Mann, der auch am lateinischen Motto zum Glasperlenspiel nicht ohne Anteil ist, ist inmitten seiner Umgebung ein armer, alter und etwas närrisch gewordener Mann, aber im Grunde ist er ein überlegener Weiser und ein tapferer, ohne Klage untergehender Held in einem ruhmlosen aber edlen Leben, ich besitze auch einige Gedichte von ihm, die sind schöner und tiefer als fast alle heutigen deutschen Dichter, nur sind sie in Sprache und Versform nicht von heut, sondern wie aus dem Barock, etwa wie von A. Gryphius. Ich schreibe Ihnen namentlich den Satz über die Kunst heraus, welche »una« und »e lacrimis nata« sei.

(Brief, 25. 9. 1935 an Helene Welti)

Aus dem Brief von Franz Schall:
Ipse interim Casolarius (so nennt er Hitler) *Norembergae des arte est locutus apud plebem, Mythographus novaeque inauditiae aetatis augur. Dicebat ille histrio, eam veram esse artis naturam discernere utilia et inutilia, et architecturam omnium artium esse reginam etc. etc.*
Cuius in partes ire equidem nequeo.
Est enim ars una, modo fidibus canens, modo penicillo pingens, modo sculptro fingens, modo verborum luminibus et coloribus commovens et perstringens hominum animos, e lacrimis nata et desiderio et ex nescio qua astrorum regione ad nos misellos consolandi causa delate etc. etc.

(Beilage zum Brief an Helene Welti vom 25. 9. 1935)

Was die Produktivität betrifft, so ist als Ergebnis von etwa anderthalb Jahren ja die Gartenidylle plus den Carmina Famuli nicht eben groß. Wie die materielle Welt solche Produktionen einschätzt, ersieht man am deutlichsten daran, was sie dafür in bar zu bezahlen gewillt ist. Für Idylle samt den Knechtgedichten, die Ergebnisse eines Lebensjahres, beträgt das empfangene Honorar ein wenig mehr als dreihundert Mark. Nun würde das in gewöhnlichen Zeiten in Ordnung sein, da ich dann aus dem Verkauf meiner Bücher leben könnte. Aber diese Bücher sind den meisten Liebhabern nicht mehr erschwinglich, außerdem entsprechen sie dem Zeitgeist nicht, und vom offiziellen Deutschland, wo ja ihr Markt wäre, werden sie abgelehnt und totgeschwiegen.
Nun, lassen wir diese Symptome des Weltzustandes, es sind akutere und größere da. Die Bewunderer Mussolinis, des Mörders von Matteotti und Unterdrückers des Geistes in Italien, sind jetzt in Verlegenheit, wo er sein wahres Gesicht zeigt und die Stunde zum Rauben für gekommen hält. Hoffentlich bricht er den Hals, dieser geschwollene Herr.
(Brief, 11. 10. 1935 an Arthur Stoll)

Daß Sie in Herrnhut leben, macht mir Freude, ich kann es mir vorstellen, kenne es von ferne seit der ersten Kindheit und habe mit Herrnhut und Zinzendorf auch noch spät, noch bis in die letzten Jahre hinein, durch manche geschichtlichen Studien zu tun gehabt. Der Graf sollte auch in einem der Lebensläufe Knechts vorkommen, aber das ist dann doch nichts geworden.
(Brief, ca. 1936 an Kurt Eckner)

Dein Verhältnis zu den Buchstaben macht mir Spaß, auch ich habe etwas davon; in der Morgenlandfahrt kommt ähnliches vor, und auch das Gedicht »Hieroglyphen« hat damit zu tun. Die Buchstaben haben ihren einst vollkommen magischen Charakter offenbar noch nicht ganz verloren, wie ja auch die Sprache selbst unausrottbar irrationale Elemente enthält – ohne sie wäre es nicht möglich, daß man in derselben Sprache ein Gedicht machen kann, in der man Zeitungen und Annoncen schreibt.
(Brief, Ende April 1937 an seinen Sohn Heiner)

Die Belastung durch das Elend der deutschen Verfolgten und Flüchtlinge ist seit dem Fall Österreichs so groß geworden, daß

meine Frau und ich überhaupt kaum noch ein eigenes Leben und
eigene Sorgen haben, und meine Arbeit, den Josef Knecht, kann
ich oft monatelang nicht einmal mehr nachlesen, von Fortsetzen
gar nicht zu reden.

(Brief, 1938 an Hans Walter)

Die utopische Erzählung von Josef Knecht und dem Glasperlenspiel wird hauptsächlich aus zwei Teilen bestehen: der möglichst nüchtern gehaltenen Biographie Knechts und dessen Schriften, zu denen vor allem die Gedichte und die drei ›Lebensläufe‹ gehören, welche schon gedruckt sind: »Der Regenmacher«, »Der Beichtvater« und der »Indische Lebenslauf«, alle in der Neuen Rundschau.
Das erste Kapitel der Biographie Knechts wird in einem der nächsten Hefte der ›Corona‹ abgedruckt werden.
Das nachstehend mitgeteilte Stück, der Brief Knechts an seine Behörde, wird im letzten oder vorletzten Kapitel der Biographie stehen.
Knecht hat mit Auszeichnung die ›Eliteschulen‹ Kastaliens durchlaufen und ist rasch bis in die Spitze der kastalischen Hierarchie gestiegen, er ist Glasperlenspielmeister, einer der Magister also, aus deren Gesamtheit der oberste Erziehungsrat besteht.

(Kommentar Hesses zur ersten Manuskriptfassung des »Schreibens des Magister Ludi an die Erziehungsbehörde«, die etwa seit dem Frühjahr 1938 in Abschriften in Deutschland kursierte.)

Ich bin froh, daß Sie das Manuskript gelesen haben und jetzt so ungefähr den Weg kennen, den Josef Knecht vom Ästhetischen ins Moralische nimmt.

(Brief, 11. 10. 1938 an Olga Diener)

Ich sehe diese Drucke* für mehr als eine private Spielerei an, um so mehr als alle Gedichte, die im geringsten an die heutige Weltgeschichte erinnern, in Deutschland nirgends mehr erscheinen können; ich probiere es mit den beiden letzten, aber beide wurden sogar von der mir altbefreundeten und gutgesinnten Neuen Rundschau als heute nicht publizierbar ausgeschieden. Auch im

* Privatdrucke der Gedichte Josef Knechts

jüngst abgedruckten Teil des Josef Knecht, in der Corona, wurden einige Striche gemacht, über Geschichte und große Männer.
(Brief, 13. 6. 1939 an Fritz Emil Welti)

Noch ein Wort zu Josef Knecht! Es existieren drei seiner in den Studentenjahren geschriebenen »Lebensläufe«, sie heißen »Der Regenmacher«, »Der Beichtvater« und »Indischer Lebenslauf«, ich schrieb sie zwischen 1932 und 36. Im Beichtvater heißt der Held Josefus Famulus, und im »indischen Lebenslauf« heißt er Dasa, das ist das Sanskritwort für Knecht. Doch ist das mit dem Namen nur ein kleiner Spaß, ich kann auch leider kein Sanskrit, wie es mein Großvater konnte, der junge Sanskritisten dadurch zu erschrecken und zu entzücken imstande war, daß er das Sanskrit, das sie nur als tote mühsame Sprache kannten, lebendig und fließend wie Deutsch sprechen konnte. Etwas von der Erinnerung an ihn steht in der »Kindheit des Zauberers«.
(Brief, 22. 11. 1939 an Helene Welti)

Ich habe in diesem Jahr nichts geschrieben als zwei Gedichte: ein kleines neues Stück des Josef Knecht, das ich probierte, fiel mir so schwer und wurde so dürr und schwach, daß ich sah, es sei an ein Fertigwerden kaum mehr zu denken. Denn natürlich ist ein Fragment gebliebenes Werk, dessen vorhandene Teile ihren Wert haben, mehr wert als ein »fertiges«, dessen letzte Teile abfallen und nichts mehr taugen.
Mein Trost ist nicht der heut übliche: daß es in dieser Zeit auf den Einzelnen und sein Schicksal nicht ankomme – diese Phrasen konnte ich nie vertragen.
(Brief, 4. 6. 1940 an Helene Welti)

Bei mir ist dieses Jahr nichts entstanden als zwei Gedichte, die Sie kennen und ein halbes Kapitel des Josef Knecht, das aber noch nicht ins Reine geschrieben ist. Diese Zeiten scheinen mehr den Generälen und Journalisten gnädig als uns armen Teufeln.
(Brief, 19. 8. 1940 an Olga Diener)

Doch habe ich mich bei Gicht und grimmigen Augenschmerzen wieder zu einigen Seiten Josef Knecht aufgerafft. Es fehlen noch die 2 bis 3 schwierigsten Kapitel, sonst nichts.
(Brief, 6. 2. 1941 an Helene Welti)

Nein, »weiter« als der Regenmacher sind wir heute nicht. Daß das Spätere das Bessere, Vollkommenere sei, daß die Weltgeschichte ein dauernder »Fortschritt« sei, das sich einzureden war wohl die größte Dummheit des sonst so klugen 19. Jahrhunderts. Von ihr verführt glauben die Feuilletonisten denn auch, das Glasperlenspiel sei eine Utopie und ihr Autor glaube, es werde um 2100 stattfinden. Während doch das, was in meinem Buch steht, eine seelische Wirklichkeit ist, die immer und immer vorhanden war und sein wird, und über die weder ein chinesischer Taoistenmönch im 10. Jahrhundert, noch ein kluger Musiker im 18. Jahrhundert den Kopf geschüttelt hätte.

(Brief, ca. 1942 an Emil Schibli)

Die ganze Woche ist mein Berliner Verleger und lieber Freund Suhrkamp dagewesen – er hat seit einem Jahr um 24 Kilo abgenommen und wir erkannten ihn zuerst nicht wieder.
Er hat mir auch das Manuskript meines großen Buches wieder mitgebracht, das dreiviertel Jahr bei ihm gelegen war, und das nun in Deutschland *nicht erscheinen* kann.

(Brief, Ende Nov. 1942 an seinen Sohn Bruno)

Es gibt sowohl den Collofino wie auch Schriften von ihm, ich war einst ein wenig mit ihm befreundet, und wir haben immer wieder Grüße und Geschenke getauscht. Zuletzt kommt er ganz verborgen in dem lateinischen Zitat vor, das als Motto über dem Glasperlenspiel steht. Es heißt dort »ed. Collof.«, d. h. Ausgabe von Collofino, und das mit Recht, denn die lateinische Fassung jenes Spruches, der auf Deutsch von mir verfaßt ist und angeblich von einem Albertus Secundus stammt, ist unter Collofinos Mitarbeit entstanden. Der andre Mitarbeiter war Franz Schall, und ich werde nun auch ihn im Buch nennen. Der Spruch wurde auf meine Bitte von Schall, einem glänzenden Lateiner, in ein mittelalterliches Latein übertragen, ich zeigte ihn dann Feinhals, und er fand einiges dran zu feilen und führte darüber damals, vor Jahren, einen kleinen Briefwechsel mit Schall. Das Ergebnis ist die endgültige Fassung des Spruches, wie sie jetzt dasteht. Sie sehen, es steckt hinter mancher Bagatelle mehr Arbeit, als man so im Lesen denkt.
Schall ist nun tot. Und Collofino, der ein sehr reicher Mann in Köln war, ein großes Geschäft und ein großes, mit Kunstsachen

gefülltes Privathaus besaß, schrieb mir neulich aus einem badischen Spital: im Juni wurde sein Geschäftshaus, wenige Tage später sein Privathaus so vernichtet, daß von beiden keine Spur und kein Überbleibsel mehr da ist.

(Brief, 16. 8. 1943 an Otto Basler)

Mit dem Glasperlenspiel lassen Sie sich nur Zeit! Es ist nicht schwer zu lesen, aber man muß es langsam, aufmerksam und genau lesen, sonst verschließt es sich.

(Brief vom 21. 1. 1944 an Olga Diener)

»Das Glasperlenspiel« sollte 1943 erscheinen. Das Erscheinen wurde vom Propaganda-Ministerium, wegen eines Kapitels, das in einem Kloster spielt, untersagt. »Das Glasperlenspiel« behandelt Gestalt und Geschichte einer Erziehungsprovinz in einem utopischen Lande, in dem Politik und Kultur getrennt verwaltet werden. Die Kultur des Landes ist ausschließlich Angelegenheit eines Synods von produktiven Geistern. Das Werk hat eine ausgesprochene Tendenz gegen die Feuilletonisierung des Geistes und der Sprache.

(Auszug aus Peter Suhrkamps Beantwortung von Fragen seitens der Militärregierung anläßlich der Beantragung seiner Verlagslizenz 1945 in Berlin.)

Über solche einzelne Ausdrücke wie den, den Sie damals über mich als »großen Epiker« gebrauchten, kann man natürlich ohne Ende streiten, und beide werden Recht behalten. Im Fall des »großen Epikers« möchte ich aber doch noch etwas darüber sagen, wie meine Kritik gemeint war. Es ging nicht nur um meine Person und um das zweifelhafte Wort »groß«, sondern es ging auch um das Wort »Epiker«. Recht behalten werden Sie ja wohl darin, daß vermutlich in 20 Jahren die Basis noch nicht erreicht sein wird, auf der Kastalien steht, d. h. das feuilletonistische Zeitalter noch nicht zu Ende sein wird. Wird es wirklich aber einmal zu Ende sein, so wird es nicht mehr passieren, daß korrupte Epochen ihre Unterhaltungsschriftsteller als »Epiker« bezeichnen, sondern man wird unter Epiker wieder das verstehen, was man zweieinhalbtausend Jahre lang darunter verstanden hat.

(Brief, vor 1946 an Laurenz Wiedner)

Sie bitten mich um eine »Erklärung« meines Buches vom Glasperlenspiel. Dabei setzen Sie offenbar voraus, daß es einem

Dichter wichtig sei, von möglichst Vielen verstanden zu werden. Das ist aber nicht der Fall. Eine Dichtung wendet sich stets nur an die Aufnahmebereiten, sie drängt sich keinem auf, zehn oder zwanzig Verstehende genügen ihr. Und die sind für mein Buch längst vorhanden.

Sie setzen aber bei Ihrer Bitte auch voraus, daß es mir überhaupt möglich sein müsse, mein Buch einem Leser zu erklären, der ohne Erklärung nichts damit anzufangen weiß. Auch das ist ein Irrtum. Ich habe zur Darstellung der Ideen oder geistigen Realitäten »Kastalien« und »Glasperlenspiel« etwa elf Jahre gebraucht, das heißt: die guten, die besten, die geistig wachsten Stunden dieser elf Jahre. Und nun soll ich das, was mir in elf Jahren nicht gelungen ist, nämlich Ihnen die Wahrheit und Realität dieser Ideen zu beweisen, schnell in einem Brief nachholen! Sie können im Ernst daran kaum glauben.

Gewiß, es gibt ausgezeichnete, herrliche Erklärungen von Dichtungen. Sie sind aber alle nicht von Dichtern, sondern von Philologen geschrieben worden, und stets über Dichtungen, die sich über Jahrhunderte, mindestens über Jahrzehnte gehalten und bewährt hatten. Das Heutige und Aktuelle entzieht sich dieser geduldigen schönen, von mir sehr geliebten Philologenarbeit durchaus.

Ich begreife es wohl, daß Sie mit meinem Buch nichts anfangen können. Es wird darin eine Welt der geistigen Ordnung und Zucht dargestellt, die von der Ihnen bekannten und Sie umgebenden Realität gründlich verschieden ist (ohne freilich darum weniger eine Wirklichkeit zu sein). Aber wenn wir mit einem Buche nichts anfangen können, dann ist es ein falscher Ausweg, es sich von Anderen oder vom Autor erklären zu lassen. Man legt es weg und verzichtet darauf. Das gilt freilich nicht von Lehrbüchern, aber es gilt uneingeschränkt für Dichtungen.

(Brief, Mai 1948 an einen Leser)

Die Poesie ist ebensowenig wie die Musik eine exakte Wissenschaft, sondern eben eine Kunst, und es spielt überall Zufall, Assoziation etc. eine Rolle. So auch bei den Überschriften von Gedichten. Sie finden jene Überschrift »Toccata« ganz zufällig. Für mich ist seit einer Reihe von Jahren mit einer bestimmten Toccata (ich kann das Opus nicht näher benennen) unweigerlich die Vorstellung der Weltschöpfung verbunden und zwar der Moment des

Lichtwerdens. Da ich sonst gar nicht zu kosmischen Phantasien
neige, und die Vorstellung aus der das Gedicht entstand nicht aus
Reflektieren über die Schöpfung, sondern eben einzig aus dem
Hören jener Toccata entstand, war es für mich selbstverständlich,
diese Abhängigkeit im Titel auszusprechen.
Daß mein Gefühl, es sei mit diesem Gedicht, gegen dessen Niederschrift ich mich längere Zeit wehrte, etwas nicht in Ordnung,
durch Ihre Analyse und Kritik mehr als bestätigt wird, macht mir
eher Spaß als Verdruß.
(Brief, ca. 1950 an Justus Hermann Wetzel)

Ich habe mit der Schule im allgemeinen nicht viel Glück gehabt,
aber die einstige Göppinger Lateinschule[1] ist mir durch einen
originellen, geliebten und auch gefürchteten Lehrer in genauer
und teurer Erinnerung geblieben.
Ohne ihn und den Geist, der damals die beiden von Rektor Bauer
aufs Landexamen vorbereiteten Schulklassen beherrschte, hätte
meine Phantasie keinen Anlaß gehabt, sich mit der Conception
einer Idealschule zu beschäftigen, wie ich sie dann als alter Mann
im Glasperlenspiel beschrieben habe.
So durchs ganze Leben nachwirkend und fruchtbar kann die Begegnung eines Knaben mit einem überlegenen Lehrer-Genie
sein.
Ich wünsche Euch ähnliche Schulerlebnisse. Leicht haben wir es
damals einander nicht gemacht, der Rektor Bauer und wir, es gab
Kampf und Plage genug. Aber es war ein edler Kampf und eine
fruchtbare Plage.
(Brief, 6. 6. 1953 an Schüler des Hohenstaufen-Gymnasiums,
Göppingen)

Die Anspielungen auf Jakob Burckhardt und auf Freund Thomas
Mann bedürfen keiner Erläuterungen, sie sind evident.
Dagegen haben weder die Personen noch die Namen Designori
und Tegularius Entsprechungen im Biographischen.
Der Name Ferromonte ist der meines Neffen und Freundes Karl
Isenberg. Er war einer der besten Musikversteher und Musiker,
die ich kannte, Organist, Cembalist und Chorleiter. Er ist seit 1945

---

[1] Vgl. »Aus meiner Schülerzeit« in H. H., »Kleine Freuden«, Frankfurt
a. Main, 1977 u. WA 10, S. 384ff. »Rundbrief aus Sils Maria«.

im Osten, wo er Sanitätssoldat war, verschollen; und daß, während seine Frau mit zwei Kindern Jahr um Jahr mit schwindender Hoffnung auf eine Nachricht über ihn wartet, ihr Freund ihn mit in seine feuilletonistischen Darbietungen hineinziehen will, ist ja eigentlich widerlich genug, um diese ganze Art von »Wissenschaft«, die vom Interessanten und von der Sensation lebt, im Urteil anständiger Menschen zu erledigen.

(Undatierter Brief an einen unbekannten Empfänger)

Es hat mir besondere Freude gemacht, daß Sie den Weg zu den indischen und chinesischen Quellen gefunden haben. Nichts ist seltener als daß ein heutiger Deutscher diese Strahlen zu empfangen fähig ist. Dabei hat die ganze Epoche größte Sehnsucht danach, und was die Leser, ohne es zu wissen, am Glasperlenspiel lieben, ist das Fensterchen, das ihnen in diesem Buch nach Osten geöffnet wird. *(Brief, 1955 an Hans Bayer)*

Im Deutschen Museum (München) war ich auch einmal, als es noch ganz nagelneu war. Damals sah ich zum erstenmal die Chladnischen Klangfiguren[1], das war mein stärkster Eindruck.

(Brief, 1957 an seinen Sohn Heiner)

---

[1] Nach dem deutschen Physiker E. F. Chladni (1756-1827) benannte Figuren, die sich bilden, wenn man akustische Schwingungen auf Metallplatten überträgt, die mit feinem Sand bestreut sind.

Bibliographie
von Martin Pfeifer

A. Primärliteratur

1. Buchausgaben

Das Glasperlenspiel. Versuch einer Lebensbeschreibung des Magister Ludi Josef Knecht samt Knechts hinterlassenen Schriften. Herausgegeben von Hermann Hesse. Bd. 1.2. – Zürich: Fretz & Wasmuth (1943). 452, 442 S.
Neudr. 1: Bd. 1.2. Berlin: Suhrkamp 1946. 409, 403 S. (Neuauflagen 1946, 1947, 1949.)
Neudr. 2: (In einem Band.) Berlin und Frankfurt a. M.: Suhrkamp (1951). 771 S. (Neuauflagen 1952, 1953, 1954, 1956, 1958, 1959, 1961, 1962.)
Neudr. 3: In: Gesammelte Dichtungen. 6. Band. (Berlin und Frankfurt a. M.:) Suhrkamp 1952. S. 77-687; Gesammelte Schriften. 6. Band. (Berlin und Frankfurt a. M.:) Suhrkamp 1957. S. 77-687. (Neuauflagen 1958, 1968.)
Neudr. 4: Berlin und Frankfurt a. M.: Suhrkamp (1957). 617 S. (Suhrkamp Hausbuch 1957.)
Neudr. 5: (Mit einem Nachwort von Hans Mayer: Hesses »Glasperlenspiel« oder die Wiederbegegnung.) Berlin: Aufbau-Verlag 1961. 604 S.
Neudr. 6: (Frankfurt a. M.:) Suhrkamp (1963). 617 S. (Ungekürzte Sonderausgabe.) (Neuauflagen 1963, 1965, 1966, 1967, 1971, 1972.)
Neudr. 7: Berlin, Darmstadt, Wien: Deutsche Buchgemeinschaft 1964. 479 S.
Neudr. 8: (Frankfurt a. M., Hamburg:) Fischer Bücherei (1967). 446 S. (Fischer Bücherei. 842.) (Neuauflagen 1967, 1968, 1969, 1970.)
Neudr. 9: Gesammelte Werke in zwölf Bänden. 9. Band. (Frankfurt a. M.:) Suhrkamp (1970). 616 S. (Neuauflagen 1972, 1973.)
Neudr. 10: (Frankfurt a. M.:) Suhrkamp (1972). 617 S. (Suhrkamp Taschenbuch 79.)

2. Teildrucke

Tdr. 1: Die Gedichte des jungen Josef Knecht. (Stuttgart 1947.) 24 S. Privatdruck. Aufl.: 40 Expl. (Enthält »Die Gedichte des Schülers und Studenten« außer »Der letzte Glasperlenspieler«.)
Tdr. 2: Das Glasperlenspiel. Nach Magister Ludi Josef Knechts hinterlassenen Schriften. (Zeichnungen von Gerhart Kraaz. Frankfurt a. M.: Lud-

wig & Mayer 1960.) Unpag. 40 S. (Enthält: »Ein Traum«, »Das Schreiben des Magister Ludi an die Erziehungsbehörde«, »Das Glasperlenspiel«, »Klage«, »Entgegenkommen«, »Beim Lesen in einem alten Philosophen«, »Buchstaben«, »Dienst«, »Stufen«, »Nach dem Lesen in der Summa contra Gentiles«, »Doch heimlich dürsten wir...«, »Zu einer Toccata von Bach«, »Seifenblasen«, »Der letzte Glasperlenspieler«.)

3. Vorabdrucke und Separatdrucke

a) Das Glasperlenspiel. Einführung

Das Glasperlenspiel. Versuch einer allgemeinverständlichen Einführung in seine Geschichte. Vorabdr.: Die Neue Rundschau. Berlin. 45, 1934, S. 638-665.

b) Lebensbeschreibung des Magister Ludi Josef Knecht

Die Berufung
Vorabdr.: Corona. München, Berlin, Zürich. 8, 1938, S. 223-270.
Waldzell
Vorabdr.: Corona. München, Berlin, Zürich. 8, 1938, S. 341-370.
Studienjahre
Vorabdr.: Die Neue Rundschau. Berlin. 50, 1939, S. 320-335.
Tdr.: Neue Schweizer Rundschau. Zürich. N. F. 9, 1941/42, S. 378-386.
Zwei Orden
Vorabdr.: Corona. München, Berlin, Zürich. 9, 1939/40, S. 54-91.
Die Mission
Vorabdr.: Die Neue Rundschau. Berlin. 51, 1940, S. 317-329.
Magister Ludi
Vorabdr.: Die Neue Rundschau. Berlin. 51, 1940, S. 577-589.
Die Legende
Vorabdr.: Die Neue Rundschau. Berlin. 53, 1942, S. 315-323, 359-368 (Teildr.).

c) Josef Knechts hinterlassene Schriften

Die Gedichte des Schülers und Studenten

Klage
Vorabdr. 1: Corona. München, Berlin, Zürich. 5, 1935.
Vorabdr. 2: H. H.: Neue Gedichte. Berlin: S. Fischer (1937). S. 67.

Entgegenkommen
Vorabdr. 1: Nationalzeitung. Basel. Nr. 96 v. 28. 2. 1937.
Vorabdr. 2: Die Neue Rundschau. Berlin. 48, 1937, S. 190.
Vorabdr. 3: H. H.: Neue Gedichte. Berlin: S. Fischer (1937). S. 68.

Doch heimlich dürsten wir...
Vorabdr. 1: Corona. München, Berlin, Zürich. 5, 1935.
Vorabdr. 2: H. H.: Neue Gedichte. Berlin: S. Fischer (1937). S. 69.
Faks.: The German Quarterly. Appleton, Wisc. 43, 1970, 1, S. 68.

Buchstaben
Vorabdr. 1: Neue Zürcher Zeitung. Nr. 320 v. 24. 2. 1935 u. d. T.: Hieroglyphen.
Vorabdr. 2: Corona. München, Berlin, Zürich. 5, 1935.
Vorabdr. 3: H. H.: Neue Gedichte. Berlin: S. Fischer (1937). S. 70-71.
Separatdr. 1: (Berlin: Erasmusdruck 1936.) Einblattdruck u. d. T.: Hieroglyphen.
Separatdr. 2: Offenbach a. M.: Kumm 1965. 12 Bl. Aufl.: 200 Expl.

Beim Lesen in einem alten Philosophen
Vorabdr. 1: Die Neue Rundschau. Berlin. 48, 1937, S. 191.
Vorabdr. 2: H. H.: Neue Gedichte. Berlin: S. Fischer (1937). S. 72.

Der letzte Glasperlenspieler
Vorabdr. 1: Nationalzeitung. Basel. Nr. 577 v. 12. 12. 1937.
Vorabdr. 2: Die Neue Rundschau. Berlin. 49, 1938, S. 105.
Vorabdr. 3: H. H.: Zehn Gedichte. (Bern: Stämpfli 1939.) 14 S. (Privatdruck.)
Separatdr. 1: (Berlin: S. Fischer) 1938. Einblattdruck. (Sonderabdruck aus »Die Neue Rundschau«.)
Separatdr. 2: (Hamburg: Heinrich Ellermann 1939.) Doppelblatt.

Zu einer Toccata von Bach
Vorabdr. 1: Nationalzeitung. Basel. Nr. 238 v. 26. 5. 1935.
Vorabdr. 2: Corona. München, Berlin, Zürich. 5, 1935.
Vorabdr. 3: H. H.: Neue Gedichte. Berlin: S. Fischer (1937). S. 73.
Separatdr.: (Berlin: Erasmusdruck um 1936.) Einblattdruck u. d. T.: Zu einer Toccata mit Fuge von Bach.

Ein Traum
Vorabdr. 1: Die Zeit. Bern. 4, 1936, 5, S. 144 f. u. d. T.: Ein Traum Josef Knechts.
Vorabdr. 2: Die Neue Rundschau. Berlin. 47, 1936, S. 1009-1012 u. d. T.: Ein Traum Josef Knechts.

Vorabdr. 3: Das 50. Jahr. Almanach. Berlin: S. Fischer 1936, S. 9-12 u. d. T.: Ein Traum Josef Knechts.
Vorabdr. 4: H. H.: Neue Gedichte. Berlin: S. Fischer (1937). S. 74-78.
Separatdr. 1: (Berlin: Erasmusdruck) 1936. 6 Bl. u. d. T.: Ein Traum Josef Knechts.
Separatdr. 2: o. O. 1936. 1 Bl. u. d. T.: Ein Traum Josef Knechts.

Dienst
Vorabdr. 1: Corona. München, Berlin, Zürich. 5, 1935.
Vorabdr. 2: Nationalzeitung. Basel. Nr. 12 v. 12. 1. 1936 u. d. T.: Und unser ist das Amt.
Vorabdr. 3: H. H.: Neue Gedichte. Berlin: S. Fischer (1937). S. 79.
Separatdr.: (Halle a. d. Saale: Werkstätten der Stadt Halle 1942.) Einblattdruck.

Seifenblasen
Vorabdr. 1: Nationalzeitung. Basel. Nr. 38 v. 24. 1. 1937.
Vorabdr. 2: H. H.: Neue Gedichte. Berlin: S. Fischer (1937). S. 80.
Separatdr.: (Berlin: Erasmusdruck um 1936.) Unpag. 3 S.

Nach dem Lesen in der Summa contra Gentiles
Vorabdr. 1: Corona. München, Berlin, Zürich. 5, 1935.
Vorabdr. 2: Nationalzeitung. Basel. Nr. 306 v. 7. 7. 1935.
Vorabdr. 3: H. H.: Neue Gedichte. Berlin: S. Fischer (1937). S. 81-82.

Stufen
Vorabdr. 1: Neue Zürcher Zeitung. Nr. 759 v. 18. 5. 1941.
Vorabdr. 2: Die Neue Rundschau. Berlin. 53, 1942, S. 289 f.
Abdruck in: H. H.: Aus vielen Jahren. Bern: Stämpfli 1949, 129 S.
Separatdr. 1: (Pößneck: Bezirksschule für das graphische Gewerbe in Thüringen) 1943. 4 Bl. Aufl.: 101 Expl.
Separatdr. 2: (Oranienbaum: Karl Keller 1946.) 2 Bl. Aufl: 200 Expl.
Separatdr. 3: (Essen: G. Olbrecht 1947.) Einblattdruck.
Faks.: Bernhard Zeller: H. H. Eine Chronik in Bildern. (Frankfurt a. M.:) Suhrkamp (1960). S. 171.

Das Glasperlenspiel
Vorabdr. 1: Die Neue Rundschau. Berlin. 45, 1934, S. 637.
Vorabdr. 2: Corona. München, Berlin, Zürich. 5, 1935.
Vorabdr. 3: H. H.: Neue Gedichte. Berlin: S. Fischer (1937). S. 83.

Die drei Lebensläufe

Der Regenmacher
Vorabdr.: Die Neue Rundschau. Berlin. 45, 1934, S. 476-512.

Der Beichtvater
Vorabdr.: Die Neue Rundschau. Berlin. 47, 1936, S. 673-701.
Separatdr.: Hamburg: Furche-Verlag (1962). 47 S. (Furche-Bücherei. 205.)

Indischer Lebenslauf
Vorabdr.: Die Neue Rundschau. Berlin. 48, 1937, S. 7-40.
Separatdr.: Zürich: Gute Schriften (1946). 46 S. (Gute Schriften. 223.)

Aus Hesses Nachlaß

Der vierte Lebenslauf. (Zwei Fassungen.) In: H. H.: Prosa aus dem Nachlaß. (Hrg. von Ninon Hesse. Frankfurt a. M.:) Suhrkamp 1965. S. 441 bis 593. Separatdr.: (Hrg. von Ninon Hesse. Frankfurt a. M.:) Suhrkamp (1966). 163 S. (Bibliothek Suhrkamp. 181.) (Neuauflage 1969, 1973.)

Entwürfe

Das Motto (in der 1. Fassung)
Faks.: Bernhard Zeller: H. H. Eine Chronik in Bildern. (Frankfurt a. M.:) Suhrkamp (1960). S. 169; Bernhard Zeller: H. H. in Selbstzeugnissen und Bilddokumenten. (Reinbek bei Hamburg:) Rowohlt (1963). (rowohlts monographien. 85.) S. 124.

Aus der 1. Fassung des *Einleitungs*kapitels
Faks.: H. H. Werk und Persönlichkeit. Sonderausstellung zum 80. Geburtstag des Dichters. Marbach a. N.: Schiller-Nationalmuseum 1957. Vor S. 43.

Ende (Entwurf A und B)
In: Montshefte für deutschen Unterricht, deutsche Sprache und Literatur. Madison, Wisc. 60, 1968, 2, S. 142 und 143.

(Die Lebensläufe)
Zitiert von G. W. Field: On the genesis of the »Glasperlenspiel«.
In: The German Quarterly. Appleton, Wisc. 41, 1968, S. 673-674.
Zitiert von J. Mileck: Das Glasperlenspiel. In: The German Quarterly. Appleton, Wisc. 43, 1970, 1, S. 71-72; Faks. S. 56-57.

4. Übersetzungen

Sprache	Erscheinungsjahr	Übersetzer
dänisch	1973	Mogens Boisen
englisch	1949, 1957	Mervyn Savill
	1969, 1970, 1972	Richard and Clara Winston
finnisch	1972	Kai Kaila
französisch	1955, 1972	Jacques Martin
italienisch	1955, 1966	Ervino Pocar
japanisch	1954, 1955 (Tdr.)	Kenji Takahashi
	1955	Ayao Ide
	1958/59	Masami Tobari
	1955, 1958, 1971	Kenji Takahashi
koreanisch	1961	Jeong-seo Bag
norwegisch	1970	Trond Winje
polnisch	1971	Maria Kurecka
portugiesisch	1972	Lariva Abandres Viotti, Flavio Vieira da Soiza
rumänisch	1969	Jon Roman
russisch	1969	E. Markovič
schwedisch	1952	Nils Holmberg, Irma Nordvang
serbokroatisch	1960	Mihailo Smiljanic
spanisch	1949, 1955, 1957	Arístides Gregori
	1957, 1960, 1961	Mariano S. Luque
	1960	Victor Scholz

5. Vertonungen

Kurig, Hans-Hermann: »Das Glasperlenspiel«. Ein Zyklus in vier Liedern. Manuskript (1948).
1. Das Glasperlenspiel
2. Josef Knechts Berufung (Der Text stammt nicht von H. H., war aber diesem einmal zugeschrieben worden.)
3. Seifenblasen
4. Stufen

Fiebig, Kurt: Des Lebens Ruf. Aus dem Glasperlenspiel von H. H. Für gem. Chor a cappella. München, Leipzig: Leuckart (1954). 8 S.
Bein, Wilhelm: Vorspruch. (D. i. »Das Glasperlenspiel«. Männerchor. Text:) H. H. Hannover: Adolf Hampe 1958. 1 S.

Müller, Paul: Stufen. (Männerchor a cappella. Text:) H. H. (Zürich, Obere Zäune 12: Paul Müller) 1959. 15 S. vervielf.; Zürich: Hug (1960). 8 S.

Weismann, Wilhelm: Stufen. Chorlied nach einem Text von H. H. für vier gemischte Stimmen a cappella. Sing-Partitur. Frankfurt a. M., London, New York: C. F. Peters; Rodenkirchen: Tonger (1959). 5 S. (Edition Peters. 4896 a.)

Weismann, Wilhelm: Stufen. Chorlied nach einem Text von H. H. für vier gleiche Stimmen a cappella. Sing-Partitur. Frankfurt a. M., London, New York: C. F. Peters; Rodenkirchen: Tonger (1959). 5 S. (Edition Peters. 4896 b.)

Krause, Franz: Sieben Gedichte von H. H. für Gesang und Klavier. 30. Werk. Kassel, Virchowstraße 4: (Franz Krause 1961). 19 S. (6) Klage (7) Das Glasperlenspiel

Heiller, Anton: Stufen. (Für 4stimmigen Kinderchor.) Wien, München: Doblinger 1962. 10 S. (Der Oberchor. Blattpartituren. 135.)

B. Sekundärliteratur

1941

Widmer, Thomas: Vom herbstlichen Geiste Kastaliens. Zu H. H.s »Mission«, einem Kapitel aus dem »Versuch einer Lebensbeschreibung Josef Knechts«. In: Neue Schweizer Rundschau. Zürich. N. F. 9, 1941/42, S. 373-377.

1943

Carlsson, Anni: Zwillingsbrüder: Wilhelm Meister und Josef Knecht. In: Neue Zürcher Zeitung. Nr. 1878 v. 27. 11. 1943.
Diebold, Bernhard: »Das Glasperlenspiel«. Roman von H. H. In: Nationalzeitung. Basel. Nr. 589 v. 19. 12. 1943.
eh.: H. H.s neuer Roman »Das Glasperlenspiel«. In: Schweizer Illustrierte Zeitung. Zofingen. Nr. 49 v. 3. 12. 1943.
Faesi, Robert: H. H.s »Glasperlenspiel«. In: Neue Schweizer Rundschau. Zürich. N. F. 11, 1943, 7, S. 411-427.
Faesi, Robert: H. H.s »Glasperlenspiel«. In: Der kleine Bund. Bern. Nr. 51 v. 19. 12. 1943, S. 401-403.
Humm, R(udolf) J(akob): H. H.s »Glasperlenspiel«. In: Die Weltwoche. Zürich. Nr. 526 v. 10. 12. 1943.
-ie-: »Das Glasperlenspiel« – Der neue Roman von H. H. In: Basler Nachrichten. Nr. 346 v. 19. 12. 1943, Literaturblatt Nr. 28.
K(orrodi), E(duard): H. H.s neuer Roman »Das Glasperlenspiel«. In: Neue Zürcher Zeitung. Nr. 1878 v. 27. 11. 1943.
Mast, Hans: H. H.s letzte Entwicklung. In: Das Bücherblatt. Zürich. 7, 1943, 12, S. 1-2.
nn.: H. H.: Das Glasperlenspiel. In: Neue Zürcher Nachrichten. Nr. 295 v. 18. 12. 1943; Glarner Volksblatt. Näfels. 20. 12. 1943.
R(ychner), M(ax): H. H.: »Das Glasperlenspiel«. In: Die Tat. Zürich. Nr. 304 v. 25. 12. 1943; auch in: M. Rychner: Zeitgenössische Literatur. Charakteristiken und Kritiken. Zürich: Manesse Verlag (1947). S. 243 bis 254.
H. S.: H. H. Das Glasperlenspiel. In: Aargauer Tagblatt. Aarau. 23. 12. 1943.
th.: Neue Romane. In: Berner Tagblatt. 22. 12. 1943.
Walter, Hans: »Das Glasperlenspiel. Der neue Roman von H. H.« In: Luzerner Tageblatt v. 11./12. 1943.
(anonym:) H. H. Das Glasperlenspiel. In: Schweizer Journal. Zürich. 1. 11. 1943.

(anonym:) H. H.: »Das Glasperlenspiel«. In: Zofinger Tagblatt. 21. 12. 1943.

1944

-ann.: »Das Glasperlenspiel«. In: Berner Tagblatt. 17. 2. 1944.
Ball-Hennings, Emmy: Zum »Glasperlenspiel« von H. H. In: Schweizer Rundschau. Zürich. 44, 1944/45, S. 501-503.
Basler, Otto: H. H.s Weg zum Glasperlenspiel. Ein Versuch zur Deutung des Dichterischen bei H. H. In: Schweizer Annalen. Aarau. 1, 1944, 9/10, S. 637-648; veränd. und erw. Fassung u. d. T.: Der Weg zum Glasperlenspiel. In: Hugo Ball: H. H. Sein Leben und sein Werk. Zürich: Fretz & Wasmuth (1947). 351 S., S. 272-340.
O. B.: H. H.: Das Glasperlenspiel. In: Schweizer Lehrerzeitung. Zürich. 11. 3. 1944.
Clerc, Charly: La vie littéraire en Suisse allemande. Au delà du XXme siècle. In: Gazette de Lausanne. 5. 2. 1944.
J. D.: Das Glasperlenspiel unter der Rubrik »Der Cortigiano«. In: Sport-Toto. Basel. Nr. 33 v. 15. 8. 1944.
E. F.: Das Glasperlenspiel. In: Luzerner Neueste Nachrichten. 5. 4. 1944.
fk.: H. H.s »Glasperlenspiel«. In: St. Galler Tagblatt. 25. und 26. 1. 1944.
Helbling, Carl: Mit Spannung hat man ein Buch erwartet... In: Du. Zürich. Dezember 1944.
jd.: Das Glasperlenspiel. In: Basler Nachrichten. 11. 6. 1944.
Matzig, Richard B(lasius): Das Glasperlenspiel. In: Schweizer Monatshefte. Zürich. 24, Juli 1944, S. 229-231; veränd. und erweiterte Fassung in: R. B. Matzig: H. H. in Montagnola. Studien zu Werk und Innenwelt des Dichters. Basel: Amerbach-Verlag (1947). S. 99-111; (dasselbe ohne den Zusatz »in Montagnola«:) Stuttgart: Reclam (1949). S. 124-138.
M.: H. H. In: Der Landbote und Tagblatt der Stadt Winterthur. 22. 7. 1944.
or.: H. H., Das Glasperlenspiel. In: Volksstimme. St. Gallen. Nr. 27 v. 2. 2. 1944.
Pobé, Marcel: Von den klaren Gleichnissen und dem heimlichen Durst nach Wirklichkeit. Zu H. H.s »Glasperlenspiel«. In: Schweizer Rundschau. Zürich. 43, 1944, S. 613-620.
s. [= Franz Schmidt]: H.s »Glasperlenspiel«. In: Volksstimme. St. Gallen. Nr. 41. v. 18. 2. 1944.
Wiget, Erik: H. H.: Das Glasperlenspiel. In: Zürcher Student. Januar 1944.
Zurlauben, Walter: H. H.: Das Glasperlenspiel. In: Nationale Hefte. Zürich. 1944, S. 319-321.
O. Z.: H. H.s »Glasperlenspiel«. In: Expreß. Biel. 6. 6. 1944.

1945

Horst, Karl August: Deutscher Geist zwischen Gestern und Morgen. Stuttgart: Deutsche Verlagsanstalt 1945. S. 371-372.
Maass, Joachim: Anmerkung zum Buch eines Magister Ludi. H.H.s »Glasperlenspiel«. In: Die Neue Rundschau. Berlin. 56/57, 1945/46, 3, S. 375-377; Das Silberboot. Salzburg. 3, 1947, 5, S. 229-230.

1946

Angelloz, J(oseph) F(rançois): Présentation de »Das Glasperlenspiel« par H. H. In: Etudes Germaniques. Lyon, Paris. 1, 1946, 4, S. 428-431.
Bock, Hans Joachim: H. H. und sein Glasperlenspiel. In: Die Wochenpost. Stuttgart. 1, 1946, 26, S. 4.
Bollnow, Otto Friedrich: Probleme der Anthropologie. In: Die Sammlung. Göttingen. 2, 1946, 1, S. 56-60; verändert und erweitert in: O. F. Bollnow: Unruhe und Geborgenheit im Weltbild neuerer Dichter. (Stuttgart:) Kohlhammer (1953). 2. Aufl. 1958. S. 31-69, bes. S. 54-69.
Buchwald, Reinhard: H. H.s letztes Schaffen. In: Die Lücke. Heidelberg. 1, 1946, 7, S. 15-17.
Carlsson, Anni: H. H.s »Glasperlenspiel« in seinen Wesensgesetzen. In: Trivium. Zürich. 4, 1946, 3, S. 175-201; auch in: Hugo Ball: H. H. Sein Leben und sein Werk. Mit einem Anhang von Anni Carlsson. (7.-16. Tsd. Berlin:) Suhrkamp 1947. 306 S., S. 257-300.
Daur, Rudolf: Bücher des Auslandes. H. H.: Das Glasperlenspiel. In: Universitas. Stuttgart. 1, 1946, 3, S. 359-360.
Flügel, Heinz: Das Glasperlenspiel. In: Deutsche Rundschau. Berlin. 69, 1946, 8, S. 165-168.
Geyh, Karl Walter: H. H. als Künder einer neuen Zeit. In: Geistige Welt. München. 1, 1946, 1, S. 44-45.
Goes, Albrecht: Rede auf H. H. Berlin: Suhrkamp 1946. 39 S., S. 21-31; Neue Schweizer Rundschau. Zürich. N. F. 14, 1946/47, S. 387-407; Du. Zürich. 13, 1953, 2, S. 13-16 und 52-58 (Teildr.).
Heuss, Theodor: Das Glasperlenspiel. H. H.s neues Werk. In: Rhein-Neckar-Zeitung. Heidelberg. 19. 10. 1946.
Lenz, Hermann: H. H. Das Glasperlenspiel. Nobelpreisträger 1946. In: Weltstimmen. Stuttgart. 17, 1946, 2, S. 5-9.
Mathies, Maria Elisabeth: H. H.s »Glasperlenspiel«. In: Hamburger Akademische Rundschau. 1, 1946/47, S. 32-35.
Nestle, Wilhelm: H. H.s »Glasperlenspiel«. In: Die Aussaat. Lorch/Württ. 1, 1946, 6/7, S. 10-11.
Schmid, Max: Ein Grundproblem der Werke H. H.s. In: Neue Zürcher Zeitung. Nr. 1412 v. 10. 8. 1946.

Schramm, Herbert: Das Glasperlenspiel – ein Buchhinweis. In: Der Kulturspiegel. Zeitschrift deutscher Kriegsgefangener in England. June 1946, S. 55-58.
Schüddekopf, Jürgen: Das Glasperlenspiel. Zu H.H.s neuem Roman. In: Die Welt. Hamburg. 17. 9. 1946; Rheinischer Merkur. Koblenz. Nr. 4 v. 25. 1. 1947.
Schühle, Erwin: Linien in der Dichtung H. H.s. Aus Anlaß seines neuen Buches »Das Glasperlenspiel«. In: Die Christengemeinschaft. Stuttgart. N. F. 18, 1946, 4, S. 122-126.
Sengle, Friedrich: H. H.s dichterische Wandlung. In: Schwäbisches Tagblatt. Tübingen. Nr. 75 v. 20. 9. 1946.
Vordtriede, Werner: H. H.: Das Glasperlenspiel. In: The German Quarterly. Appleton, Wisc. 19, 1946, 4, S. 291-294.
Zeller, Eugen: H. H.: Das Glasperlenspiel. Eine Besprechung. In: Der Standpunkt. Stuttgart. 1, 1946, 12, S. 23-24.
(anonym:) Das Glasperlenspiel. In: Die Besinnung. Nürnberg. 1, 1946, 3, S. 140.
(anonym:) H. H. erhielt den Goethe-Preis. Bevorstehendes Erscheinen des zweibändigen Romans »Das Glasperlenspiel«. In: Die Neue Zeitung. München. 30. 8. 1946.

1947

Bauer, Paul: Das Glasperlenspiel. In: Die Lücke. Waibstadt bei Heidelberg. 2, 1947, 11/12, S. 20-21.
Carlsson, Anni: Gingo Biloba. H. H. zum 70. Geburtstag (über Thomas Manns Josephs-Romane und Hesses Josef Knecht). In: Neue Schweizer Rundschau. Zürich. N. F. 15, 1947, 2, S. 79-87.
Cube, Hellmut von: H. H.s Glasperlenspiel. In: Welt und Wort. Tübingen. 2, 1947, 4, S. 105-106.
Curtius, Ernst Robert: H. H. In: Merkur. Baden-Baden. 1, 1947, 2, S. 170-185, bes. S. 181-185; E. R. Curtius: Kritische Essays zur europäischen Literatur. Bern: Francke 1950. S. 202-223, bes. S. 217-223 (2. Aufl. 1954).
Engel, Otto: Das Glasperlenspiel. Darstellung und Deutung. In: O. Engel: H. H. Dichtung und Gedanke. Stuttgart: Frommann 1947. 96 S., S. 25-90 (2. Aufl. 1948: S. 25-91).
Erné, Nino: Hermann Hesse und Dostojewski. In: Deutsche Beiträge, Heft 4, 1947, S. 345-353.
Ernst, Christian D.: Kastalien. Zum 70. Geburtstag H. H.s. In: Der Kurier. Berlin. Nr. 151 v. 2. 7. 1947.
-ert: Drei große Romane. Bemerkungen an H. H.s 70. Geburtstag. In: Neue Zeit. Berlin. Nr. 151 v. 2. 7. 1947.

Freyberger, Laurentius: H. H.s »Glasperlenspiel« – ein Bekenntnis zum Geist. In: Hochland. München. 39, 1947, 4, S. 363-368.

Fritsche, Herbert: Unvollendete Einweihung. Zu H. H.s Romanwerk »Das Glasperlenspiel«. In: Die Zeit. Hamburg. Nr. 25 v. 19. 6. 1947.

Fuchs, Karl: H. H. In: Die Erlanger Universität. Bamberg. Nr. 13 v. 1. 7. 1947, S. 173-175.

Georg, Berthold: Positive Zeitkritik. Gedanken zu H. H.s neuem Werk »Das Glasperlenspiel«. In: Die Neue Schau. Kassel, Basel. 8, 1947, 1, S. 26-27.

Groothoff, Hans Hermann: Versuch einer Interpretation des Glasperlenspieles. In: Hamburger Akademische Rundschau. 2, 1947/48, 6, S. 269-279.

Haering, Alfred: Novalis redivivus. In: Sonntag. Berlin. Nr. 18 v. 4. 5. 1947.

Hafner, Gotthilf: Narziß und Goldmund – Die Morgenlandfahrt – Das Glasperlenspiel. In: G. Hafner: H. H. Werk und Leben. Umrisse eines Dichterbildes. Reinbek bei Hamburg: Parus-Verlag (1947). 87 S., S. 53 bis 61; 2. erw. Auflage: H. H. Werk und Leben. Ein Dichterbildnis. (Nürnberg:) Hans Carl (1954). 176 S., S. 68-80; 3., erg. Auflage (1970). 199 S., S. 82-94.

Hartung, Rudolf: H. H.s Spätwerk »Das Glasperlenspiel«. In: Die Fähre. München. 2, 1947, 7, S. 441-446.

Hausmann, Manfred: H. H.s »Glasperlenspiel«. In: Weser-Zeitung. Bremen v. 2. 7. 1947.

Hering, Gerhard F.: Burckhardts Worte im Glasperlenspiel. In: Die Zeit. Hamburg. Nr. 28 v. 10. 7. 1947.

Hering, Gerhard F.: Über das »Glasperlenspiel«. In: Die Gegenwart. Freiburg i. Br. Nr. 11/12 v. 30. 6. 1947, S. 31-33.

Jancke, Oskar: Post scripta. Unser Zeitalter H. H. . . . In: Welt und Wort. Tübingen. 2, 1947, 7, S. 216.

Kakurai, Shukushi: Gespräch über »Das Glasperlenspiel«. In: Doitsu-Bungaku. Tokio. 1947, 1. (Japanisch.)

Klie, Barbara: Glasperlenspiel. In: Die Umschau. Mainz. 2, 1947, 5, S. 615-619.

Kohlschmidt, Werner: Meditationen über H. H.s »Glasperlenspiel«. In: Zeitwende. München. 19, 1947, 3, S. 154-170 und 19, 1947, 4, S. 217 bis 226; W. Kohlschmidt: Die entzweite Welt. Studien zum Menschenbild in der neueren Dichtung. Gladbeck: Freizeiten-Verlag (1953). S. 127 bis 154. (Glaube und Forschung. 3.)

Korn, Karl: Verspielte Perlen. In: Berliner Hefte für geistiges Leben. 2, 1947, S. 853-859.

Minssen, Friedrich: Die kastalische Utopie. In: Der Ruf der jungen Generation. München. Nr. 10 v. 15. 5. 1947.

Ruprecht, Erich: Wendung zum Geist? Gedanken zu H. H.s »Glasper-

lenspiel«. In: E. Ruprecht: Die Botschaft der Dichter. Stuttgart: R. Schmiedel 1947. S. 443-474. (Schriftenreihe der Universitas. 1.)
L. R.: Gedanken zu H. H.s »Glasperlenspiel«. Zum 70. Geburtstag des Dichters. In: Südwestdeutsche Volkszeitung. Nr. 53 v. 2. 7. 1947.
rm.: H. H.s Weg zum »Glasperlenspiel«. In: Badener Tagblatt. Baden/Schweiz. 3. 11. 1947.
Schirmbeck, H(einrich): »Das Glasperlenspiel«. H. H.s reifstes Werk. In: Schwäbische Zeitung. Leutkirch. 15. 7. 1947.
Schirmbeck, Heinrich: Der homo ludens und das Glasperlenspiel. In: Badische Zeitung. Freiburg i. Br. und Waldkirch i. Br. 22. 7. 1947.
Schmid, Max: Konfliktwandel in H. H.s neueren Werken. Diss. Zürich 1947. 240 S., S. 153-217; Zürich: Fretz & Wasmuth 1947. 288 S. u. d. T.: H. H. Weg und Wandlung.
Schultze, Friedrich: »Das Glasperlenspiel«. In: Aufbau. Berlin. 3, 1947, 5, S. 455-457.
E. T.: Unser Bücherfenster. Hilfe durch den Geist. H. H.: Das Glasperlenspiel. In: Badener Illustrierte. Freiburg i. Br. Nr. 11 v. 26. 7. 1947.
Vietta, Egon: H. H.: Das Glasperlenspiel. In: Das goldene Tor. Lahr. 2, 1947, 7, S. 690-691.
Weber, Heinrich: H. H. Das Glasperlenspiel. In: Athena. Berlin. 1, 1947, 7, S. 84-86.
(anonym: Brief an H. H. mit Antwort von H. H. u. d. T.:) Zwei Briefe über das Glasperlenspiel. In: Nationalzeitung. Basel. Nr. 457 v. 5. 10. 1947.

1948

Becher, Hubert: Das Glasperlenspiel. In: Stimmen der Zeit. Freiburg i. Br. 73, 1948, 10, S. 146-148.
Benn, Maurice B.: The romantic element in the prose-works of H. H. M.-A.-Degree. London 1948. 211 Bl. (Maschinenschr.)
Böckmann, Paul: Ist das Glasperlenspiel ein gefährliches Buch? Eine Replik (auf W. v. Schöfer). In: Die Sammlung. Göttingen. 3, 1948, 10, S. 609-618.
Böhme, Siegfried: Das Glasperlenspiel H. H.s. (Studenten diskutieren einen Erziehungsroman.) In: Die neue Schule. Berlin, Leipzig. 3, 1948, 8, S. 248-250.
Böttcher, Margot: Aufbau und Form von H. H.s »Steppenwolf«, »Morgenlandfahrt« und »Glasperlenspiel«. Diss. Berlin (Humboldt-Universität) 1948. 57 Bl. (Später u. d. T.: Erschließung von H. H.s Spätwerk – insbes. des magischen Gehalts – durch Formalanalyse.) (Maschinenschrift.)
Bonitz, Amalie: Der Erziehungsgedanke in H. H.s »Glasperlenspiel«. In: Schola. Offenburg. 3, 1948, 12, S. 803-815; Vierteljahresschrift für wissenschaftliche Pädagogik. Bochum. 29, 1953, 3, S. 215-226.

Botta, Paul: »Das Glasperlenspiel« von H. H. In: Die Kirche in der Welt. Münster. 1, 1948, Lief. 3, S. 465-468.
Braemer, Edith: Kastalien als pädagogische Provinz. In: Die neue Schule. Berlin, Leipzig. 3, 1948, 8, S. 251-253.
Demeter, K(arl): Symbolik und Ausleseprinzip in H. H.s »Glasperlenspiel«. In: Freimaurerbriefe. Krefeld. 3, 1948, 5/6, S. 76-79.
Edfelt, Johannes: Glaspärlespelet. In: J. Edfelt: Några verk och gestalter i modern tysk diktning. Lund: Gleerup (1948). S. 27-34. (Skrifter utgivna av Sveriges yngre läroverkslärares förening. 7.)
Engel, Hans: Romane mit Musik: »Das Glasperlenspiel« von H. H. In: Das Musikleben. Melos. Allgemeine Ausgabe. Mainz. 1, 1948, 11, S. 257-261.
Faber du Faur, Curt von: Zu H. H.s »Glasperlenspiel«. In: Monatshefte für deutschen Unterricht, deutsche Sprache und Literatur. Madison, Wisc. 40, 1948, 4, S. 177-194.
Grenzmann, Wilhelm: Gott und Mensch im jüngsten deutschen Roman. Bonn: Verlag des Borromäus-Vereins 1948. S. 32-41.
Hänsel, Ludwig: H. H. und die Flucht in den Geist. Gedanken zum »Glasperlenspiel«. In: Wort und Wahrheit. Wien. 3, 1948, S. 273-288; L. Hänsel: Begegnungen und Auseinandersetzungen mit Denkern und Dichtern der Neuzeit. Wien: Österreichischer Bundesverlag 1957. S. 175-201.
Heise, Wolfgang: Fragwürdigkeit des »Reinen Geistes«. In: Die neue Schule. Berlin, Leipzig. 3, 1948, 8, S. 253-254.
Huber, Hans: H. H. Heidelberg: Carl Pfeffer 1948. 72 S., S. 58-71.
Kraus, Fritz: Vom lebendigen Geist. Anmerkungen zu H. H.s »Glasperlenspiel«. In: Prisma. München. 2, 1948, 17, S. 9-13.
Peter, Maria: Das Kulturproblem bei H. H. Diss. Freiburg i. Br. 1948. 110 Bl. (Maschinenschr.)
(*Reindl, Ludwig Emanuel*:) Tagebuch des Herausgebers. In: Die Erzählung. Konstanz. 2, 1948, 3, S. 1-2.
Schilling, Kurt: H. H.: Das Glasperlenspiel. In: Zeitschrift für philosophische Forschung. Wurzach/Württ. 3, 1948/49, S. 313-320.
Schöfer, Wolfgang von: H. H., Peter Camenzind und das Glasperlenspiel. In: Die Sammlung. Göttingen. 3, 1948, 10, S. 597-609. (Vgl. dazu die Beiträge von Böckmann, 1948, und Schöfer, 1949.)
Scholz-Wülfing, Paul: H. H.: »Das Glasperlenspiel«. In: Deutschunterricht. Berlin, Leipzig. 1, 1948, 1, S. 34-35.
Schröder, Eduard: Das Porträt: H. H. In: Frankfurter Hefte. 3, 1948, 9, S. 841-845.
Seidlin, Oskar: H. H.s »Glasperlenspiel«. In: Die Wandlung. Heidelberg. 3, 1948, 4, S. 298-308; The Germanic Review. New York. 23, 1948, S. 263-273. (Deutsch.)
Thiele, Guillermo: Jugando con perlas de vidrio. Informe sobre la ultima

novela de H. H. In: Boletin Bibliográfico. Sección Lengua y Literatura Alemanas. Mendoza. 1948, S. 17-46.
Unseld, Siegfried: H. H. »Das Glasperlenspiel«. Eine Besprechung. In: Studentische Blätter, Tübingen, Dezember 1948.
Vietsch, Eberhard von: Wahrheit und Wirklichkeit im »Glasperlenspiel«. In: Neues Europa. Hann.-Münden. 3, 1948, 6, S. 32-46.
Wied, Martina: Das Glasperlenspiel. In: Wiener Zeitung. Nr. 102 v. 30. 4. 1948.

1949

Augustin, Elisabeth: H. H.s »Glasperlenspiel« een protest tegen cadavergehoorzaamheid. In: Litterair paspoort. Amsterdam. 4, 1949, 30, S. 121-125.
Buchtmann, Ernstgünther: Die drei Lebensläufe in ihrer Beziehung zur Biographie des Magister Ludi Josef Knecht. Ein Beitrag zur Deutung von H. H.s »Glasperlenspiel«. Semesterarbeit. Oldenburg 1949. 40 S. (Maschinenschr.)
Deichl, Konrad: H. H.s Alterswerk. In: Main-Post. Würzburg. Nr. 18 v. 12. 2. 1949.
Dirks, Walter: Die Musik und die Vollkommenheit. In: Frankfurter Hefte. 4, 1949, 3, S. 242-253, bes. S. 245-246.
Dornheim, Alfredo: Música novelesca y novela musical. Concepción musical de las ultimas novelas de H. H. y Thomas Mann. In: Revista de Estudios musicales. Universidad Nacional de Cuyo, Mendoza/Argentina. 1, 1949, 1, S. 131-172.
Engel, Monroe: Magister Ludi. In: The Nation. New York. Nr. 169 v. 24. 12. 1949, S. 626-627.
Engle, Paul: Magister Ludi. Chicago Sunday Tribune. 13. 11. 1949.
Hecker, Joachim von: H. H. Zwei Vorträge. Murnau: Verlag Die Wage/ Karl H. Silomon (1949). 64 S., S. 39-62.
Hoentzsch, A(lfred): Ritter zwischen Tod und Teufel. Zu H. H.s »Glasperlenspiel« und Thomas Manns »Doktor Faustus«. In: Der Allgäuer. Kempten. Nr. 82 v. 16. 7. 1949.
Kirchberger, Hubert: Das Bild des Menschen in H. H.s Roman »Das Glasperlenspiel«. Staatsexamensarbeit. Jena 1949. (Maschinenschr.)
Kramer, Walter: H. H.s »Glasperlenspiel« und seine Stellung in der geistigen Situation unserer Zeit. (Wilhelmshaven:) Nordwestdeutsche Universitätsgesellschaft (1949). 22 S. (Wilhelmshavener Vorträge. 2.)
Levander, Hans: H. H. Stockholm: Bonnier (1949). 63 S., S. 51-60. (Studentföreningen verdandis småskrifter. 498.) (Schwedisch.)
Litt, Theodor: Die Geschichte und das Übergeschichtliche. Hamburg:

Hauswedell 1949. (Privatdruck.) S. 22-29; Die Sammlung. Göttingen. 5, 1950, 1, S. 6-19, bes. S. 11-19; Morgenblatt für Freunde der Literatur. Frankfurt a. M. Nr. 10 v. 2. 7. 1957, S. 5 (Teildr. u. d. T.: Das »Glasperlenspiel« und Goethes »Pädagogische Provinz«.).
Mann, Thomas: Aus der Schweiz trafen... In: Thomas Mann: Die Entstehung des Doktor Faustus. Roman eines Romans. 1.-10. Tsd. (Amsterdam:) Bermann-Fischer-Verlag 1949; dasselbe: Frankfurt a. M.: Suhrkamp vorm. S. Fischer 1949. 1.-10. Tsd. (= 11.-20. Tsd. Mitdruck.) 204 S., S. 68/69; auch in: Die Neue Rundschau. Amsterdam. 1949, 13, S. 18-74; Th. Mann. Gesammelte Werke in zwölf Bänden. 12. Band. Berlin: Aufbau-Verlag 1955. 846 S., S. 178-335 (Neuauflage 1956); Th. Mann: Zeit und Werk. Berlin: Aufbau-Verlag 1956. 849 S., S. 178-335, bes. S. 226/227; H. H. Zu seinem 80. Geburtstag am 2. Juli 1957. Berlin: Kulturbund zur demokratischen Erneuerung Deutschlands 1957. S. 21/22; Morgenblatt für Freunde der Literatur. Frankfurt a. M. 1957, 10, S. 5; Th. Mann: Gesammelte Werke in zwölf Bänden. Frankfurt a. M.: S. Fischer (1960). Band XI, S. 145-301, bes. S. 193; ferner zahlr. Übersetzungen.
Meidinger-Geise, Inge: Zum Wortschatz Utopiens. Zur sprachlichen Anschaulichkeit des Erziehungsstaates in Goethes »Wilhelm Meister« (Pädagogische Provinz) und H. H.s »Glasperlenspiel« (Kastalien). In: Muttersprache. Lüneburg. 1, 1949, S. 245-252.
Middleton, Drew: A literary letter from Germany. In: New York Times. Book Review. 31. 7. 1949.
Müller-Blattau, J(oseph): Sinn und Sendung der Musik in Thomas Manns »Doktor Faustus« und H. H.s »Glasperlenspiel«. In: Geistige Welt. München. 4, 1949, 1, S. 29-34; erw. Fassung u. d. T.: »Die Musik in Thomas Manns ›Doktor Faustus‹ und H. H.s ›Glasperlenspiel‹«. In: Annales Universitatis Saraviensis. Saarbrücken. Philos.-Lettres. 2, 1953, S. 145 bis 154; J. Müller-Blattau: Von der Vielfalt der Musik. Freiburg: Rombach 1966. 536 S.
Pick, Robert: Cryptic game of beads. In: Saturday Review of Literature. New York. Vol. 32 v. 15. 10. 1949. S. 15-16.
Plant, Richard: Magister Ludi. In: New York Times. Book Review. 30. 10. 1949. S. 52.
Pöggeler, Franz: Kastalien oder Über Reichtum und Armut einer modernen pädagogischen Provinz. In: Pädagogische Provinz. Frankfurt a. M. 3, 1949, 8, S. 498-504.
Rosenfeld, Isaac: Mind, body, spirit: the road to the castle. In: Partisan Review. New York. 16, 1949. S. 1140-1146.
Schöfer, Wolfgang von: Aktualität und Überzeitlichkeit der Literatur. In: Die Sammlung. Göttingen. 4, 1949, 6, S. 346-350. (Vgl. dazu die Beiträge von Böckmann, 1948, und Schöfer, 1948.)
Schwinn, Wilhelm: H. H.s Altersweisheit und das Christentum. Mün-

chen: Claudius-Verlag 1949. 39 S. (Bücherei der Evangelischen Akademie der Evang.-Luth. Kirche in Bayern.)
Steinbüchel, Theodor: Mensch und Wirklichkeit in Philosophie und Dichtung des 20. Jahrhunderts. Frankfurt a. M.: Knecht (1949). 75 S., S. 31-35. (Neuauflage 1950.)
(anonym:) Master of the game. In: The Times. The weekly news magazine. Atlantic overseas edition. London. 54, 1949, 16, S. 47-48.

1950

Cohn, Hilde D.: The symbolic end of H. H.s »Glasperlenspiel«. In: Modern Language Quarterly. Seattle. 11, 1950, S. 347-357.
Götting, Wilhelm: Das Künstlerproblem in der Dichtung H. H.s. Staatsexamensarbeit. Köln 1950. 118 Bl. (Maschinenschr.)
Grenzmann, Wilhelm: H. H. Geist und Sinnlichkeit. In: W. Grenzmann: Dichtung und Glaube. Probleme und Gestalten der deutschen Gegenwartsliteratur. Bonn: Athenäum-Verlag 1950. 326 S., S. 106-120, bes. S. 112-120. (4. Aufl. 1960.)
Gummerer, Gottfried: Die Gedankenwelt H. H.s. Diss. Bocconi Universität, Mailand 1950 (Maschinenschr.) S. 100ff.
Hackelsberger-Bergengruen, Luise: Individuum und Umwelt im Werke H. H.s Diss. Bern 1950. 195 S.
Hatterer, Georges: H. H.s Weltanschauung und ihre künstlerische Verwirklichung im Glasperlenspiel. Diplomarbeit. Besançon 1950. 100 S.
Ibel, Rudolf: I Ging, das Buch der Wandlungen. In: Die Welt. Hamburg. 5. 7. 1950.
Kegel, Gerhart: Schönheit und Krisis der ästhetischen Existenz. Kritische Betrachtungen im Anschluß an H. H.s »Glasperlenspiel«. Diss. Leipzig 1950. XII, 83. Bl. (Maschinenschr.)
Mühlberger, Josef: Zu H. H.s Glasperlenspiel. In: Eßlinger Zeitung. Nr. 121 v. 27. 5. 1950.
Rein, Heinz: H. H., Das Glasperlenspiel. In: H. Rein: Die neue Literatur. Versuch eines ersten Querschnitts. Berlin: Henschel 1950. S. 421-431.
Schmid, Karl: H. H. und Thomas Mann. Olten: (Vereinigung Oltner Bücherfreunde) 1950. 48 S., bes. S. 31-34. (Sonderpublikation für die VOB. 8.)
Schreyer, Lothar: Vom abstrakten Theater der Zukunft. In: Die Neue Schau. Kassel, Basel. 11, 1950, 4, S. 94-96.
Schultz de Mantovani, Fryda: H. H.: El juego de alaboriós. In: Sur. Buenos Aires. Oktober/Dezember 1950, S. 306-308.

1951

Baumer, Franz: Das magische Denken in der Dichtung H. H.s. Versuch einer Wesensschau seiner Epik. Diss. München 1951. 175 Bl.

Eyck, Herbert Adam van: Betrachtungen zu H. H.s Glasperlenspiel. In: Deutsche Woche. München. 1, 1951, 25, S. 11.

Gündel, Bernhard: Ehrenrettung des Spiels. Gedanken über die geistige Struktur der Mathematik im Blickfeld von H. H.s Glasperlenspiel. In: Pädagogische Provinz. Frankfurt a. M. 5, 1951, 9, S. 463-468.

Kirchhoff, Gerhard: Das Bild des Menschen in H.s Dichtung. Diss. Freiburg i. Br. 1951. 310 Bl. (Maschinenschr.)

N(estele), K(arl): H. H. Das Glasperlenspiel. In: Der lachende Löwe. Lauf/Pegnitz. 1951. 1, S. 29-30.

Pielow, Winfried: Die Erziehergestalten der großen deutschen Bildungsromane von Goethe bis zur Gegenwart. Diss. Münster/Westf. 1951, 133 Bl., bes. Bl. 101-133. (Maschinenschr. vervielf.)

Pohlmann, Gisela: Das Problem der Wirklichkeit bei H. H. Diss. Münster/Westf. 1951. 228 Bl.

Rang, Bernhard: Der weltanschauliche Roman. In: Welt und Wort. Tübingen. 6, 1951, S. 132.

Schouten, J. H.: H. H. »Glasperlenspiel«. In: Duitse Kroniek. 's-Gravenhage. 3, 1951, 3, S. 75-78.

1952

Ahrens, Franz: Der Gedanke der Bildung und Erziehung in H. H.s Roman »Das Glasperlenspiel«. Staatsexamensarbeit. Hamburg 1952. (Maschinenschr.)

Akiyama, Rokurobei: Bemerkungen zu H. H.s »Glasperlenspiel«. In: Kyushu-Universität Dokufutsubungakukenkyu. Fukuoka. 1952, 2. (Japanisch.)

Buhl, Wolfgang: H. H.: Das Glasperlenspiel. In: W. Buhl: Äpfel des Pegasus. Neue Parodien. Berlin: Paul Steegmann (1952). S. 51-52.

Gnefkow, Edmund: H. H. Biographie 1952. Freiburg i. Br.: Gerhard Kirchhoff (1952). 143 S., S. 104-113.

Harada, Yoshito: Das Glasperlenspiel. In: Sekaino Bungaku. Chubu-Nippon-Zeitung. Nagoya. Februar 1952. (Japanisch.)

Ide, Ayao: Utopia von H. H. In: Hokudaikikan. Sapporo. 1952, 3. (Japanisch.)

Kirchhoff, Gerhard: »Das Glasperlenspiel« als »reine Gegenwart«. Ein Versuch. In: E. Gnefkow: H. H. Biographie 1952. Freiburg i. Br.: Gerhard Kirchhoff (1952). 143 S., S. 117-140; G. Kirchhoff: Reine Gegen-

wart. Ein Versuch über H. H.s Glasperlenspiel. Freiburg i. Br.: (Gerhard Kirchhoff 1952). 28 S.
Koller, G(ottfried): Kastalien und China. Bemerkungen zu H.s Werk »Das Glasperlenspiel«. In: Annales Universitatis Saraviensis. Saarbrükken. Philos.-Lettres. 1, 1952, 1, S. 5-18.
Lunding, Erik: Den tyske utopi som tidstypisk genre. In: Salmonsen Leksikon-Tidskrift. Kopenhagen. 12, 1952, S. 832-839, bes. S. 835-836.
Mayer, Hans: Der Dichter und das »feuilletonistische Zeitalter«. Über einige Motive im Werk H. H.s. In: Aufbau. Berlin. 8, 1952, 7, S. 613-628; gekürzte Fassung u. d. T.: »Das Alte ins Neue hinübertragen« in: Berliner Zeitung. Nr. 152 v. 3. 7. 1952; Berichtigung des Verfassers u. d. T.: »H. H.s Morgenlandfahrt« in: Aufbau. Berlin. 8, 1952, 9, S. 863-864; veränderte Fassung des Aufsatzes u. d. T.: H. H. und das »feuilletonistische Zeitalter« in: H. Mayer: Studien zur deutschen Literaturgeschichte. Berlin: Rütten & Loening (1954). S. 225-240. (Neue Beiträge zur Literaturwissenschaft. 2.) (2. Aufl. 1955.); Hesse. A collection of critical essays. Edited by Theodore Ziolkowski. Englewood Cliffs, N. J.: Prentice Hall Inc. (1973). S. 76-93 u. d. T.: H. H. and the »Age of the Feuilleton«.
Mileck, Joseph: H. H.s »Glasperlenspiel«. In: University of California. Publications in modern philology. Berkeley, Calif. 36, 1952, 9, S. 243 bis 270. (Englisch.)
Österling, Anders: Inledning. In: H. H.: Glaspärlespelet. (Översättning av Nils Holmberg. Dikterna tolkade av Irma Nordvang.) Stockholm: Bonniers 1952. 566 S., S. 5-6.
Pfeifer, Martin: H. H.s Kritik am Bürgertum. Diss. Jena 1952. 133 Bl. (Maschinenschr.)
Pongs, Hermann: Im Umbruch der Zeit. Das Romanschaffen der Gegenwart. (Göttingen:) Göttinger Verlagsanstalt (1952). S. 20-21. (2. erw. Aufl. 1956, S. 20-21; 3. Aufl. Tübingen: Verlag der Deutschen Hochschullehrerzeitung 1958, S. 20-21.)
Prevost, F.: H. H.: l'homme et l'écrivain de »Peter Camenzind« (1904) et du »Glasperlenspiel« (1943). Diplôme d'étude supérieure. Paris 1952. 76 Bl. (Maschinenschr.)
Schuwerack, Wilhelm: Gedanken zum »Glasperlenspiel« von H. H. In: Begegnung. Köln. 7, 1952, S. 329-331.
Trendota, Kristina E.: H.s »Glasperlenspiel« in seinen Beziehungen zu Goethes »Lehr- und Wanderjahren«. Diss. Buffalo 1952. 100 Bl. (Maschinenschr.)
Unseld, Siegfried: H. H.s Anschauung vom Beruf des Dichters. Diss. Tübingen 1952. 233 Bl. (Maschinenschr.)

1953

Blumenthal, Marie-Luise: Die Pädagogische Provinz und das Schicksal des Magister Ludi Josef Knecht. In: Die Sammlung. Göttingen. 8, 1953, S. 478-484.
Grenzmann, Wilhelm: Deutsche Dichtung der Gegenwart. Frankfurt a. M.: Hans F. Menck (1953). S. 106-108. (2. Aufl. 1955.)
Ide, Ayao: Bemerkungen zum Leben und Schicksal von Josef Knecht. In: Hokkaido-Universität. Gaikokugo-Gaikokubungakukenkyu. Sapporo. 1953, 1. (Japanisch.)
Konheiser-Barwanietz, Christa M.: H. H. und Goethe. Diss. Bern 1953. – Berlin: Otto von Holten 1954. 100 S.
Rudolph, Fritz: Original und Übersetzung. Ein Vergleich zwischen H. H.s »Glasperlenspiel« und seiner Übersetzung ins Englische durch Mervyn Savill. Staatsexamensarbeit. Tübingen 1953. (Maschinenschr.)
Schneider, Gerhard: H. H. und das »Glasperlenspiel«. Ein Beitrag zur Problematik der Kunst im spätbürgerlichen Zeitalter. In: Wissenschaftliche Zeitschrift der Humboldt-Universität. Berlin. Gesellschafts- und sprachwissenschaftliche Reihe. 3, 1953/54, 4, S. 219-234; Teildr. in: H. H. Hilfsmaterial für den Literaturunterricht. Berlin: Volk und Wissen 1956. S. 57-62, 71-73, 76-80, 81 f.
Waßner, Hermann: Über die Bedeutung der Musik in den Dichtungen von H. H. Diss. Heidelberg 1953. 146 Bl. (Maschinenschr.)
(anonym:) H. H.s Mariabronn. In: Neue Literarische Welt. Darmstadt. 4, 1953, 15, S. 8.

1954

Baser, Friedrich: Vom Sinn des Glasperlenspiels. In: Musica. Kassel. 8, 1954, 12, S. 530-532.
Böckmann, Paul: H. H. In: Deutsche Literatur im zwanzigsten Jahrhundert. Gestalten und Strukturen. Hrg. von Hermann Friedmann und Otto Mann. Heidelberg: Wolfgang Rothe (1954). S. 288-304, bes. S. 293, 299, 303-304. (3. erw. Aufl. ebda. 1959; 4. Aufl. ebda. 1961, 2 Bde., Bd. 2, S. 123-139; 5., veränd. und erw. Aufl. Bern. München: Francke 1967, 2 Bde.)
Braem, Helmut M.: 1945-1953. In: Deutsche Literatur im zwanzigsten Jahrhundert. Gestalten und Strukturen. Hrg. von Hermann Friedmann und Otto Mann. Heidelberg: Wolfgang Rothe (1954). S. 419-441, bes. S. 427. (3. erw. Aufl. ebenda. 1959; 4. Aufl. ebda. 1961, 2. Bde.; 5., veränd. und erw. Aufl. Bern, München: Francke 1967, 2 Bde.)
Fujimura, Hiroshi: Das reine Sein in H.s »Glasperlenspiel«. Versuch

einer Deutung. In: The Proceedings of the Department of Foreign Languages and Literatures, College of General Education, University of Tokyo. 4, 1954, 3, 8 S. (deutscher Text), 38 S. (japanischer Text); auch in: Gaikokubungakukenkyukiyo. Sapporo. Juni 1955. (Japanisch.)
Konheiser-Barwanietz, Christa M.: Über Wilhelm Meister und das Glasperlenspiel. In: C. M. Konheiser-Barwanietz: H. H. und Goethe. Diss. Bern 1954. – Berlin: Otto von Holten 1954. 100 S., S. 67-86.
Lorenzen, Hermann: Kastalien – eine moderne pädagogische Provinz im Glasperlenspiel H. H.s. In: Pädagogische Rundschau. Ratingen. 9, 1954/55, S. 264-268.
Marck, Siegfried: H. H.: Glasperlenspiel. In: S. Marck: Große Menschen unserer Zeit. Portraits aus drei Kulturkreisen. Meisenheim am Glan: Westkulturverlag A. Hain 1954. S. 118-121.
Meidinger-Geise, Inge: Prosa und Weltbild. Zum Roman der Gegenwart. In: Die Besinnung. Nürnberg. 9, 1954, S. 171.
Middleton, J. C.: H. H. as humanist. Diss. Oxford/Engl. 1954. 465 Bl. (Maschinenschr.)
Rang, Bernhard: Der Roman. Kleines Leserhandbuch. 2. erg. Aufl. Freiburg i. Br.: Herder (1954). Bes. S. 50.
Weber, Norbert: Dichtung als Kulturkritik. Scheitern ist Schicksal der Geschichte. Ein modernes Thema. In: Gesamtdeutsche Rundschau. Dortmund. 2, 1954, S. 718.
Weibel, Kurt: H. H. und die deutsche Romantik. Diss. Bern 1954. – Winterthur: P. G. Keller 1954. 147 S., bes. S. 108-118.

1955

Dahrendorf, Malte: Der »Entwicklungsroman« bei H. H. Diss. Hamburg 1955. 308 Bl. (Maschinenschr.)
Deussen, J(ulius): Zum Begriff der Sexualität. In: Beiträge zur Sexualforschung. Stuttgart. 1955, 7. Teil II, S. 1-7, bes. S. 1, 3 und 7.
O. D.: (Brief an H. H.) Ulm, Oktober 53. In: Ein paar Leserbriefe an H. H. (Privatdruck. Frankfurt a. M. 1955.) 40 S., S. 11-12.
Ehrhart, Georg: Der Tod des Glasperlenspielers. In: Frankfurter Allgemeine Zeitung. Nr. 169 v. 25. 7. 1955; Neue Württembergische Zeitung. Göppingen. 11. 6. 1959.
Lorenzen, Hermann: Die Pädagogische Provinz. In: H. Lorenzen: Pädagogische Ideen bei H. H. Mühlheim/Ruhr: Irene Setzkorn-Scheifhacken (1955). 72 S., S. 62-72; Lizenzausgabe: Schule und Welt. Die Buchgemeinschaft des Lehrers. Essen: Neue deutsche Schule Verlagsgesellschaft mbH 1955.
Martin, Jacques: Préface du traducteur. In: H. H.: Le jeu des perles du verre. Trad. par J. Martin. 2 Bde. Paris: Calmann-Lévy 1955. 263 und 291 S.; Bd. 1, S. 7-16.

Maurer, Gerhard: H. H. und die deutsche Romantik. Diss. Tübingen 1955. 220 Bl. (Maschinenschr.)
Moenikes, G.: Sprachliche Ausdruckskräfte in H. H.s Glasperlenspiel. Prüfungsarbeit für den Realschullehrerkurs der Pädagogischen Akademie Köln 1955. 62 Bl. (Maschinenschr.)
Nobuoka, Yorio: Die Fiktion und der Beruf des Dichters. Allegorie im »Glasperlenspiel«. In: Ehime-Universität Hobungakuronshu. Ehime. 2, 1955, 2. (Japanisch.)
Pocar, Ervino: H. H. Il giuoco delle perle di vetro. In: La Fiera Letteraria. Roma. 13. 2. 1955, S. 3-4.
Saltveit, L.: Siste kapitel itysk »Bildungsroman« – H. H.s »Glasperlenspiel«. In: Edda. Oslo. 55, 1955, 2/3, S. 192-209.

1956

Blanchot, Maurice: »Le jeu des jeux«. In: La Nouvelle. Nouvelle Revue Française. Paris. 4, 1956, 42, S. 1051-1062.
Böttcher, Margot u. a.: »Das Glasperlenspiel«. In: H. H. Hilfsmaterial für den Literaturunterricht. (Hrg. vom Kollektiv für Literaturgeschichte im Volkseigenen Verlag Volk und Wissen.) Berlin: Volk und Wissen 1956. 148 S., S. 71-83. (Schriftsteller der Gegenwart.)
Hornung, Erik: H. H.s Glasperlenspiel – Idee und Vergegenwärtigung. In: Universitas. Stuttgart. 11, 1956, 10, S. 1043-1052.
R. J. H.: Glasperlenspiel und Logistik. In: Neue Zürcher Zeitung vom 2. 9. 1956.
Johnson, Sidney M.: The autobiographies in H. H.s »Glasperlenspiel«. In: The German Quarterly. Appleton, Wisc. 29, 1956, S. 160-171.
Kilchenmann, Ruth J.: Wandel in der Gestaltung der Natur in den Werken H. H.s. Diss. Los Angeles, Calif. 1956. VIII, 357 Bl. (Maschinenschr.)
Madeheim, Helmuth: Das Menschenbild der Zukunft im modernen Roman. (Walter Jens – H. H.) In: Pädagogische Provinz. Frankfurt a. M. 10, 1956, S. 435-442.
Matthias, Klaus: Die Musik bei Thomas Mann und H. H. Eine Studie über die Auffassung der Musik in der modernen Literatur. Diss. Kiel 1956. 353 Bl. (Maschinenschr.)
Mayer, Gerhard: Die Begegnung des Christentums mit den asiatischen Religionen im Werk H. H.s. Bonn: L. Röhrscheid 1956. 181 S., bes. S. 133-144 und 150-154. (Untersuchungen zur allgemeinen Religionsgeschichte. N. F. 1.)
Meidinger-Geise, Inge: Welterlebnis in deutscher Gegenwartsdichtung. Nürnberg: Glock und Lutz (1956). S. 141 f.
Middleton, J. C.: An enigma transfigured in H. H.s Glasperlenspiel. In:

German Life and Letters. Oxford. New Series, 10, 1956/57, 4, S. 298 bis 302.
Nadler, Käte: H. H. Naturliebe, Menschenliebe, Gottesliebe. Leipzig: Koehler & Amelang 1956. 143 S., bes. S. 81-82, 104-108 und 120-136. (Neuauflagen 1956, 1957, 1958.)
Schneider, Marcel: L'Utopie pédagogique de H. H. In: Revue de Paris. 63, 1956, 3, S. 139-144; Paru. Revue de l'actualité littéraire. Monte Carlo. 11, 1956, 97, S. 111-116.
Seifert, Waltraut: Künstler und Gesellschaft im Prosawerk H. H.s Diss. Leipzig 1956. 230 Bl. (Maschinenschr.)
Unseld, Siegfried: H. H. als Erzieher. In: Offene Welt. Frankfurt a. M. 1956, 45, S. 477-482.
Wagner, Gisela: Kastalien und die Schulen auf dem Lande. Eine Rede zur Begrüßung neuer Studienreferendare. In: Pädagogische Provinz. Frankfurt a. M. 10, 1956, 2, S. 57-64.
Watanabe, Nobuo: Eine Einleitung zum »Glasperlenspiel«. In: Yamaguchi-Universität Bungakukaishi. Yamaguchi. 7, 1956, 2, S. 1-22. (Japanisch.)

1957

Basler, Otto: Der späte H. H. Olten: (Vereinigung Oltner Bücherfreunde) 1957. 27 S., bes. S. 7-11. (Sonderdruck für die VOB.)
Böttcher, Margot: Der einsame Citoyen. H. H.s Verhältnis zum Bürgertum. In: Neue Deutsche Literatur. Berlin. 5, 1957, 6, S. 7-19.
Buber, Martin: H. H.s Dienst am Geist. Ansprache bei der H.-Feier in Stuttgart am 30. 6. 1957. In: Neue Deutsche Hefte. Gütersloh. 4, 1957, 37, S. 387-393, bes. S. 392.
Dürr, Werner: H. H. Vom Wesen der Musik in der Dichtung. Stuttgart: Silberburg-Verlag Werner Jäckh (1957). 120 S., S. 75-117.
Essner-Schaknys, Günther: Die epische Wirklichkeit und die Raumstruktur des modernen Romans (dargestellt an Thomas Mann, Franz Kafka und H. H.). Diss. Marburg 1957. 180 Bl., bes. Bl. 157-172. (Maschinenschr.)
Faesi, Robert: Musik des Untergangs und Musik der heiligen Mitte. Zu H. H.s Glasperlenspiel. H. H. zum 80. Geburtstag am 2. Juli. In: Der kleine Bund. Bern. Nr. 296 v. 28. 6. 1957, S. 5-6.
Fehr, Karl: Gedanken zum Glasperlenspiel. In: Neue Zürcher Zeitung. Nr. 1924 u. 1925 v. 2. 7. 1957.
Glinz, Hans: Das Problem einer idealen Sprache in H. H.s »Glasperlenspiel«. In: Beiträge zur Einheit von Bildung und Sprache im geistigen Sein. Festschrift zum 80. Geburtstag von Ernst Otto. Berlin: Walter de Gruyter 1957. S. 262-269.

HG.: »Eine Symbolik wäre aufzustellen...« Die Wissenschaft vom Glasperlenspiel. Mit 5 erläuternden Figuren. In: Deutsche Studenten-Zeitung. München. Nr. 3 v. 18. 2. 1957, S. 9.
Halpert, Inge David: H. H. and Goethe; with particular reference to the relationship of »Wilhelm Meister« and »Das Glasperlenspiel«. Diss. New York (Columbia University) 1957. 266 Bl. (Maschinenschr.)
Heller, Peter: Von beispielhafter Unfruchtbarkeit. Deutsche Prosa der Gegenwart. In: Deutsche Rundschau. Berlin. 83, 1957, 10, S. 1045-1049, bes. S. 1047.
W. H.: 48 000. In: Die Welt. Berlin. 2. 4. 1957.
Pannwitz, Rudolf: H. H.s West-östliche Dichtung. (Frankfurt a. M.:) Suhrkamp 1957. 59 S., bes. S. 28-59.
Pech, Hans-Jochen: Die Problematik der Erziehungsgrundsätze für die Gestaltung echten Menschentums in H. H.s »Glasperlenspiel«. Wissenschaftliche Hausarbeit. Zwickau (Sachs.) 1957. 28 Bl. (Maschinenschr.)
Peters, Eric: Foroword. In: H. H., Magister Ludi. Transl. by M. Savill. New York: H. Holt 1957. S. 5-11.
Peyer, Hans: Magister Ludi. In: Der kleine Bund. Bern. Nr. 296 v. 28. 6. 1957, S. 7.
R. R.: Betrachtungen zum »Glasperlenspiel«. In: Luzerner Tagblatt. Nr. 149 v. 29. 6. 1957.
Saalfeld, Martha: Wiederbegegnung mit H.s »Glasperlenspiel«. In einmaliger Ausgabe als Suhrkamp-Hausbuch erschienen. In: Die Rheinpfalz. Neustadt/Weinstr. 18. 5. 1957.
Scheurig, Bodo: H. H. und die Geschichte. Zu seinem 80. Geburtstag am 2. Juli 1957. In: Vorwärts. Köln. Nr. 26 v. 28. 6. 1957.
Schmid, Karl: H.s »Glasperlenspiel« und Thomas Manns »Doktor Faustus«. (Aus einem Vortrag.) In: Dichten und Trachten. IX. Frankfurt a. M.: Suhrkamp 1957. S. 9-15.
Schmid, Karl: Über H. H.s »Glasperlenspiel«. In: K. Schmid: Aufsätze und Reden. Zürich, Stuttgart: Artemis Verlag (1957). S. 155-174.
Schneider, Gerhard: Dienst und Entsagung im Werk und Wirken H. H.s. Ansprache, gehalten in der Deutschen Akademie der Künste am 28. 6. 1957. In: Sinn und Form. Berlin. 9, 1957, 4, S. 633-638.
Streller, Siegfried: Glasperlenspiele Goethes. In: Sinn und Form. Berlin. 9, 1957, 6, S. 1042-1054, bes. S. 1043 und 1053.
Windeck, Lovis: Von der Gefühlsidylle zum »Glasperlenspiel«. In: Ludwigsburger Kreiszeitung. Nr. 147 v. 29. 6. 1957; Öffentlicher Anzeiger. Bad Kreuznach. 28. 6. 1957; Rhein-Zeitung. Koblenz. 28. 6. 1957; Nekkar- und Enzbote. Besigheim. 29. 6. 1957. (Dieser Beitrag ist – nahezu textgleich – bereits 1952 in verschiedenen Tageszeitungen erschienen und 1957 – teils gekürzt, teils leicht verändert, auch mit anderen Überschriften – in weiteren Tageszeitungen.)

(anonym:) »Das Glockenspiel« von H. H. In: L'Effort. La Chaux-de-fonds. 17. 12. 1957.
(anonym:) Hausbuch »Glasperlenspiel«. In: Hamburger Abendblatt. 7. 5. 1957.
(anonym:) H. H.s »Glasperlenspiel«. In: Westfalenpost. Soest. 20. 5. 1957.
(anonym:) H. H.: »Das Glasperlenspiel«. In: Fuldaer Zeitung. 1. 6. 1957.

1958

B(asler), O(tto): H. H.s »Glasperlenspiel« in verbilligter Ausgabe. In: Aargauer Tagblatt. Aarau. 31. 5. 1958.
Jahn, Erwin: Östliches in H. H.s »Glasperlenspiel«. In: Doitsu-Bungaku. Tokio. 1958, 21, S. 10-15. (Deutsch.)
Ochiai, Ryoichi: Ein Studium über H. H.s »Glasperlenspiel«. In: Reitaku-Universität Kenkyusosho. Tokio. 1958, 8. (Japanisch.)
Mileck, Joseph: H. H. and his critics. The criticism and bibliography of half a century. Chapel Hill: University of North Carolina Press (1958). XIV, 329 S., bes. S. 178-192. (University of North Carolina Studies in the Germanic languages and literatures. 21.)
Peppard, Murray B.: H. H.: From Eastern journey to Castalia. In: Monatshefte für deutschen Unterricht, deutsche Sprache und Literatur. Madison, Wisc. 50, 1958, S. 247-255.
Rhode, Werner: Des Geistes glühende Fanale. Eine Studie zum Schicksal des Magister Ludi Josef Knecht. In: gespräche. Frankfurt a. M. 1958, 1, S. 3-6.
Schaarwächter, H.: Die Perlen im Spiel sind aus Glas. Anmerkungen eines verspäteten Lesers von H. H.s »Glasperlenspiel«. In: Der Mittag. Düsseldorf. 26. 1. 1958.
Tobari, Masami: Zum »Glasperlenspiel«. In: H. H.-Studien. Zum 80. Geburtstag des Dichters. Hrg. von M. Sagara, K. Ozaki, T. Tezuka und K. Kunimatsu. Tokio: Mikasashobo-Verlag 1958. 329 S. (Japanisch.)
FST: Die »heilige Mitte« der tönenden Kunst. Musik bedarf des Herzens. In: Wiesbadener Kurier. 14. 6. 1958.

1959

Baumer, Franz: H. H. Berlin: Colloquium-Verlag (1959). 95 S., bes. S. 72-75. (Köpfe des XX. Jahrhunderts. 10.); dasselbe. Transl. by John Conway. New York: Frederick Ungar (1969). VIII, 119 S. (Modern literature monographs.) (Neuauflage 1970.)

Blanchot, Maurice: La livre à venir. Paris: Gallimard 1959; deutsche Übersetzung von K. A. Horst u. d. T.: Der Gesang der Sirenen. Essays zur modernen Literatur. München: Carl Hanser (1962). 358 S., S. 225 bis 251. (Literatur als Kunst.)
Cossmann, Willy: Die Heiterkeit des Magisters Josef Knecht. In: Die Bruderschaft. Berlin. 1, 1959, S. 20-22.
Hilbk, Hans: Das Problem der Erziehung im Spätwerk H. H.s. Versuch einer systematischen Darlegung seiner Grundgedanken unter anthropologisch-erziehungswissenschaftlichen Gesichtspunkten. Diss. Münster/Westf. 1959. – Münster/Westf.: Max Kramer 1959. 158 S.
Puppe, Heinz Werner: Die soziologische und psychologische Symbolik im Prosawerk H. H.s. Diss. Innsbruck 1959. 224 S. (Maschinenschr.)
Schiefer, Peter: Grundstrukturen des Erzählens bei H. H. Diss. Münster/Westf. 1959. 190 Bl. (Hektogr.)

1960

Dermine, René: H. H. im Banne Goethes. Bemerkungen zum Glasperlenspiel. In: Revue des langues vivantes. Bruxelles. 26, 1960, S. 430-436.
Halpert, Inge D(avid): The Alt-Musikmeister and Goethe. In: Monatshefte für deutschen Unterricht, deutsche Sprache und Literatur. Madison, Wisc. 52, 1960, 1, S. 19-24.
Heckel, Hans: Pädagogische Utopien – Als Wirklichkeit gedeutet. In: Erziehung und Wirklichkeit. Festschrift zum 50jährigen Bestehen der Odenwaldschule. Braunschweig: Georg Westermann Verlag 1960. 188 S., S. 11-23; veränd. Fassung u. d. T.: Vom Wirklichkeitswert pädagogischer Utopien. In: Recht und Wirtschaft in der Schule. Neuwied. 2, 1961, 12, S. 368-372.
Helmich, Wilhelm: Wege zur Prosadichtung des 20. Jahrhunderts. Braunschweig: Georg Westermann Verlag (1960). S. 42-44.
Henningsen, Jürgen: Die Idee des Glasperlenspiels. In: Die Sammlung. Göttingen. 15, 1960, 3, S. 116-126.
Mayer, Gerhart: H. H. Mystische Religiosität und dichterische Form. In: Jahrbuch der Deutschen Schillergesellschaft. 4, 1960. Stuttgart: A. Kröner (1960). S. 434-462, bes. S. 450 und 452-462.
Pelz, Franz: Bildungsmächte und Bildungsprinzipien im Werke H. H.s. Diss. Freiburg i. Br. 1960. 325 Bl. (Maschinenschr.)
Pixberg, Hermann: Der pädagogische Gehalt in H. H.s »Glasperlenspiel«. In: Eckart. Witten. 29, 1960, 4, S. 245-249.
Wiseman, Richard Wallace: Music and the problem of evil: condemnation and affirmation in the works of Thomas Mann and H. H. Diss. Berkeley, Calif. 1960. 282 Bl. (Maschinenschr.)

1961

Halpert, Inge D(avid): Vita activa and vita contemplativa. In: Monatshefte für deutschen Unterricht, deutsche Sprache und Literatur. Madison, Wisc. 53, 1961, 4, S. 159-166.
Halpert, Inge D(avid): Wilhelm Meister and Josef Knecht. In: The German Quarterly. Appleton, Wisc. 34, 1961, 1, S. 11-20.
Hennessy, Daniel: In search of meaning and beauty. A temporary evaluation of my german experience. In: The Funnel. Bad Godesberg. 3, 1961, 1, S. 22-23, alumni 1; auch in: The Funnel. Bad Godesberg. 6, 1961, 4, S. 15-16.
Kelsch, Wolfgang: Berufung – Dienst – Meisterschaft. Kastalien, eine Bruderschaft des Geistes in H. H.s »Glasperlenspiel«. In: Die Bruderschaft. Berlin. 3, 1961, S. 54-59.
Kwesselava, M.: Faustische Paradigmen. Bd. 2. Tiflis 1961. S. 576-596. (Georgisch.)
Mayer, Hans: H.s »Glasperlenspiel« oder Die Wiederbegegnung. In: H. H.: Das Glasperlenspiel. Berlin: Aufbau-Verlag 1961. S. 577-602; H. Mayer: Ansichten. Zur Literatur der Zeit. (Reinbek bei Hamburg:) Rowohlt (1962). S. 33-53. (Rowohlt Paperback. 16.)
Mileck, Joseph: Names and the creative process. A study of the names in H. H.s »Lauscher«, »Demian«, »Steppenwolf«, and »Glasperlenspiel«. In: Monatshefte für deutschen Unterricht, deutsche Sprache und Literatur. Madison, Wisc. 53, 1961, 4, S. 167-180.
Negus, Kenneth: On the death of Josef Knecht in H. H.s »Glasperlenspiel«. In: Monatshefte für deutschen Unterricht, deutsche Sprache und Literatur. Madison, Wisc. 53, 1961, 4, S. 181-189.
Strang, Magda: Das Bild des Erziehers in der deutschen Dichtung der jüngsten Zeit. In: Die höhere Schule. Düsseldorf. 14, 1961, 4, S. 74-77.
Takahashi, Kenji: Das Glasperlenspiel. In: K. Takahashi: H.-Studien. Weltbild und Menschenbild. 4. Aufl. Tokio: Shinchôsha-Verlag 1961. 296 S. (Band 14 der Werkausgabe in japanischer Sprache.)

1962

Bock, Hans-Joachim: H. H.: Das Glasperlenspiel. In: Reclams Romanführer. Band 1. Hrg. von Johannes Beer. Stuttgart: Reclam (1962). S. 607-612.
Field, G(eorge) W(allis): Ein chinesisches Modell für den Altmusikmeister. In: gespräche. Frankfurt a. M. 1962, 12, S. 9-10.
Luschnat, David: Gedanken zu H. H.s Glasperlenspiel. In: Blätter für Anthroposophie. Basel. November 1962.

Mittenzwei, Johannes: Das Musikalische in der Literatur. Halle (Saale): VEB Verlag Sprache und Literatur 1962. Über das »Glasperlenspiel« S. 387-394.
Schäfer, Arnold: Das pädagogische Problem der Begegnung in H. H.s Glasperlenspiel. Diss. Saarbrücken 1962. 309 S. (Hektogr.)
Schneider, Gerhard: Bemerkungen zu H.s Spätwerk. In: Neue Deutsche Literatur. Berlin. 10, 1962, 7, S. 5-24.
Stallknecht, Elfriede: H. H. und »Das Glasperlenspiel«. In: Waldeckische Landeszeitung. Korbach. 13. 12. 1962.

1963

Baumer, Franz: Das feuilletonistische Zeitalter. – Indischer Lebenslauf. In: H. H. Prosa und Gedichte. Ausgewählt und interpretiert von F. Baumer. München: Kösel-Verlag (1963). 109 S., S. 101-104 und 105-108. (Dichtung im Unterricht. 7.)
Burger, Heinz Otto: Statt eines Vorworts. Glasperlen-Etude über ein schwäbisches Thema. In: H. O. Burger: »Dasein heißt eine Rolle spielen.« Studien zur deutschen Literaturgeschichte. München: Carl Hanser (1963). S. 9-14. (Literatur als Kunst.)
Fausel, Heinrich: H. H.s Deutung der Welt. In: Zeitwende. Die neue Furche. Hamburg. 34, 1963, S. 462-471.
Krysmanski, Hans-Jürgen: Die utopische Methode. Eine literatur- und wissenssoziologische Untersuchung deutscher utopischer Romane des 20. Jahrhunderts. Köln, Opladen: Westdeutscher Verlag 1963. S. 50-55. (Dortmunder Schriften zur Sozialforschung. 21.) (Diss. Münster/Westf.)
Leary, Timothy und Ralph Metzner: H. H.: Poet of the interior journey. In: The Psychedelic Review. Cambridge, Mass. 1, 1963, 2, S. 167 ff.; (deutsch) auch in: T. Leary: Politik der Ekstase. Hamburg: Wegner (1970). S. 164-179 u. d. T.: Dichter der Reise nach innen. Bes. S. 174 bis 178; (englisch) auch in: H. H.: The Journey to the East. Transl. by Hilda Rosner. Introductory chapter by T. L. (London:) Panther 1972. S. 7-31.
Maurina, Zenta: Indische und christliche Motive im Werk H. H.s. In: Z. Maurina: Welteinheit und die Aufgabe des Einzelnen. Essays. Memmingen: Dietrich (1963). S. 90-99, bes. S. 94-97.
Watanabe, Masaru: Über die Geistigkeit im »Glasperlenspiel«. In: Doitsu-Bungaku. Tokio. 1963, 31, S. 80-88. (Japanisch mit deutscher Zusammenfassung.)
Zeller, Bernhard: H. H. in Selbstzeugnissen und Bilddokumenten. (Reinbek bei Hamburg:) Rowohlt (1963). 179 S., S. 123-144. (rowohlts monographien. 85.); dasselbe. Transl. by Mark Hollebone. New York, N. Y.: Herder & Herder 1971; London: Peter Owen (1972). 176 S.

1965

Carlsson, Anni: Joseph Knecht in Schwaben. In: Stuttgarter Zeitung. Nr. 163 v. 17. 7. 1965.
Günther, Joachim: Der vierte Lebenslauf Josef Knechts. In: Neue Deutsche Hefte. Gütersloh. Sept./Okt. 1965.
Hallon, R. J.: The three main formative influences in H. H.s life and their significance for the Glasperlenspiel. B.-A.-Thesis. Queensland 1965.
Karalaschwili, Reso: Das altindische und -chinesische Gedankengut in H. H.s Roman »Das Glasperlenspiel«; Versuch einer Interpretation von Joseph Knechts hinterlassenen Schriften. In: IV. Wissenschaftliche Session an der Staatlichen Universität Tiflis. 1965. S. 17-18. (Georgisch.)
Karalaschwili, Reso: Einige Bemerkungen zur Bedeutung der Musik in H. H.s »Glasperlenspiel«. In: XI. Wissenschaftliche Session. Konferenz der Aspiranten an der Universität Tiflis. 1965. S. 111-113. (Georgisch.)
Klapheck, Anna: Fragment aus dem Glasperlenspiel. In: Rheinische Post. Düsseldorf. 18. 9. 1965.
Koehler, Lotte: H. H. In: Deutsche Dichter der Moderne. Hrg. von Benno von Wiese. Berlin, Bielefeld, München: Schmidt 1965. S. 112 bis 131, bes. S. 128-131. (Neuauflage 1969.)
Pfeifer, Martin: H. H.: Der Beichtvater. In: M. Pfeifer: Interpretationen moderner deutscher Kurzgeschichten. Band IV. Hollfeld/Obfr.: Bange (1965). S. 32-33 und 74-75.
Pfeifer, Martin: Das Glasperlenspiel – Utopie oder Wirklichkeit. In: Blätter für den Deutschlehrer. Frankfurt a. M. 1965, 3, S. 65-70.
Rose, Ernst: Faith from the abyss. H. H.s way from romanticism to modernity. New York: New York University Press 1965; London: Owen (1966). X, 175 S., bes. S. 124-141.
Ziolkowski, Theodore: The novels of H. H. A study in theme and structure. Princeton, N. J.: Princeton University Press 1965. XII, 375 S., S. 283-338.
(anonym:) H. H.s »Glasperlenspiel«. In: Hersbrucker Zeitung. 16. 9. 1965.

1966

Boulby, Mark: ›Der vierte Lebenslauf‹ as a key to ›Das Glasperlenspiel‹. In: The Modern Language Review. Cambridge. 61, 1966, 4, S. 635-646.
Crosby, Donald H.: Goethes »Wiederfinden« and H.s »Zu einer Toccata von Bach«. In: The German Quarterly. Appleton, Wisc. 39, 1966, 3, S. 340-347.
Fietz, Lothar: Strukturmerkmale der hermetischen Romane Thomas

Manns, H. H.s, Hermann Brochs und Hermann Kasacks. In: Deutsche Vierteljahrsschrift für Literaturwissenschaft und Geistesgeschichte. Stuttgart. 40, 1966, 2, S. 161-183.
Goldgar, Henry: H.s Glasperlenspiel and the game of Go. In: German Life and Letters. Oxford. 20, 1966, 2, S. 132-137.
Hahn, Friedrich: Bibel und moderne Literatur. Große Lebensfragen in Textvergleichen. Stuttgart: Quell-Verlag 1966. S. 289-303. (3. Aufl. 1967.)
Karalaschwili, Reso: Die Musik in H. H.s »Glasperlenspiel«. In: V. Wissenschaftliche Session an der Universität Tiflis. 1966. S. 14-17. (Georgisch.)
Motyljowa, Tamara: Zarubeshnyi roman segodnja. Moskau 1966. (Russisch.)
Onkel Max: H. H. und das Glasperlenspiel. In: Recklinghäuser Zeitung. 20. 1. 1966.
Ueno, Takehito: Der Begriff des Geistes im »Glasperlenspiel« H. H.s. In: Quelle. Osaka. 1966, S. 105-120. (Japanisch.)
Ziolkowski, Theodore: H. H. New York, London: Columbia University Press 1966. 48 S., bes. S. 41-44. (Columbia essays on modern writers. 22.)

1967

Beresina, Ada Georgievna: H. H.s Roman »Das Glasperlenspiel«. In: Materialy nautschnoy konferenzii aspirantov filologov. Leningrad 1967, S. 59-60. (Russisch.)
Boulby, Mark: The Journey to the East and The Glass Bead Game. In: M. Boulby: H. H. His mind and art. Ithaca, New York: Cornell University Press. 1967. XIV, 338 S., S. 245-321.
Hausenstein, Wilhelm: Licht unter dem Horizont. Tagebücher von 1942 bis 1946. München: Bruckmann 1967. 432 S., S. 291 ff.
Holenstein, Albert: Flucht ins Inseldasein. (Vergleichende Betrachtung von »Fluß ohne Ufer« von H. H. Jahnn, »Doktor Faustus« von Thomas Mann und »Das Glasperlenspiel« von H. H.) In: Schweizer Rundschau. Solothurn. 26, 1967, 7/8, S. 423-434.
Koester, Rudolf: H.s music master: In search of a prototype. In: Forum for Modern Language Studies. St. Andrews. 3, 1967, 2, S. 135-141.
Riley, Anthony W.: ›Das Glasperlenspiel‹ in English translation (with an unpublished letter of H. H.s...) In: Monatshefte für deutschen Unterricht, deutsche Sprache und Literatur. Madison, Wisc. 59, 1967, 4, S. 344-350.
Tanaka, Yutaka: Das Glasperlenspiel. In: Jinbun Kagaku. Universität Kochi. 15, 1967, 10, S. 135-149. (Japanisch.)
A. U.: H. H.: Das Glasperlenspiel. In: Die Welt der Literatur. Hamburg. Nr. 26 v. 21. 12. 1967, S. 17.

Ziolkowski, Theodore: H. H.: Der vierte Lebenslauf. In: The Germanic Review. New York. 42, 1967, 2, S. 124-143.

1968

Berger, Hans: H. H. und die Lebensangst. In: H. Berger: Untergang und Aufgang. 4 Vorträge zur Lebenslage des modernen Menschen in der Dichtung. (Karlsruhe:) Der Karlsruher Bote; (Innsbruck: Der Turmbund. Gesellschaft für Literatur und Kunst) 1968. 144 S., S. 38-64, bes. S. 54-63.
Field, G(eorge) W(allis): On the genesis of the Glasperlenspiel. In: The German Quarterly. Appleton, Wisc. 41, 1968, S. 673-688.
Fusaro, Janiece E. B(arre): H. H.s »Das Glasperlenspiel«. A study. Thesis phil. Minnesota 1968. 324 Bl. (xerogr.)
Hesse, Hermann und Thomas Mann: Briefwechsel. (Hrg. von Anni Carlsson. Frankfurt a. M.:) Suhrkamp/S. Fischer (1968). 243 S., S. 33, 36, 40, 41, 45, 47, 50, 67, 68, 70, 78, 79, 86, 89, 93, 100, 102, 103, 104, 106, 107, 110, 119, 130, 133, 141, 142, 146, 155, 159.
Karalaschwili, Reso: Der Erzähler im »Glasperlenspiel«. In: VII. Wissenschaftliche Session an der Universität Tiflis. 1968. S. 14-16. (Georgisch.)
Norton, Roger C.: Variant endings of H.s »Glasperlenspiel«. In: Monatshefte für deutschen Unterricht, deutsche Sprache und Literatur. Madison, Wisc. 60, 1968, 2, S. 141-146.
Schneider, Christian J.: Der Tod als dichterisches Grundmotiv und Existenzproblem bei H. H. Diss. Santa Barbara, Calif. 1968.
Stolte, Heinz: Das Glasperlenspiel. In: Lexikon der Weltliteratur. Band II. Stuttgart: A. Kröner (1968). S. 385-386.

1969

Averinzev, S.: Anmerkungen zur russischen Ausgabe des »Glasperlenspiels«. In: H. H.: Igra v bisser. Moskau 1969. S. 533-543. (Russisch.)
Field, G(eorge) W(allis): Goethe and Das Glasperlenspiel: Reflections on Alterswerke. In: German Life and Letters. Oxford. 23, 1969, 1, S. 93-101.
J. E. Fusario: H. H. Das Glasperlenspiel. A Study. Dissertation. University of Minnesota. 1969. S. 257-263.
Hesse, Hermann und Peter Suhrkamp: Briefwechsel 1945-1959. Hrg. von Siegfried Unseld (Frankfurt a. M.:) Suhrkamp (1969). 511 S., S. 8, 10, 15, 18, 23, 24, 27, 28, 31, 36, 41, 44, 46, 48, 49, 57, 61, 62, 69, 71, 76, 79, 82, 83, 87, 103, 104, 111, 123, 146, 147, 162, 170, 173, 257, 271, 280, 360, 362, 363, 366, 402.

Hsia, Adrian: H.s esoterisches Glasperlenspiel. In: Deutsche Vierteljahrsschrift für Literaturwissenschaft und Geistesgeschichte. Stuttgart. 96, 1969, 2, S. 354-362.
Markowitsch, E.: H. H. und sein Roman »Glasperlenspiel«. Einführung zur russischen Übersetzung des Romans. In: H. H.: Igra v bisser. Moskau 1969. S. 5-27. (Russisch.)
Resnik, Henry S.: How H. H. speaks to the college generation. In: Saturday Review of Literature. New York. 18. 10. 1969, S. 35-37.
Tabe, Shukuko: Die symbolische Bedeutung des Glasperlenspiels. In: Jinbun Gakuho. Tokio-Toritsu-Universität. 1969, 72, S. 165-177. (Japanisch.)

1970

Charitanov, M.: Beim Lesen des »Glasperlenspiels«. In: Inostrannaja literatura. 1970. 6, S. 262-264. (Russisch.)
Clement, Samuel: An act of mental synthesis. In: The Gazette. Montreal. 17. 1. 1970.
Eykman, Christoph: Geist und Geschichte. Das Problem der Geschichte im Werk H. H.s. In: C. Eykman: Geschichtspessimismus in der deutschen Literatur des zwanzigsten Jahrhunderts. Bern, München: Francke (1970). S. 78-94, bes. S. 85-94.
Field, George Wallis: »Die Morgenlandfahrt« and »Das Glasperlenspiel«: In the service of »Geist« and »Leben«. In: G. W. Field: H. H. New York: Twayne (1970). 198 S., S. 142-172. (Twayne's World Authors Series. 93.)
Field, G(eorge) W(allis): Das Glasperlenspiel. Concerning the date of its Einleitung. In: The German Quarterly. Appleton, Wisc. 43, 1970, 3, S. 538-539. (Vgl. dazu den Beitrag von J. Mileck ebda. S. 539-541.)
Freedman, Ralph: The Glass Bead Game. In: The New York Times Book Review. 4. 1. 1970, S. 4 u. 20; Hesse Companion. (Frankfurt a. M.:) Suhrkamp (1970). S. 277 (Teildr.).
Karalaschwili, Reso: H. H. und Jakob Burckhardt. In: XX. Wissenschaftliche Session am Institut für Fremdsprachen. Tiflis 1970. S. 83-84. (Georgisch.)
Klawiter, Randolph J.: The artist-intellectual, in or versus society? A dilemma. In: Studies in German Literature of the Nineteenth and Twentieth Centuries. Festschrift for Frederic E. Coenen. Chapel Hill, N. C.: The University of North Carolina Press 1970. S. 236-250, bes. S. 239 bis 243. (Studies in the Germanic Languages and Literature. 67.)
Lüthi, Hans Jürg: Das Glasperlenspiel. In: H. J. Lüthi: H. H. Natur und Geist. Stuttgart, Berlin, Köln, Mainz: Kohlhammer (1970). 158 S., S. 108-138. (Sprache und Literatur. 61.)

Mileck, Joseph: Das Glasperlenspiel. Concerning the date of its Einleitung. In: The German Quarterly. Appleton, Wisc. 43, 1970, 3, S. 539 bis 541. (Vgl. dazu den Beitrag von G. W. Field ebda. S. 538-539.)
Mileck, Joseph: Das Glasperlenspiel. Genesis, Manuscripts, and History of Publication. In: The German Quarterly. Appleton, Wisc. 43, 1970, 1, S. 55-83; Hesse Companion. (Frankfurt a. M.:) Suhrkamp (1970). S. 189-221.
Schneider, Christian J.: H. H.s »Glasperlenspiel«. Genesis, Structure, Interpretation. In: Hesse Companion. (Frankfurt a. M.:) Suhrkamp (1970). S. 222-259.
Sedelnik, Wladimir D.: Das Lebensspiel. In: Novo mir. Moskau. 1970, 2, S. 254-256. (Russisch.)
Zukoshi, Ryohei: Das Glasperlenspiel. In: Jinbun Kenkyu. Osaka-Shiritsu-Universität. 21, 1970, 10, S. 96-117. (Japanisch.)

1971

Achenbach, Christoph: Untersuchungen zum Stil und zur Sprache in H. H.s Prosadichtung unter besonderer Berücksichtigung des Musikalischen. (»Unterm Rad«, »Gertrud«, »Der Steppenwolf«, »Das Glasperlenspiel«.) Diss. Rostock (1971). V, 226, 11 Bl. (Maschinenschr.)
Arnold, Heinz Ludwig: Kadettenanstalt für eine Ordinarien-Universität? In: Süddeutsche Zeitung, München v. 13./14. 3. 1971.
Beaujon, Edmond: Le métier d'homme et son image mythique chez H. H. (Genève: Editions du) Mont-Blanc (1971). 240 S. Bes. S. 191-238.
Butler, Colin: Literary malpractice in some works of H. H. In: University of Toronto Quarterly. Toronto. 40, 1971, 2, S. 168-182, bes. S. 177-180.
Kaiser, Joachim: Science-fiction der Innerlichkeit. In: Süddeutsche Zeitung, München v. 13./14. 3. 1971.
Karalaschwili, Reso: Altindische und -chinesische Gedankenwelt in H. H.s »Glasperlenspiel«. In: Abhandlungen. Staatliche Universität Tbilissi. Friedrich-Schiller-Universität Jena. B 2 (140). Tiflis 1971. S. 231-244. (Georgisch mit deutscher Zusammenfassung.)
Karalaschwili, Reso: Die philosophische Grundlage von H. H.s Spätwerk. Diss. Tbilissi (Tiflis) 1971. 232, LVIII S.
Karalaschwili, Reso: Josef Knechts Tod. (Zur Schlußszene des »Glasperlenspiels« von H. H.) In: Ziskari. Tiflis. 1971, 7, S. 145-152. (Georgisch.)
Stolte, Heinz: H. H. Weltscheu und Lebensliebe. Hamburg: Hansa-Verlag (1971). 287 S., S. 230-285.
Wehdeking, Volker Christian: Der Nullpunkt. Über die Konstituierung der deutschen Nachkriegsliteratur (1945-1948) in den amerikanischen Kriegsgefangenenlagern. Stuttgart: J. B. Metzlersche Verlagsbuchhandlung (1971). S. 61-63.

1972

Bandy, Stephen C.: H. H.s »Das Glasperlenspiel« in search of Josef Knecht. In: Modern Language Quarterly. Seattle, Washington. 33, 1972, 3, S. 299-311.

Boa, Elizabeth; Reid, J. H.: Critical strategies. German fiction in the twentieth century. Montreal: McGill-Queen's University Press 1972. S. 2, 28-34, 108, 135, 137, 138, 139, 172-173, 174.

Casebeer, Edwin F.: Magister Ludi: The Schoolmaster. In: E. F. Casebeer: H. H. New York, N. Y.: Warner (1972). 206 S., S. 141-189. (Writers for the seventies.)

Hesse, Hermann; Kerényi, Karl: Briefwechsel aus der Nähe. (Hrg. und kommentiert von Magda Kerényi. München, Wien:) Langen-Müller (1972). 204 S., S. 15, 35, 36, 47, 112, 117, 141, 146, 147, 166.

Läites, Natalia Samoilowna: Die Entwicklung des Romans in der deutschen Literatur 1918-1945. Diss. Tbilissi (Tiflis) 1972. 3 Bände. Band 2, S. 231-242: »Das Glasperlenspiel« von H. H. (Russisch.)

Middell, Eicke: H. H. Die Bilderwelt seines Lebens. Leipzig: Reclam 1972. 376 S. ill., S. 245-270. (Reclams Universal-Bibliothek. 169.)

Parry, Idris: The glass bead game. In: I. Parry: Animals of silence. Essays on art, nature, and folk-tale. London: Oxford University Press 1972. 100 S., S. 27-34.

1973

Farquharson, Robert H(oward): The Glass Bead Game. In: R. H. Farquharson: An outline of the works of H. H. (Toronto, London, Sydney, Auckland, Capetown, Singapore:) Forum House (Publishing Comp. 1973). 107 S., S. 79-99.

Glenn, Jerry: The Glass Bead Game (Magister Ludi): A Critique. In: J. Glenn: The major works of H. H. A critical commentary. (New York, N. Y.:) Monarch Press (1973). 102 S., S. 69-93. (Monarch Notes. 00908.)

Norton, Roger C.: H. H.s futuristic idealism. »The glass bead game« and its predecessors. Bern: Herbert Lang; Frankfurt am Main: Peter Lang 1973. 149 S. (European university papers. Series 1: German language and literature. 80.)

Pfeifer, Martin: H.-H.-Bibliographie. Primär- und Sekundärschrifttum in Auswahl. (Berlin:) Erich Schmidt Verlag (1973). 104 S.

Unseld, Siegfried: Das Glasperlenspiel. In: S. Unseld: H. H., eine Werkgeschichte. (Frankfurt am Main:) Suhrkamp (1973). 321 S. ill., S. 172 bis 197. (Suhrkamp Taschenbuch. 143.)

Nachweise

Robert Faesi: »*Hermann Hesses ›Glasperlenspiel‹*«, aus »*Neue Schweizer Rundschau*«, Zürich, 7, 1943.

R. J. Humm: »*Hermann Hesses ›Glasperlenspiel‹*«, aus »*Die Weltwoche*«, Zürich vom 10. 12. 1943.

Max Rychner: »*Das Glasperlenspiel*«. Erstdruck in »*Die Tat*«, Zürich vom 25. 12. 1943. Unser Text folgt der Ausgabe: Max Rychner »*Zeitgenössische Literatur. Charakteristiken und Kritiken*«. Manesse, Zürich, 1947.

Joachim Maass: »*Anmerkung zum Buch eines Magister Ludi*«, aus »*Die Neue Rundschau*«, Berlin, 3, 1945/46.

Anni Carlsson: »*Hermann Hesses ›Glasperlenspiel‹ in seinen Wesensgesetzen*«, aus »*Trivium*«, Zürich, 3, 1946. Der Beitrag wurde von der Verfasserin für unsere Ausgabe überarbeitet.

Theodor Heuss: »*Das Glasperlenspiel*«, aus »*Rhein-Neckar-Zeitung*«, Heidelberg vom 19. 10. 1946.

Hermann Lenz: »*Hermann Hesse, ›Das Glasperlenspiel‹*«, aus »*Weltstimmen*«, Stuttgart, 17, 1946.

E. R. Curtius: »*Der homo ludens*«, Teildruck aus: E. R. C., »*Hermann Hesse*« in »*Merkur*«, Baden-Baden, 2, 1942. Später aufgenommen in: E. R. C., »*Kritische Essays zur europäischen Literatur*«, Francke, Bern, 1950.

Hellmut v. Cube: »*Hermann Hesses Glasperlenspiel*«, aus »*Welt und Wort*«, Tübingen, 4, 1947.

Barbara Klie: »*Glasperlenspiel*«, aus »*Die Umschau*«, Mainz, 5, 1947.

Manfred Hausmann: »*Hermann Hesses ›Glasperlenspiel‹*«, aus »*Weser-Zeitung*«, Bremen vom 2. 7. 1947.

Heinrich Schirmbeck: »*Der homo ludens und das Glasperlenspiel*«, aus »*Badische Zeitung*«, Freiburg i. Br. vom 22. 7. 1947.

Karl Korn: »*Verspielte Perlen*«, aus »*Berliner Hefte für geistiges Leben*« 2, 1947.

Paul Böckmann: »*Ist das ›Glasperlenspiel‹ ein gefährliches Buch?*« aus »*Die Sammlung*«, Göttingen, 10, 1948.

Siegfried Unseld: »*Hermann Hesse: ›Das Glasperlenspiel‹*« aus »*Studentische Blätter*«, Tübingen, Dezember 1948.

Georg Ehrhart: »*Der Tod des Glasperlenspielers*« aus »*Frankfurter Allgemeine Zeitung*« vom 25. 7. 1955.

Karl Schmid: »*Über Hermann Hesses ›Glasperlenspiel‹*«, aus einem am 12. 10. 1956 von Radio Zürich gesendeten Vortrag. Der Text wurde aufgenommen in: Karl Schmid, »*Aufsätze und Reden*«, Artemis, Zürich u. Stuttgart, 1957.

Karl Fehr: »*Gedanken zum Glasperlenspiel*«, aus »*Neue Zürcher Zeitung*« vom 2. 7. 1957.

Hans Mayer: »*Hesses ›Glasperlenspiel‹ oder Die Wiederbegegnung*«. Erstdruck in H. H., »*Das Glasperlenspiel*«, Aufbau, Berlin, 1961. Aufgenommen in: Hans Mayer, »*Ansichten*«, Zur Literatur der Zeit, Rowohlt, Reinbek, 1962.

Joseph Mileck: »*Die Namen in Hesses Glasperlenspiel.*« Teildruck aus »*Names and the Creative Process*«, in »*Monatshefte...*«, University of Wisconsin, Madison, April/Mai 1961. Hier erstmals in deutscher Übersetzung.

G. W. Field: »*Zur Genesis des Glasperlenspiels*«, aus »*The German Quarterly*«, Appleton, Wisconsin, 41, 1968. Hier erstmals in deutscher Übersetzung.

Adrian Hsia: »*Das esoterische Glasperlenspiel*«, aus »*Deutsche Vierteljahrsschrift für Literaturwissenschaft und Geistesgeschichte*«, Stuttgart, 2, 1969.

Theodore Ziolkowski: »*Zur Aktualität des Glasperlenspiels*«, aus seinem Vorwort zur amerikanischen Ausgabe des Glasperlenspiels, 1969 bei Holt, Rinehart and Winston, Inc., New York. Hier erstmals in deutscher Übertragung.

Joachim Kaiser: »*Science-fiction der Innerlichkeit*«, aus »*Süddeutsche Zeitung*«, München vom 13./14. 3. 1971.

Reso Karalaschwili: »*Josef Knechts Tod*«, aus »*Ziskari*«, Tiflis, 7, 1971. Deutsche Version des Verfassers. Hier erstmals in deutscher Sprache.

Heinz Ludwig Arnold: »*Kadettenanstalt für eine Ordinarien-Universität?*«, aus »*Süddeutsche Zeitung*«, München vom 13./14. 3. 1971.

Wladimir Sedelnik: »*Spiel und Leben*«. Eine Betrachtung über Josef Knechts Leben und Tod. Originalbeitrag des russischen Wissenschaftlers für dieses Buch, 1972.

Gunter Böhmer: »*Nachträgliche und vorläufige Aufzeichnungen*«. Originalbeitrag für dieses Buch, 1973.

Christian I. Schneider: »*Josef Knechts Abschied und Neubeginn*«. Originalbeitrag für dieses Buch, 1973.

Martin Pfeifer: »*Der emanzipierte Kastalier*«. Originalbeitrag für dieses Buch, 1973.

Miszellen: die Quellennachweise sind unter den jeweiligen Texten vermerkt.

Zeittafel

1877	geboren am 2. Juli in Calw/Württemberg als Sohn des baltischen Missionars und späteren Leiters des »Calwer Verlagsvereins« Johannes Hesse (1847-1916) und Marie Hesses, verw. Isenberg, geb. Gundert (1842-1902), der ältesten Tochter des namhaften Indologen und Missionars Hermann Gundert.
1881-1886	wohnt Hesse mit seinen Eltern in Basel, wo der Vater bei der »Basler Mission« unterrichtet und 1883 die Schweizer Staatsangehörigkeit erwirbt (zuvor: russische Staatsangehörigkeit).
1886-1889	Rückkehr nach Calw (Juli), wo Hesse das Reallyzeum besucht.
1890-1891	besucht er die Lateinschule in Göppingen, um sich auf das Württembergische Landexamen (Juli 1891) vorzubereiten, der Voraussetzung für eine kostenlose Ausbildung zum ev. Theologen im »Tübinger Stift«. Deshalb muß er auf sein Schweizer Bürgerrecht verzichten. Im November 1890 erwirbt ihm sein Vater die württembergische Staatsangehörigkeit.
1891-1892	Seminarist im ev. Klosterseminar Maulbronn (Sept. 1891), aus dem er nach 7 Monaten flieht, weil er »entweder Dichter oder gar nichts werden wollte«. (April 1892)
1892	bei Christoph Blumhardt (zum »Teufelaustreiben«) in Bad Boll (April-Mai); Selbstmordversuch (Juni), Aufenthalt in der Nervenheilanstalt Stetten (Juni-August). Aufnahme ins Gymnasium von Cannstatt (Nov. 1892), wo er
1893	im Juli das Einjährig-Freiwilligen-Examen (Obersekundareife) absolviert. »Werde Sozialdemokrat und laufe ins Wirtshaus. Lese fast nur Heine, den ich sehr nachahmte.«
1894-1895	Praktikant in der Calwer Turmuhrenfabrik Perrot.
1895-1898	Buchhändlerlehre bei J. J. Heckenhauer in Tübingen.
1899	beginnt er mit der Niederschrift eines Romans »Schweinigel« (Manuskript noch nicht aufgefunden). ›Romantische Lieder‹ erscheinen bei Pierson, Dresden. ›Eine Stunde hinter Mitternacht‹ erscheint bei Diederichs, Leipzig.
1899-1903	Als Buchhandelsgehilfe in Basel (Buchhandlung R. Reich u. Antiquariat v. Wattenwyl).

	H. H. beginnt für die »Allgemeine Schweizer Zeitung« Artikel und Rezensionen zu schreiben, die ihm mehr noch als seine Bücher »einen gewissen lokalen Ruf machten, der mich im gesellschaftlichen Leben sehr unterstützte.«
1901	Erste Italienreise nach Florenz (Genua, Pisa, Venedig). ›Hinterlassene Schriften und Gedichte von Hermann Lauscher‹ erscheinen bei R. Reich, Basel.
1902	›Gedichte‹ erscheinen bei Grote, Berlin, seiner Mutter gewidmet, die kurz vor Erscheinen des Bändchens stirbt.
1903	Zweite Italienreise (Florenz, Venedig) nach Aufgabe seiner Buchhändler- und Antiquariatstätigkeit; Hesse beendet die Niederschrift des Camenzind-Manuskripts, das er auf Einladung des S. Fischer Verlages nach Berlin sendet.
1904	›Peter Camenzind‹ erscheint bei S. Fischer, Berlin. Eheschließung mit Maria Bernoulli, Tochter aus altem Basler Gelehrtengeschlecht. Mit ihr bezieht er im Juli ein leerstehendes Bauernhaus in Gaienhofen am Bodensee, um als freier Schriftsteller und Mitarbeiter von zahlreichen Zeitungen und Zeitschriften zu arbeiten (u. a. »Die Propyläen«, d. i. Münchner Zeitung; »Die Rheinlande«, »Simplicissimus«, »März«, »Der Schwabenspiegel«, d. i. Württemberger Zeitung). Die biographischen Studien »Boccaccio« und »Franz von Assisi« erscheinen bei Schuster & Löffler, Berlin u. Leipzig.
1905	Geburt des ersten Sohnes, Bruno
1906	›Unterm Rad‹ (1903-1904 entstanden) erscheint bei S. Fischer, Berlin. Gründung der liberalen, gegen das persönliche Regiment Wilhelms II. gerichteten Zeitschrift »März« (Verlag Albert Langen, München), als deren Mitherausgeber Hesse bis 1912 zeichnet.
1907	›Diesseits‹, Erzählungen, erscheinen bei S. Fischer, Berlin. In Gaienhofen baut und bezieht Hesse ein eigenes Haus »Am Erlenloh«.
1908	›Nachbarn‹, Erzählungen, erscheinen bei S. Fischer, Berlin.
1909	Geburt des zweiten Sohnes, Heiner.
1910	›Gertrud‹, Roman, erscheint bei Albert Langen, München.
1911	›Unterwegs‹, Gedichte, erscheinen bei Georg Müller,

	München. Geburt des dritten Sohnes, Martin Indienreise mit dem befreundeten Maler Hans Sturzenegger.
1912	›Umwege‹, Erzählungen, erscheinen bei S. Fischer, Berlin. Hesse verläßt Deutschland und übersiedelt mit seiner Familie nach Bern in das ehem. Haus des befreundeten Malers Albert Welti.
1913	›Aus Indien. Aufzeichnungen einer indischen Reise‹ erscheinen bei S. Fischer, Berlin.
1914	›Roßhalde‹, Roman, erscheint bei S. Fischer, Berlin. Bei Kriegsbeginn meldet sich Hesse freiwillig, wird aber als dienstuntauglich zurückgestellt und der Deutschen Gesandtschaft in Bern zugeteilt, wo er im Dienst der »Deutschen Gefangenenfürsorge« Hunderttausende von Kriegsgefangenen und Internierte in Frankreich, England, Rußland und Italien mit Lektüre versorgt, Gefangenenzeitschriften (z. B. »Deutsche Interniertenzeitung«) herausgibt, redigiert und einen eigenen Verlag für Kriegsgefangene (»Verlag der Bücherzentrale für deutsche Kriegsgefangene«) aufbaut, in welchem von 1918 bis 1919 22 Bändchen erscheinen.
1914-1919	Zahlreiche politische Aufsätze, Mahnrufe, offene Briefe etc. in deutschen, schweizerischen und österreichischen Zeitungen und Zeitschriften.
1915	›Knulp. Drei Geschichten aus dem Leben Knulps‹ (vorabgedruckt bereits 1908) erschienen bei S. Fischer, Berlin. ›Am Weg‹, Erzählungen, erschienen bei Reuß & Itta, Konstanz. ›Musik des Einsamen‹, Neue Gedichte, erschienen bei Eugen Salzer, Heilbronn. ›Schön ist die Jugend‹, Erzählungen, erschienen bei S. Fischer. Der Tod des Vaters, die Krankheit seiner Frau und des jüngsten Sohnes Martin führen zu einem Nervenzusammenbruch. Erste psychotherapeutische Behandlung durch den C. G. Jung-Schüler J. B. Lang bei einer Kur in Sonnmatt bei Luzern.
1919	Die politische Flugschrift ›Zarathustras Wiederkehr. Ein Wort an die deutsche Jugend von einem Deutschen‹, erscheint anonym im Verlag Stämpfli, Bern; 1920 unter dem Namen des Verfassers bei S. Fischer, Berlin. Übersiedlung nach Montagnola/Tessin in die Casa Camuzzi, die er bis 1931 bewohnt.

›Kleiner Garten‹, Erlebnisse und Dichtungen, erscheint bei E. P. Tal & Co., Wien u. Leipzig.
›Demian. Die Geschichte einer Jugend‹ erscheint unter dem Pseudonym Emil Sinclair bei S. Fischer, Berlin.
›Märchen‹ erschienen bei S. Fischer, Berlin.
Gründung und Herausgabe der Zeitschrift »Vivos voco«, Für neues Deutschtum (Leipzig, Bern).

1920 ›Gedichte des Malers‹. Zehn Gedichte mit farbigen Zeichnungen, erschienen im Verlag Seldwyla, Bern.
›Klingsors letzter Sommer‹, Erzählungen, erschienen bei S. Fischer, Berlin.
›Wanderung‹, Aufzeichnungen mit farbigen Bildern vom Verfasser, erschienen bei S. Fischer, Berlin.

1921 ›Blick ins Chaos‹, zwei Dostojewski-Essays und ein Sprechstück, erschienen im Verlag Seldwyla, Bern.
›Ausgewählte Gedichte‹, erschienen bei S. Fischer, Berlin. Krise mit fast anderthalbjähriger Unproduktivität zwischen der Niederschrift des ersten und des zweiten Teils des ›Siddhartha‹. Psychoanalyse bei C. G. Jung in Küsnacht bei Zürich.
›Elf Aquarelle aus dem Tessin‹, erschienen bei O. C. Recht, München.

1922 ›Siddhartha. Eine indische Dichtung‹, erschienen bei S. Fischer, Berlin.

1923 ›Sinclairs Notizbuch‹, erschienen bei Rascher, Zürich. Erster Kuraufenthalt in Baden bei Zürich, wo er sich fortan (bis 1952) am Ende jedes Jahres aufhält.

1924 Hesse wird wieder Schweizer Staatsbürger.
Eheschließung mit Ruth Wenger, Tochter der Schriftstellerin Lisa Wenger.
›Psychologia Balnearia oder Glossen eines Badener Kurgastes‹ erscheint als Privatdruck; ein Jahr später als erster Band in der Ausstattung der ›Gesammelten Werke in Einzelausgaben‹ u. d. T.:

1925 ›Kurgast‹ bei S. Fischer, Berlin.

1926 ›Bilderbuch‹, Schilderungen, erschienen bei S. Fischer, Berlin. Hesse wird als auswärtiges Mitglied in die Sektion für Dichtkunst der Preußischen Akademie der Künste gewählt, aus der er 1931 austritt: »Ich habe das Gefühl, beim nächsten Krieg wird diese Akademie viel zur Schar jener 90 oder 100 Prominenten beitragen, welche das Volk wieder wie 1914 im Staatsauftrag über alle lebenswichtigen Fragen belügen werden«.

1927	›Die Nürnberger Reise‹ und ›Der Steppenwolf‹ erscheinen bei S. Fischer, Berlin, gleichzeitig – zum 50. Geburtstag Hesses –, die bis heute unübertroffene Hesse-Biographie von Hugo Ball. Auf Wunsch seiner zweiten Frau, Ruth, Scheidung ihrer 1924 geschlossenen Ehe.
1928	›Betrachtungen‹ und ›Krisis. Ein Stück Tagebuch‹ erscheinen bei S. Fischer, Berlin, letzteres in einmaliger limitierter Auflage.
1929	›Trost der Nacht‹. Neue Gedichte, erscheinen bei S. Fischer. ›Eine Bibliothek der Weltliteratur‹ erscheint als Nr. 7003 von Reclams Universalbibliothek, Leipzig.
1930	›Narziß und Goldmund‹, Erzählung, erscheint bei S. Fischer, Berlin.
1931	Eheschließung mit der Kunsthistorikerin Ninon Dolbin geb. Ausländer aus Czernowitz. Mit ihr bezieht Hesse das von H. C. Bodmer erbaute und ihm auf Lebzeiten zur Verfügung gestellte Haus an der Collina d'Oro in Montagnola. ›Weg nach Innen‹. Vier Erzählungen (›Siddhartha‹, ›Kinderseele‹, ›Klein und Wagner‹, ›Klingsors letzter Sommer‹), erschienen bei S. Fischer, Berlin.
1932	›Die Morgenlandfahrt‹ erscheint bei S. Fischer, Berlin.
1932-1943	Entstehung des ›Glasperlenspiels‹.
1933	›Kleine Welt‹ (Erzählungen aus ›Nachbarn‹, ›Umwege‹ und ›Aus Indien‹ leicht bearbeitet) erscheint bei S. Fischer, Berlin.
1934	›Vom Baum des Lebens‹. Ausgewählte Gedichte, erscheinen im Insel Verlag, Leipzig.
1935	›Fabulierbuch‹, Erzählungen, erscheint bei S. Fischer, Berlin.
1936	›Stunden im Garten.‹ Eine Idylle, erscheint bei Gottfried Bermann Fischer, Wien.
1937	›Gedenkblätter‹ und ›Neue Gedichte‹ erscheinen bei S. Fischer, Berlin. ›Der lahme Knabe‹, ausgestattet von Alfred Kubin, erscheint als Privatdruck in Zürich.
1939-1945	gelten Hesses Werke in Deutschland für unerwünscht. ›Unterm Rad‹, ›Der Steppenwolf‹, ›Betrachtungen‹ u. ›Narziß und Goldmund‹ können nicht mehr nachgedruckt werden. Insgesamt waren während der Jahre 1933–1945 in Deutschland 20 Hessetitel (ein-

schließlich der Nachdrucke) erhältlich, die im Verlauf der zwölf Jahre eine Gesamtauflage von 481 Tsd. Exemplaren erreichten (eine Auflage, die etwa der allein 1974 im deutschen Sprachraum verkauften Zahl der Hesse-Ausgaben entspricht), wobei allerdings 250 Tsd. auf das 1943 erschienene Reclam-Bändchen »In der alten Sonne« und 70 Tsd. auf die kleine, 1934 in der Insel-Bücherei erschienene Gedichtauswahl ›Vom Baum des Lebens‹ entfielen. Die ›Gesammelten Werke in Einzelausgaben‹ werden deshalb in der Schweiz, im Verlag Fretz & Wasmuth, fortgesetzt.

1942 ›Die Gedichte‹, erste Gesamtausgabe von Hesses Lyrik, erscheinen bei Fretz & Wasmuth, Zürich.

1943 ›Das Glasperlenspiel. Versuch einer Lebensbeschreibung des Magister Ludi Josef Knecht samt Knechts hinterlassenen Schriften. Herausgegeben von Hermann Hesse‹, erscheint bei Fretz & Wasmuth, Zürich

1945 ›Der Blütenzweig‹. Eine Auswahl aus den Gedichten; und
›Bertold‹. Ein Romanfragment; und
›Traumfährte‹. Neue Erzählungen und Märchen, erscheinen bei Fretz & Wasmuth, Zürich.

1946 ›Krieg und Frieden‹. Betrachtungen zu Krieg und Politik seit dem Jahr 1914, erscheint bei Fretz & Wasmuth, Zürich. Danach erscheinen die Werke Hesses wieder in Deutschland, zunächst im »Suhrkamp Verlag vorm. S. Fischer«, seit 1951 im Suhrkamp Verlag, Frankfurt am Main.
Goethe-Preis der Stadt Frankfurt am Main.
Nobelpreis.

1951 ›Späte Prosa‹ und
›Briefe‹ erscheinen bei Suhrkamp, Frankfurt am Main.

1952 ›Gesammelte Dichtungen‹ in sechs Bänden als Festgabe zum 75. Geburtstag erscheinen bei Suhrkamp, Frankfurt am Main.

1954 ›Piktors Verwandlungen‹. Ein Märchen, faksimiliert, erscheint bei Suhrkamp, Frankfurt am Main.
›Briefe: Hermann Hesse-Romain Rolland‹ erscheinen bei Fretz & Wasmuth, Zürich.

1955 ›Beschwörungen‹, Späte Prosa/Neue Folge bei Suhrkamp, Frankfurt a. M.
Friedenspreis des Deutschen Buchhandels.

1956 Stiftung eines Hermann-Hesse-Preises durch die Förde-

	rungsgemeinschaft der deutschen Kunst Baden-Württemberg e. V.
1957	›Gesammelte Schriften‹, in sieben Bänden, erscheinen bei Suhrkamp, Frankfurt am Main.
1961	›Stufen‹, alte und neue Gedichte in Auswahl, erscheinen bei Suhrkamp, Frankfurt am Main.
1962	›Gedenkblätter‹ (um fünfzehn Texte erweitert gegenüber der 1937 erschienenen Ausgabe). 9. August: Tod Hermann Hesses in Montagnola.
1962	›Hermann Hesse zum Gedächtnis‹, Privatdruck des Suhrkamp Verlags, Frankfurt am Main. ›Hermann Hesse. Eine Bibliographie‹ von Helmut Waibler erscheint im Francke Verlag, Bern und München.
1963	›Die späten Gedichte‹ erscheinen als Band 803 der Insel-Bücherei des Insel Verlags, Wiesbaden.
1964	›Briefe‹. Erweiterte Ausgabe, erscheinen bei Suhrkamp, Frankfurt am Main.
1965	›Prosa aus dem Nachlaß‹, erschienen bei Suhrkamp, ›Neue deutsche Bücher‹, Literaturberichte für Bonniers Litterära Magasin 1935 bis 1936, erschienen in der Turmhahn-Bücherei des Schiller-Nationalmuseums, Marbach.
1966	›Kindheit und Jugend vor Neunzehnhundert. Hermann Hesse in Briefen und Lebenszeugnissen 1877 bis 1895‹ erschienen im Suhrkamp Verlag, Frankfurt am Main.
1968	›Hermann Hesse – Thomas Mann. Briefwechsel‹, erschienen im Suhrkamp und im S. Fischer Verlag, Frankfurt am Main.
1969	›Hermann Hesse – Peter Suhrkamp, Briefwechsel‹ erschienen im Suhrkamp Verlag, Frankfurt am Main.
1970	›Hermann Hesse – Werkausgabe‹, ›Politische Betrachtungen‹ und ›Schriften zur Literatur‹, erschienen im Suhrkamp Verlag, Frankfurt am Main.
1971	›Hermann Hesse – Helene Voigt-Diederichs. Zwei Autorenportraits in Briefen‹, erschienen bei Diederichs, Köln, als Privatdruck in einmaliger Auflage. ›Lektüre für Minuten‹, Gedanken aus seinen Büchern und Briefen; ›Mein Glaube‹. Eine Dokumentation und ›Hermann Hesse – Sprechplatte‹, erschienen bei Suhr-

	kamp, Frankfurt am Main.
1972	›Eigensinn‹. Autobiographische Schriften.
	›Materialien zu Hermann Hesse, Der Steppenwolf‹ erschienen bei Suhrkamp, Frankfurt am Main.
	›D'une rive à l'autre. Hermann Hesse et Romain Rolland. Correspondance, fragments du Journal et textes divers‹ erschienen bei Albin Michel, Paris.
	›Hermann Hesse – Karl Kerényi. Briefwechsel aus der Nähe‹, erschienen bei Langen-Müller, München u. Wien.
1973	›Gesammelte Briefe, erster Band: 1895 bis 1921‹
	›Die Kunst des Müßiggangs‹. Kurze Prosa aus dem Nachlaß,
	›Die Erzählungen‹, erste Gesamtausgabe der wichtigsten Erzählungen,
	›Materialien zu Hermann Hesse, Das Glasperlenspiel‹, Bd. 1, erschienen bei Suhrkamp, Frankfurt am Main.
	›Hermann Hesse, Traktat vom Steppenwolf und andere Texte‹, Sprechplatte der Deutschen Grammophon-Gesellschaft, Hamburg.
	›Hermann Hesse und der Ferne Osten‹, erschienen bei Büchergilde Gutenberg, Frankfurt am Main.
	›Hermann Hesse-Bibliographie; Primär- und Sekundärschrifttum in Auswahl‹ von Martin Pfeifer erscheint im Erich Schmidt Verlag, Berlin.
	›Hermann Hesse, eine Werkgeschichte‹, erschienen bei Suhrkamp, Frankfurt am Main.
1974	›Hermann Hesse, Leben und Werk im Bild‹ von Volker Michels, insel-taschenbuch 36
	›Materialien zu Hermann Hesse, Das Glasperlenspiel‹ Bd. 2
	›Hermann Hesse und China‹ von Adrian Hsia, erschienen bei Suhrkamp, Frankfurt am Main.
	›Kindheit des Zauberers‹ illustriert von Peter Weiss, insel taschenbuch.
	›Begegnungen mit Hermann Hesse‹ von Siegfried Unseld bei Suhrkamp, Frankfurt am Main.
1975	›Lektüre für Minuten‹ Neue Folge.
	›Piktors Verwandlungen‹.
	»Materialien zu Hermann Hesses ›Siddhartha‹«, Bd. 1.
1976	»Materialien zu Hermann Hesses ›Siddhartha‹«, Bd. 2.
	Ursula Chi, ›Die Weisheit Chinas und das Glasperlenspiel‹.
	›Über Hermann Hesse‹, Bd. 1 (1904–1962).

1977 ›Kleine Freuden. Verstreute und kurze Prosa aus dem Nachlaß‹
›Aus Kinderzeiten‹. Ges. Erzählungen Band 1, 1900–1905
›Die Verlobung‹. Ges. Erzählungen Band 2, 1906–1908

Hermann Hesse
in den suhrkamp taschenbüchern

Lektüre für Minuten. Gedanken aus seinen Büchern und Briefen. Ausgewählt von Volker Michels. Band 7, 240 S.

Unterm Rad. Erzählung. Band 52, 420 S.

Materialien zu Hermann Hesses »Der Steppenwolf«. Herausgegeben von Volker Michels. Band 53, 380 S.

Das Glasperlenspiel. Band 79, 618 S.

Materialien zu Hermann Hesses »Das Glasperlenspiel«, Teil I: Texte von Hermann Hesse. Herausgegeben von Volker Michels. Band 80, 390 S.

Die Kunst des Müßiggangs. Kurzprosa aus dem Nachlaß. Herausgegeben von Volker Michels. Band 100, 378 S.

Materialien zu Hermann Hesses »Das Glasperlenspiel«, Teil II: Texte über das Glasperlenspiel. Herausgegeben von Volker Michels. Band 108, 378 S.

Klein und Wagner. Erzählung. Band 116, 112 S.

Materialien zu Hermann Hesses »Siddhartha«. Erster Band. Herausgegeben von Volker Michels. Band 129, 368 S.

Peter Camenzind. Erzählung. Band 161, 164 S.

Der Steppenwolf. Band 175, 120 S.

Siddhartha. Eine indische Dichtung. Band 182, 237 S.

Demian. Die Geschichte von Emil Sinclairs Jugend. Band 206, 266 S.

Ausgewählte Briefe. Band 211, 576 S.

Die Nürnberger Reise. Band 227, 84 S.

Lektüre für Minuten. Gedanken aus seinen Büchern und Briefen. Neue Folge. Ausgewählt von Volker Michels. Band 240, 224 S.

Eine Literaturgeschichte in Rezensionen und Aufsätzen. Herausgegeben von Volker Michels. Band 252, 640 S.

Narziß und Goldmund. Erzählung. Band 274, 324 S.

Die Märchen. Band 291, 270 S.

Über Hermann Hesse. Erster Band 1904–1962. Herausgegeben von Volker Michels. Band 331, 482 S.

Kleine Freuden. Verstreute und kurze Prosa aus dem

Nachlaß. Herausgegeben und mit einem Nachwort von Volker Michels. Band 360, 391 S.

Aus Kinderzeiten. Gesammelte Erzählungen Band 1, 1900–1905. Band 347, 404 S.

Die Verlobung. Gesammelte Erzählungen Band 2, 1906–1908. Band 368, 380 S.

Hermann Hesse
in der Bibliothek Suhrkamp

Die Morgenlandfahrt. Erzählung. Band 1, 124 S.

Narziß und Goldmund. Erzählung. Band 65, 320 S.

Knulp. Drei Geschichten aus dem Leben Knulps. Band 75, 128 S.

Demian. Die Geschichte von Emil Sinclairs Jugend. Band 95, 214 S.

Der vierte Lebenslauf Josef Knechts. Zwei Fassungen. Band 181, 164 S.

Der Steppenwolf. Roman. Band 226, 240 S.

Siddhartha. Eine indische Dichtung. Band 227, 136 S.

Politische Betrachtungen. Band 244, 168 S.

Mein Glaube. Betrachtungen. Band 300, 152 S.

Kurgast. Mit den ›Aufzeichnungen von einer Badener Kur‹. Band 329, 136 S.

Stufen. Ausgewählte Gedichte. Band 342, 248 S.

Eigensinn. Autobiographische Schriften. Band 353, 256 S.

Glück. Späte Prosa: Betrachtungen. Band 344, 143 S.

Iris. Ausgewählte Märchen. Band 369, 170 S.

Hermann Hesse – Thomas Mann. Briefwechsel; herausgegeben von Anni Carlsson, erweitert von Volker Michels. Mit einem Vorwort von Theodore Ziolkowski. Band 441, 338 S.

Wanderung. Aufzeichnungen mit 14 farbigen Bildern des Verfassers. Band 444, 144 S.

Legenden. Zusammengestellt von Volker Michels. Band 472, 184 S.

Musik. Betrachtungen, Gedichte, Rezensionen, Briefe. Mit einem Essay von Hermann Kasack. Herausgegeben von Volker Michels. Band 483, 280 S.

Hermann Hesse
Die Erzählungen

Sonderausgabe in zwei Bänden. Herausgegeben von
Volker Michels. 1020 Seiten
Erstmals gesammelt und um 12 unbekannte
Erzählungen aus dem Nachlaß ergänzt.

Die Erzählungen Hermann Hesses, hier erstmals zusammengefaßt und in chronologischer Folge geordnet, bekräftigen sinnfällig die Feststellung Thomas Manns: »Deutscheres gibt es nicht als diesen Dichter und das Werk seines Lebens – nichts, das deutscher wäre im alten, frohen, freien und geistigen Sinn, dem der deutsche Name seinen besten Ruhm, dem er die Sympathie der Menschheit verdankt.« Zwar waren Hesses große Erzählungen, *Knulp, Der Steppenwolf, Narziß und Goldmund, Die Morgenlandfahrt,* von jeher bekannt und beachtet, doch die zahlreichen, nicht als Einzelausgaben erschienenen kürzeren Erzählungen sind unbekannter geblieben. In Sammelbänden verstreut, waren sie schwerer zugänglich und nicht als Gesamtheit überschaubar.

Die ersten dieser in fünf Jahrzehnten entstandenen Erzählungen stammen aus dem Jahre 1903, die letzte wurde 1953 geschrieben. Sie zeigen den Weg und die Entwicklungen eines Epikers, dessen wohltuend unheldische Helden vor alltäglich-unscheinbarem Hintergrund in immer neuen Brechungen die ganze Vielfalt menschlicher Psyche und Verhaltensweisen spiegeln. Nicht unerhörte Begebenheiten, sondern das Unerhörte der alltäglichen Begebenheiten kommt hier zu Wort. Denn so vertraut die Schauplätze anmuten, die Konflikte, die dort ausgetragen und festgehalten werden, wachsen weit über das Lokale hinaus. Der Mikrokosmos des scheinbar Provinziellen und Individuellen verweist vom Detail auf das Ganze. Dabei bedeutet die Lektüre dieser Erzählungen nicht Arbeit, sondern Regeneration. »Denn Hesse kann«, schrieb Kurt Tucholsky, »was nur wenige können. Er kann einen Sommerabend und ein erfrischendes Schwimmbad und die schlaffe Müdigkeit nach körperlicher Anstrengung nicht nur schildern – das wäre nicht schwer. Aber er kann machen, daß uns heiß und kühl und müde ums Herz ist.«

Gesammelte Schriften in Einzelausgaben

Beschwörungen; Bilderbuch; Briefe; Das Glasperlenspiel; Der Steppenwolf; Diesseits; Erzählungen; Kleine Welt; Fabulierbuch; Frühe Prosa; Gedenkblätter; Gertrud; Knulp; Krieg und Frieden; Kurgast; Die Nürnberger Reise; Märchen; Narziß und Goldmund; Peter Camenzind; Prosa aus dem Nachlaß; Roßhalde; Schriften zur Literatur; Siddhartha; Traumfährte; Unterm Rad.

Briefe
Kindheit und Jugend vor Neunzehnhundert. Hermann Hesse in Briefen und Lebenszeugnissen 1877–1894; herausgegeben von Ninon Hesse
Hermann Hesse, Gesammelte Briefe, 1895–1921. Unter Mitwirkung von Heiner Hesse; herausgegeben von Ursula und Volker Michels
Briefe. 2. erweiterte Ausgabe
Hermann Hesse – Peter Suhrkamp. Briefwechsel 1945 bis 1959; herausgegeben von Siegfried Unseld

Über Hermann Hesse
Dank an Hermann Hesse. Reden und Aufsätze
Hermann Hesse – Eine Chronik in Bildern; herausgegeben von Bernhard Zeller
Hugo Ball: Hermann Hesse. Sein Leben und sein Werk
Emmy Ball-Hennings: Briefe an Hermann Hesse
Adrian Hsia: Hermann Hesse und China
Siegfried Unseld: Hermann Hesse, eine Werkgeschichte
Siegfried Unseld: Begegnungen mit Hermann Hesse

Sonderausgaben
Hermann Hesse, Die Erzählungen
Hermann Hesse, Weg nach Innen
Hermann Hesse, Schriften zur Literatur, 2 Bde.

insel taschenbuch
Hermann Hesse, Leben und Werk im Bild. Von Volker Michels
Hermann Hesse, Kindheit des Zauberers. Ein autobiographisches Märchen. Illustriert und mit einer Nachbemerkung von Peter Weiss
Piktors Verwandlungen. Mit einem Nachwort von Volker Michels
Dank an Goethe. Betrachtungen, Rezensionen, Briefe. Mit einem Essay von Reso Karalaschwili
Hermann Lauscher. Illustriert von Gunter Böhmer
Hölderlin. Dokument seines Lebens. Herausgegeben von Hermann Hesse und Karl Isenberg

suhrkamp taschenbücher

st 355 Rilke heute. Beziehungen und Wirkungen
Zweiter Band
194 Seiten
Eine Einschätzung jenseits von überhöhter Preisung und abschätziger Kritik versuchte bereits der Band *Rilke heute* (st 290) zu geben, der aus Anlaß des 100. Geburtstags von Rilke einen Querschnitt durch die Rilke-Forschung gab. *Rilke heute,* Zweiter Band, sammelt Beiträge führender Rilke-Forscher aus dem deutschen und angelsächsischen Universitätsbereich zu literarhistorischen und rezeptionsästhetischen Fragen.

st 356 Stanisław Lem, Nacht und Schimmel. Erzählungen
Aus dem Polnischen von I. Zimmermann-Göllheim
Phantastische Bibliothek Band 1
292 Seiten
Nacht und Schimmel bietet einen Querschnitt durch Lems Schaffen der letzten 15 Jahre und zeigt die Vielfalt seiner Ideen und Stilmodalitäten. Den Höhepunkt bildet die Geschichte »Tagebuch«. Sie ist ein kybernetisch-philosophischer Exkurs, der den Leser zutiefst verunsichert, da er eine das anthropozentrische Denken verwundende und völlig originelle Deutung von Mensch und Gott darstellt.

st 357 H. P. Lovecraft, Das Ding auf der Schwelle. Unheimliche Geschichten
Deutsch von Rudolf Hermstein
Mit einem Nachwort von Kalju Kirde
Phantastische Bibliothek Band 2
212 Seiten

»Lovecrafts Geistergeschichten konzentrieren sich ohne Ausnahme auf einen Prozeß des Grauens, der sich in einer Sphäre des Verwesenden, des Zerfallenden abspielt: in Stadtvierteln, die von den meisten Menschen gemieden werden, in abgeschiedenen Einöden, die seit Generationen verflucht sind... Wenn das Grauen, das sich meist unsichtbar im Verborgenen aufhält, einmal sichtbar wird, fallen die Zeugen des Unbeschreiblichen in Ohnmacht oder tragen Schaden an Leib und Seele davon.«

Frankfurter Rundschau

st 358 Herbert W. Franke, Ypsilon minus
Mit einem Nachwort von Franz Rottensteiner
Phantastische Bibliothek Band 3
168 Seiten
Wie bei allen Science-fiction-Stoffen von H. W. Franke geht es um prinzipiell mögliche Entwicklungen, um solche, die sich verwirklichen könnten, wenn man den Dingen ihren Lauf ließe. Zunächst wird der Leser von den geschilderten Ereignissen gefangen sein, vom verzweifelten Kampf gegen Reglementierung und Entpersönlichung vor der phantastisch-abstrusen Kulisse einer Automatenwelt. Erst nachher wird er merken, daß ein beachtlicher Teil davon längst zur Realität unserer täglichen Umwelt geworden ist.

st 359 Blick vom anderen Ufer. Europäische Science-fiction
Herausgegeben und mit einer Einleitung von
Franz Rottensteiner
Phantastische Bibliothek Band 4
258 Seiten
Das Buch beabsichtigt, ein möglichst vielseitiges Spektrum anspruchsvoller Science-fiction zu bieten. Der Bogen reicht von der ätzenden Anti-Kriegsgeschichte und dem psychologischen Schrecken eines Sewer Gansowski bis zum liebenswürdigen Humor Wadim Schefners, von der mythischen Parabel Iwanows bis zur romantisch-melancholischen, lyrisch gestimmten Geschichte des Franzosen Gérard Klein. Das Glanzstück der Anthologie stammt

von Stanisław Lem, der in seiner Novelle virtuos die verschiedensten Möglichkeiten der Jagd nach dem flüchtigen Glück durchspielt und Weltbeglückungsideen parodiert und ad absurdum führt.

st 360 Hermann Hesse, Kleine Freuden. Verstreute und kurze Prosa aus dem Nachlaß
Herausgegeben und mit einem Nachwort von Volker Michels
391 Seiten
Der unerwartete Erfolg der ersten Sammlung von Hesses betrachtender und erzählender Kurzprosa aus dem Nachlaß, die 1973 unter dem Titel *Die Kunst des Müßiggangs* (st 100) erschien, war Anlaß, einen weiteren Band mit Texten zusammenzustellen, die Hesse zu seinen Lebzeiten in keiner Buchausgabe gesammelt hat und die folglich auch in der Werkausgabe fehlen. Die meisten dieser Stücke sind als »Feuilletons« in zahlreichen deutschen, schweizerischen und österreichischen Zeitungen und Zeitschriften erstmals gedruckt worden.

st 361 Helmuth Plessner, Die Frage nach der Conditio humana. Aufsätze zur philosophischen Anthropologie
198 Seiten
Plessner stellt die Frage, welches die »vor-menschlichen« Bedingungen sind, die menschliche Existenz, bevor sie sich in historisch je variabler Form zu entfalten vermag, entscheidend prägen. Zwar ist der Mensch ungebunden insofern, als er sich geschichtlich immer wieder »anders« realisiert; aber seinen Realisierungsmöglichkeiten liegen anthropologische Konstanten zugrunde, die ihn spezifisch festlegen. Indem Plessner Grundmodalitäten menschlichen Handelns untersucht, stellt er zugleich die Frage nach Möglichkeit und Grenzen geschichtlicher Veränderungen.

st 362 Wolfgang Hildesheimer, Theaterstücke. Über das absurde Theater
186 Seiten
Dieser Band vereinigt die folgende Theaterstücke: *Pastorale* (1958, Neufassung 1965), *Die Verspätung* (1961), *Nachtstück* (1962) und bringt am Schluß die Rede *Über das absurde Theater* (1960), die heute zum Pflichtpensum

auch vieler Theaterseminare nicht nur in Deutschland gehört.
»Die Arbeiten Wolfgang Hildesheimers bezeichnen ... den deutschen Zweig jener ›engagierten‹ Literatur, die im Absurden das Tragische aufspüren will.«
Claus Henning Bachmann

st 363 Wolfgang Hildesheimer, Hörspiele
158 Seiten
Inhalt: *Das Opfer Helena* (1955), *Herrn Walsers Raben* (1960), *Unter der Erde* (1962), *Monolog* (1964)
»Hildesheimers Rundfunkdichtungen zeugen von der gleichen skurrilen Phantastik und der gleichen zeitbezüglichen Ironie, die auch den Geschichten des Autors ihr ganz eigentümliches Gepräge geben.«
Kieler Nachrichten

st 365 Ambrose Bierce, Das Spukhaus.
Gespenstergeschichten
Deutsch von Gisela Günther, Anneliese Strauß und K. B. Leder
Phantastische Bibliothek Band 6
166 Seiten
Neben den grausamen, den Krieg als Barbarei entlarvenden Geschichten aus dem amerikanischen Bürgerkrieg schrieb Bierce auch Gespenstergeschichten, die sich durchaus mit denen Poes messen können. »Bierce hat sich gleichermaßen als ein Meister der makabren Phantasie und der knappen realistischen Erzählweise erwiesen.«
Frankfurter Rundschau

Alphabetisches Gesamtverzeichnis der suhrkamp taschenbücher

Achternbusch, Alexanderschlacht 61
- Happy oder Der Tag wird kommen 262

Adorno, Erziehung zur Mündigkeit 11
- Studien zum autoritären Charakter 107
- Versuch, das ›Endspiel‹ zu verstehen 72
- Zur Dialektik des Engagements 134
- Versuch über Wagner 177

Aitmatow, Der weiße Dampfer 51

Alfvén, M 70 – Die Menschheit der siebziger Jahre 34
- Atome, Mensch und Universum 139

Allerleirauh 19

Alsheimer, Vietnamesische Lehrjahre 73

Ardenne, Ein glückliches Leben für Technik und Forschung 310

Arendt, Die verborgene Tradition 303

Artmann, Grünverschlossene Botschaft 82
- How much, schatzi? 136
- The Best of H. C. Artmann 275
- Unter der Bedeckung eines Hutes 337

von Baeyer, Angst 118

Bahlow, Deutsches Namenlexikon 65

Barnet (Hrsg.), Der Cimarrón 346

Basis 5, Jahrbuch für deutsche Gegenwartsliteratur 276

Basis 6, Jahrbuch für deutsche Gegenwartsliteratur 340

Beaucamp, Das Dilemma der Avantgarde 329

Becker, Jürgen, Eine Zeit ohne Wörter 20

Becker, Jurek, Irreführung der Behörden 271

Beckett, Warten auf Godot (dreisprachig) 1
- Watt 46
- Endspiel (dreisprachig) 171
- Das letzte Band (dreisprachig) 200
- Molloy 229
- Glückliche Tage. Dreisprachig 248

Das Werk von Samuel Beckett. Berliner Colloquium 225

Materialien zu Becketts »Godot« 104

Materialien zu Becketts Romanen 315

Benjamin, Über Haschisch 21
- Ursprung des deutschen Trauerspiels 69
- Der Stratege im Literaturkampf 176

Zur Aktualität Walter Benjamins 150

Bernhard, Das Kalkwerk 128
- Frost 47
- Gehen 5
- Der Kulterer 306
- Salzburger Stücke 257

Bingel, Lied für Zement 287

Blackwood, Das leere Haus 30

Bloch, Naturrecht und menschliche Würde 49
- Subjekt–Objekt 12
- Vorlesungen zur Philosophie der Renaissance 75
- Atheismus im Christentum 144

Bond, Die See 160
- Bingo 283

Braun, Stücke 1 198

Brecht, Geschichten vom Herrn Keuner 16
- Schriften zur Gesellschaft 199
- Frühe Stücke 201
- Gedichte 251

Brecht in Augsburg 297

Bertolt Brechts Dreigroschenbuch 87
Broch, Barbara 151
– Die Schuldlosen 209
– Schriften zur Literatur 1 246
– Schriften zur Literatur 2 247
– Der Tod des Vergil 296
– Die Verzauberung 350
Materialien zu Der Tod des Vergil 317
Broszat, 200 Jahre deutsche Polenpolitik 74
Buono, Zur Prosa Brechts. Aufsätze 88
Butor, Paris–Rom oder Die Modifikation 89
Celan, Mohn und Gedächtnis 231
– Von Schwelle zu Schwelle 301
Chomsky, Indochina und die amerikanische Krise 32
– Kambodscha Laos Nordvietnam 103
– Über Erkenntnis und Freiheit 91
Condrau, Angst und Schuld als Grundprobleme in der Psychotherapie 305
Conrady, Literatur und Germanistik als Herausforderung 214
Cortázar, Das Feuer aller Feuer 298
Dedecius, Überall ist Polen 195
Der andere Hölderlin. Materialien zum »Hölderlin«-Stück von Peter Weiss 42
Der Friede und die Unruhestifter 145
Döblin, Materialien zu »Alexanderplatz« 268
Dolto, Der Fall Dominique 140
Döring, Perspektiven einer Architektur 109
Duddington, Baupläne der Pflanzen 45
Duke, Akupunktur 180
Duras, Hiroshima mon amour 112
Durzak, Gespräche über den Roman 318

Ehrenburg, Das bewegte Leben des Lasik Roitschwantz 307
Eich, Fünfzehn Hörspiele 120
Eliot, Die Dramen 191
Zur Aktualität T. S. Eliots 222
Enzensberger, Gedichte 1955–1970 4
Eschenburg, Über Autorität 178
Ewald, Innere Medizin in Stichworten I 97
– Innere Medizin in Stichworten II 98
Ewen, Bertolt Brecht 141
Fallada/Dorst, Kleiner Mann – was nun? 127
Feuchtwanger (Hrsg.), Deutschland – Wandel u. Bestand 335
Fischer, Von Grillparzer zu Kafka 284
Fleißer, Eine Zierde für den Verein 294
Fletcher, Die Kunst des Samuel Beckett 272
Franke, Ypsilon minus 358
Freisprüche. Revolutionäre vor Gericht 111
Fries, Der Weg nach Oobliadooh 265
Frijling-Schreuder, Wer sind das – Kinder? 119
Frisch, Dienstbüchlein 205
– Stiller 105
– Stücke 1 70
– Stücke 2 81
– Wilhelm Tell für die Schule 2
– Mein Name sei Gantenbein 286
– Andorra 277
Frischmuth, Amoralische Kinderklapper 224
Fromm/Suzuki/de Martino, Zen-Buddhismus und Psychoanalyse 37
Fuchs, Todesbilder in der modernen Gesellschaft 102
Fuentes, Nichts als das Leben 343
Fühmann, Erfahrungen und Widersprüche 338

García Lorca, Über Dichtung und Theater 196
Gibson, Lorcas Tod 197
Glozer, Kunstkritiken 193
Goldstein, A. Freud, Solnit, Jenseits des Kindeswohls 212
Goma, Ostinato 138
Gorkij, Unzeitgemäße Gedanken über Kultur u. Revolution 210
Grossmann, Ossietzky. Ein deutscher Patriot 83
Habermas, Theorie und Praxis 9
– Kultur und Kritik 125
Habermas/Henrich, Zwei Reden 202
Hammel, Unsere Zukunft – die Stadt 59
Handke, Chronik der laufenden Ereignisse 3
– Der kurze Brief 172
– Die Angst des Tormanns beim Elfmeter 27
– Ich bin ein Bewohner des Elfenbeinturms 56
– Stücke 1 43
– Stücke 2 101
– Wunschloses Unglück 146
– Die Unvernünftigen sterben aus 168
– Als das Wünschen noch geholfen hat 208
– Falsche Bewegung 258
Heilbroner, Die Zukunft der Menschheit 280
Heller, Thomas Mann 243
– Nirgends wird Welt sein als innen 288
Hellman, Eine unfertige Frau 292
Henle, Der neue Nahe Osten 24
Hentig, Magier oder Magister? 207
– Die Sache und die Demokratie 245
Hermlin, Lektüre 1960–1971 215
Hesse, Glasperlenspiel 79
– Klein und Wagner 116
– Die Kunst des Müßiggangs 100
– Lektüre für Minuten 7

– Unterm Rad 52
– Peter Camenzind 161
– Der Steppenwolf 175
– Siddhartha 182
– Demian 206
– Ausgewählte Briefe 211
– Die Nürnberger Reise 227
– Lektüre für Minuten. Neue Folge 240
– Eine Literaturgeschichte in Rezensionen 252
– Die Märchen 291
– Narziß und Goldmund 274
– Eine Werkgeschichte von Siegfried Unseld 143
Materialien zu Hesses »Glasperlenspiel« 1 80
Materialien zu Hesses »Glasperlenspiel« 2 108
Materialien zu Hesses »Steppenwolf« 53
Materialien zu Hesses »Siddhartha« 1 129
Materialien zu Hesses »Siddhartha« 2 282
Hildesheimer, Paradies der falschen Vögel 295
Hobsbawm, Die Banditen 66
Hofmann (Hrsg.), Schwangerschaftsunterbrechung 238
Höllerer, Die Elephantenuhr 266
Hortleder, Fußball 170
Horváth, Der ewige Spießer 131
– Ein Kind unserer Zeit 99
– Jugend ohne Gott 17
– Leben und Werk in Dokumenten und Bildern 67
– Sladek 163
– Die stille Revolution 254
Hudelot, Der Lange Marsch 54
Jakir, Kindheit in Gefangenschaft 152
Johnson, Mutmaßungen über Jakob 147
– Das dritte Buch über Achim 169
– Eine Reise nach Klagenfurt 235
– Berliner Sachen 249
– Zwei Ansichten 326

Jonke, Im Inland und im Ausland auch 156
Joyce, Ausgewählte Briefe 253
Joyce, Stanislaus, Meines Bruders Hüter 273
Kappacher, Morgen 339
Kästner, Offener Brief an die Königin von Griechenland. Beschreibungen, Bewunderungen 106
– Der Hund in der Sonne 270
Kardiner/Preble, Wegbereiter der modernen Anthropologie 165
Kasack, Fälschungen 264
Kaschnitz, Steht noch dahin 57
Katharina II. in ihren Memoiren 25
Kluge, Lebensläufe. Anwesenheitsliste für eine Beerdigung 186
Koch, Anton, Symbiose – Partnerschaft fürs Leben 304
Koch, Werner, See-Leben I 132
Koeppen, Das Treibhaus 78
– Nach Rußland und anderswohin 115
– Romanisches Café 71
– Der Tod in Rom 241
Koestler, Der Yogi und der Kommissar 158
– Die Wurzeln des Zufalls 181
Kolleritsch, Die grüne Seite 323
Kracauer, Die Angestellten 13
– Kino 126
Kraus, Magie der Sprache 204
Kroetz, Stücke 259
Krolow, Ein Gedicht entsteht 95
Kücker, Architektur zwischen Kunst und Konsum 309
Kühn, N 93
– Siam-Siam 187
Lagercrantz, China-Report 8
Lander, Ein Sommer in der Woche der Itke K. 155
Laxness, Islandglocke 228
le Fort, Die Tochter Jephthas und andere Erzählungen 351

Lem, Solaris 226
– Die Jagd 302
– Transfer 324
– Nacht und Schimmel 356
Lenz, Hermann, Die Augen eines Dieners 348
Lepenies, Melancholie und Gesellschaft 63
Lévi-Strauss, Rasse und Geschichte 62
– Strukturale Anthropologie 15
Lidz, Das menschliche Leben 162
Lovecraft, Cthulhu 29
– Berge des Wahnsinns 220
– Das Ding auf der Schwelle 357
Mächler, Das Leben Robert Walsers 321
Malson, Die wilden Kinder 55
Martinson, Die Nesseln blühen 279
– Der Weg hinaus 281
Mayer, Georg Büchner und seine Zeit 58
McHale, Der ökologische Kontext 90
Melchinger, Geschichte des politischen Theaters 153, 154
Meyer, Eine entfernte Ähnlichkeit 242
Miłosz, Verführtes Denken 278
Minder, Dichter in der Gesellschaft 33
Mitscherlich, Massenpsychologie ohne Ressentiment 76
– Thesen zur Stadt der Zukunft 10
– Toleranz – Überprüfung eines Begriffs 213
Mitscherlich (Hrsg.), Bis hierher und nicht weiter 239
Moser, Lehrjahre auf der Couch 352
Muschg, Liebesgeschichten 164
– Albissers Grund 334
– Im Sommer des Hasen 263
Myrdal, Politisches Manifest 40

Nachtigall, Völkerkunde 184
Nizon, Canto 319
Norén, Die Bienenväter 117
Nossack, Spirale 50
- Der jüngere Bruder 133
- Die gestohlene Melodie 219
- Um es kurz zu machen 255
- Das kennt man 336
Nossal, Antikörper und Immunität 44
Olvedi, LSD-Report 38
Penzoldts schönste Erzählungen 216
- Die Kunst das Leben zu lieben 267
Plenzdorf, Die Legende von Paul & Paula 173
- Die neuen Leiden des jungen W. 300
Plessner, Diesseits der Utopie 148
Portmann, Biologie und Geist 124
Prangel (Hrsg.), Materialien zu Döblins »Alexanderplatz« 268
Psychoanalyse und Justiz 167
Puig, Verraten von Rita Hayworth 344
Raddatz, Traditionen und Tendenzen 269
Rathscheck, Konfliktstoff Arzneimittel 189
Regler, Das Ohr des Malchus 293
Reik, Der eigene und der fremde Gott 221
Reiwald, Die Gesellschaft und ihre Verbrecher 130
Riedel, Die Kontrolle des Luftverkehrs 203
Riesman, Wohlstand wofür? 113
- Wohlstand für wen? 114
Rilke, Material. zu »Malte« 174
- Materialien zu »Cornet« 190
- Rilke heute 290
- Rilke heute 2 355
Rosei, Landstriche 232
- Wege 311

Roth, die autobiographie des albert einstein. Künstel. Der Wille zur Krankheit 230
- Der große Horizont 327
Russell, Autobiographie I 22
- Autobiographie II 84
- Autobiographie III 192
Salis, Rilkes Schweizer Jahre 289
Sames, Die Zukunft der Metalle 157
Sarraute, Zeitalter des Mißtrauens 223
Schickel, Große Mauer, Große Methode 314
Schultz (Hrsg.), Wer ist das eigentlich - Gott? 135
- Der Friede und die Unruhestifter 145
- Politik ohne Gewalt? 330
Shaw, Die Aussichten des Christentums 18
- Der Sozialismus und die Natur des Menschen 121
- Der Aufstand gegen die Ehe 328
Simpson, Biologie und Mensch 36
Sperr, Bayrische Trilogie 28
Steiner, In Blaubarts Burg 77
- Sprache und Schweigen 123
Sternberger, Panorama oder Ansichten vom 19. Jahrhundert 179
- Gerechtigkeit für das 19. Jahrhundert 244
- Heinrich Heine und die Abschaffung der Sünde 308
Stierlin, Adolf Hitler 236
- Das Tun des Einen ist das Tun des Anderen 313
Strausfeld (Hrsg.), Materialien zur lateinamerikanischen Literatur 341
Stuckenschmidt, Schöpfer der neuen Musik 183
- Maurice Ravel 353
Suyin, Die Morgenflut 234
Swoboda, Die Qualität des Lebens 188
Szabó, I. Moses 22 142

Terkel, Der Große Krach 23
Unseld, Hermann Hesse. Eine Werkgeschichte 143
- Begegnungen mit Hermann Hesse 218
Unseld (Hrsg.), Wie, warum und zu welchem Ende wurde ich Literaturhistoriker? 60
- Bertolt Brechts Dreigroschenbuch 87
- Zur Aktualität Walter Benjamins 150
- Mein erstes Lese-Erlebnis 250
- Peter Suhrkamp 260
Unterbrochene Schulstunde. Schriftsteller und Schule 48
Vargas Llosa, Das grüne Haus 342
Waggerl, Brot 299
Waley, Lebensweisheit im Alten China 217
Walser, Das Einhorn 159
- Der Sturz 322
- Gesammelte Stücke 6
- Halbzeit 94

Walser, Robert, Der »Räuber«-Roman 320
Weber-Kellermann, Die deutsche Familie 185
Über Kurt Weill 237
Weill, Ausgewählte Schriften 285
Weiss, Das Duell 41
- Rekonvaleszenz 31
Materialien zu Weiss' »Hölderlin« 42
Wendt, Moderne Dramaturgie 149
Wer ist das eigentlich – Gott? 135
Werner, Wortelemente lat.-griech. Fachausdrücke in den biolog. Wissenschaften 64
Werner, Vom Waisenhaus ins Zuchthaus 35
Wilson, Auf dem Weg zum Finnischen Bahnhof 194
Wittgenstein, Philosophische Untersuchungen 14
Wolf, Punkt ist Punkt 122
Zivilmacht Europa – Supermacht oder Partner? 137